동북아 한자사전

한국 · 일본 · 대만
한자사전

유대용 編著

지우출판

서문(緒文)

한자(漢字)는 장구(長久)한 세월(歲月) 속에서 우리 문화(文化)를 형성(形成)하고, 발전(發展)시키는 데 중요한 역할(役割)을 했다. 우리말의 상당수 어휘(語彙)가 한자어(語)이며, 선조(先祖)들의 대다수 문헌(文獻)이 한자로 기록(記錄)되어 있기 때문에, 고전문학(古典文學)이나 철학(哲學), 역사(歷史) 등 인문학(人文學)은 물론이요, 우리 전통(傳統)문화를 이해(理解)하는 데 한자는 매우 중요하다.

한자는 전 세계 13억 이상의 사람들이 사용하는 중국어(中國語)의 표기수단(表記手段)이며, 일본(日本)에서도 공식(公式)문자로 사용하고 있다. 따라서 한자를 알면 대만(臺灣), 홍콩(香港), 중국, 일본 등의 문화를 이해하는데 매우 편리(便利)하다. 그런데 동북아시아(東北亞細亞)에서 공통(共通)으로 사용하는 한자는 의미(意味)는 같지만, 모양(模樣)이 저마다 다른 것이 많다. 한국(韓國)과 대만, 홍콩에서 사용하는 한자는 정자체(正字體), 번체자(繁體字)라고 하며, 중국에서 사용하는 한자는 간자체(簡字體), 일본에서 사용하는 한자를 신자체(新字體), 약자체(略字體)라고 한다.

한자를 사용하는 인구(人口)가 영어(英語)를 구사(驅使)하는 인구보다 많으며, 동북아시아 지역 간(間), 인적(人的)·물적(物的) 교류(交流)가 증가(增加)하고, 상호협력(相互協力)이 절실(切實)하기 때문에 한자의 중요성이 커지고 있다. 중국에서 사용하는 간자체를 학습(學習)하기 위한 자료(資料)나, 일본에서 사용하는 신자체를 학습하기 위한 자료는 있지만, 중국·대만·한국·일본의 한자를 일목요연(一目瞭然)하게 비교(比較)·정리(整理)해 놓은 자료가 없어, 불편(不便)했던 중국 여행(旅行) 중의 발상(發想)으로 2016년 『간체자 천자문』을 출판했다. 이후(以後) 5년이 지났고, 『간체자 천자문』 독자(讀者)의 성원(聲援)에 힘입어 중국에서 사용하는 간체자 6943자(字)를 중심으로 동북아시아 한자를 엮어 『동북아 한자사전』을 출판하게 되었다. 각 글자마다 자형(字形)과 아울러 병음(拼音), 범례(凡例)

를 실었기 때문에 한자 해독능력(解讀能力) 향상(向上)은 물론이요, 중국어와 일본어를 학습하는 데에도, 유익(有益)할 것이다.

한자는 하루아침에 정복(征服)할 수 있는 것이 아니다. 시간을 투자(投資)하여 자기와 부단(不斷)한 싸움을 통해 천천히 성과(成果)가 나타나기 때문이다.

긴 시간을 세심(細心)하게 교정(矯正)하느라 고생(苦生)하신 북방시스템 직원들과 마다하지 않고, 굳은일 해준 유지수양, 선뜻 사전(辭典)으로 출판해주신 지우출판 김용성 사장께 감사(感謝)하며, 강호제현(江湖諸賢)의 응원(應援)을 기대(期待)한다.

2021년 5월

유대용(劉大龍)

일러두기

  본 『동북아한자사전(東北亞漢字辭典)』은 총 6943자(字)의 간체자형을 표제어로 삼고, 총획수를 기준으로 획수별로 정리하였습니다.

  표제어를 중심으로 표를 만들어 표제어 칸에는 간체자형의 한어병음을 싣고, 아래 칸에는 번체자형과 한어병음의 로마자 발음표기원칙에 따른 한국어 발음을, 표제어 오른쪽 칸에는 한국한자의 뜻과 독음을, 번체자형의 오른쪽 칸에는 일본한자의 음독과 훈독을 넣었습니다. 또한 독음(讀音)의 편의를 위해 중국어 음절 총표와 일본어 가나 대조표를 부록에 추가하였습니다.

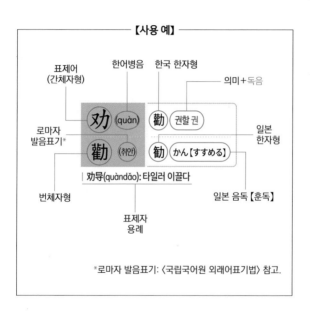

【사용 예】

- 표제어 (간체자형)
- 한어병음
- 한국 한자형
- 의미+독음
- 로마자 발음표기*
- 일본 한자형
- 번체자형
- 일본 음독【훈독】
- 표제자 용례

劝(quàn) 勸 권할 권

勧(취안) 勧 かん【すすめる】

劝导(quàndǎo): 타일러 이끌다

*로마자 발음표기: 〈국립국어원 외래어표기법〉 참고.

차 례

1획

| 厂 (chǎng) | 廠 공장 창 |
| 廠 (창) | 廠 しょう【うまや】 |

| 厂商(chǎngshāng): 공장과 상점

| 一 (yī) | 一 한 일 |
| 一 (이) | 一 いつ【ひとつ】 |

| 一直(yìzhí): 계속해서

| 丁 (dīng) | 丁 고무래 정 |
| 丁 (딩) | 丁 てい·ちょう |

| 一丁点儿(yìdīngdiǎnr): 아주 조금

| 乙 (yǐ) | 乙 새 을 |
| 乙 (이) | 乙 おつ【とり】 |

| 乙肝(yǐgān): B형 간염

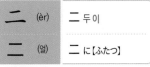

| 二 (èr) | 二 두 이 |
| 二 (얼) | 二 に【ふたつ】 |

| 二维码(èrwéimǎ): QR코드

2획

| 七 (qī) | 七 일곱 칠 |
| 七 (치) | 七 しち【ななつ】 |

| 七夕(qīxī): 칠석

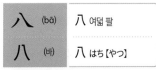

| 八 (bā) | 八 여덟 팔 |
| 八 (바) | 八 はち【やつ】 |

| 八卦(bāguà): 팔괘

| 人 (rén) | 人 사람 인 |
| 人 (런) | 人 じん·にん【ひと】 |

| 人生(rénshēng): 인생

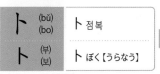

| 卜 (bǔ)(bo) | 卜 점 복 |
| 卜 (부)(보) | 卜 ぼく【うらなう】 |

| 卜卦(bǔguà): 점치다

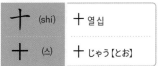

| 十 (shí) | 十 열 십 |
| 十 (스) | 十 じゅう【とお】 |

| 十分(shífēn): 매우

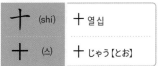9

| 匕 (bǐ) | 匕 비수/숟가락 비 |
| 匕 (비) | 匕 ひ【さじ】 |

匕首(bǐshǒu): 비수

| 刀 (dāo) | 刀 칼 도 |
| 刀 (다오) | 刀 とう【かたな】 |

刀切面(dāoqiēmiàn): 칼국수

| ⼑ (diāo) | ⼑ 조두조, 칼도 |
| ⼑ (댜오) | |

⼑蛮(diāomán): 횡포하다

| 儿 (ér) | 兒 아이/어조사 아 |
| 兒 (얼) | 児 じ【こ】 |

儿媳(érxí): 며느리

| 几 (jī)(jǐ) | 幾 몇 기 |
| 幾 (지) | 幾 き【いく】 |

几天(jǐtiān): 며칠

| 九 (jiǔ) | 九 아홉 구 |
| 九 (지유) | 九 きゅう【ここのつ】 |

九牛一毛(jiǔniúyìmáo): 구우일모

| 了 (le)(liǎo) | 了 마칠 료 |
| 了 (러)(랴오) | 了 りょう【おわる】 |

了解(liǎojiě): (자세하게 잘) 알다

| 力 (lì) | 力 힘 력 |
| 力 (리) | 力 りょく【ちから】 |

力量(lìliang): 힘

| 乃 (nǎi) | 乃 이에/어조사 내 |
| 乃 (나이) | 乃 だい・ない【なんじ】 |

乃至(nǎizhì): 더 나아가서

| 入 (rù) | 入 들 입 |
| 入 (루) | 入 にゅう【いる】 |

入境(rùjìng): 입국하다

| 乂 (yì) | 乂 풀 벨/다스릴 예 |
| 乂 (이) | 乂 かる |

惩乂(chéngyì): 처벌하다

| 又 (yòu) | 又 또 우 |
| 又 (유) | 又 ゆう・う【また】 |

又名(yòumíng): 다른 이름

10

| 乜 (miē) | 乜 사팔뜨기 먀 |
| 乜 (몌) | 乜 ば |

| 乜斜(miēxie): 째려보다

| 亏 (kuī) | 虧 이지러질 휴 |
| 虧 (쿠이) | 虧 き【かける】 |

| 亏本(kuīběn): 본전을 까먹다

3획

| 三 (sān) | 三 석삼 |
| 三 (싼) | 三 さん【みっつ】 |

| 三明治(sānmíngzhì): 샌드위치

| 才 (cái) | 才 재주 재 |
| 才 (차이) | 才 さい【はたらき】 |

| 才能(cáinéng): 재능

| 士 (shì) | 士 선비 사 |
| 士 (스) | 士 し【さむらい】 |

| 士气(shìqì): 사기

| 亍 (chù) | 亍 자축거릴 촉 |
| 亍 (추) | |

| 彳亍(chìchù): 천천히 걷다

| 土 (tǔ) | 土 흙 토 |
| 土 (투) | 土 と・ど【つち】 |

| 土豆(tǔdòu): 감자

| 干 (gān)(gàn) | 乾/幹 방패 간마를 건 |
| 乾/幹 (간) | 乾 かん |

| 干净(gānjìng): 깨끗하다

| 下 (xià) | 下 아래 하 |
| 下 (샤) | 下 か・げ【した】 |

| 下雨(xiàyǔ): 비가 내리다

| 工 (gōng) | 工 장인 공 |
| 工 (궁) | 工 こう・く【たくみ】 |

| 工具(gōngjù): 공구

| 于 (yú) | 于 어조사 우 |
| 于 (위) | 于 う【ここに】 |

| 于是(yúshì): 그래서

寸 (cùn)	寸 마디 촌	
寸 (촌)	寸 すん	

| 寸步(cùnbù): 아주 좁은 걸음

万 (wàn)	萬 일만 만	
萬 (완)	万 まん·ばん【よろず】	

| 万幸(wànxìng): 천만다행

大 (dà)(dài)	大 큰 대	
大 (다)(다이)	大 だい【おおきい】	

| 大概(dàgài): 개략

兀 (wù)(wū)	兀 우뚝할 올	
兀 (우)	兀 ごつ【たかい】	

| 兀自(wùzì): 여전히

巾 (jīn)	巾 헝겊/수건 건	
巾 (진)	巾 きん【ふきん】	

| 围巾(wéijīn): 목도리

小 (xiǎo)	小 작을 소	
小 (샤오)	小 しょう【ちいさい】	

| 小心(xiǎoxīn): 조심하다

口 (kǒu)	口 입 구	
口 (커우)	口 こう【くち】	

| 口头(kǒutóu): 구두

弋 (yì)	弋 주살 익	
弋 (이)	弋 よく【いぐるみ】	

| 弋取(yìqǔ): 주살을 쏘아 잡다

山 (shān)	山 메 산	
山 (산)	山 さん【やま】	

| 山坡(shānpō): 산비탈

与 (yú)(yǔ)(yù)	與 더불/줄 여	
與 (위)	与 よ【あたえる】	

| 与会(yùhuì): 회의에 참가하다

上 (shàng)	上 윗/오를 상	
上 (상)	上 じょう【うえ】	

| 上网(shàngwǎng): 인터넷에 접속하다

丈 (zhàng)	丈 어른/길이 장	
丈 (장)	丈 じょう【たけ】	

| 丈母(zhàngmu): 장모

| 彳 (chì) | 彳 조금 걸을 척 |
| 彳 (츠) | |

| 彳亍(chìchù): 천천히 걷다

| 乞 (qǐ) | 乞 빌/청할 걸 |
| 乞 (치) | 乞 きつ·こつ【こう】 |

| 乞讨(qǐtǎo): 구걸하다

| 川 (chuān) | 川 내 천 |
| 川 (촨) | 川 せん【かわ】 |

| 川菜(chuāncài): 쓰촨 요리

| 千 (qiān) | 千 일천 천 |
| 千 (첸) | 千 せん【ち】 |

| 千万(qiānwàn): 천만

| 凡 (fán) | 凡 무릇 범 |
| 凡 (판) | 凡 ぼん【およそ】 |

| 凡尘(fánchén): 속세

| 勺 (sháo) | 勺 구기 작 |
| 勺 (사오) | 勺 しゃく【くむ】 |

| 勺球(sháoqiú): 골프

| 个 (gè) | 個 낱 개 |
| 個 (거) | 個 こ |

| 个性(gèxìng): 개성

| 丸 (wán) | 丸 둥글 환 |
| 丸 (완) | 丸 がん【まる】 |

| 丸药(wányào): 환약

| 久 (jiǔ) | 久 오랠 구 |
| 久 (지유) | 久 きゅう【ひさしい】 |

| 久等(jiǔděng): 오래 기다리다

| 夕 (xī) | 夕 저녁 석 |
| 夕 (시) | 夕 せき【ゆうべ】 |

| 夕阳(xīyáng): 석양

| 么 (me) | 麼 그런가 마 |
| 麼 (머) | 麼 ま【こまかい】 |

| 怎么(zěnme): 어떻게

| 亿 (yì) | 億 억/헤아릴 억 |
| 億 (이) | 億 おく【はかる】 |

| 亿万(yìwàn): 억만

13

弓 (gōng) 弓 (궁)	弓 활궁 弓 きゅう【ゆみ】
弓箭(gōngjiàn): 활과 화살	

亡 (wáng) 亡 (망)	亡 망할 망 亡 ぼう·もう【ない】
亡命(wángmìng): 망명하다	

广 (guǎng) 廣 (광)	廣 넓을 광 広 こう【ひろい】
广泛(guǎngfàn): 광범위하다	

尸 (shī) 尸 (시)	尸 주검 시 尸 し【しかばね】
尸体(shītǐ): 시체	

及 (jí) 及 (지)	及 미칠 급 及 きゅう【およぶ】
及格(jígé): 합격하다	

丫 (yā) 丫 (아)	丫 가장귀 아
丫头(yātou): 계집애	

己 (jǐ) 己 (지)	己 몸 기 己 き·こ【おのれ】
己任(jǐrèn): 자기의 소임	

义 (yì) 義 (이)	義 옳을 의 義 ぎ
义气(yìqì): 의리	

门 (mén) 門 (먼)	門 문 문 門 もん【かど】
门诊(ménzhěn): 외래 진찰	

已 (yǐ) 已 (이)	已 그칠/이미 이 已 い【すでに】
已经(yǐjing): 이미	

巳 (sì) 巳 (쓰)	巳 뱀 사 巳 し【み】
巳时(sìshí): 사시(오전 9시~11시)	

之 (zhī) 之 (즈)	之 갈 지 之 し【しかばね】
之际(zhìjì): …무렵	

叉 (chā)(chá)	叉 갈래 차	
叉 (차)	叉 さ・しゃ【また】	

| 叉子(chāzi): 양식용 포크

卫 (wèi)	衛 지킬 위	
衛 (웨이)	衛 えい【まもる】	

| 卫星(wèixīng): 위성

飞 (fēi)	飛 날 비	
飛 (페이)	飛 ひ【とぶ】	

| 飞翔(fēixiáng): 비상하다

习 (xí)	習 익힐 습	
習 (시)	習 しゅう【ならう】	

| 习俗(xísú): 습관과 풍속

孑 (jié)	孑 외로울 혈	
孑 (지에)	孑 けつ【ひとり】	

| 孑然(jiérán): 고독한 모양

乡 (xiāng)	鄕 시골 향	
鄕 (샹)	鄕 きょう【さと】	

| 乡愁(xiāngchóu): 향수

马 (mǎ)	馬 말 마	
馬 (마)	馬 ば【うま】	

| 马虎(mǎhu): 소홀하다

幺 (yāo)	幺 작을/어릴 요	
幺 (야오)	幺 よう【ちいさい】	

| 老幺(lǎoyāo): 막내

女 (nǚ)	女 여자 여	
女 (뉘)	女 じょ【おんな】	

| 女性(nǚxìng): 여성

也 (yě)	也 어조사 야	
也 (예)	也 や【なり】	

| 也许(yěxǔ): 어쩌면

刃 (rèn)	刃 칼날 인	
刃 (런)	刃 じん【は】	

| 刃创(rènchuāng): 베인 상처

子 (zǐ)	子 아들/새끼 자	
子 (쯔)	子 し【こ】	

| 子弹(zǐdàn): 탄알

4획

王 (wáng)	王 임금 왕	
王 (왕)	王 おう【きみ】	

| 王八(wángba): 거북

丰 (fēng)	豊 풍년들/성할 풍	
豊 (펑)	豊 ほう【ゆたか】	

| 丰满(fēngmǎn): 풍만하다

韦 (wéi)	韋 가죽 위	
韋 (웨이)	韋 い【なめしがわ】	

| 韦衣(wéiyī): 가죽으로 만든 사냥복

夫 (fū)(fú)	夫 지아비/사내 부	
夫 (푸)	夫 ふ【おっとも】	

| 夫妇(fūfù): 부부

天 (tiān)	天 하늘 천	
天 (톈)	天 てん【そら】	

| 天赋(tiānfù): 선천적인 것

井 (jǐng)	井 우물 정	
井 (징)	井 せい【いど】	

| 井然(jǐngrán): 정연하다

无 (wú)	無 없을 무	
無 (우)	無 む·ぶ【ない】	

| 无聊(wúliáo): 무료하다

开 (kāi)	開 열 개	
開 (카이)	開 かい【あける】	

| 开放(kāifàng): 출입통행을 개방하다

元 (yuán)	元 으뜸/근원 원	
元 (위안)	元 げん【もと】	

| 元宵(yuánxiāo): 정월 대보름날 밤

亓 (qí)	亓 그 기	
亓 (치)		

| 亓官(qíguān): 복성(複姓)

云 (yún)	雲 구름 운	
雲 (윈)	雲 うん【くも】	

| 云霄(yúnxiāo): 높은 하늘

16

不 (bù)	不 아닐 부/불	
不 (부)	不 ふ【せず】	

| 不管(bùguǎn): 관계하지 않다

丐 (gài)	丐 빌 개	
丐 (개)	丐 かい【こう】	

| 丐食(gàishí): 음식을 구걸하다

木 (mù)	木 나무 목	
木 (무)	木 ぼく【き】	

| 木偶(mù'ǒu): 꼭두각시

廿 (niàn)	廿 스물 입	
廿 (넵)	廿【にじゅう】	

| 廿一点(niànyìdiǎn): 블랙잭

卅 (sà)	卅 서른 삽	
卅 (씨)	卅 そう【さんじゅう】	

| [문어] 삼십, 서른

厅 (tīng)	廳 관청/마루 청	
廳 (텅)	厅 ちょう【やくしょ】	

| 厅审(tīngshěn): 심문

4획

五 (wǔ)	五 다섯 오	
五 (우)	五 ご【いつつ】	

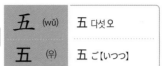

| 五花肉(wǔhuāròu): 삼겹살

艺 (yì)	藝 재주/심을 예	
藝 (이)	芸 げい【わざ】	

| 艺术(yìshù): 예술

仄 (zè)	仄 기울 측	
仄 (쩌)	仄 そく【ほのか】	

| 仄闻(zèwén): 곁에서 듣다

扎 (zhā)(zhá)(zā)	扎 편지/뽑을 찰	
扎 (자)(찌)	扎 さつ【ぬく】	

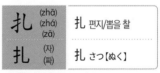

| 扎堆(zhāduī): 한데 모이다

支 (zhī)	支 가지 지	
支 (즈)	支 し【えだ·ささえる】	

| 支撑(zhīchēng): 지탱하다

专 (zhuān)	專 오로지 전, 모일 단	
專 (주완)	專 せん【もっぱら】	

| 专家(zhuānjiā): 전문가

17

| 车 (chē) | 車 수레 거/차 |
| 車 (처) | 車 しゃ【くるま】 |

车祸(chēhuò): 교통사고

| 歹 (dǎi) | 歹 몹쓸 대 |
| 歹 (다이) | 歹 がつ·たい |

歹毒(dǎidú): 악랄하다

| 厄 (è) | 厄 재앙 액 |
| 厄 (어) | 厄 やく【わざわい】 |

厄运(èyùn): 재난

| 巨 (jù) | 巨 클 거 |
| 巨 (쥐) | 巨 きょ【おおきい】 |

巨额(jù'é): 거액(의)

| 历 (lì) | 曆 책력 력 |
| 曆 (리) | 曆 れき |

历来(lìlái): 예로부터

| 匹 (pǐ) | 匹 필 필 |
| 匹 (피) | 匹 ひつ【ひき】 |

匹敌(pǐdí): 필적하다

| 区 (qū) | 區 지경/나눌 구 |
| 區 (쉬) | 区 く【しきる】 |

区别(qūbié): 구별하다

| 犬 (quǎn) | 犬 개 견 |
| 犬 (취안) | 犬 けん【いぬ】 |

犬吠(quǎnfèi): 개 짖는 소리

| 太 (tài) | 太 클 태 |
| 太 (타이) | 太 たい【ふとい】 |

太空(tàikōng): 우주

| 牙 (yá) | 牙 어금니 아 |
| 牙 (야) | 牙 が【きば】 |

牙齿(yáchǐ): 치아

| 尤 (yóu) | 尤 더욱/허물 우 |
| 尤 (유) | 尤 ゆう【もっとも】 |

尤其(yóuqí): 특히

| 友 (yǒu) | 友 벗 우 |
| 友 (유) | 友 ゆう【とも】 |

友善(yǒushàn): 다정하다

贝 (bèi)	貝 조개 패
贝 (뻬이)	貝 ばい【かい】

| 贝壳(bèiké): 조가비

少 (shǎo)(shào)	少 적을/젊을 소
少 (사오)	少 しょう【すくない】

| 少量(shǎoliàng): 소량

比 (bǐ)	比 견줄 비
比 (비)	比 ひ【くらべる】

| 比方(bǐfang): 비유하다

屯 (tún)(zhūn)	屯 진칠 둔, 어려울 준
屯 (툰)(준)	屯 とん【たむろ】

| 屯兵(túnbīng): 군대를 주둔시키다

戈 (gē)	戈 창 과
戈 (거)	戈 か【ほこ】

| 戈壁(gēbì): 고비 사막

瓦 (wǎ)(wà)	瓦 기와 와
瓦 (와)	瓦 が【かわら】

| 瓦解(wǎjiě): 와해되다

互 (hù)	互 서로 호
互 (후)	互 ご【たがい】

| 互补(hùbǔ): 서로 보각이 되다

曰 (yuē)	曰 가로/이를 왈
曰 (웨)	曰 えつ【いわく】

| 读曰(dúyuē): …로 읽다

切 (qiē)(qiè)	切 끊을 절, 온통 체
切 (치에)	切 せつ·さい【きる】

| 切磋(qiēcuō): 서로 토론하고 연구하다

止 (zhǐ)	止 그칠 지
止 (즈)	止 し【とまる】

| 止境(zhǐjìng): 그치는 곳

日 (rì)	日 날 일
日 (르)	日 にち【ひ】

| 日常(rìcháng): 일상적인

中 (zhōng)(zhòng)	中 가운데 중
中 (중)	中 ちゅう【なか】

| 中介(zhōngjiè): 중개

19

冈 (gāng)	岡 산등성이 강
岡 (강)	岡 こう【おか】

冈峦(gāngluán): 연이어진 산등성이

壬 (rén)	壬 북녘 임
壬 (런)	壬 にん·じん

壬人(rénrén): 입만 살아 있는 간사한 사람

见 (jiàn) (xiàn)	見 볼 견
見 (지엔) (셴)	見 けん【みる】

见闻(jiànwén): 보고 들은 것

升 (shēng)	升 되/오를 승
升 (성)	升 しょう【ます】

升势(shēngshi): 상승세

毛 (máo)	毛 털/풀 모
毛 (마오)	毛 もう【け】

毛利(máolì): 총이익

手 (shǒu)	手 손 수
手 (서우)	手 しゅ【て】

手续(shǒuxù): 수속

内 (nèi)	內 안 내, 들일 납
內 (네이)	內 ない【うち】

内行(nèiháng): 전문가

水 (shuǐ)	水 물 수
水 (수이)	水 すい【みず】

水货(shuǐhuò): 수상 암거래 품목

牛 (niú)	牛 소 우
牛 (뉴)	牛 ぎゅう【うし】

牛市(niúshì): 주가가 오른 주식

午 (wǔ)	午 낮 오
午 (우)	午 ご【ひる】

午休(wǔxiū): 점심 후의 휴식

气 (qì)	氣 기운 기
氣 (치)	気 き·け

气质(qìzhì): 성격

夭 (yāo)	夭 일찍 죽을 요
夭 (야오)	夭 よう【わかじに】

夭折(yāozhé): 젊어서 죽다

<table>
<tr><td>币 (bì)
幣 (비)</td><td>幣 화폐 폐
幣 へい</td><td>片 (piān)(piàn)
片 (피엔)</td><td>片 조각 편, 절반 반
片 へん【かた】</td></tr>
</table>

币值(bìzhí): 화폐 가치

片刻(piànkè): 잠깐

4획

<table>
<tr><td>长 (cháng)(zhǎng)
長 (청)(장)</td><td>長 길/어른/남을 장
長 ちょう【ながい】</td><td>仆 (pū)(pú)
僕 (부)</td><td>僕 종복
僕 ぼく</td></tr>
</table>

长处(chángchu): 훌륭한 점

仆倒(pūdǎo): 엎어지다

<table>
<tr><td>仇 (chóu)(qiú)
仇 (처우)(치유)</td><td>仇 원수/짝 구
仇 きゅう【あだ】</td><td>仁 (rén)
仁 (런)</td><td>仁 어질 인
仁 じん·にん</td></tr>
</table>

仇视(chóushi): 적대시하다

仁慈(réncí): 인자(하다)

<table>
<tr><td>仃 (dīng)
仃 (딩)</td><td>仃 고독할 정
</td><td>仍 (réng)
仍 (렁)</td><td>仍 인할 잉
仍 じょう【よる·なお】</td></tr>
</table>

伶仃(língdīng): 고독하다

仍旧(réngjiù): 변함없이

<table>
<tr><td>化 (huā)(huà)
化 (화)</td><td>化 화할/교화 화
化 か·げ【ばける】</td><td>什 (shén)(shí)
什 (선)(스)</td><td>什 세간 집, 열 사람 십
什 じゅう【とう】</td></tr>
</table>

化妆(huàzhuāng): 화장하다

什锦(shíjǐn): 다양한 모양의

<table>
<tr><td>仂 (lè)
仂 (러)</td><td>仂 나머지 륵
仂 りょく【あまり】</td><td>仉 (zhǎng)
仉 (장)</td><td>仉 성씨 장
</td></tr>
</table>

仂语(lèyǔ): 구(句), 연어(連語)

仉督(zhǎngdū): 중국 고대의 복성(複姓)의 하나

21

| 从 (cóng) | 從 좇을/따를 종 |
| 從 (종) | 從 じゅう【したがう】 |

| 从容(cóngróng): 침착하다

| 反 (fǎn) | 反 돌이킬 반 |
| 反 (판) | 反 はん【かえる】 |

| 反复(fǎnfù): 반복하다

| 父 (fù) | 父 아비 부, 자 보 |
| 父 (뿌) | 父 ふ【ちち】 |

| 父辈(fùbèi): 아버지 대(代)

| 介 (jiè) | 介 낄 개 |
| 介 (지에) | 介 かい【はさまる】 |

| 介怀(jièhuái): 개의하다

| 斤 (jīn) | 斤 도끼 근 |
| 斤 (진) | 斤 きん【まさかり】 |

| 斤斗(jīndǒu): 곤두박질

| 今 (jīn) | 今 이제 금 |
| 今 (진) | 今 きん・こん【いま】 |

| 今晚(jīnwǎn): 오늘밤

| 仅 (jǐn) (jìn) | 僅 겨우/거의 근 |
| 僅 (진) | 僅 きん【わずか】 |

| 仅此(jǐncǐ): 이게 전부다

| 仑 (lún) | 侖 둥글 륜 |
| 侖 (륜) | 侖 ろん【おもう】 |

| 昆仑(kūnlún): 쿤룬[산 이름]

| 兮 (xī) | 兮 어조사 혜 |
| 兮 (시) | 兮 けい |

| 兮兮(xīxī): 형용사 뒤에서 그 모양을 강조

| 爻 (yáo) | 爻 사귈 효 |
| 爻 (야오) | 爻 こう【まじわる】 |

| 爻错(yáocuò): 뒤얽히다

| 刈 (yì) | 刈 벨 예 |
| 刈 (이) | 刈 かい【かる】 |

| 刈除(yìchú): 잘라내다

| 爪 (zhǎo) (zhuǎ) | 爪 손톱 조 |
| 爪 (자오) (좌) | 爪 そう【つめ】 |

| 爪牙(zhǎoyá): 발톱과 이빨

仓 (cāng) 倉 (창)	倉 곳집 창 倉 そう【くら】

| 仓促(cāngcù): 황급하다

丹 (dān) 丹 (단)	丹 붉을 단 丹 たん【あか】

| 丹心(dānxīn): 정성스런 마음

乏 (fá) 乏 (핍)	乏 모자랄 핍 乏 ぼう【とぼしい】

| 乏人(fárén): 쓸모없는 사람

分 (fēn)(fèn) 分 (푼)	分 나눌 분 分 ぶん【わける】

| 分配(fēnpèi): 분배

风 (fēng) 風 (풍)	風 바람 풍 風 ふう【かぜ】

| 风光(fēngguāng): 굉장하다

公 (gōng) 公 (공)	公 공변될 공 公 こう【おおやけ】

| 公布(gōngbù): 공표하다

欠 (qiàn) 欠 (치엔)	欠 하품 흠 欠 けつ【かける】

| 欠揍(qiànzòu): (얻어)맞고 싶어하다

氏 (shì) 氏 (스)	氏 성씨 씨 氏 し【うじ】

| 氏谱(shìpǔ): 족보(族譜)

勿 (wù) 勿 (우)	勿 말 물

| 勿庸(wùyōng): …할 필요가 없다

凶 (xiōng) 凶 (슝)	凶 흉할 흉 凶 きょう【わるい】

| 凶猛(xiōngměng): 흉맹하다

月 (yuè) 月 (웨)	月 달 월 月 げつ・がつ【つき】

| 月薪(yuèxīn): 월급

匀 (yún) 匀 (윈)	匀 고를 균 가지런할 윤

| 匀称(yúnchèn): 균형이 잡히다

卞 (biàn)	卞 법/성씨 변
卞 (벤)	卞 べん【のり】

| 卞急(biànjí): 성질이 조급하다

方 (fāng)	方 모 방
方 (팡)	方 ほう【かた】

| 方便(fāngbiàn): 편리하다

凤 (fèng)	鳳 봉황 봉
鳳 (펑)	鳳 ほう【ほうおう】

| 凤梨(fènglí): 파인애플

勾 (gōu)(gòu)	勾 글귀 구
勾 (거우)	勾 こう【まがる】

| 勾引(gōuyǐn): 유혹하다

火 (huǒ)	火 불 화
火 (훠)	火 か【ひ】

| 火箭(huǒjiàn): 로켓

亢 (kàng)	亢 높을 항
亢 (강)	亢 こう【たかぶる】

| 亢奋(kàngfèn): 극도로 흥분하다

六 (liù)	六 여섯 육
六 (류)	六 ろく【むっつ】

| 六亲(liùqīn): 부·모·형·제·처·자

殳 (shū)	殳 몽둥이 수
殳 (수)	殳 しゅ【ほこ】

| 殳书(shūshū): 수서【秦書 八體의 하나】

闩 (shuān)	閂 문빗장 산
閂 (솬)	閂 ちん

| 闩门(shuānmén): 문에 빗장을 걸다

为 (wéi)(wèi)	爲 할 위
爲 (웨이)	為 い【なす·ため】

| 为人(wéirén): 사람 됨됨이

文 (wén)	文 글월 문
文 (원)	文 ぶん·もん【ふみ】

| 文件(wénjiàn): 공문서

乌 (wū)	烏 까마귀 오
烏 (우)	烏 う【からす】

| 乌贼(wūzéi): 오징어

尺 (chǐ)
(chě)
尺 (촉)
(처)

尺 자 척
尺 しゃく【ものさし】

計 (jì)
計 (지)

計 셀 계
計 けい【はかる】

4획

| 咫尺(zhǐchǐ): 아주 가까운 거리

| 计较(jìjiào): 계산하여 비교하다

订 (dìng)
訂 (딩)

訂 바로잡을 정
訂 てい【ただす】

认 (rèn)
認 (런)

認 알 인
認 にん【みとめる】

| 订货(dìnghuò): 물품을 주문하다

| 认为(rènwéi): 여기다

斗 (dǒu)
(dòu)
鬥 (더우)

鬪 싸울/말 두
鬪 とう・と【ます】

冗 (rǒng)
冗 (룡)

冗 쓸데없을 용
冗 じょう【むだ】

| 斗殴(dòuōu): 때리며 싸우다

| 冗余(rǒngyú): 군더더기의

讣 (fù)
訃 (뮤)

訃 부고 부
訃 ふ【つげる】

心 (xīn)
心 (신)

心 마음 심
心 しん【こころ】

| 讣书(fùshū): 사망 통지서

| 心疼(xīnténg): 애석해하다

户 (hù)
戶 (후)

戶 집 호
戶 こ【と】

忆 (yì)
憶 (이)

憶 기억할 억
憶 おく【おぼえる】

| 户外(hùwài): 실외

| 忆念(yìniàn): 그리워하다

讥 (jī)
譏 (지)

譏 나무랄 기
譏 き【しらべる】

尹 (yǐn)
尹 (인)

尹 성씨/다스릴 윤
尹 いん【おさめる】

| 讥讪(jīshàn): 풍자하고 비웃다

| 성(姓)

25

巴 (bā)	巴 땅 이름 파
巴 (바)	巴 は【ともえ】

| 巴结(bājie): 아첨하다

孔 (kǒng)	孔 구멍 공
孔 (쿵)	孔 こう・きょう【あな】

| 孔庙(kǒngmiào): 공자묘

办 (bàn)	辦 힘쓸 판
辦 (반)	辦 べん【つとめる】

| 办妥(bàntuǒ): 잘 처리하다

爿 (pán)	爿 조각장
爿 (판)	爿 しょう・ぞう

| 柴爿(cháipán): 장작

丑 (chǒu)	醜 소 축, 추할 추
醜 (처우)	丑 ちゅう【うし】

| 丑闻(chǒuwén): 스캔들

以 (yǐ)	以 써/까닭 이
以 (이)	以 い【もって】

| 以免(yǐmiǎn): …않기 위해서

邓 (dèng)	鄧 나라 이름 등
鄧 (덩)	

| 邓小平(dèngxiǎopíng): 덩샤오핑[인명]

引 (yǐn)	引 당길/늘일 인
引 (인)	引 いん【ひく】

| 引进(yǐnjìn): 끌어들이다

队 (duì)	隊 무리 대, 떨어질 추
隊 (두이)	隊 たい・つい【くみ】

| 队长(duìzhǎng): 주장

予 (yú) (yǔ)	予 나/줄 여
予 (위)	予 よ【あらかじめ】

| 予以(yǔyǐ): …을 주다

夬 (guài)	夬 터놓을 쾌
夬 (과이)	夬 かい【きめる】

| 夬卦(guàiguà): 쾌괘

允 (yǔn)	允 승낙할 윤
允 (원)	允 いん【まこと】

| 允诺(yǔnnuò): 승낙하다

26

幻 (huàn)	幻 변할/허깨비 환
幻 (환)	幻 げん【まぼろし】

| 幻听(huàntīng): 환청

4획

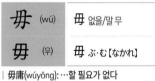

双 (shuāng)	雙 쌍쌍
雙 (쌍)	双 そう【ふたつ】

| 双赢(shuāngyíng): 윈윈하다

劝 (quàn)	勸 권할 권
勸 (취안)	勸 かん【すすめる】

| 劝导(quàndǎo): 타일러 이끌다

毋 (wú)	毋 없을/말 무
毋 (우)	毋 ぶ·む【なかれ】

| 毋庸(wúyōng): …할 필요가 없다

书 (shū)	書 글 서
書 (수)	書 しょ【かく】

| 书架(shūjià): 책꽂이

5획

末 (mò) 末 (모)	末 끝 말 末 まつ【すえ】

| 末尾(mòwěi): 끄트머리

打 (dá) (dǎ) 打 (다)	打 칠 타 打 だ【うつ】

| 打算(dǎsuàn): …하려고 하다

巧 (qiǎo) 巧 (차오)	巧 재주/공교할 교 巧 こう【たくみ】

| 巧合(qiǎohé): 교묘하게 일치하다

邗 (hán) 邗 (한)	邗 땅 이름 한

| 邗江(hánjiāng): 한지앙[강 이름]

示 (shì) 示 (스)	示 보일 시 示 し・じ【しめす】

| 示弱(shìruò): 약함을 드러내다

击 (jī) 擊 (지)	擊 칠 격 擊 げき【うつ】

| 击毙(jībì): 사살하다

未 (wèi) 未 (웨이)	未 아닐 미 未 み【いまだ】

| 未必(wèibì): 반드시 …한 것은 아니다

戋 (jiān) 戋 (지엔)	戋 작을 전

| 戋戋(jiānjiān): 보잘것없다

玉 (yù) 玉 (위)	玉 옥 옥 玉 ぎょく【たま】

| 玉帛(yùbó): 옥과 비단

刊 (kān) 刊 (칸)	刊 새길 간 刊 かん【きざむ】

| 刊载(kānzǎi): 출판물에 싣다

正 (zhēng) (zhèng) 正 (정)	正 바를 정 正 せい・じょう

| 正好(zhènghǎo): 꼭 알맞다

艾 (ài) 艾 (아이)(이)	艾 쑥 애, 다스릴 예 艾 かい【よもぎ】

| 艾灸(àijiǔ): 쑥뜸

扒 (bā)(pá) 扒 (바)(파)	扒 뽑을 배

| 扒皮(bāpí): 껍질을 벗기다

甘 (gān) 甘 (간)	甘 달 감 甘 かん【あまい】

| 甘愿(gānyuàn): 기꺼이 …하다

功 (gōng) 功 (궁)	功 공 공 功 こう【いさお】

| 功效(gōngxiào): 효능

古 (gǔ) 古 (구)	古 옛 고 古 こ【ふるい】

| 古董(gǔdǒng): 골동품

卉 (huì) 卉 (후이)	卉 풀 훼, 빠를 훌 卉 き【くさ】

| 花卉(huāhuì): 화훼

艽 (jiāo) 艽 (쟈오)	艽 변방 구

| 秦艽(qínjiāo): 오독도기

扑 (pū) 撲 (푸)	撲 칠 박/복 撲 ぼく

| 扑鼻(pūbí): 코를 찌르다

邛 (qióng) 邛 (치웅)	邛 언덕 공

| 邛巨(qióngjù): 대극의 뿌리

去 (qù) 去 (취)	去 갈 거 去 きょ【さる】

| 去掉(qùdiào): 없애 버리다

扔 (rēng) 扔 (렁)	扔 당길 잉

| 扔掉(rēngdiào): 던져 버리다

世 (shì) 世 (스)	世 인간 세 世 せ・せい【よ】

| 问世(wènshì): 세상에 나오다

本 (běn)
本 (번)
本 뿌리 본
本 ほん【もと】

| 本钱(běnqián): 본전

丕 (pī)
丕 (피)
丕 클 비
丕 ひ【おおきい】

| 丕基(pījī): 기초가 되는 대업

丙 (bǐng)
丙 (병)
丙 남녘 병
丙 へい【ひのえ】

| 付丙(fùbǐng): 태워 버리다

叵 (pǒ)
叵 (포)
叵 어려울 파
叵

| 叵测(pǒcè): 헤아릴 수 없다

节 (jié)
節 (지에)
節 마디 절
節 せつ【ふし】

| 节省(jiéshěng): 아끼다

术 (shù)(zhú)
術 (수)(주)
術 재주 술
術 じゅつ

| 术士(shùshì): 정통한 사람

可 (kě)
可 (커)
可 옳을/들을 가
可 か【よい】

| 可怜(kělián): 가련하다

匝 (zǎ)
匝 (짜)
匝 두를 잡
匝

| 匝道(zādào): 환상 교차로

厉 (lì)
厲 (리)
厲 엄할 려

| 厉害(lìhai): 사납다

左 (zuǒ)
左 (쭈어)
左 왼 좌
左 さ【ひだり】

| 左撇子(zuǒpiězi): 왼손잡이

芀 (nǎi)
芀 (나이)
芀 토란 내

| 芋芀(yùnǎi): 토란

札 (zhá)
札 (자)
札 편지 찰
札 さつ【ふだ】

| 信札(xìnzhá): 서신

30

布 (bù) 布 (부)	布 베포 布 ふ【ぬの】

布局(bùjú): 구성하다

平 (píng) 平 (핑)	平 편할/고를 평 平 へい【たいら】

平静(píngjìng): 평온하다

东 (dōng) 東 (둥)	東 동녘 동 東 どう【ひがし】

东坡肉(dōngpōròu): 동파육

石 (shí) 石 (스)	石 돌 석 石 せき【いし】

石榴(shíliu): 석류(나무)

夯 (hāng)(bèn) 夯 (항)(번)	夯 멜 항

夯实(hāngshí): 기초를 다지다

戊 (wù) 戊 (우)	戊 우거질 무 戊 ぼ【つちのえ】

戊夜(wùyè): 새벽 3시부터 5시까지

龙 (lóng) 龍 (룽)	龍 용 용 竜 りゅう【たつ】

龙卷风(lóngjuǎnfēng): 회오리바람

轧 (yà)(zhá)(gá) 軋 (야)(자)(가)	軋 삐걱거릴 알 軋 あつ【きしる】

冷轧(lěngzhá): 냉간 압연

劢 (mài) 勱 (마이)	勱 힘쓸 매

인명에 많이 쓰임

匜 (yí) 匜 (이)	匜 주전자 이

고대, 물을 담는 표주박 모양의 그릇

灭 (miè) 滅 (몌)	滅 멸할 멸 滅 めつ【ほろびる】

灭口(mièkǒu): 멸구하다

右 (yòu) 右 (유)	右 오른쪽 우 右 ゆう【みぎ】

右派(yòupài): 보수파

| 北 (běi) | 北 북녘 북 |
| 北 (베이) | 北 ほく【きた】 |

| 北极(běijí): 북극

| 目 (mù) | 目 눈 목 |
| 目 (무) | 目 もく【め】 |

| 目睹(mùdǔ): 목도하다

| 旦 (dàn) | 旦 아침 단 |
| 旦 (단) | 旦 たん【あした】 |

| 旦夕(dànxī): 아침과 저녁

| 且 (qiě) | 且 또 차, 어조사 저 |
| 且 (치에) | 且 しゃ·しょ【かつ】 |

| 且慢(qiěmàn): 잠깐 기다려라

| 归 (guī) | 歸 돌아갈 귀 |
| 歸 (구이) | 帰 き【かえる】 |

| 归还(guīhuán): 되돌려 주다

| 帅 (shuài) | 帥 장수 수, 거느릴 솔 |
| 帥 (쇠이) | 帥 すい【ひきいる】 |

| 帅才(shuàicái): 통솔력을 갖춘 인재

| 旧 (jiù) | 舊 옛/낡을 구 |
| 舊 (지유) | 旧 きゅう |

| 旧事(jiùshì): 과거지사

| 凸 (tū) | 凸 볼록할 철 |
| 凸 (투) | 凸 とつ【でこ】 |

| 凸凹(tū'āo): 요철

| 卡 (kǎ) (qiǎ) | 卡 지킬 잡, 음역자 가 |
| 卡 (카) (치아) | |

| 卡通(kǎtōng): 카툰

| 业 (yè) | 業 업/벌써 업 |
| 業 (예) | 業 ぎょう |

| 业已(yèyǐ): 이미

| 卢 (lú) | 盧 성씨 노 |
| 盧 (루) | 盧 る |

| 卢沟桥(lúgōuqiáo): 루거우치아오[노구교]

| 占 (zhān) (zhàn) | 占 점칠/차지할 점 |
| 占 (잔) | 占 せん【うらなう】 |

| 占用(zhànyòng): 점용하다

| 叭 (bā) | 叭 입 벌릴 팔 |
| 叭 (바) | 叭 はつ【らっぱ】 |

| 喇叭(lǎba): 나팔 |

| 卟 (bǔ) | 卟 음역자 복 |
| 卟 (부) | |

| 卟啉(bǔlín): 포르피린 |

| 电 (diàn) | 電 번개/전기 전 |
| 電 (뎬) | 電 でん |

| 电台(diàntái): 방송국 |

| 叮 (dīng) | 叮 정성스러울 정 |
| 叮 (딩) | 叮 てい |

| 叮咬(dīngyǎo): 물다 |

| 号 (hào) | 號 이름/차례/부를 호 |
| 號 (하오) | 号 ごう |

| 号称(hàochēng): …라고 불리다 |

| 甲 (jiǎ) | 甲 갑옷 갑 |
| 甲 (지아) | 甲 こう【きのえ】 |

| 甲亢(jiǎkàng): 갑상선 기능 항진증 |

| 申 (shēn) | 申 되풀이할 신 |
| 申 (션) | 申 しん【もうす】 |

| 申购(shēngòu): 구입을 신청하다 |

| 田 (tián) | 田 밭 전 |
| 田 (톈) | 田 でん【た】 |

| 田鸡(tiánjī): 참개구리 |

| 央 (yāng) | 央 가운데 앙 |
| 央 (양) | 央 おう |

| 央求(yāngqiú): 간청하다 |

| 叶 (yè) | 葉 잎 엽, 땅 이름 섭 |
| 葉 (예) | 葉 よう【は】 |

| 叶酸(yèsuān): 엽산 |

| 由 (yóu) | 由 말미암을/까닭 유 |
| 由 (유) | 由 ゆ【よる】 |

| 由衷(yóuzhōng): 진심에서 우러나오다 |

| 只 (zhǐ) | 只 오로지 지 |
| 只 (즈) | 只 し【ただ】 |

| 只要(zhǐyào): …하기만 하면 |

叱 (chì)	叱 꾸짖을 질
叱 (츠)	叱 しつ【しかる】

| 叱令(chìlìng): 호통쳐 명령하다

叻 (lè)	叻 싱가포르 륵/력
叻 (러)	

| 叻思(lèsī): (인도 미학에서) 맛, 풍미, 정서

叨 (dāo)(dáo)(tāo)	叨 탐낼 도
叨 (다오)(타오)	叨 とう【むさぼる】

| 叨咕(dáogu): 투덜거리다

另 (lìng)	另 헤어질 령
另 (링)	

| 另行(lìngxíng): 따로 …하다

叼 (diāo)	叼 입에 물 조
叼 (댜오)	

| 叼羊(diāoyáng): 양 빼앗기

冉 (rǎn)	冉 나아갈 염
冉 (란)	

| 冉弱(rǎnruò): 꽃이 시든 모양

叽 (jī)	嘰 쪽잘거릴 기
嘰 (지)	

| 叽咕(jīgu): 소곤거리다

史 (shǐ)	史 사관/사기 사
史 (스)	史 し【ふみ】

| 史书(shǐshū): 역사서

叫 (jiào)	叫 부르짖을 규
叫 (쟈오)	叫 きょう【さけぶ】

| 叫做(jiàozuò): …라고 부르다

叹 (tàn)	嘆 한숨 쉴 탄
嘆 (탄)	嘆 たん【なげく】

| 叹服(tànfú): 탄복하다

叩 (kòu)	叩 두드릴 고
叩 (커우)	叩 こう【たたく】

| 叩见(kòujiàn): 면회를 청하다

兄 (xiōng)	兄 형 형
兄 (슝)	兄 きょう・けい

| 兄弟(xiōngdì): 형과 동생

34

| 凹 (āo) | 凹 오목할요 |
| 凹 (아오) | 凹 とつ【くぼむ】 |

| 凹陷(āoxiàn): 움푹 들어가다

| 四 (sì) | 四 넉사 |
| 四 (쓰) | 四 し【よっつ】 |

| 四肢(sìzhī): 팔다리

| 禾 (hé) | 禾 벼화 |
| 禾 (허) | 禾 か【いね】 |

| 禾场(hécháng): 탈곡장

| 生 (shēng) | 生 날생 |
| 生 (성) | 生 せい·しょう |

| 生意(shēngyi): 장사

| 皿 (mǐn) | 皿 그릇 명 |
| 皿 (민) | 皿 べい【さら】 |

| 器皿(qìmǐn): 그릇

| 失 (shī) | 失 잃을실 |
| 失 (스) | 失 しつ【うしなう】 |

| 失误(shīwù): 실수를 하다

| 气 (piē) | 气 프로튬 피 |
| 气 (폐) | |

| 프로튬(protium)

| 矢 (shǐ) | 矢 화살 시 |
| 矢 (스) | 矢 し【や】 |

| 矢志(shǐzhì): 뜻을 세우다

| 囚 (qiú) | 囚 가둘수 |
| 囚 (치유) | 囚 しゅう【とらえる】 |

| 囚禁(qiújìn): 감옥에 가두다

| 仕 (shì) | 仕 벼슬/섬길 사 |
| 仕 (스) | 仕 し·じ【つかえる】 |

| 仕途(shìtú): 벼슬길

| 仨 (sā) | 仨 세 개 삼 |
| 仨 (싸) | |

| 仨钱(sāqián): 푼돈

| 乍 (zhà) | 乍 잠깐 사, 일어날 작 |
| 乍 (자) | 乍 さ |

| 乍看(zhàkàn): 언뜻 보다

35

| 白 (bái) | 白 흰 백 |
| 白 (바이) | 白 はく【しろい】 |

| 白领(báilǐng): 화이트칼라

| 代 (dài) | 代 대신할 대 |
| 代 (다이) | 代 だい【かわる】 |

| 代替(dàiti): 대체하다

| 付 (fù) | 付 줄 부 |
| 付 (푸) | 付 ふ【おたえる】 |

| 付诸(fùzhū): (…에) 부치다

| 仡 (gē)(yì) | 仡 날랠 흘 |
| 仡 (거)(이) | |

| 仡佬族(gēlǎozú): 거라오족[중국 소수민족]

| 仫 (mù) | 仫 종족 이름 무 |
| 仫 (무) | |

| 仫佬族(mùlǎozú): 무라오족

| 仟 (qiān) | 仟 일천 천 |
| 仟 (치엔) | 仟 せん |

| 仟伯(qiānbó): 천이나 백

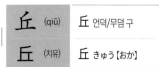

| 丘 (qiū) | 丘 언덕/무덤 구 |
| 丘 (치유) | 丘 きゅう【おか】 |

| 丘园(qiūyuán): 언덕에 있는 화원

| 仙 (xiān) | 仙 신선 선 |
| 仙 (셴) | 仙 せん【せんにん】 |

| 仙界(xiānjiè): 선계

| 仮 (jí) | 伋 속일 급 |
| 伋 (지) | |

| 孔伋(kǒngjí): 공급[공자의 손자]

| 仪 (yí) | 儀 거동 의 |
| 儀 (이) | 儀 ぎ |

| 心仪(xīnyí): 마음속으로 흠모하다

| 们 (mén)(men) | 們 들 문 |
| 們 (먼) | 們 もん【ら】 |

| 他们(tāmen): 그들

| 仗 (zhàng) | 仗 병장기/기댈 장 |
| 仗 (장) | 仗 じょう |

| 仗势(zhàngshi): 힘에 의지하다

丛 (cóng)	叢 모일 총
叢 (총)	叢 そう【くさむら】

| 树丛(shùcóng): 나무숲

甩 (shuǎi)	甩 던질 솰
甩 (솨이)	

| 甩卖(shuǎimài): 바겐세일하다

斥 (chì)	斥 물리칠 척
斥 (츠)	斥 せき【しりぞける】

| 斥资(chìzī): 자금을 대다

他 (tā)	他 남 타
他 (타)	他 た【ほか】

| 他乡(tāxiāng): 타향

瓜 (guā)	瓜 참외 과
瓜 (과)	瓜 か【うり】

| 瓜分(guāfēn): 분할 또는 분배하다

印 (yìn)	印 도장/찍을 인
印 (인)	印 いん【しるし】

| 印象(yìnxiàng): 인상

乎 (hū)	乎 어조사 호
乎 (후)	乎 こ【よぶ】

| 几乎(jīhū): 거의

用 (yòng)	用 쓸 용
用 (용)	用 よう【もちいる】

| 用心(yòngxīn): 심혈을 기울이다

令 (líng)(lǐng)(lìng)	令 하여금 령
令 (링)	令 れい

| 命令(mìnglìng): 명령(하다)

仔 (zī)(zǐ)(zǎi)	仔 자세할/새끼 자
仔 (쯔)(짜이)	仔 し【こまか】

| 仔细(zǐxì): 꼼꼼하다

仞 (rèn)	仞 길 인
仞 (런)	仞 じん【ひろ】

| 仞积(rènjī): 무더기로 쌓여 있다

卮 (zhī)	卮 술잔 치
卮 (즈)	卮 し【さかずき】

| 卮言(zhīyán): 허튼 소리

37

| 册 (cè)
| 册 (처)
| 冊 책 책
| 冊 さつ【ふみ】

| 册封(cèfēng): 책봉하다

| 犯 (fàn)
| 犯 (판)
| 犯 범할 범
| 犯 はん【おかす】

| 犯规(fànguī): 규칙을 위반하다

| 匆 (cōng)
| 匆 (총)
| 匆 바쁠 총
| 匆 そう

| 匆急(cōngjí): 총망하다

| 句 (jù)(gōu)
| 句 (쥐)(거우)
| 句 구절 구
| 句 く【くぎり】

| 句型(jùxíng): 문장 유형

| 处 (chù)(chǔ)
| 處 (추)
| 處 곳 처
| 処 しょ

| 处置(chǔzhì): 처분하다

| 乐 (lè)(yuè)(yào)
| 樂 (러)(웨)(야오)
| 樂 즐길 락, 풍류 악, 좋아할 요
| 楽 らく【たのしむ】

| 乐意(lèyì): …하기 원하다

| 氐 (dī)
| 氐 (디)
| 氐 근본 저

| 氐宿(dīsù): 저수

| 卯 (mǎo)
| 卯 (마오)
| 卯 토끼 묘
| 卯 ぼう【う】

| 卯劲(mǎojìn): 있는 힘을 다하다

| 冬 (dōng)
| 冬 (둥)
| 冬 겨울 동
| 冬 とう【ふゆ】

| 冬令(dōnglìng): 겨울의 날씨

| 犰 (qiú)
| 犰 (치유)
| 犰 짐승 이름 구

| 犰狳(qiúyú): 아르마딜로

| 尔 (ěr)
| 爾 (얼)
| 爾 너/고려할 이
| 爾 じ・こ【なんじ】

| 尔后(ěrhòu): 이후

| 外 (wài)
| 外 (와이)
| 外 밖 외
| 外 がい【そと】

| 外行(wàiháng): 문외한

包 (bāo) 包 쌀 포
包 (바오) 包 ほう【つつむ】

| 包庇(bāobì): 비호하다

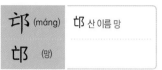

邙 (máng) 邙 산 이름 망
邙 (망)

| 邙山(mángshān): 망산

5획

刍 (chú) 芻 꼴 추
芻 (추) 芻 すう【まぐさ】

| 刍议(chúyì): 보잘것없는 주장·의견

鸟 (niǎo) 鳥 새 조
鳥 (냐오) 鳥 ちょう【とり】

| 鸟瞰(niǎokàn): 조감하다

冯 (féng)(píng) 馮 성씨 풍, 기댈 빙
馮 (펑)(핑) 馮 ひょう·ふう

| 冯河(pínghé): 도보로 강을 건너다

庀 (pǐ) 庀 갖출/다스릴 비
庀 (피)

| 庀材(pǐcái): 재료를 준비하다

饥 (jī) 饑/飢 주릴 기
饑/飢 (지) 飢 き【うえる】

| 饥饿(jī'è): 배가 고프다

市 (shì) 市 저자 시
市 (스) 市 し【いち】

| 市值(shìzhí): 시장 가치

邝 (kuàng) 鄺 성씨 광
鄺 (광)

| 邝(kuàng): 성(姓)

务 (wù) 務 힘쓸 무
務 (우) 務 む【つとめる】

| 务必(wùbì): 반드시

立 (lì) 立 설 립
立 (리) 立 りつ【たつ】

| 立足(lìzú): 발붙이다

主 (zhǔ) 主 주인/임금 주
主 (주) 主 しゅ·す【ぬし】

| 主持(zhǔchí): 주관하다

39

| 半 (bàn) | 半 절반 반 |
| 半 (반) | 半 はん【なかば】 |

半天(bàntiān): 한나절

| 宁 (níng)(nìng) | 寧 편안할 녕 |
| 寧/宁 (닝) | 寧 れい |

宁静(níngjìng): 조용하다

| 忉 (dāo) | 忉 근심할 도 |
| 忉 (댜오) | |

忉忉(dāodāo): 근심스러운 모양

| 闪 (shǎn) | 閃 엿볼/번득일 섬 |
| 閃 (산) | 閃 せん【ひらめく】 |

闪失(shǎnshī): 의외의 손실

| 汈 (diāo) | 汈 물 이름 조 |
| 汈 (댜오) | |

汈汊(diāochà): 띠아오챠[호수 이름]

| 汀 (tīng) | 汀 물가 정 |
| 汀 (팅) | 汀 てい【みぎわ】 |

汀滢(tīngyíng): 물이 맑은 모양

| 汉 (hàn) | 漢 한나라/사내 한 |
| 漢 (한) | 漢 かん |

好汉(hǎohàn): 사내대장부

| 头 (tóu) | 頭 머리 두 |
| 頭 (터우) | 頭 とう【あたま】 |

头绪(tóuxù): 단서

| 汇 (huì) | 滙 물 돌아 나갈 회 |
| 滙 (후이) | 匯 かい |

汇总(huìzǒng): (자료 따위를) 한데 모으다

| 玄 (xuán) | 玄 검을 현 |
| 玄 (쉬안) | 玄 げん |

玄妙(xuánmiào): 심오하다

| 兰 (lán) | 蘭 난초 란 |
| 蘭 (란) | 蘭 らん |

兰花(lánhuā): 난초

| 汁 (zhī) | 汁 즙 즙 |
| 汁 (즈) | 汁 じゅう【しる】 |

汁液(zhīyè): 즙액

40

| 宄 (guǐ) | 宄 도둑 귀 |
| 宄 (구이) | |

奸宄(jiānguǐ): 악당

| 讧 (hòng) | 訌 어지러울 홍 |
| 訌 (홍) | 訌 こう【みだれる】 |

内讧(nèihòng): 내홍

| 讦 (jié) | 訐 들추어낼 알 |
| 訐 (지예) | 訐 く・こ【あばきい】 |

攻讦(gōngjié): 허물을 들춰내서 공격하다

| 礼 (lǐ) | 禮 예/예물 례 |
| 禮 (리) | 礼 れい |

礼仪(lǐyí): 예의

| 讫 (qì) | 訖 마칠 글, 이를 흘 |
| 訖 (치) | 訖 きつ【おわる】 |

起讫(qǐqì): 시작과 끝

| 让 (ràng) | 讓 사양할 양 |
| 讓 (랑) | 讓 じょう【ゆずる】 |

让利(rànglì): 이익을 양도하다

| 讪 (shàn) | 訕 헐뜯을 산 |
| 訕 (산) | |

讪笑(shànxiào): 조소하여 비웃다

5획

| 它 (tā) | 它 다를/그것 타 |
| 它 (타) | 它 た |

管它(guǎntā): 마음대로 해라

| 讨 (tǎo) | 討 칠 토 |
| 討 (타오) | 討 とう【うつ】 |

讨好(tǎohǎo): 비위를 맞추다

| 写 (xiě) | 寫 베낄/그릴 사 |
| 寫 (셰) | 写 しゃ【うつす】 |

写实(xiěshí): 있는 그대로를 쓰다

| 穴 (xué) | 穴 움/구멍 혈 |
| 穴 (쉐) | 穴 けつ【あな】 |

穴出(xuéchū): 불쑥 나타나다

| 训 (xùn) | 訓 가르칠 훈 |
| 訓 (쉰) | 訓 くん【おしえる】 |

训诫(xùnjiè): 훈계하다

| 必 (bì) | 必 반드시 필 |
| 必 (비) | 必 ひつ【かならず】 |

必然(bìrán): 반드시

| 尼 (ní) | 尼 여승 니 |
| 尼 (니) | 尼 に【あま】 |

尼姑(nígū): 비구니

| 弗 (fú) | 弗 아닐 불 |
| 弗 (뿌) | 弗 ぶつ【あらず】 |

符弗(fúfú): 방법

| 司 (sī) | 司 맡을/벼슬 사 |
| 司 (쓰) | 司 し【つかさどる】 |

司仪(sīyí): 결혼식의 사회자

| 弘 (hóng) | 弘 클/넓힐 홍 |
| 弘 (훙) | 弘 こう【ひろい】 |

弘扬(hóngyáng): 더욱 확대·발전시키다

| 阢 (wù) | 阢 흙 있는 돌산 올 |
| 阢 (우) | |

阢陧(wùniè): (형세·국면이) 불안하다

| 记 (jì) | 記 적을 기 |
| 記 (지) | 記 き【しるす】 |

记载(jìzǎi): 기재하다

| 讯 (xùn) | 訊 물을 신 |
| 訊 (쉰) | 訊 じん【とう】 |

讯供(xùngòng): 신문하여 자백시키다

| 尻 (kāo) | 尻 꽁무니 고 |
| 尻 (카오) | 尻 こう【しり】 |

尻坐(kāozuò): 무릎을 세우고 앉다

| 议 (yì) | 議 의논할 의 |
| 議 (이) | 議 ぎ【はかる】 |

议程(yìchéng): 의사일정

| 民 (mín) | 民 백성 민 |
| 民 (민) | 民 みん【たみ】 |

民营(mínyíng): 민영

| 永 (yǒng) | 永 길 영 |
| 永 (융) | 永 えい【ながしい】 |

永葆(yǒngbǎo): 영원히 간직하다

42

边 (biān)	邊 가변
邊 (변)	辺 へん【ほとり】

| 边检(biānjiǎn): 국경 검문

出 (chū)	出 나갈/달아날 출
出 (출)	出 しゅつ【でる】

| 出差(chūchāi): 출장하다

发 (fā)(fà)	發/髮 일으킬/머리 발
發/髮 (발)	発/髪 はつ

| 发烧(fāshāo): 열이 나다

尕 (gǎ)	尕 귀여울 소
尕 (가)	

| 尕王(gǎwáng): 어린 왕

加 (jiā)	加 더할 가
加 (지아)	加 か【くわえる】

| 加剧(jiājù): 격화하다

辽 (liáo)	遼 멀 료/요
遼 (랴오)	遼 りょう

| 辽阔(liáokuò): 아득히 멀고 광활하다

奶 (nǎi)	奶 젖 내
奶 (나이)	

| 奶茶(nǎichá): 우유나 양유를 넣은 차

5획

奴 (nú)	奴 종/놈 노
奴 (누)	奴 ど【やつ】

| 奴役(núyì): 노예로 부리다

阡 (qiān)	阡 길 천
阡 (치엔)	阡 せん【みち】

| 阡陌(qiānmò): (가로 세로로 난) 논밭 길

皮 (pí)	皮 가죽/겉 피
皮 (피)	皮 は【かわ】

| 皮革(pígé): 피혁

孕 (yùn)	孕 아이 밸 잉
孕 (원)	孕 よう【はらむ】

| 孕妊(yùnrèn): 임신하다

召 (zhào)(shào)	召 부를/땅 이름 소
召 (자오)(사오)	召 しょう

| 召集(zhàojí): 불러모으다

43

| 弁 (biàn) | 弁 고깔 변 |
| 弁 (벤) | 弁 べん【かんむり】 |

弁言(biànyán): 머리말

| 丝 (sī) | 絲 실 사 |
| 絲 (쓰) | 糸 し【いと】 |

丝帕(sīpà): 명주 손수건

| 对 (duì) | 對 마주할/대할 대 |
| 對 (두이) | 対 たい·つい |

对面(duìmiàn): 반대편

| 圣 (shèng) | 聖 성인 성 |
| 聖 (성) | 聖 せい【ひじり】 |

圣诞(shèngdàn): 예수의 탄생일

| 纠 (jiū) | 糾 얽힐 규 |
| 糾 (지유) | 糾 きゅう |

纠结(jiūjié): 서로 뒤엉키다

| 台 (tái) | 臺 대 대 |
| 臺 (타이) | 台 だい |

台球(táiqiú): 당구

| 矛 (máo) | 矛 창 모 |
| 矛 (마오) | 矛 ぼう·む【ほこ】 |

矛盾(máodùn): 창과 방패, 모순

| 幼 (yòu) | 幼 어릴 유 |
| 幼 (유) | 幼 よう【あさない】 |

幼稚(yòuzhì): 유치하다

| 母 (mǔ) | 母 어미 모 |
| 母 (무) | 母 ぼ【はは】 |

母婴(mǔyīng): 어머니와 아기

| 驭 (yù) | 馭 말 부릴 어 |
| 馭 (위) | 馭 ぎょ |

驾驭(jiàyù): 부리다

6획

耒 (lěi)	耒 쟁기 뢰
耒 (뢰/뇌)	耒 らい【すき】

| 耒耨(lěinòu): 땅을 경작하다

邦 (bāng)	邦 나라 방
邦 (방)	邦 ほう【くに】

| 邦域(bāngyù): 나라의 영토

戎 (róng)	戎 병장기 융
戎 (융)	戎 じゅう

| 从戎(cóngróng): 종군하다

玎 (dīng)	玎 옥 소리 정/쟁
玎 (딩)	

| 玎当(dīngdāng): 명성이 높다

式 (shì)	式 법 식
式 (스)	式 しき

| 式样(shìyàng): 양식

动 (dòng)	動 움직일 동
動 (동)	動 どう【うごく】

| 动身(dòngshēn): 출발하다

刑 (xíng)	刑 형벌 형
刑 (싱)	刑 けい

| 刑拘(xíngjū): 형사 구류(하다)

玑 (jī)	璣 구슬 기
璣 (지)	

| 珠玑(zhūjī): 주옥

邢 (xíng)	邢 성씨 형, 땅 이름 경
邢 (싱)	

| 邢侗(xíngdòng): 형동

匡 (kuāng)	匡 바로잡을 광
匡 (쾅)	匡 きょう

| 匡扶(kuāngfú): 바로잡아 도와주다

迂 (yū)	迂 에돌 우, 굽을 오
迂 (위)	迂 う【とおい】

| 迂阔(yūkuò): 세상 물정에 어둡다

圪 (gē)
圪 (거)
圪 흙더미 우뚝할 흘

圪弹(gētán): 한쪽 발로 뛰다

扦 (qiān)
扦 (첀)
扦 꽂을 천

扦子(qiānzi): 끝이 뾰족한 쇠꼬챙이

圭 (guī)
圭 (구이)
圭 홀 규
圭 けい

圭表(guībiǎo): 해시계

寺 (sì)
寺 (쓰)
寺 절 사, 관청 시
寺 し·じ【そら】

寺刹(sìchà): 사찰

吉 (jí)
吉 (지)
吉 길할 길
吉 きち【よい】

吉祥(jíxiáng): 상서롭다

托 (tuō)
托 (퉈)
托 맡길 탁
托 たく

托付(tuōfù): 위탁하다

扛 (káng)
(gāng)
扛 (캉)
(강)
扛 짐 멜 항, 마주 들 강
扛 こう

扛价(kángjià): 값을 올리다

圩 (wéi)
(xū)
圩 (웨이)
(쉬)
圩 오목할 우

圩堤(wéidī): 저습지의 제방

考 (kǎo)
考 (카오)
考 살필 고
考 こう【かんがえる】

考察(kǎochá): 현지 조사하다

圬 (wū)
圬 (우)
圬 흙손 오

圬人(wūrén): 미장이

扣 (kòu)
扣 (커우)
扣 두드릴 구/고
扣 こう

扣押(kòuyā): 구금하다

圳 (zhèn)
圳 (전)
圳 도랑 수/천

圳头(zhèntóu): 도랑 머리

地 (dì)	地 땅 지
地 (디)	地 ち・じ【つち】

| 地铁(dìtiě): 지하철

巩 (gǒng)	鞏 굳을 공
鞏 (궁)	鞏 きょう

| 巩固(gǒnggù): 견고하다

圾 (jī)	圾 위태할 급
圾 (지)	

| 垃圾(lājī): 쓰레기

圹 (kuàng)	壙 뫼 구덩이 광
壙 (쾅)	壙 こう

| 圹埌(kuànglàng): 들이 아득하게 넓은 모양

扩 (kuò)	擴 넓힐 확
擴 (쿼)	拡 かく【ひろめる】

| 扩展(kuòzhǎn): 확장하다

老 (lǎo)	老 늙을 로
老 (라오)	老 そう【あいる】

| 老板(lǎobǎn): 상점의 주인

扪 (mén)	捫 어루만질 문
捫 (먼)	捫 もん【なでる】

| 扪心(ménxīn): 가슴에 손을 얹다

6획

圮 (pǐ)	圮 무너질 비
圮 (피)	

| 圮毁(pǐhuǐ): 허물어지다

扫 (sǎo)	掃 쓸 소
掃 (싸오)	掃 そう【はく】

| 扫墓(sǎomù): 성묘하다

扬 (yáng)	揚 날릴 양
揚 (양)	揚 よう【あげる】

| 扬言(yángyán): 떠벌리다

圯 (yí)	圯 흙다리 이
圯 (이)	

| [문어] 다리, 교량

执 (zhí)	執 잡을 집
執 (즈)	執 しつ【とる】

| 执着(zhízhuó): 집착하다

场 (cháng)(chǎng)	場 마당 장	
場 (창)	場 じょう【ば】	

场合(chǎnghé): 경우, 장면

芊 (qiān)	芊 우거질 천	
芊 (치옌)		

芊绵(qiānmián): 초목이 무성하다

芏 (dù)	芏 왕골 토	
芏 (두)		

茳芏(jiāngdù): 방동사닛과 다년초 식물

芍 (sháo)	芍 함박꽃 작, 연밥 적	
芍 (샤오)	芍 しゃく	

芍药(sháoyao): 작약

耳 (ěr)	耳 귀 이	
耳 (얼)	耳 じ【みみ】	

耳环(ěrhuán): 귀고리

芄 (wán)	芄 왕골 환	
芄 (완)		

芄兰(wánlán): 박주가리

共 (gòng)	共 한가지 공	
共 (궁)	共 きょう【ともに】	

共享(gòngxiǎng): 함께 누리다

亚 (yà)	亞 버금 아	
亞 (야)	亜 あ【つぐ】	

亚军(yàjūn): 준우승

芨 (jī)	芨 말오줌나무 급	
芨 (지)		

芨芨草(jījīcǎo): 수염풀

芋 (yù)	芋 토란 우, 클 후	
芋 (위)	芋 う【くさといも】	

芋头(yùtou): 토란

芒 (máng)	芒 까끄라기 망	
芒 (망)	芒 ぼう	

芒刺(mángcì): 가시

芝 (zhī)	芝 영지 지	
芝 (즈)	芝 し【しばふ】	

芝麻(zhīma): 참깨

臣 (chén)	臣 신하 신
臣 (천)	臣 しん

臣服(chénfú): 신복하다

芑 (qǐ)	芑 흰 차조 기
芑 (치)	

二氧杂芑(èryǎngzáqǐ): 다이옥신

亘 (gèn)	亘 뻗칠 긍
亘 (건)	亘 こう

亘古(gènggǔ): 오랜 옛날

芎 (qióng) (xiōng)	芎 궁궁이 궁
芎 (지웅) (슝)	

川芎(chuānxiōng): 쓰촨성에서 나는 천궁

过 (guò)	過 지날 과, 재앙 화
過 (궈)	過 か【すぎる】

过敏(guòmǐn): 알레르기

权 (quán)	權 권세 권
權 (취안)	権 けん

权益(quányì): 권리와 이익

机 (jī)	機 틀 기
機 (지)	機 き【つくえ】

机灵(jīling): 영리하다

芗 (xiāng)	薌 곡식 향내 향
薌 (상)	

芬芗(fēnxiāng): 향기롭다

吏 (lì)	吏 벼슬아치 리
吏 (리)	吏 り

吏员(lìyuán): 하급 관리

朽 (xiǔ)	朽 썩을 후
朽 (슈)	朽 きゅう【くちる】

朽木(xiǔmù): 썩은 나무

朴 (piáo) (pǔ)	樸 순박할 박 나무 빽빽할 복
樸 (퍄오) (푸)	樸 ぼく

俭朴(jiǎnpǔ): 검소하고 수수하다

再 (zài)	再 두 재
再 (짜이)	再 さい【すぎる】

再见(zàijiàn): 또 뵙겠습니다

百 (bǎi)	百 일백 백		戌 (xū)	戌 개 술
百 (바이)	百 ひゃく		戌 (쉬)	戌 じゅつ

| 百分比(bǎifēnbǐ): 백분비

| 戌时(xūshí): 술시[저녁 7시~9시]

存 (cún)	存 있을 존
存 (춘)	存 そん·ぞん【ある】

| 存折(cúnzhé): 예금 통장

压 (yā)(yà)	壓 누를 압
壓 (야)	圧 あつ【おさえる】

| 压榨(yāzhà): 압착하다

而 (ér)	而 말 이을 이
而 (얼)	而 じ

| 而言(éryán): …로 보자면

厌 (yàn)	厭 싫어할 염
厭 (옌)	厭 えん【あきる】

| 厌烦(yànfán): 귀찮아 하다

厍 (shè)	厙 성씨 사, 곳집 고
厙 (서)	

| [주로 마을의 이름에 쓰임]

页 (yè)	頁 머리 혈
頁 (예)	頁 けつ【かしら】

| 页码(yèmǎ): 쪽수

西 (xī)	西 서녘 서
西 (시)	西 せい【にし】

| 西瓜(xīguā): 수박

有 (yǒu)	有 있을/가질 유
有 (유)	有 ゆう【ある】

| 有趣(yǒuqù): 재미있다

协 (xié)	協 화합할 협
協 (세)	協 きょう

| 协作(xiézuò): 협업하다

在 (zài)	在 있을 재
在 (짜이)	在 ざい【ある】

| 在行(zàiháng): 정통하다

成 (chéng) 成 이루어질 성	夸 (kuā) 誇 자랑할 과
成 (청) 成 せい【なる】	誇 (쾌) 誇 か【ほこる】

| 成熟(chéngshú): 성숙하다 | 夸口(kuākǒu): 허풍을 떨다 |

达 (dá) 達 통달/이를 달	夼 (kuǎng) 夼 땅 이름 천
達 (다) 達 たつ【とどく】	夼 (쾅)

| 达标(dábiāo): 기준에 달하다 | 大夼(dàkuǎng): 다쾅[지명] |

夺 (duó) 奪 빼앗을 탈	尥 (liào) 尥 다리 꼬일 료
奪 (둬) 奪 だつ【うばう】	尥 (랴오)

| 夺回(duóhuí): 탈환하다 | 尥蹶子(liàojuězi): 뒷발질하다 |

夹 (gā)(jiā)(jiá) 夾 낄 협	列 (liè) 列 줄 렬
夾 (가)(지아) 夾 きょう【はさむ】	列 (례) 列 れつ【つらなる】

| 夹杂(jiāzá): 혼합하다 | 列举(lièjǔ): 열거하다 |

灰 (huī) 灰 재/회색 회	死 (sǐ) 死 죽을 사
灰 (후이) 灰 かい【はい】	死 (쓰) 死 し【しぬ】

| 灰心(huīxīn): 낙담하다 | 死板(sǐbǎn): 융통성이 없다 |

匠 (jiàng) 匠 장인 장	戍 (shù) 戍 지킬 수
匠 (장) 匠 しょう	戍 (수) 戍 じゅ

| 匠师(jiàngshī): 스승이 될 만한 훌륭한 장인 | 戍边(shùbiān): 변경을 지키다 |

6획

51

毕 (bì)	畢 마칠 필	
畢 (필)	畢 ひつ	

毕生(bìshēng): 전 생애

师 (shī)	師 스승 사	
師 (스)	師 し	

师哥(shīgē): 동문 선배

此 (cǐ)	此 이 차	
此 (츠)	此 し【これ】	

此刻(cǐkè): 이때

邪 (xié)(yé)	邪 간사할 사 그런가 야	
邪 (세)(예)	邪 じゃ	

邪恶(xié'è): 사악하다

轨 (guǐ)	軌 바퀴 자국 궤	
軌 (구이)	軌 き【わだち】	

轨迹(guǐjì): 수레바퀴 자국

尧 (yáo)	堯 높을/멀 요	
堯 (야오)	尭 ぎょう	

尧舜(yáoshùn): 요와 순

划 (huá)(huà)	劃 그을 획	
劃 (화)	劃 かく【くぎる】	

划拳(huáquán): 가위바위보를 하다

夷 (yí)	夷 평평할 이	
夷 (이)	夷 い【えびす】	

夷坦(yítǎn): 평탄하다

乩 (jī)	乩 점칠 계	
乩 (지)		

扶乩(fújī): 길흉을 점치는 점술의 일종

贞 (zhēn)	貞 곧을/점칠 정	
貞 (전)	貞 てい	

贞淑(zhēnshū): (여성이) 정결하고 착하다

迈 (mài)	邁 멀리 갈 매	
邁 (마이)	邁 かい【すぎる】	

迈进(màijìn): 매진하다

至 (zhì)	至 이를/지극할 지	
至 (즈)	至 し【いたる】	

至多(zhìduō): 기껏해야

尘 (chén)	塵 티끌 진
塵 (천)	塵 じん【ちり】

| 尘世(chénshì): 속세

虫 (chóng)	蟲 벌레 충
蟲 (충)	虫 ちゅう【むし】

| 虫蚁(chóngyǐ): 벌레와 개미

当 (dāng)(dàng)	當 마땅 당
當 (당)	当 とう【あたる】

| 当然(dāngrán): 당연하다

光 (guāng)	光 빛 광
光 (광)	光 こう【ひかり】

| 光临(guānglín): 왕림(하다)

吓 (hè)(xià)	嚇 웃음소리 하 성낼 혁
嚇 (혁)(샤)	嚇 かく【おどかす】

| 吓坏(xiàhuài): 깜짝 놀라다

尖 (jiān)	尖 뾰족할 첨
尖 (지엔)	尖 せん【とがる】

| 尖叫(jiānjiào): 날카롭게 부르짖다

旯 (lá)	旯 구석 라
旯 (라)	

| 旮旯儿(gālár): 구석

劣 (liè)	劣 못할 렬
劣 (례)	劣 れつ【おとる】

| 劣货(lièhuò): 나쁜 물건

吐 (tǔ)(tù)	吐 토할 토
吐 (투)	吐 と【はく】

| 吐露(tǔlù): 토로하다

曳 (yè)	曳 끌 예
曳 (예)	曳 えい

| 曳力(yèlì): 끄는 힘

吁 (yù)	吁 탄식할 우
吁 (위)	吁 く·う【ああ】

| 吁求(yùqiú): 호소하고 간구하다

早 (zǎo)	早 새벽/일찍 조
早 (짜오)	早 そう【はやい】

| 早点(zǎodiǎn): 아침 식사

| 吃 (chī) | 吃 말 더듬을 흘 |
| 吃 (츠) | 吃 きつ |

吃苦(chīkǔ): 고생하다

| 同 (tóng) | 同 한가지 동 |
| 同 (퉁) | 同 どう【あなじ】 |

同事(tóngshì): 동료

| 吊 (diào) | 吊 조상할 조 |
| 吊 (댜오) | 吊 ちょう |

吊丧(diàosāng): 조문하다

| 团 (tuán) | 團 둥글 단 |
| 團 (퇀) | 団 だん |

团购(tuángòu): 공동 구매를 하다

| 屹 (gē)(yì) | 屹 우뚝 솟을 흘 |
| 屹 (거)(이) | 屹 きつ |

屹立(yìlì): 우뚝 솟다

| 吸 (xī) | 吸 마실 흡 |
| 吸 (시) | 吸 きゅう【すう】 |

吸纳(xīnà): 흡입하다

| 吕 (lǚ) | 吕 성씨 려 |
| 呂 (뤼) | 呂 りょ·ろ |

吕不韦(lǚbùwéi): 여불위

| 吆 (yāo) | 吆 크게 부를 요 |
| 吆 (야오) | |

吆喝(yāohe): 큰소리로 외치다

| 吗 (má)(mǎ)(ma) | 嗎 아편/어조사 마 |
| 嗎 (마) | |

吗啡(mǎfēi): 모르핀

| 因 (yīn) | 因 인할 인 |
| 因 (인) | 因 いん【よる】 |

因素(yīnsù): 구성 요소

| 曲 (qū)(qǔ) | 曲 굽을 곡 |
| 曲 (취) | 曲 きょく【まがる】 |

曲线(qūxiàn): 곡선

| 屿 (yǔ) | 嶼 섬 서 |
| 嶼 (위) | 嶼 しょ【しま】 |

岛屿(dǎoyǔ): 도서

54

氹 (dàng) / 氹 (당)

氹 저수지 당

| 氹仔(dàngzǐ): 타이파 섬

刚 (gāng) / 剛 (강)

剛 굳셀 강

剛 こう【つよい】

| 刚毅(gāngyì): 의지가 굳다

回 (huí) / 回/迴 (후이)

迴 돌아올 회

回/迴 かい【まわる】

| 回报(huíbào): 보답하다

岌 (jí) / 岌 (지)

岌 높을 급

岌 きゅう

| 岌岌(jíjí): 산이 높고 험준하다

囝 (jiǎn) / 囝 (지엔)

囝 아이 건

| 女小囝(nǚxiǎonān): 계집아이

岂 (kǎi) / 岂 (qǐ) / 豈 (카이) (치)

豈 개가 개, 어찌 기

豈 き

| 岂敢(qǐgǎn): 어찌 감히 …하겠는가?

屺 (qǐ) / 屺 (치)

屺 민둥산 기

| [문어] 벌거숭이 산

肉 (ròu) / 肉 (러우)

肉 살/고기 육

肉 にく

| 肉桂(ròuguì): 계수나무

岁 (suì) / 歲 (쑤이)

歲 해/나이 세

歲 さい【とし】

| 岁底(suìdǐ): 연말

帆 (fān) / 帆 (판)

帆 돛 범

帆 はん【ほ】

| 帆船(fānchuán): 돛단배

网 (wǎng) / 網 (왕)

網 그물 망

網 もう【あみ】

| 网吧(wǎngbā): 인터넷 카페

则 (zé) / 則 (쩌)

則 곧 즉, 법칙 칙

則 そく

| 则不(zébù): 다만 …뿐만 아니라

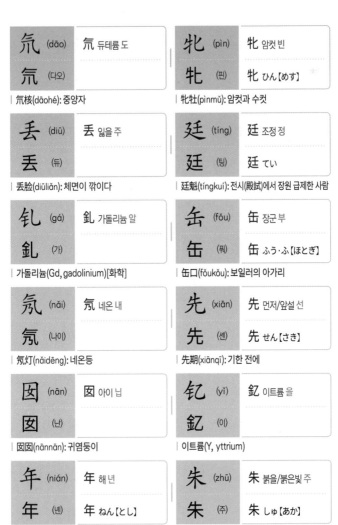

| 氘 (dāo) | 氘 듀테륨 도 |
| (다오) | |

氘核(dāohé): 중양자

| 牝 (pìn) | 牝 암컷 빈 |
| (핀) | 牝 ひん【めす】 |

牝牡(pìnmǔ): 암컷과 수컷

| 丢 (diū) | 丢 잃을 주 |
| (듀) | |

丢脸(diūliǎn): 체면이 깎이다

| 廷 (tíng) | 廷 조정 정 |
| (팅) | 廷 てい |

廷魁(tíngkuí): 전시(殿試)에서 장원 급제한 사람

| 釓 (gá) | 釓 가돌리늄 알 |
| (가) | |

가돌리늄(Gd, gadolinium)[화학]

| 缶 (fǒu) | 缶 장군 부 |
| (풔) | 缶 ふう·ふ【ほとぎ】 |

缶口(fǒukǒu): 보일러의 아가리

| 氖 (nǎi) | 氖 네온 내 |
| (나이) | |

氖灯(nǎidēng): 네온등

| 先 (xiān) | 先 먼저/앞설 선 |
| (셴) | 先 せん【さき】 |

先期(xiānqī): 기한 전에

| 囡 (nān) | 囡 아이 닙 |
| (난) | |

囡囡(nānnān): 귀염둥이

| 釔 (yǐ) | 釔 이트륨 을 |
| (이) | |

이트륨(Y, yttrium)

| 年 (nián) | 年 해 년 |
| (녠) | 年 ねん【とし】 |

年度(niándù): 연도

| 朱 (zhū) | 朱 붉을/붉은빛 주 |
| (주) | 朱 しゅ【あか】 |

朱砂(zhūshā): 주사

56

| 传 (chuán)(zhuàn) | 傳 전할 전 |
| 傳 (추완)(주완) | 伝 でん【つたえる】 |

| 传染(chuánrǎn): 전염하다

| 伎 (jì) | 伎 재주 기 |
| 伎 (지) | 伎 ぎ・き【わざ】 |

| 伎俩(jìliǎng): 수단

| 乓 (pāng) | 乓 풍소리 병 |
| 乓 (팡) | |

| 乒乓(pīngpāng): 투닥투닥

| 乒 (pīng) | 乒 물건 부딪치는 소리/ 탁구 병 |
| 乒 (핑) | |

| 乒坛(pīngtán): 탁구계

| 迄 (qì) | 迄 이를 흘 |
| 迄 (치) | 迄 きつ【まで】 |

| 迄今(qìjīn): 지금에 이르기까지

| 迁 (qiān) | 遷 옮길 천 |
| 遷 (치엔) | 遷 せん【うつる】 |

| 迁居(qiānjū): 이사하다

| 乔 (qiáo) | 喬 높을 교 |
| 喬 (챠오) | 喬 きょう【たかい】 |

| 乔装(qiáozhuāng): 변장하다

6획

| 舌 (shé) | 舌 혀 설 |
| 舌 (서) | 舌 ぜつ【した】 |

| 舌苔(shétāi): 설태

| 伟 (wěi) | 偉 클 위 |
| 偉 (웨이) | 偉 い【えらい】 |

| 伟丽(wěilì): 당당하고 아름답다

| 伍 (wǔ) | 伍 대오/다섯 오 |
| 伍 (우) | 伍 ご |

| 伍伴(wǔbàn): 동료

| 休 (xiū) | 休 쉴/그칠 휴 |
| 休 (슈) | 休 きゅう【やすむ】 |

| 休息(xiūxi): 휴식(하다)

| 竹 (zhú) | 竹 대 죽 |
| 竹 (주) | 竹 ちく【たけ】 |

| 竹笋(zhúsǔn): 죽순

伏 (fú)	伏 엎드릴 복	
伏 (부)	伏 ふく【ふせる】	

伏法(fúfǎ): 사형 집행을 받다

仵 (wǔ)	仵 짝 오	
仵 (오)		

仵作(wǔzuò): 검시관

件 (jiàn)	件 물건 건	
件 (지엔)	件 けん	

件厂(jiànchǎng): 부품 공장

伢 (yá)	伢 아이 아	
伢 (야)		

伢崽(yázǎi): 어린이

臼 (jiù)	臼 절구 구	
臼 (지유)	臼 きゅう【うす】	

臼齿(jiùchǐ): 어금니

延 (yán)	延 끌/미칠 연	
延 (옌)	延 えん	

延期(yánqī): 연기하다

仳 (pǐ)	仳 못생긴 여자/떠날 비	
仳 (피)		

仳离(pǐlí): 이혼(하다)

优 (yōu)	優 뛰어날/넉넉할 우	
優 (유)	優 ゆう【すぐれる】	

优异(yōuyì): 특히 우수하다

伐 (fá)	伐 칠 벌	
伐 (파)	伐 ばつ【うつ】	

伐木(fámù): 나무를 베다

伛 (yǔ)	傴 구부릴 구	
傴 (위)	傴 う【せむし】	

伛人(yǔrén): 곱사등이

佤 (wǎ)	佤 종족 이름 와	
佤 (와)		

佤族(wǎzú): 와족[중국 소수민족]

仲 (zhòng)	仲 버금/가운데 중	
仲 (중)	仲 ちゅう【なか】	

仲裁(zhòngcái): 중재하다

58

伧 (cāng)(chen) / 傖 (창)(천)

傖 촌뜨기/천할 창

| 伧俗(cāngsú): 속되고 비천하다

伦 (lún) / 倫 (륜)

倫 인륜 륜

倫 りん

| 伦理(lúnlǐ): 윤리

伥 (chāng) / 倀 (창)

倀 갈팡질팡할 창

| 伥伥(chāngchāng): 어찌할 바를 모르는 모양

任 (rèn)(rén) / 任 (런)

任 맡길 임

任 にん【まかせる】

| 任性(rènxìng): 제멋대로 하다

华 (huá) / 華 (후아)

華 빛날 화

華 か・げ【はな】

| 华丽(huálì): 화려하다

伤 (shāng) / 傷 (상)

傷 다칠 상

傷 しょう【きず】

| 伤风(shāngfēng): 감기에 걸리다

伙 (huǒ) / 伙 (훠)

伙 세간 화

| 伙食(huǒshí): (학교·군대 따위의 공동) 식사

仿 (fǎng) / 仿 (팡)

倣 비슷할 방

倣 ほう【ならう】

| 仿冒(fǎngmào): 모조하여 사칭하다

价 (jià) / 價 (자)

價 값 가

価 かい

| 价位(jiàwèi): 가격대

份 (fèn) / 份 (펀)

份 부분 분, 빛날 빈

| 份额(fèn'é): 시장 점유율

伉 (kàng) / 伉 (킹)

伉 짝 항

伉 こう

| 伉健(kàngjiàn): 강건하다

仰 (yǎng) / 仰 (양)

仰 우러러볼 앙

仰 ぎょう【あおぐ】

| 仰慕(yǎngmù): 앙모하다

后 (hòu) — 後 뒤 후
後 (허우) — 後 こう【あと】

| 后果(hòuguǒ): 최후의 결과

全 (quán) — 全 온전할 전
全 (취안) — 全 ぜん【まったく】

| 全职(quánzhí): 전담의

似 (shì)(sì) — 似 닮을 사
似 (스)(쓰) — 似 し·じ【にる】

| 似乎(sìhū): 마치 (…인 것 같다)

伪 (wěi) — 僞 거짓 위
僞 (웨이) — 僞 ぎ【いつわる】

| 伪善(wěishàn): 위선적이다

向 (xiàng) — 嚮 향할 향, 성씨 상
嚮 (샹) — 嚮 こう

| 向来(xiànglái): 본래부터

血 (xiě)(xuè) — 血 피 혈
血 (세)(쉐) — 血 けつ【ち】

| 血型(xuèxíng): 혈액형

囟 (xìn) — 囟 정수리 신
囟 (신) — 囟

| 囟门(xìnmén): 숨구멍

行 (xíng)(háng)(héng) — 行 다닐 행, 항렬 항
行 (싱)(항)(헝) — 行 こう·ぎょう

| 行业(hángyè): 직업

伊 (yī) — 伊 저/어조사 이
伊 (이) — 伊 い

| 伊始(yīshǐ): …의 처음

自 (zì) — 自 몸/스스로 자
自 (쯔) — 自 じ【みずから】

| 自行(zìxíng): 스스로

舟 (zhōu) — 舟 배 주
舟 (저우) — 舟 しゅう【ふね】

| 舟子(zhōuzǐ): 뱃사공

伫 (zhù) — 佇 우두커니 설 저
佇 (주) — 佇 ちょ【たたずむ】

| 伫听(zhùtīng): 오랫동안 서서 듣다

60

氽汤(cuāntāng): 채소와 고기로 끓인 국

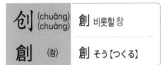

创立(chuànglì): 창립하다

合同(hétong): 계약(서)

会晤(huìwù): 회견하다

企鹅(qǐ'é): 펭귄

伞兵(sǎnbīng): 낙하산병

杀价(shājià): 값을 깎다

氽子(cuānzi): 물 끓이는 양철통

爷们(yémen): 남자

刖刑(yuèxíng): 월형

兆头(zhàotou): 징후

众多(zhòngduō): 매우 많다

6획

61

	犴 들개/감옥 안
狴犴(bì'àn): 감옥	

	夙 이를 숙
	夙 しゅく
夙仇(sùchóu): 오랜 원수	

	朵 봉오리/늘어질 타
	朵 だ
朵颐(duǒyí): 한입 가득 씹다	

危 (wēi) / (웨이)	危 위태할 위
	危 き【あぶない】
危及(wēijí): 위험이 미치다	

负 (fù) / (푸)	負 질 부
	負 ふ【おう】
负债(fùzhài): 빚을 지다	

旭 (xù) / (쉬)	旭 아침해 욱
	旭 きょく
旭日(xùrì): 막 솟아오른 태양	

	旮 구석 욱
旮旯(gālá): 구석	

旬 (xún) / (쉰)	旬 열흘 순
	旬 じゅん
旬刊(xúnkān): 순간	

肌 (jī) / (지)	肌 살가죽 기
	肌 き【はだ】
肌理(jīlǐ): 살결	

杂 (zá) / (짜)	雜 섞일 잡
	雜 ざつ【まじる】
杂货(záhuò): 잡화	

	肋 갈빗대 륵
	肋 ろく【あばら】
肋条(lèitiao): 갈비뼈	

旨 (zhǐ) / (즈)	旨 뜻 지
	旨 し【む・ね】
旨令(zhǐlìng): (제왕의) 명령	

舛杂(chuǎnzá): 뒤섞여 어수선하다

多亏(duōkuī): 덕분에, 다행히

凫水(fúshuǐ): 헤엄치다

各界(gèjiè): 각 방면

犷 (guǎng)　獷 모질 광
獷 (광)

粗犷(cūguǎng): 거칠고 상스럽다

犸 (mǎ)　獁 짐승 이름 마
獁 (마)

猛犸(měngmǎ): 매머드

名牌(míngpái): 유명 상표

色拉(sèlā): 샐러드

刎 (wěn)　刎 목자를 문
刎 (원)　刎 ふん

刎死(wěnsǐ): 목을 베어 자살하다

邬 (wū)　鄔 땅 이름 오
鄔 (우)

邬彤(wūtóng): 오동(鄔彤)

匈 (xiōng)　匈 가슴 흉
匈 (흉)　匈 きょう【む·ね】

匈奴(xiōngnú): 흉노족

争夺(zhēngduó): 쟁탈하다

6획

63

冰 (bīng) 冰 (빙)	氷 얼음 빙 氷 ひょう【こおり】

冰激凌(bīngjīlíng): 아이스크림

冲 (chōng) (chòng) 衝 (충)	衝 찌를/부딪힐 충 衝 しょう

冲账(chōngzhàng): 계정을 상쇄하다

冱 (hù) 冱 (후)	冱 얼/추위 호 冱 こ【さむい】

冱寒(hùhán): 얼어붙을 정도로 매우 춥다

交 (jiāo) 交 (자오)	交 사귈/넘길 교 交 こう【まじわる】

交代(jiāodài): 사무를 인계하다

刘 (liú) 劉 (류)	劉 성 류 劉 りゅう

刘览(liúlǎn): 대충 훑어보다

齐 (jì) (qí) 齊 (지) (치)	齊 가지런할 제 齊 さい

齐全(qíquán): 완전히 갖추다

庆 (qìng) 慶 (칭)	慶 경사/하례할 경 慶 けい【よろこぶ】

庆贺(qìnghè): 경하하다

饧 (táng) (xíng) 餳 (탕) (싱)	餳 엿 당

饧涩(xíngsè): 눈이 거슴츠레하다

亦 (yì) 亦 (이)	亦 또한 역 亦 えき・やく【また】

亦然(yìrán): 역시 그렇다

庄 (zhuāng) 庄 (좡)	庄 가게/엄할 장 庄 そう

庄稼(zhuāngjia): 농작물

妆 (zhuāng) 妆 (좡)	妝 단장할 장 妝 そう・しょう

妆饰(zhuāngshì): 화장하다

壮 (zhuàng) 壮 (좡)	壯 왕성할 장 壯 そう

壮丽(zhuànglì): 웅장하고 아름답다

闭 (bì)	閉 닫을/막을 폐	亥 (hài)	亥 열두째 지지 해
閉 (비)	閉 へい【とじる】	亥 (하이)	亥 がい【い】

| 闭嘴(bìzuǐ): 입을 다물다

| 亥时(hàishí): 해시[밤 9시~11시]

次 (cì)	次 차례/머무를 차	决 (jué)	决 결정할 결
次 (츠)	次 じ【つぎ】	决 (줴)	决 けつ【きめる】

| 次品(cìpǐn): 질이 낮은 물건

| 决绝(juéjué): 관계를 끊다

6획

产 (chǎn)	産 낳을 산	妄 (wàng)	妄 망령될 망
産 (찬)	産 さん【うむ】	妄 (왕)	妄 もう【みだり】

| 产出(chǎnchū): 생산해 내다

| 妄动(wàngdòng): 경솔하게 행동하다

充 (chōng)	充 가득할 충	问 (wèn)	問 물을 문
充 (충)	充 じゅう【みちる】	問 (원)	問 もん【とう】

| 充沛(chōngpèi): 넘쳐흐르다

| 问好(wènhǎo): 안부를 묻다

闯 (chuǎng)	闖 쑥내밀/엿볼 틈	羊 (yáng)	羊 양 양
闖 (촹)	闖 ちん	羊 (양)	羊 よう【ひつじ】

| 闯入(chuǎngrù): 틈입하다

| 羊肉串(yángròuchuàn): 양고기 꼬치

邡 (fāng)	邡 땅 이름 방	衣 (yī)	衣 옷 의
邡 (팡)		衣 (이)	衣 い【ころも】

| 什邡(shénfāng): 선팡[도시 이름]

| 衣架(yījià): 옷걸이

并购(bìnggòu): 인수 합병을 하다

米饭(mǐfàn): 쌀밥

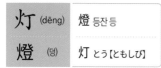

灯火(dēnghuǒ): 등불

汔 (qi)

汔 거의 흘

汔 (치)

涤汔(díqì): 깨끗이 씻다

关怀(guānhuái): 관심을 보이다

汕汕(shànshàn): 물고기가 물에서 노는 모양

汗衫(hànshān): 속옷

污浊(wūzhuó): 혼탁하다

汲水(jíshuǐ): 물을 퍼올리다

汐 (xī)

汐 석수 석

汐 (시)

汐 せき

汐水(xīshuǐ): 저녁때 밀려왔다 나가는 바닷물

江 (jiāng)

江 물 이름 강

江 (지앙)

江 こう【かわ】

江河(jiānghé): 하천

州 (zhōu)

州 고을 주

州 (저우)

州 しゅう

州县(zhōuxiàn): 주와 현

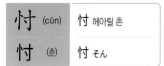 忖 (cǔn)	忖 헤아릴 촌
忖 (춘)	忖 そん

| 忖想(cǔnxiǎng): 자세히 생각하다

泗 (sì)	泗 강 이름 사
泗 (쓰)	

| 泗水(sìshuǐ): 쓰수이[하천 이름]

汊 (chà)	汊 물갈래질 차
汊 (차)	

| 汊流(chàliú): 강의 지류

守 (shǒu)	守 지킬 수
守 (쉬)	守 しゅ【まもる】

| 守信(shǒuxìn): 신용을 지키다

 忏 (chàn)	懺 뉘우칠 참
懺 (찬)	懺 さん·ざん【くいる】

| 忏悔(chànhuǐ): 참회(하다)

汤 (tāng) (shāng)	湯 끓인물 탕 물세차게 흐를 상
湯 (탕) (상)	湯 とう【ゆ】

| 汤匙(tāngchí): (중국식의) 국 숟가락

池 (chí)	池 못 지
池 (츠)	池 ち【いけ】

| 池汤(chítāng): 대중목욕탕의 욕조

 兴 (xīng) (xìng)	興 일/흥취 흥
興 (싱)	興 こう【おこす】

| 兴旺(xīngwàng): 번창하다

忙 (máng)	忙 바쁠 망
忙 (망)	忙 ぼう【いそがしい】

| 忙活(mánghuo): 분주하게 일하다

 汛 (xùn)	汛 조수 신
汛 (쉰)	

| 防汛(fángxùn): 장마철의 홍수를 예방하다

汝 (rǔ)	汝 너/물 이름 여
汝 (루)	汝 じょ【なんじ】

| 汝辈(rǔbèi): 너희들[아랫사람에게 쓰는 말]

宇 (yǔ)	宇 집 우
宇 (위)	宇 う【いえ】

| 宇宙(yǔzhòu): 우주

安 (ān)	安 편안할 안	
安 (안)	安 あん【やすい】	

| 安装(ānzhuāng): 설치하다

讳 (huì)	諱 꺼릴 휘	
諱 (후이)	諱 き【いむ】	

| 讳言(huìyán): 말하려 하지 않다

讲 (jiǎng)	講 풀이할/이야기할 강	
講 (지앙)	講 こう【とく】	

| 讲理(jiǎnglǐ): 시비를 가리다

讵 (jù)	詎 어찌 거	
詎 (쥐)		

| [문어] 어찌, 어째서

军 (jūn)	軍 군사 군	
軍 (쥔)	軍 ぐん	

| 军舰(jūnjiàn): 군함

讷 (nè)	訥 말더듬을 눌	
訥 (너)	訥 とつ【どもる】	

| 讷口(nèkǒu): 말을 더듬거리다

讴 (ōu)	謳 노래할 구	
謳 (어우)	謳 おう【うたう】	

| 讴吟(ōuyín): 노래하고 읊조리다

祁 (qí)	祁 성할 기	
祁 (치)	祁 き【おおい】	

| 祁寒(qíhán): 매우 춥다

许 (xǔ)	許 허락할 허	
許 (쉬)	許 きょ・こ【ゆるす】	

| 许诺(xǔnuò): 허락하다

讶 (yà)	訝 맞을 아	
訝 (야)	訝 か	

| 讶然(yàrán): 매우 놀라다

字 (zi)	字 글자 자	
字 (쯔)	字 じ	

| 字体(zìtǐ): 글자체

宅 (zhái)	宅 집 택	
宅 (자이)	宅 たく【いえ】	

| 宅邸(zháidǐ): 저택

讹 (é)	訛 잘못된 와	那 (nā)(nà)	那 저나, 어조사 내
訛 (어)	訛 か	那 (나)	那 な【なんぞ】

| 讹人(érén): 남에게 죄를 뒤집어 씌우다 | 刹那(chànà): 찰나 |

6획

访 (fǎng)	訪 물을 방	农 (nóng)	農 농사 농
訪 (팡)	訪 ほう【おとずれる】	農 (농)	農 のう

| 访谈(fǎngtán): 방문 취재하다 | 农历(nónglì): 음력 |

讽 (fěng)	諷 풍자할 풍	讼 (sòng)	訟 송사할 송
諷 (펑)	諷 ふう	訟 (쏭)	訟 しょう

| 讽刺(fěngcì): 풍자 | 讼案(sòng'àn): 소송 사건 |

艮 (gěn)(gèn)	艮 어긋날 간, 끌 흔	设 (shè)	設 베풀 설
艮 (건)	艮 こん【とどまる】	設 (서)	設 せつ【もうける】

| 艮气(gènqì): (채소 따위의) 풋내 | 设计(shèjì): 계책을 꾸미다 |

诀 (jué)	訣 헤어질 결	寻 (xún)	尋 찾을 심
訣 (줴)	訣 けつ【わかれる】	尋 (쉰)	尋 じん【たずねる】

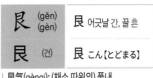

| 诀别(juébié): 결별하다 | 寻常(xúncháng): 심상하다 |

论 (lún)(lùn)	論 말할 론	聿 (yù)	聿 붓 율
論 (룬)	論 ろん【のべる】	聿 (위)	聿 いつ【ふで】

| 论述(lùnshù): 논술(하다) | [문어] 이에, 문장 서두에서 말을 이어주는 역할 |

阪 (bǎn) / 阪 (반)
阪 비탈/둑 판
阪 はん【さか】

大阪(dàbǎn): (일본의) 오사카

孙 (sūn) / 孫 (쏜)
孫 손자/자손 손
孫 そん【まご】

孙女(sūnnǚ): 손녀

弛 (chí) / 弛 (츠)
弛 느슨할/풀릴 이
弛 し【ゆるむ】

弛缓(chíhuǎn): 이완하다

收 (shōu) / 収 (서우)
收 거둘/길 수
収 しゅう【おさめる】

收获(shōuhuò): 거두어들이다

导 (dǎo) / 導 (다오)
導 이끌/다스릴 도
導 どう【みちびく】

导游(dǎoyóu): 관광 안내원

迅 (xùn) / 迅 (쒼)
迅 빠를 신
迅 じん

迅疾(xùnjí): 신속하다

尽 (jìn) (jìn) / 盡 (진)
盡 다할 진
尽 じん【つくす】

尽情(jìnqíng): 하고 싶은 바를 다하다

阳 (yáng) / 陽 (양)
陽 양기/해/양지 양
陽 よう

阳台(yángtái): 베란다

阱 (jǐng) / 阱 (징)
穽 함정 정

陷阱(xiànjǐng): 함정

异 (yì) / 異 (이)
異 다를/괴이할 이
異 い【ことなる】

异议(yìyì): 다른 의견

阮 (ruǎn) / 阮 (롼)
阮 악기 이름 완
阮 いん

阮体画(ruǎntǐhuà): 원체화[미술]

阵 (zhèn) / 陣 (전)
陣 진/싸움 진
陣 じん

阵雨(zhènyǔ): 소나기

丞 (chéng)	丞 도울/받들 승
丞 (청)	丞 じょう【たすける】

| 丞相(chéngxiàng): 승상

妈 (mā)	媽 어미 마
媽 (마)	媽 ぼ

| 妈祖(māzǔ): 하늘의 성모

妃 (fēi)	妃 왕비 비
妃 (페이)	妃 ひ【きさき】

| 妃子(fēizi): 임금의 비[첩]

如 (rú)	如 같을 여
如 (루)	如 じょ·にょ

| 如意(rúyì): 뜻대로 되다

6획

妇 (fù)	婦 지어미/아내 부
婦 (푸)	婦 ふ【よめ】

| 妇孺(fùrú): 부인과 아동

妁 (shuò)	妁 중매 작
妁 (쉬)	妁 しゃく

| 媒妁(méishuò): 중매쟁이

好 (hǎo)(hào)	好 좋을 호
好 (하오)	好 こう【このむ·すく】

| 好客(hàokè): 손님 접대를 좋아하다

她 (tā)	她 아가씨 저, 그녀 타
她 (타)	她

| 她们(tāmen): 그녀들

奸 (jiān)	奸 간사할 간
奸 (젠)	奸 かん

| 奸诈(jiānzhà): 간사하다

防 (fáng)	防 방어할/막을 방
防 (팡)	防 ぼう【ふせぐ】

| 防治(fángzhì): 예방 치료(하다)

阶 (jiē)	階 층계/사다리 계
階 (지에)	階 かい

| 阶梯(jiētī): 계단과 사다리

阴 (yīn)	陰 음기/어둠 음
陰 (인)	陰 いん【かげ】

| 阴天(yīntiān): 흐린 날씨

71

驮 (duò)(tuó)	馱 실을 태/타
馱 (둬)(퉈)	馱 だ

| 驮篓(tuólǒu): 광주리

纥 (gē)(hé)	紇 실끝/묶다 흘
紇 (거)(허)	

| 回纥(huíhé): 위구르족

红 (gōng)(hóng)	紅 베짤공, 붉을 홍
紅 (궁)(홍)	紅 こう【くれない】

| 红利(hónglì): 할증 배당금

观 (guān)	觀 볼 관
觀 (관)	観 かん【みる】

| 观察(guānchá): 관찰하다

欢 (huān)	歡 기뻐할 환
歡 (환)	歓 かん【よろこぶ】

| 欢度(huāndù): 즐겁게 보내다

买 (mǎi)	買 사다 매
買 (마이)	買 ばい【かう】

| 买断(mǎiduàn): 전부 사들이다

牟 (móu)(mù)	牟 탐할 모
牟 (모우)(무)	牟 ぼう【むぎ】

| 牟取(móuqǔ): 도모하다

纤 (qiàn)(xiān)	纖 가늘 섬
纖 (쳰)(셴)	繊 せん

| 纤巧(xiānqiǎo): 섬세하고 정교하다

戏 (xì)	戲 놀이/장난 희
戲 (시)	戯 ぎ【たわむれる】

| 戏弄(xìnòng): 희롱하다

纡 (yū)	紆 굽을/얽힐 우
紆 (위)	紆 う【まがる】

| 纡行(yūxíng): 길을 돌아서 가다

羽 (yǔ)	羽 깃/날개 우
羽 (위)	羽 う【は·はね】

| 羽毛(yǔmáo): 깃털

纣 (zhòu)	紂 껑거리끈 주
紂 (저우)	紂 ちゅう

| 纣棍(zhòugùn): 밀치, 껑거리막대

驰 (chí)	馳 달릴/전할 치
馳 (츠)	馳 ち【かける】

| 驰骋(chíchěng): 빨리 달리다

纨 (wán)	紈 흰 비단 환
紈 (완)	

| 纨袴(wánkù): 흰 비단으로 만든 바지

级 (jí)	級 등급/층계 계
級 (지)	級 きゅう

| 级差(jíchā): 등급상의 격차

巡 (xún)	巡 돌을 순
巡 (쉰)	巡 じゅん【めぐる】

| 巡回(xúnhuí): 순회하다

6획

纪 (jǐ) (jì)	紀 실마리/법 기
紀 (지)	紀 き【しるす】

| 纪念(jìniàn): 기념하다

驯 (xùn)	馴 길들일/익숙할 순
馴 (쉰)	馴 じゅん・くん

| 驯化(xùnhuà): (동물을) 길들이다

纩 (kuàng)	纊 솜 광
纊 (쾅)	紘 こう【わた】

| 属纩(zhǔkuàng): 위독 상태

约 (yāo) (yuē)	約 묶을/맺을 약
約 (야오) (웨)	約 やく

| 约束(yuēshù): 단속하다

纫 (rèn)	紉 실꿸 인
紉 (런)	

| 纫佩(rènpèi): 깊이 탄복하다

7획

弄 (lòng)(nòng)	弄	희롱할/골목 롱
弄 (롱)(농)	弄	ろう

弄乱(nòngluàn): 어지럽히다

场 (chàng)(yáng)	場	옥홀 창, 옥그릇 양
場 (창)(양)		

场圭(chàngguī): 창규(場圭)

玛 (mǎ)	瑪	마노 마
瑪 (마)	瑪	め【めのう】

玛瑙(mǎnǎo): 마노

玕 (gān)	玕	옥돌 간
玕 (간)		

琅玕(lánggān): 낭간[진주처럼 생긴 옥돌]

麦 (mài)	麥	보리 맥
麥 (마이)	麦	ばく【むぎ】

麦克风(màikèfēng): 마이크로폰

戒 (jiè)	戒	경계할 계
戒 (지에)	戒	かい【いましめる】

戒酒(jièjiǔ): 술을 끊다

寿 (shòu)	壽	목숨 수
壽 (서우)	寿	じゅ【ことぶき】

寿险(shòuxiǎn): 생명 보험

进 (jìn)	進	나아갈 진
進 (진)	進	しん【すすめる】

进行(jìnxíng): 진행하다

形 (xíng)	形	모양 형
形 (싱)	形	けい・きょう

形成(xíngchéng): 형성하다

玖 (jiǔ)	玖	옥돌 구
玖 (지우)	玖	う【たま】

琼玖(qióngjiǔ): 미옥(美玉)

玙 (yú)	璵	옥 여
璵 (위)		

璠玙(fányú): 번여[고대 노나라의 옥]

扶 (fú)	扶 도울 부	**坛** (tán)	壇 단단
扶 (부)	扶 ふ	**壇** (탄)	壇 だん

| 扶助(fúzhù): 도와주다

| 论坛(lùntán): 의견을 논술하는 장소

抚 (fǔ)	撫 어루만질 무	**抟** (tuán)	摶 뭉칠 단
撫 (부)	撫 ぶ【なでる】	**摶** (탄)	摶 たん

| 抚慰(fǔwèi): 위안하다

| 抟饭(tuánfàn): 주먹밥을 뭉치다

7획

坏 (huài)	壞 무너뜨릴 괴	**吞** (tūn)	吞 삼킬 탄
壞 (화이)	壞 かい【こわす】	**吞** (툰)	吞 どん【のむ】

| 坏账(huàizhàng): 악성 부채

| 吞噬(tūnshì): 삼키다

技 (jì)	技 재주/재능 기	**违** (wéi)	違 어길/다를 위
技 (지)	技 ぎ【わざ】	**違** (웨이)	違 い【ちがう】

| 技能(jìnéng): 기능

| 违规(wéiguī): 규정을 어기다

抔 (póu)	抔 움킬 부	**远** (yuǎn)	遠 멀 원
抔 (퍼우)	抔 ほう	**遠** (위안)	遠 えん·おん【とおい】

| 抔饮(póuyǐn): 손으로 떠서 마시다

| 远离(yuǎnlí): 멀리 떨어지다

韧 (rèn)	韌 질길 인	**运** (yùn)	運 돌/움직일 운
韧 (런)		**運** (윈)	運 うん【はこぶ】

| 韧力(rènlì): 완강한 의지

| 运转(yùnzhuǎn): 회전하다

| 抄 (chāo) | 抄 노략질할 초 |
| 抄 (차오) | 抄 しょう |

| 抄袭(chāoxí): 표절하다

| 坜 (lì) | 壢 땅 이름 력 |
| 壢 (리) | 壢 |

| 中坜(zhōnglì): 중리[지명]

| 扯 (chě) | 扯 찢을 차 |
| 扯 (처) | |

| 扯淡(chědàn): 허튼소리를 하다

| 批 (pī) | 批 칠/깎을 비 |
| 批 (피) | 批 ひ【うつ】 |

| 批发(pīfā): 도매

| 扼 (è) | 扼 누를 액 |
| 扼 (어) | 扼 やく |

| 扼杀(èshā): 목을 눌러 죽이다

| 扰 (rǎo) | 擾 길들일 요 |
| 擾 (라오) | 擾 じょう |

| 扰民(rǎomín): (국민에게) 해를 끼치다

| 汞 (gǒng) | 汞 수은 홍 |
| 汞 (궁) | 汞 こう【みずかね】 |

| 汞化(gǒnghuà): 수은 처리

| 走 (zǒu) | 走 달릴 주 |
| 走 (쩌우) | 走 そう【はしる】 |

| 走俏(zǒuqiào): 잘 팔리다

| 拒 (jù) | 拒 막을 지 |
| 拒 (쥐) | 拒 きょ【こばむ】 |

| 拒绝(jùjué): 거절하다

| 找 (zhǎo) | 找 찾을 조 |
| 找 (자오) | 找 か【さおさす】 |

| 找钱(zhǎoqián): 거슬러 주다

| 抠 (kōu)(kēi) | 摳 걷을/때릴 구 |
| 摳 (커우)(케이) | |

| 抠住(kōuzhù): (난폭하게) 움켜 쥐다

| 址 (zhǐ) | 址 터 지 |
| 址 (즈) | 址 し |

| 网址(wǎngzhǐ): 웹 사이트 주소

坝 (bà) 壩 (바)	壩 방죽 파

坝基(bàjī): 제방[둑]의 기초

扳 (bān) (pān) 扳 (반) (판)	扳 끌어당길 반

扳回(bānhuí): 만회하다

坂 (bǎn) 坂 (반)	坂 비탈 판 坂 はん【さか】

峻坂(jùnbǎn): 몹시 가파른[험한] 산비탈

扮 (bàn) 扮 (반)	扮 꾸밀 분/반 扮 ふん

扮演(bànyǎn): …의 역을 맡아 하다

赤 (chì) 赤 (츠)	赤 붉을 적 赤 せき【あかい】

赤字(chìzì): 적자

攻 (gōng) 攻 (궁)	攻 공격할 공 攻 こう【せめる】

攻略(gōnglüè): 공략하다

贡 (gòng) 貢 (궁)	貢 공물/바칠 공 貢 こう・く【みつぐ】

贡茶(gòngchá): 최상품 차

抡 (lūn) (lún) 掄 (륜)	掄 가릴 륜

抡刀(lūndāo): 칼을 휘두르다

圻 (qí) (yín) 圻 (치) (인)	圻 경기 기, 기경 은 圻 き・ぎん【さかい】

疆圻(jiāngqí): 국경

抢 (qiāng) (qiǎng) 搶 (치양)	搶 빼앗을/닿을 창 搶 そう

抢救(qiǎngjiù): 응급 처치하다

折 (zhē) (zhé) (shé) 折 (저) (서)	折 꺾을/꺾을 절 折 せつ【おる】

折合(zhéhé): 환산하다

抓 (zhuā) 抓 (좌)	抓 긁을 조 抓 そう【かく】

抓住(zhuāzhu): 붙잡다

7획

77

抃 (biàn)	抃 손뼉 칠 변
抃 (벤)	抃 べん

抃悦(biànyuè): 손뼉 치며 기뻐하다

坍 (tān)	坍 무너질 담
坍 (탄)	

坍塌(tāntā): 붕괴되다

坟 (fén)	坟 무덤/언덕 분
坟 (펀)	坟 ふん

坟墓(fénmù): 무덤

投 (tóu)	投 던질/줄 투
投 (터우)	投 とう【なげる】

投诉(tóusù): 고소하다

均 (jūn)	均 평평할/고를 균
均 (쥔)	均 きん【ひとしい】

均摊(jūntān): 균등하게 부담하다

坞 (wù)	坞 마을 오
坞 (우)	坞 お【どて】

船坞(chuánwù): 도크

坎 (kǎn)	坎 구덩이/험할 감
坎 (칸)	坎 かん【あな】

坎坷(kǎnkě): 순탄하지 못하다

孝 (xiào)	孝 효도할 효
孝 (샤오)	孝 こう

孝顺(xiàoshùn): 효도하다

坑 (kēng)	坑 구덩이 갱
坑 (컹)	坑 こう

坑害(kēnghài): 괴롭히다

抑 (yì)	抑 누를 억
抑 (이)	抑 よく【おさえる】

抑郁(yìyù): 우울하다

抛 (pāo)	抛 버릴/던질 포
抛 (파오)	抛 ほう

抛弃(pāoqì): 버리고 돌보지 않다

抵 (zhǐ)	抵 손뼉칠 지
抵 (즈)	

抵消(dǐxiāo): 상쇄하다

把 (bǎ)(bà)	把 잡을/쥘 파
把 (바)	把 は

| 把握(bǎwò): 파악하다

报 (bào)	報 갚을/알릴 보
報 (바오)	報 ほう【むくいる】

| 报仇(bàochóu): 원수를 갚다

抖 (dǒu)	抖 떨 두
抖 (더우)	抖 とう·と

| 抖颤(dǒuchàn): 떨다

坊 (fāng)(fáng)	坊 동네 방
坊 (팡)	坊 ぼう

| 坊间(fāngjiān): 거리

护 (hù)	護 지킬/도울 호
護 (후)	護 ご

| 护肤(hùfū): 피부를 보호하다

抉 (jué)	抉 도려낼 결
抉 (줴)	抉 けつ

| 抉择(juézé): 선택

抗 (kàng)	抗 들을/막을 항
抗 (캉)	抗 こう

| 抗议(kàngyì): 항의(하다)

壳 (ké)(qiào)	殼 껍질/칠 각
殼 (커)(챠오)	殼 かく·こく【から】

| 壳子(kézi): (물건의) 껍데기

块 (kuài)	塊 흙덩이 괴
塊 (콰이)	塊 かい【かたまり】

| 块料(kuàiliào): 덩어리로 된 것

扭 (niǔ)	扭 비틀/흔들 뉴
扭 (뉴)	

| 扭亏(niǔkuī): 결손이 난 것을 보완하다

声 (shēng)	聲 소리 성
聲 (성)	声 せい·しょう【こえ】

| 声明(shēngmíng): 성명서

志 (zhì)	志 뜻/의지 지
志 (즈)	志 し【こころざす】

| 志气(zhìqì): 패기

毐 (ǎi) 毒 (아이)	毐 음란할 애	却 (què) 却 (췌)	却 물러날/물리칠 각 却 きゃく

인명(人名)에 쓰이는 글자

却又(quèyòu): …하고 나서 그 후에

| 芾 (fèi)(fú) 芾 (페이)(푸) | 芾 작은 모양 비 | 抒 (shū) 抒 (수) | 抒 풀 서
抒 じょ |

蔽芾(bìfèi): 무성한 모양

抒怀(shūhuái): 감흥을 토로하다

| 芙 (fú) 芙 (푸) | 芙 부용 부
芙 ふ【はす】 | 苇 (wěi) 葦 (웨이) | 葦 갈대/거룻배 위
葦 い【あし】 |

芙蕖(fúqú): 연꽃

苇席(wěixí): 삿자리

| 邯 (hán) 邯 (한) | 邯 조나라서울 한
邯 かん | 芜 (wú) 蕪 (우) | 蕪 거칠/어지러울 무
蕪 ぶ【かぶら】 |

邯郸(hándān): 한단[지명]

芜劣(wúliè): (문장이) 난잡하고 졸렬하다

| 劫 (jié) 劫 (지에) | 劫 겁탈할 겁
劫 きょう | 芫 (yán)(yuán) 芫 (옌)(위안) | 芫 고수/팥꽃나무 원
芫 げん |

劫匪(jiéfěi): 떼강도

芫花(yuánhuā): 팥꽃나무

| 拟 (nǐ) 擬 (니) | 擬 헤아릴/비길 의
擬 ぎ | 芸 (yún) 芸 (윈) | 芸 운향/김맬 운
芸 うん【げい】 |

拟订(nǐdìng): 초안을 세우다

芸豆(yúndòu): 강낭콩의 통칭

萇 (cháng) 萇 (창)	萇 양도 장 萇 ちょう

| 萇楚(chángchǔ): 장초 |

苊 (è) 苊 (어)	苊 아세나프텐 액

| 아세나프텐(acenaphthene)[화학] |

花 (huā) 花 (화)	花 꽃 화 花 か【はな】

| 花费(huāfèi): 비용 |

芰 (jì) 芰 (지)	芰 마름 기

| 芰皂配基(jìzàopèijī): 기토게닌[화학] |

苣 (jù) (qǔ) 苣 (쥐) (취)	苣 상치 거 苣 きょ【ごま】

| 莴苣(wōjù): 양상추 |

苈 (lì) 藶 (리)	藶 개냉이 력

| 葶苈(tínglì): 두루미냉이 |

芼 (mào) 芼 (마오)	芼 풀 우거질 모

| [문어] (채소·풀을) 뽑다 |

芹 (qín) 芹 (친)	芹 미나리 근 芹 きん【せり】

| 芹菜(qíncài): 셀러리 |

芮 (ruì) 芮 (루이)	芮 풀 뾰족뾰족 날 예

| 성(姓)의 하나 |

苋 (xiàn) 莧 (셴)	莧 비름 현

| 苋菜(xiàncài): 비름 |

芽 (yá) 芽 (야)	芽 싹 아 芽 が【め】

| 芽菜(yácài): 콩나물 |

芷 (zhǐ) 芷 (즈)	芷 어수리 지

| 白芷(báizhǐ): 구릿대 |

81

苄 (biàn) 苄 (비엔)	苄 벤질 변

苄基(biànjī): 벤질기

芪 (qí) 芪 (치)	芪 단너삼 기

黄芪(huángqí): 황기

苍 (cāng) 蒼 (창)	蒼 푸를/우거질 창 蒼 そう【あおい】

苍天(cāngtiān): 푸른 하늘

芡 (qiàn) 芡 (치엔)	芡 가시연 감

芡实(qiànshí): 가시연밥

苁 (cōng) 蓯 (충)	蓯 육종용 종

苁蓉(cōngróng): 초종용과 육종용의 총칭

芩 (qín) 芩 (친)	芩 풀 이름 금

黄芩(huángqín): 황금

芳 (fāng) 芳 (팡)	芳 향내날 방 芳 ほう【かんばしい】

芳心(fāngxīn): 젊은 여자의 마음

芟 (shān) 芟 (산)	芟 베다/낫 삼 芟 さん

芟夷(shānyí): 베다

芬 (fēn) 芬 (펀)	芬 향내날 분 芬 ふん【かおり】

芬芳(fēnfāng): 향기(롭다)

苏 (wù) 苏 (우)	苏 부추 물

氮苏(dànwù): 카르바졸

芥 (gài)(jiè) 芥 (가이)(지에)	芥 겨자 개 芥 かい【からしな】

芥蒂(jièdì): 응어리

严 (yán) 嚴 (옌)	嚴 엄할 엄 嚴 げん・ごん

严格(yángé): 엄격하다

芭 (bā)	芭 풀 이름 파	
芭 (바)	芭 ば	

芭蕉(bājiāo): 파초

材 (cái)	材 재목 재	
材 (차이)	材 ざい【まるた】	

材质(cáizhì): 재질

杜 (dù)	杜 팥배나무 두	
杜 (두)	杜 と【ふさぐ】	

杜撰(dùzhuàn): 날조하다

杆 (gān) (gǎn)	杆 몽둥이/지레 간	
杆 (간)	杆 かん【たて】	

杆秤(gǎnchèng): 대저울

杠 (gāng) (gàng)	杠 다리/깃대 강	
杠 (강)	杠 こう【はたざお】	

杠杆(gànggǎn): 지렛대

克 (kè)	剋 능할/이길 극	
剋 (커)	克/剋 こく	

克扣(kèkòu): 떼어먹다

劳 (láo)	勞 수고할 로	
勞 (라오)	勞 ろう【ねぎらう】	

劳务(láowù): 서비스

芦 (lú) (lǔ)	蘆 갈대/호리병박 로	
蘆 (루)	蘆 ろ【あし】	

芦笋(lúsǔn): 아스파라거스

苏 (sū)	蘇 차조기 소	
蘇 (쑤)	蘇 そ·す【よみがえる】	

苏子油(sūzǐyóu): 들깨기름

芯 (xīn) (xìn)	芯 골풀 심	
芯 (신)	芯 しん	

芯片(xīnpiàn): 칩(chip)

苡 (yǐ)	苡 질경이 이	
苡 (이)	苡 い·し	

苡仁(yǐrén): 율무쌀

苎 (zhù)	苧 모시풀 저	
苧 (주)	苧 ちょ【からむし】	

苎麻(zhùmá): 모시풀

杓 (biāo)(sháo)	杓 북두자루 표 구기 작
杓 (뱌오)(샤오)	杓 ひょう・しゃく

刷杓(shuāsháo): 국자를 씻다

村 (cūn)	村 마을 촌
村 (춘)	村 そん【むら】

村落(cūnluò): 촌락

极 (jí)	極 용마루/극 극
極 (지)	極 きょく【きわめる】

极限(jíxiàn): 최대한

李 (lǐ)	李 오얏 이/리
李 (리)	李 り

李树(lǐshù): 오얏나무

杧 (máng)	杧 망고 망
杧 (망)	

杧果(mángguǒ): 망고 열매

杞 (qǐ)	杞 구기자 기
杞 (치)	杞 き

杞柳(qǐliǔ): 냇버들

杉 (shā)(shān)	杉 삼목 삼
杉 (사)(산)	杉 きん【すぎ】

杉木(shāmù): 삼목 나무

巫 (wū)	巫 무당 무
巫 (우)	巫 ふ・ぶ【みこ】

巫师(wūsh): 박수

杌 (wù)	杌 등걸/위태할 올
杌 (우)	

杌陧(wùniè): 불안하다

杏 (xìng)	杏 살구나무 행
杏 (싱)	杏 きょう【あんず】

杏实(xìngshí): 살구

杨 (yáng)	楊 버들 양
楊 (양)	楊 よう【やなぎ】

杨树(yángshù): 백양나무

杖 (zhàng)	杖 지팡이 장
杖 (장)	杖 じょう【つえ】

拐杖(guǎizhàng): 지팡이

孛	(bèi) (bó)	孛 살별 패 안색 변할 백
孛	(베이) (보)	孛 はい

| 孛孛丁(bóbódīng): 민들레

邴	(bǐng)	邴 고을 이름 병
邴	(빙)	

| 성(姓), 땅 이름

杈	(chā) (chà)	杈 작살 차
杈	(차)	

| 树杈(shùchà): 나뭇가지

豆	(dòu)	豆 콩 두
豆	(더우)	豆 とう・ず【まめ】

| 豆浆(dòujiāng): 콩국

甫	(fǔ)	甫 겨우/비로소 보
甫	(푸)	甫 ふ・ほ

| 甫士(fǔshì): 포즈

更	(gēng) (gèng)	更 고칠/다시 경
更	(겅)	更 こう【さら】

| 更加(gèngjiā): 더욱 더

两	(liǎng)	兩 두/짝 량
兩	(량)	両 りょう

| 两讫(liǎngqì): 쌍방의 계산이 끝나다

求	(qiú)	求 구할/빌 구
求	(치유)	求 きゅう【もとめる】

| 求饶(qiúráo): 용서를 빌다

7획

束	(shù)	束 묶을/맬 속
束	(수)	束 そく【たばねる】

| 束手(shùshǒu): 속수무책이다

忑	(tè)	忑 마음내려앉을 특
忑	(터)	

| 忐忑(tǎntè): 마음이 불안하다

吾	(wú)	吾 나/우리 오
吾	(우)	吾 ご

| 吾辈(wúbèi): 우리들

匣	(xiá)	匣 갑 갑
匣	(샤)	匣 こう

| 匣枪(xiáqiāng): 모제르총

辰 (chén)
辰 (천)

辰 별 진, 때 신
辰 しん

辰光(chénguāng): 때

否 (fǒu)(pǐ)
否 (퍼우)(피)

否 아닐 부, 악할 비
否 ひ【いな】

否认(fǒurèn): 부인하다

尬 (gà)
尬 (가)

尬 절름발이 개

尴尬(gāngà): 난처하다

还 (hái)(huán)
還 (하이)(환)

還 다시/돌아올 환
還 かん

还原(huányuán): 원상회복하다

矶 (jī)
磯 (지)

磯 물가 기
磯 き【いそ】

洛杉矶(luòshānjī): 로스앤젤레스

丽 (lì)
麗 (리)

麗 고울/빛날 려
麗 れい【うるわしい】

丽质(lìzhì): 미모

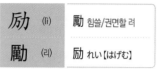

励 (lì)
勵 (리)

勵 힘쓸/권면할 려
励 れい【はげむ】

励民(lìmí): 백성을 격려[고무]하다

奁 (lián)
奩 (렌)

奩 경대 렴

奁币(liánbì): 혼수와 지참금

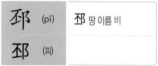

邳 (pī)
邳 (피)

邳 땅 이름 비

邳州(pīzhōu): 피저우[지명]

豕 (shǐ)
豕 (스)

豕 돼지 시
豕 し【ぶた】

豕心(shǐxīn): 탐욕(스런 마음)

医 (yī)
醫 (이)

醫 의원 의
医 い

医保(yībǎo): 의료 보험

酉 (yǒu)
酉 (유)

酉 닭 유
酉 ゆう【とり】

酉水(yǒushuǐ): 유수이[하천 이름]

邶 (bèi)
邶 (베이)
邶 나라 이름 패

| 邶风(bèifēng): 패풍[《시경·국풍》의 편명]

軑 (dài)
軑 (다이)
軑 줏대 대

| 右軑(yòudài): 오른쪽에 있는 핸들

歼 (jiān)
殲 (지엔)
殲 멸할 섬
殲 せん

| 歼敌(jiāndí): 적을 섬멸하다

来 (lái)
來 (라이)
來 올/부를 래
来 らい【くる】

| 来历(láilì): 유래

连 (lián)
連 (롄)
連 이을/이어질 련/연
連 れん【つらなる】

| 连锁(liánsuǒ): 연쇄

芈 (mǐ) (miē)
芈 (미) (메)
芈 양우는 소리 미

| 매에, 메헤헤[양의 울음소리]

轫 (rèn)
軔 (런)
軔 바퀴 굄목 인

| 发轫(fārèn): [비유] 새로운 일이 발족되다

忐 (tǎn)
忐 (탄)
忐 마음 끓어오를 탄/탐

| 忐忑(tǎntè): 마음이 불안하다

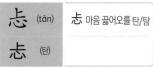

忒 (tè) (tēi) (tuī)
忒 (터) (테이) (투이)
忒 틀릴 특

| 忒板(tuībǎn): 매우 융통성이 없다

轩 (xuān)
軒 (쉬안)
軒 초헌/처마 헌
軒 けん【のき】

| 轩昂(xuān'áng): 위풍당당하다

迓 (yà)
迓 (야)
迓 마중할 아

| 失迓(shīyà): 헛걸음시켜 죄송합니다

欤 (yú)
歟 (위)
歟 그런가 여
歟 よ

| [문어] 의문이나 반문의 어기를 나타냄

7획

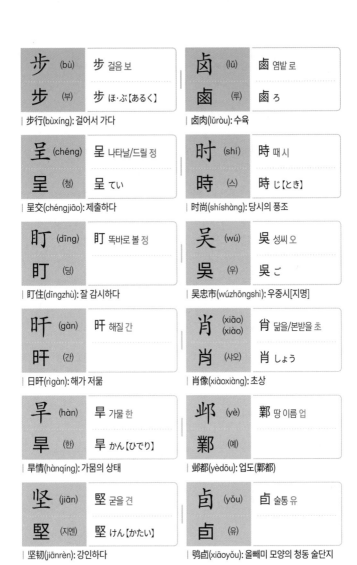

| 步 (bù) | 步 걸음 보 |
| 步 (보) | 步 ほ・ぶ【あるく】 |

| 步行(bùxíng): 걸어서 가다

| 呈 (chéng) | 呈 나타날/드릴 정 |
| 呈 (정) | 呈 てい |

| 呈交(chéngjiāo): 제출하다

| 盯 (dīng) | 盯 똑바로 볼 정 |
| 盯 (딩) | |

| 盯住(dīngzhù): 잘 감시하다

| 旰 (gàn) | 旰 해질 간 |
| 旰 (간) | |

| 日旰(rìgàn): 해가 저묾

| 旱 (hàn) | 旱 가물 한 |
| 旱 (한) | 旱 かん【ひでり】 |

| 旱情(hànqíng): 가뭄의 상태

| 坚 (jiān) | 堅 굳을 견 |
| 堅 (지엔) | 堅 けん【かたい】 |

| 坚韧(jiānrèn): 강인하다

| 卤 (lǔ) | 鹵 염밭 로 |
| 鹵 (루) | 鹵 ろ |

| 卤肉(lǔròu): 수육

| 时 (shí) | 時 때 시 |
| 時 (스) | 時 じ【とき】 |

| 时尚(shíshàng): 당시의 풍조

| 吴 (wú) | 吳 성씨 오 |
| 吳 (우) | 吳 ご |

| 吴忠市(wúzhōngshì): 우중시[지명]

| 肖 (xiāo)(xiào) | 肖 닮을/본받을 초 |
| 肖 (샤오) | 肖 しょう |

| 肖像(xiàoxiàng): 초상

| 邺 (yè) | 鄴 땅 이름 업 |
| 鄴 (예) | |

| 邺都(yèdōu): 업도(鄴都)

| 卣 (yǒu) | 卣 술통 유 |
| 卣 (유) | |

| 鸮卣(xiāoyǒu): 올빼미 모양의 청동 술단지

呆 (dāi)	呆 어리석을 매/태
呆 (다이)	呆 ほう・ぼう

| 呆着(dāizhe): 멍하니 있다

呔 (dāi)(tǎi)	呔 야소리 태
呔 (다이)(타이)	

| 脑啡呔(nǎofēitǎi): 엔케팔린

吠 (fèi)	吠 짖을 패
吠 (페이)	吠 はい【ほえる】

| 吠叫(fèijiào): (개가) 짖다

呋 (fū)	呋 넘어질 부
呋 (푸)	

| 呋喃(fūnán): 푸란(furan)[화학]

里 (lǐ)	裡 안/속 리
裡 (리)	裡 り

| 里程(lǐchéng): 이정

呖 (lì)	嚦 새소리 력
嚦 (리)	

| 呖呖(lìlì): 새의 맑고 깨끗한 울음소리

呕 (ǒu)	嘔 게울 구
嘔 (어우)	嘔 おう【はく】

| 呕吐(ǒutù): 구토(하다)

县 (xiàn)	縣 고을/매달 현
縣 (셴)	県 けん

| 县长(xiànzhǎng): 한 현의 행정 장관

呓 (yì)	囈 잠꼬대 예
囈 (이)	囈 げい

| 呓语(yìyǔ): 잠꼬대(하다)

园 (yuán)	園 동산/구역 원
園 (위안)	園 えん【その】

| 园林(yuánlín): 조경 풍치림

吱 (zhī)(zī)	吱 삐걱소리날 지
吱 (즈)(쯔)	

| 吱扭(zhīniǔ): 삐거덕

助 (zhù)	助 도울 조
助 (주)	助 じょ【たすける】

| 助威(zhùwēi): 응원하다

89

吡啶(bǐdǐng): 피리딘

虬须(qiúxū): 곱슬곱슬한 턱수염

町田市(dīngtiánshì): 마치다 시(도쿄 도)

围裙(wéiqún): 앞치마

吨位(dūnwèi): 적재량

哎呀(āiyā): 놀라움을 나타냄

呃逆(ènì): 딸꾹질(하다)

旸谷(yánggǔ): 동쪽 끝의 해가 돋는다는 곳

旷课(kuàngkè): (학생이) 무단결석하다

邮购(yóugòu): 통신 구매

男朋友(nánpéngyou): (남자) 애인

足疗(zúliáo): 발마사지

| 呗 (bài)(bei) 唄 염불소리 패 / 唄 ばい【うた】 | 呐 (nà)(ne) 吶 떠들 납, 더듬을 눌 / 呐 とつ【どもる】 |

| 呗赞(bàizàn): 부처의 공덕을 찬미하는 노래 | 呐喊(nàhǎn): 외치다 |

| 吵 (chāo)(chǎo) 吵 울 묘 시끄러울 초 | 呛 (qiāng)(qiàng) 嗆 사레들 창 |

| 吵嘴(chǎozuǐ): 말다툼하다 | 呛劲(qiàngjìn): 열심히 하다 |

| 串 (chuàn) 串 꿸 천 / 串 かん | 听 (tīng) 聽 들을 청 / 聴 ちょう |

| 串通(chuàntōng): 내통하다 | 听懂(tīngdǒng): 알아듣다 |

| 吩 (fēn) 吩 분부할 분 / 吩 ふん | 吻 (wěn) 吻 입술 문 / 吻 ふん【くちびる】 |

| 吩咐(fēnfu): 분부하다 | 吻别(wěnbié): 키스하고 작별하다 |

| 呙 (guō) 咼 입비뚤어질 괘/와 / 咼 かい | 吟 (yín) 吟 읊을/끙끙거릴 음 / 吟 ぎん |

| 呙斜(wāixié): 입이 비뚤어지다 | 吟唱(yínchàng): 음창하다 |

| 困 (kùn) 困 곤할 곤 / 困 こん【こまる】 | 员 (yuán)(yún)(yùn) 員 인원/관원 원 / 員 いん |

| 困倦(kùnjuàn): 피곤하여 졸리다 | 员工(yuángōng): 종업원 |

91

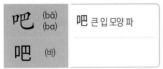

吧 큰 입 모양 파

| 吧台(bātái): 바의 카운터

岍 산 이름 견

| 岍山(qiānshān): 치엔산[산 이름]

别 다를/가를 별
别 べつ

| 别致(biézhì): 색다르다

吣 토할 침, 욕할 침/심

| 胡吣(húqìn): 허튼소리를 하다

吹 불/관악 취
吹 すい【ふく】

| 吹嘘(chuīxū): 과장해서 말하다

吮 빨 연

| 吮吸(shǔnxī): 빨아 먹다

囤 곳집/모을 돈

| 囤买(túnmǎi): 필요 이상으로 많이 사재다

呜 오호라/탄식할 오
呜 お·う

| 呜咽(wūyè): 오열하다

吭 목소리 낼/목 항
吭 こう

| 吭呛(kēngqiāng): 꿀꺽 삼키다

邑 고을/평지 읍
邑 こう【むら】

| 邑闾(yìlú): 촌락

吼 울 후
吼 こう

| 吼怒(hǒunù): 노호하다

引 인돌 인

| 吲哚(yǐnduǒ): 인돌(indole)

财 (cái)	财 재물 재
財 (차이)	財 さい・ざい

| 财会(cáikuài): 재무와 회계

岑 (cén)	岑 봉우리/언덕 잠
岑 (천)	岑 しん・ぎん【みね】

| 岑寂(cénjì): 적막하다

岗 (gāng)	崗 산등성이 강
崗 (강)	崗 こう【おか】

| 岗亭(gǎngtíng): 검문소

岚 (lán)	嵐 남기 람
嵐 (란)	嵐 らん【あらし】

| 晓岚(xiǎolán): 새벽 안개

囵 (lún)	圇 덩어리질 륜
圇 (룬)	

| 囫囵(húlún): 통째로

岐 (qí)	岐 산 이름 기
岐 (치)	岐 き

| 分岐(fēnqí): 분기

岖 (qū)	嶇 가파를 구
嶇 (취)	嶇 く

| 崎岖(qíqū): 울퉁불퉁하다

兕 (sì)	兕 외뿔소 시
兕 (쓰)	

| 兕觥(sìgōng): 외뿔소의 뿔로 만든 술잔

7획

帏 (wéi)	幃 휘장/향낭 위
幃 (웨이)	幃 あく

| 帏幕(wéimù): 휘장

岘 (xiàn)	峴 산 이름 현
峴 (셴)	

| 岘山(xiànshān): 셴산[산 이름]

岈 (yá)	岈 땅 이름 아/하
岈 (야)	

| 嵖岈(cháyá): 차야[산 이름]

帐 (zhàng)	帳 휘장/장막 장
帳 (장)	帳 ちょう

| 帐篷(zhàngpeng): 텐트

93

氘化水(chuānhuàshuǐ): 삼중 수소수

폴로늄(Po, polonium)[화학]

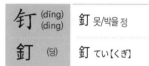

钉梢(dīngshāo): 미행하다

我的(wǒde): 나의 것

告诫(gàojiè): 훈계하다

舛迕(chuǎnwǔ): 서로 모순되다

囫囵着(húlúnzhe): 통째로

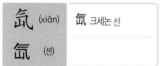

氙灯(xiāndēng): 크세논 램프

钌红(liǎohóng): 루테늄레드

钊尾山(zhāowěishān): 자오웨이산[산 이름]

牡蛎(mǔlì): 굴

针对(zhēnduì): 겨누다

岙 (ào)	岙 땅 이름 오
岙 (아오)	

松岙(sōng'ào): 쑹아오[지명]

佞 (nìng)	佞 아첨할 녕
佞 (닝)	佞 ねい

佞口(nìngkǒu): 말주변이 있다

兵 (bīng)	兵 군사/싸움 병
兵 (빙)	兵 へい·ひょう

兵役(bīngyì): 병역

邱 (qiū)	邱 언덕 구
邱 (치우)	邱 きゅう

大邱(dàqiū): 대구(광역시)

估 (gū)(gù)	估 값놓을 고
估 (구)	估 こ

估价(gūjià): (가격을) 치다

私 (sī)	私 사사로이할 사
私 (쓰)	私 し【わたくし】

私企(sīqǐ): 사기업

利 (lì)	利 날카로울/이로울 리/이
利 (리)	利 り【きく】

利弊(lìbì): 이로움과 폐단

体 (tǐ)(tī)	體 몸 체
體 (티)	体 たい【からだ】

体贴(tǐtiē): 자상하게 돌보다

乱 (luàn)	亂 어지러울 란/난
亂 (롼)	乱 らん【みだれる】

乱来(luànlái): 함부로 하다

秃 (tū)	秃 대머리 독
秃 (투)	秃 とく【はげ】

秃顶(tūdǐng): 대머리

每 (měi)	每 매양 매
每 (메이)	每 まい

每当(měidāng): …할 때마다

秀 (xiù)	秀 이삭팰/빼어날 수
秀 (시우)	秀 しゅう【ひいでる】

秀丽(xiùlì): 수려하다

95

| 伯 (bǎi)(bó) | 伯 맏 백 |
| 伯 (바이)(보) | 伯 はく |

| 伯仲(bózhòng): 백중하다

| 伸 (shēn) | 伸 펼/펼칠 신 |
| 伸 (선) | 伸 しん【のびる】 |

| 伸手(shēnshǒu): 손을 내밀다

| 但 (dàn) | 但 다만 단 |
| 但 (단) | 但 たん【ただし】 |

| 但愿(dànyuàn): 단지 …을 원하다

| 佚 (yì) | 佚 편할 일 |
| 佚 (이) | 佚 いつ |

| 佚失(yìshī): 유실되다

| 佃 (diàn)(tián) | 佃 밭갈 전 |
| 佃 (뎬)(톈) | 佃 でん【つくだ】 |

| 佃户(diànhù): 소작농

| 攸 (yōu) | 攸 바/아득할 유 |
| 攸 (유) | 攸 ゆう |

| 攸关(yōuguān): …와 관련이 있다

| 何 (hé) | 何 어찌/무엇 하 |
| 何 (허) | 何 か【なに】 |

| 何必(hébì): …할 필요가 없다

| 佑 (yòu) | 佑 도울 우 |
| 佑 (유) | 佑 ゆう |

| 佑助(yòuzhù): 보조하다

| 伶 (líng) | 伶 영리할 령 |
| 伶 (링) | 伶 れい |

| 伶俐(línglì): 영리하다

| 佐 (zuǒ) | 佐 도울 좌 |
| 佐 (쭤) | 佐 さ |

| 佐证(zuǒzhèng): 증거

| 伾 (pī) | 伾 힘셀 비 |
| 伾 (피) | |

| 伾伾(pīpī): 힘세다

| 作 (zuò) | 作 지을/일으킬 작 |
| 作 (쭤) | 作 さく【つくる】 |

| 作为(zuòwéi): …로 하다

96

伴 (bàn)	伴 짝반	佟 (tóng)	佟 성씨 동
伴 (반)	伴 はん【ともなう】	佟 (퉁)	

| 伴娘(bànniáng): 신부 들러리

| 佟佳江(tóngjiājiāng): 퉁지아장[하천 이름]

低 (dī)	低 낮을/숙일 저	佗 (tuó)	佗 짊어질 타
低 (디)	低 てい【ひくい】	佗 (퉈)	佗 た【ほか】

| 低估(dīgū): 과소평가하다

| 华佗(huàtuó): 화타[한말 명의]

7획

佝 (gōu)	佝 곱사등이 구	位 (wèi)	位 자리 위
佝 (거우)	佝 こう・く【せむし】	位 (웨이)	位 い【くらい】

| 佝偻(gōulóu): 곱사

| 位居(wèijū): …에 위치하다

你 (nǐ)	你 너 니	佣 (yōng)(yòng)	傭 품팔이할/구전 용
你 (니)		傭 (용)	傭 よう

| 你敢(nǐgǎn): 네가 감히

| 佣金(yòngjīn): 수수료

伺 (cì)(sì)	伺 엿볼/찾을 사	皂 (zào)	皂 하인/비누 조
伺 (츠)(쓰)	伺 し【うかがう】	皂 (짜오)	

| 伺机(sìjī): 기회를 엿보다

| 皂甙(zàodài): 사포닌

身 (shēn)	身 몸 신	住 (zhù)	住 머무를/그칠 주
身 (선)	身 しん【み】	住 (주)	住 じゅう【すむ】

| 身份(shēnfen): 신분

| 住院(zhùyuàn): 입원하다

囱 (cōng) 囱 (충)	囱 굴뚝 총
烟囱(yāncōng): 굴뚝	

伽 (gā)(jiā)(qié) 伽 (가)(지아)(치에)	伽 절 가 伽 か·が
伽倻琴(jiāyēqín): 가야금	

彻 (chè) 徹 (처)	徹 통할/뚫을 철 徹 てつ
彻骨(chègǔ): 뼈[골수]에 사무치다	

佘 (shé) 佘 (서)	佘 성씨 사
성(姓)	

彷 (fǎng)(páng) 彷 (팡)(팡)	彷 비슷할/배회할 방 彷 ほう
彷徨(pánghuáng): 방황하다	

返 (fǎn) 返 (판)	返 돌아올/돌려보낼 반 返 へん【かえす】
返乡(fǎnxiāng): 고향에 돌아가다	

佛 (fó)(fú) 佛 (포)(뿌)	佛 부처 불 仏 ぶつ【ほとけ】
佛祖(fózǔ): 불교의 시조	

希 (xī) 希 (시)	希 드물/섬길 희 希 き【まれ】
希罕(xīhan): 희한하다	

近 (jìn) 近 (진)	近 가까울/근처 근 近 きん【ちかい】
近况(jìnkuàng): 근황	

役 (yì) 役 (이)	役 부릴 역 役 やく·えき
役使(yìshǐ): 부려먹다	

佥 (qiān) 僉 (치엔)	僉 모두 첨 僉 けん
佥同(qiāntóng): 일치 찬동하다	

余 (yú) 餘 (위)	餘 나머지 여 餘 よ【あまる】
余暇(yúxiá): 여가	

98

坌 (bèn)	坌 모을 분	含 (hán)	含 머금을/넣을 함
坌 (번)		含 (함)	含 がん【ふくむ】

| 坌涌(bènyǒng): 솟아오르다 | 含有(hányǒu): 포함하고 있다 |

岔 (chà)	岔 산길나뉠 차	邻 (lín)	鄰 이웃할 린
岔 (차)		鄰 (린)	隣 りん【となり】

| 岔路(chàlù): 갈림길 | 邻居(línjū): 이웃 |

7획

孚 (fú)	孚 미쁠 부	妥 (tuǒ)	妥 온당할/타당할 타
孚 (부)	孚 ふ【かえす】	妥 (퇴)	妥 だ

| 信孚(xìnfú): 신용 | 妥善(tuǒshàn): 타당하다 |

肝 (gān)	肝 간/마음 간	肟 (wò)	肟 옥심 오
肝 (간)	肝 かん【きも】	肟 (워)	

| 肝癌(gān'ái): 간암 | 肟盐(wòyán): 옥시메이트 |

肛 (gāng)	肛 똥구멍 항	豸 (zhì)	豸 벌레/풀릴 치 해태 채
肛 (강)	肛 こう	豸 (즈)	豸 ち

| 肛表(gāngbiǎo): 항문 체온계 | 虫豸(chóngzhì): 벌레 같은 인간 |

谷 (gǔ)	穀 곡식 곡	坐 (zuò)	坐 앉을/무릎꿇을 좌
穀 (구)	穀 こく	坐 (쫘)	坐 ざ

| 谷仓(gǔcāng): 곡창 | 坐牢(zuòláo): 수감되다 |

 狈 (bèi) 狽 (베이)	狽 이리 패 狽 べい

狼狈(lángbèi): 궁지에 빠져 있다

 肠 (cháng) 腸 (창)	腸 창자/마음 장 腸 ちょう

肠炎(chángyán): 장염

 邸 (dǐ) 邸 (디)	邸 집/주막 저 邸 てい【やしき】

邸宅(dǐzhái): 저택

甸 (diàn) 甸 (뎬)	甸 경기 전 甸 でん

甸役(diànyì): 수렵에 관한 일

肚 (dǔ) (dù) 肚 (뚜)	肚 배/밥통 두 肚 と

肚脐(dùqí): 배꼽

龟 (guī) (jūn) 龜 (구이) (쥔)	龜 거북 귀, 틀 균 亀 き【かめ】

龟裂(jūnliè): 균열

 奂 (huàn) 奐 (환)	奐 빛나다/성대할 환 奐 かん

轮奂(lúnhuàn): 웅장하고 아름답다

狂 (kuáng) 狂 (꽝)	狂 미칠 광 狂 きょう

狂热(kuángrè): 열광적이다

 免 (miǎn) 免 (미옌)	免 벗어날/면할 면 免 めん【まぬかれる】

免税(miǎnshuì): 면세하다

劬 (qú) 劬 (취)	劬 힘들일 구 劬 く

劬劳(qúláo): 고생하다

犹 (yóu) 猶 (유)	猶 망설일 유 猶 ゆう·よう

犹豫(yóuyù): 주저하다

肘 (zhǒu) 肘 (저우)	肘 팔꿈치 주 肘 ちゅう【ひじ】

肘窝(zhǒuwō): 팔꿈치 관절의 안쪽

| 岛 (dǎo) | 島 섬 도 |
| 島 (다오) | 島 とう【しま】 |

| 岛国(dǎoguó): 섬나라

| 狄 (dí) | 狄 오랑캐 적 |
| 狄 (디) | 狄 てき |

| 狄奥宁(dí'àoníng): 염산에틸모르핀

| 角 (jiǎo)(jué) | 角 뿔 각 |
| 角 (쟈오)(졔) | 角 かく【つの・かど】 |

| 角落(jiǎoluò): 모퉁이

| 鸠 (jiū) | 鳩 비둘기/모일 구 |
| 鳩 (지유) | 鳩 きゅう【はと】 |

| 鸠形(jiūxíng): (사람 체형의) 비둘기형

| 灸 (jiǔ) | 灸 뜸 구 |
| 灸 (지유) | 灸 きゅう |

| 针灸(zhēnjiǔ): 침질과 뜸질

| 卵 (luǎn) | 卵 알 란 |
| 卵 (롼) | 卵 らん【たまご】 |

| 卵巢(luǎncháo): 난소

| 狃 (niǔ) | 狃 익을 뉴 |
| 狃 (뉴) | 狃 じゅう |

| 狃于成见(niǔyúchéngjiàn): 관념에 사로잡히다

| 删 (shān) | 刪 깎을 산 |
| 刪 (산) | 刪 さん |

| 删改(shāngǎi): 삭제하여 정정하다

7획

| 条 (tiáo) | 條 가지 조 |
| 條 (탸오) | 条 じょう |

| 条款(tiáokuǎn): (문서·계약 따위의) 조항

| 彤 (tóng) | 彤 붉은칠할 동 |
| 彤 (퉁) | |

| 彤红(tónghóng): 짙은 빨강

| 狁 (yǔn) | 狁 오랑캐 이름 윤 |
| 狁 (윈) | |

| 猃狁(xiǎnyǔn): 험윤[중국 북방 민족의 하나]

| 邹 (zōu) | 鄒 나라 이름 추 |
| 鄒 (쩌우) | 鄒 すう |

| 邹屠(zōutú): 복성(複姓)

101

刨 (bào)(páo)	刨 깎을 포
刨 (바오)(파오)	

刨除(páochú): 공제하다

饬 (chì)	飭 신칙할/삼갈 칙
飭 (츠)	飭 ちょく

饬厉(chìlì): 타이르고 격려하다

冻 (dòng)	凍 얼 동
凍 (둥)	凍 とう【こおる】

冻柜(dòngguì): 냉장고

饪 (rèn)	飪 익힐 임
飪 (런)	

烹饪(pēngrèn): 요리(하다)

饭 (fàn)	飯 밥 반
飯 (판)	飯 はん【めし】

饭菜(fàncài): 밥과 찬

饨 (tún)	飩 만두 돈
飩 (툰)	飩 とん

馄饨(húntun): 훈툰[만두의 일종]

系 (xì)	係 맬/끌 계
係 (시)	系 けい

系列(xìliè): 시리즈

饩 (xì)	餼 보낼 희
餼 (시)	

饩羊(xìyáng): 살아 있는 희생양

言 (yán)	言 말씀 언
言 (옌)	言 げん・ごん【いう】

言论(yánlùn): 언론

饮 (yǐn)(yìn)	飲 마실 음
飲 (인)	飲 いん【のむ】

饮食(yǐnshí): 음식

迎 (yíng)	迎 맞이할 영
迎 (잉)	迎 げん【むかえる】

迎合(yínghé): 영합하다

饫 (yù)	飫 실컷먹을 어
飫 (위)	飫 ょ

饫饱(yùbǎo): 배가 부르다

庇 (bì)	庇 덮을/감쌀 비
庇 (비)	庇 ひ【かばう】

庇护(bìhù): 비호하다

床 (chuáng)	床 평상 상
床 (창)	床 しょう【とこ・ゆか】

床垫(chuángdiàn): 침대의 매트리스

疔 (dīng)	疔 정정
疔 (딩)	疔 ちょう

疔疮(dīngchuāng): 정창

庋 (guǐ)	庋 시렁 기
庋 (구이)	

藏庋(cánguǐ): (모아서) 저장하다

亨 (hēng)	亨 형통할 형
亨 (형)	亨 きょう

亨通(hēngtōng): 형통하다

疖 (jiē)	癤 부스럼 절
疖 (지에)	

疖子(jiēzi): 부스럼

库 (kù)	庫 곳집 고
库 (쿠)	庫 こ【くら】

库存(kùcún): 재고

况 (kuàng)	況 비유할/견줄 황
况 (쾅)	況 きょう

况且(kuàngqiě): 하물며

疗 (liáo)	療 고칠/면할 료
疗 (랴오)	療 りょう【いやす】

疗治(liáozhì): 치료하다

亩 (mǔ)	畝 이랑/두둑 묘
亩 (무)	畝 ほ【うね】

亩产(mǔchǎn): 1무당 소출

庑 (wǔ)	廡 곁채 무
庑 (우)	廡 ぶ【ひさし】

庑殿(wǔdiàn): 옛날, 정전 양 옆의 큰곁채

状 (zhuàng)	狀 모양/형용할 상
状 (좡)	狀 じょう

状告(zhuànggào): 고소하다

膏肓(gāohuāng): 고황

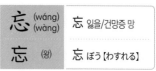

忘却(wàngquè): 망각하다

冷漠(lěngmò): 냉담하다

辛辣(xīnlà): (맛이) 맵다

吝啬(lìnsè): 인색(하다)

序幕(xùmù): 서막

庐山(lúshān): 루산[산 이름]

冶铁(yětiě): 철광석을 제련하다

弃权(qìquán): 권리를 포기하다

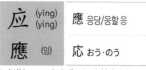

应邀(yìngyāo): 초대 또는 초청에 응하다

闰月(rùnyuè): 윤달

这样(zhèyàng): 이렇다

灿 (càn)	燦 빛날 찬
燦 (찬)	燦 さん

| 灿丽(cànlì): 눈부시게 아름답다

兑 (duì)	兌 바꿀/태괘 태
兑 (두이)	兌 だ

| 兑付(duìfù): 지불하다

闳 (hóng)	閎 문 굉
闳 (홍)	

| 崇闳(chónghóng): 웅장하고 크다

间 (jiān) (jiàn)	間 사이/틈 간
間 (지엔)	間 かん【あいだ】

| 间谍(jiàndié): 스파이

闶 (kāng) (kàng)	閌 문높을 항
閌 (킹)	

| 闶阆(kāngláng): (건축물의) 내부

闷 (mēn) (mèn)	悶 번민할/어두울 민
悶 (먼)	悶 もん【もだえる】

| 闷热(mēnrè): 무덥다

闵 (mǐn)	閔 우환/근심할 민
閔 (민)	閔 びん

| 闵哀王(mǐn'āiwáng): 민애왕(신라 44대 임금)

判 (pàn)	判 가를/판단 판
判 (판)	判 はん・ばん

7획

| 判定(pàndìng): 판정하다

羌 (qiāng)	羌 종족 이름 강
羌 (치양)	羌 きょう

| 羌活(qiānghuó): 강활

闱 (wéi)	闈 문 위
闈 (웨이)	

| 闱门(wéimén): 사원[궁궐]의 쪽문

闲 (xián)	閑 한가할 한
閑 (셴)	閑 かん

| 闲着(xiánzhe): 비어 있다

灶 (zào)	竈 부엌 조
竈 (짜오)	竈 そう【かまど】

| 灶台(zàotái): 부뚜막

弟 (dì)(tì)	弟 아우 제	
弟 (디)(티)	弟 てい·だい	

| 弟子(dìzǐ): 제자

沣 (fēng)	灃 물 이름 풍	
灃 (펑)		

| 沣河(fēnghé): 펑허[하천 이름]

沔 (miǎn)	沔 물 이름 면
沔 (미엔)	

| 渺沔(miǎomiǎn): 그지없이 넓고 아득하다

汪 (wāng)	汪 넓을/못 왕
汪 (왕)	汪 おう

| 汪水(wāngshuǐ): 물이 넘치다

沐 (mù)	沐 머리감을 목
沐 (무)	沐 もく

| 沐浴(mùyù): 목욕하다

炀 (yáng)	煬 땔/쬘 양
煬 (양)	煬 よう【あぶる】

| 烔炀(tóngyáng): 통양[지명]

沤 (ōu)(òu)	漚 담글 구
漚 (어우)	

| 沤烂(òulàn): 물에 오래 담가 두어 썩다

沅 (yuán)	沅 물 이름 원
沅 (위안)	

| 沅江(yuánjiāng): 위안장[하천 이름]

沛 (pèi)	沛 왕성할/늪 패
沛 (페이)	沛 はい

| 沛然(pèirán): 왕성하다

沄 (yún)	澐 큰물결일 운
澐 (윈)	

| 沄沄(yúnyún): 물이 소용돌이치며 흐르는 모양

汰 (tài)	汰 일 태
汰 (타이)	汰 たい·た

| 汰金(tàijīn): 사금을 물에 일다

灼 (zhuó)	灼 사르다/밝다 작
灼 (줘)	灼 しゃく

| 灼痛(zhuótòng): 타는 듯한 아픔

沘 (bǐ)	沘 물 이름 비
沘 (비)	

| 沘江(bǐjiāng): 비장[하천 이름]

汽 (qì)	汽 김 기
汽 (기)	汽 き【ゆげ】

| 汽水(qìshuǐ): 사이다

沌 (dùn) (zhuàn)	沌 어두울 돈 땅 이름 전
沌 (돈) (주완)	沌 とん

| 混沌(hùndùn): 혼돈

汭 (ruì)	汭 물굽이 예
汭 (루이)	

| 汭水(ruìshuǐ): 루이수이[하천 이름]

汩 (gǔ)	汩 빠질 골
汩 (구)	

| 汩汩(gǔgǔ): 콸콸

沙 (shā) (shà)	沙 모래/일 사
沙 (사)	沙 さ【すな】

| 沙漠(shāmò): 사막

汨 (mì)	汨 물 이름 멱, 빠질 골
汨 (미)	汨 こつ・べき

| 汨罗江(mìluójiāng): 미루오장[하천 이름]

沃 (wò)	沃 물댈/기름진 옥
沃 (워)	沃 よう・よく

| 沃土(wòtǔ): 비옥한 땅

沥 (lì)	瀝 물방울/떨어질 력
瀝 (리)	瀝 れき【しずく】

| 沥恳(lìkěn): 간절히 바라다

沂 (yí)	沂 물 이름 기, 지경 은
沂 (이)	沂 き【ふち】

| 沂山(yíshān): 이산[산 이름]

沏 (qī) (qū)	沏 따를/물살 빠를 절
沏 (치) (취)	

| 沏茶(qīchá): 차를 타다

沚 (zhǐ)	沚 물가 지
沚 (즈)	沚 し【なぎさ】

| 洲沚(zhōuzhǐ): 모래톱

107

汴 (biàn) 汴 (볜)	汴 물 이름 변

汴省(biànshěng): 중국 허난성의 별칭

沆 (hàng) 沆 (항)	沆 넓을 항

沆溉(hànggài): 물이 넓게 천천히 흐르다

沧 (cāng) 滄 (창)	滄 큰바다/찰 창 滄 そう【うみ】

沧海(cānghǎi): 넓고 푸른 바다

沦 (lún) 淪 (륜)	淪 잔물결/빠질 륜 淪 りん【しずむ】

沦落(lúnluò): 몰락하다

泛 (fàn) 泛 (판)	泛 뜰/넓을 범 泛 はん·ほう

泛滥(fànlàn): 범람

没 (méi) (mò) 没 (메이) (모)	没 없을/빠질 몰 没 ぼつ【しずむ】

没戏(méixì): 가망이 없다

汾 (fén) 汾 (편)	汾 물 이름/많을 분 汾 ふん

汾酒(fénjiǔ): 펀주[술 이름]

沩 (wéi) 潙 (웨이)	潙 물 이름 위

沩水(wéi shuǐ): 웨이수이[강 이름]

沨 (fēng) 渢 (펑)	渢 물소리 풍

沨沨(fēngfēng): 씽씽

汶 (wèn) 汶 (원)	汶 물 이름 문

汶川(wènchuān): 원촨[지명]

沟 (gōu) 溝 (꼬우)	溝 도랑/시내 구 溝 こう【みぞ】

沟渠(gōuqú): 도랑

汹 (xiōng) 洶 (시웅)	洶 용솟음할 흉 洶 きょう

汹涌(xiōngyǒng): 세차게 위로 치솟다

沉 (chén) 沉 (천)	沉 가라앉을 침

沉思(chénsī): 숙고하다

沈 (chén) (shěn) 瀋 (천) (선)	瀋 성심, 잠길 침 沈 ちん【しずむ】

沈菜(chéncài): 딤채[식품 용어]

忡 (chōng) 忡 (충)	忡 근심할 충

忡忡(chōngchōng): 근심하는 모양

沪 (hù) 滬 (후)	滬 물 이름 호 滬 こ【えり】

沪上(hùshàng): 상하이의 다른 이름

怀 (huái) 懷 (회이)	懷 품을/따를 회 懷 かい【いだく】

怀念(huáiniàn): 그리워하다

泐 (lè) 泐 (러)	泐 돌 갈라질 륵

泐碑(lèbēi): 비석을 새기다

怄 (òu) 慪 (어우)	慪 화나게 할 구

怄气(òuqì): 화내다

沁 (qín) (qìn) 沁 (친)	沁 뺄/물 이름 심 沁 しん

沁凉(qìnliáng): 싸늘하다

忤 (wǔ) 忤 (우)	忤 거스를 오 忤 ご【さからう】

忤逆(wǔnì): 거역하다

怃 (wǔ) 憮 (우)	憮 어루만질/멍할 무 憮 ぶ【いつくしむ】

怃然(wǔrán): 실망한 모양

忧 (yōu) 憂 (유)	憂 근심/병 우 憂 ゆう【うれえる】

忧心(yōuxīn): 걱정하다

忮 (zhì) 忮 (즈)	忮 해칠 기

忮心(zhìxīn): 질투심

忭 (biàn)	忭 좋아할 변
忭 (벤)	

忭贺(biànhè): 기뻐 축하를 드리다

快 (kuài)	快 쾌할/빠를 쾌
快 (콰이)	快 かい【こころよい】

快递(kuàidì): 택배

怅 (chàng)	怅 한탄할 창
悵 (창)	悵 ちょう【いたむ】

怅恨(chànghèn): 실의하여 원망하다

忸 (niǔ)	忸 부끄러워할 뉴
忸 (뉴)	忸 じく【はじる】

忸怩(niǔtài): 교만하고 방종하다

忱 (chén)	忱 정성 침
忱 (천)	忱 しん【まこと】

热忱(rèchén): 열정적이다

忪 (sōng)(zhōng)	忪 침침할 송, 겁낼 종
忪 (쑹)(중)	

惺忪(xīngsōng): 막 깨어나 거슴츠레하다

怆 (chuàng)	愴 슬퍼할 창
愴 (창)	愴 そう【いたむ】

怆凉(chuàngliàng): 슬프고 처량하다

宋 (sòng)	宋 나라 이름 송
宋 (쏭)	宋 そう

宋朝(sòngcháo): 송조

宏 (hóng)	宏 클/넓을 굉
宏 (홍)	宏 こう【ひろい】

宏图(hóngtú): 원대한 계획

忻 (xīn)	忻 기뻐할 흔
忻 (신)	忻 きん【よろこぶ】

忻州(xīnzhōu): 신저우[지명]

忾 (kài)(xì)	愾 성낼 개, 한숨 희
愾 (카이)(시)	愾 がい・かい

敌忾(díkài): 적개심

完 (wán)	完 완전할/끝날 완
完 (완)	完 かん【まったく】

完备(wánbèi): 완비되어 있다

| 补 (bǔ) | 補 기울/고칠/도울 보 |
| 補 (부) | 補 ほ【おぎなう】 |

| 补助(bǔzhù): 보조하다

| 初 (chū) | 初 처음 초 |
| 初 (초) | 初 しょ【はじめ】 |

| 初恋(chūliàn): 첫사랑

| 诂 (gǔ) | 詁 훈고 고 |
| 詁 (구) | 詁 こ【よみ】 |

| 训诂(xùngǔ): 훈고

| 诃 (hē) | 訶 꾸짖을 가 |
| 訶 (허) | 訶 か【しかる】 |

| 诃子(hēzǐ): 가리륵의 열매

| 究 (jiū) | 究 연구할 구 |
| 究 (지유) | 究 きゅう【きわめる】 |

| 究办(jiūbàn): 취조하여 처벌하다

| 良 (liáng) | 良 어질/곧을 량 |
| 良 (량) | 良 りょう【よい】 |

| 良心(liángxīn): 양심적이다

| 牢 (láo) | 牢 우리/감옥 뢰 |
| 牢 (라오) | 牢 ろう【おり】 |

| 牢房(láofáng): 감방

| 启 (qǐ) | 啓 열 계 |
| 啓 (치) | 啓 けい |

| 启蒙(qǐméng): 계몽(하다)

| 穷 (qióng) | 窮 다할 궁 |
| 窮 (치융) | 窮 きゅう |

| 穷困(qióngkùn): 빈곤하다

| 评 (píng) | 評 품평할 평 |
| 評 (핑) | 評 ひょう |

| 评比(píngbǐ): 비교하여 평가하다

| 灾 (zāi) | 災 재앙 재 |
| 災 (짜이) | 災 さい【わざわい】 |

| 灾区(zāiqū): 재해 지역

| 证 (zhèng) | 證 증명할/증거 증 |
| 證 (정) | 証 しょう |

| 证明(zhèngmíng): 증명(하다)

7획

111

词 (cí)	詞 고할/말 사
詞 (츠)	詞 し【ことば】

词汇(cíhuì): 어휘

社 (shè)	社 단체/땅귀신 사
社 (서)	社 しゃ【やしろ】

社区(shèqū): 지역 사회

诋 (dǐ)	詆 꾸짖을 저
詆 (디)	詆 てい

诋毁(dǐhuǐ): 헐뜯다

识 (shí)(zhì)	識 알/지식 식
識 (스)(즈)	識 しき

识破(shípò): 간파하다

罕 (hǎn)	罕 드물 한
罕 (한)	罕 かん【まれ】

罕有(hǎnyǒu): 희한하다

诅 (zǔ)	詛 저주할/헐뜯을 저
詛 (쭈)	詛 そ

诅咒(zǔzhòu): 저주하다

祃 (mà)	禡 마제 마
禡 (마)	

禡祭: 군대가 진주한 곳에서 무운을 빌던 제사

诈 (zhà)	詐 속일/거짓 사
詐 (자)	詐 さ【いつわる】

诈赌(zhàdǔ): 사기도박을 하다

祀 (sì)	祀 제사지낼/해 사
祀 (쓰)	祀 しゅく・しゅう

祀奉(sìfèng): (옛날, 신에게) 제사 지내다

诊 (zhěn)	診 볼/점칠 진
診 (전)	診 しん

诊察(zhěnchá): 진찰(하다)

诉 (sù)	訴 아뢸/하소연할 소
訴 (쑤)	訴 そ【うったえる】

诉苦(sùkǔ): 괴로움을 하소연하다

诌 (zhōu)	謅 농담할 초
謅 (저우)	

胡诌(húzhōu): 함부로 지껄이다

诐 (bì)	詖 치우칠 피	屁 (pì)	屁 방귀 비
詖 (비)		屁 (피)	屁 ひ【へ】

| 诐辞(bìcí): 공정하지 않은 말

| 屁话(pìhuà): 쓸데없는 소리

层 (céng)	層 층겹/층층 층	诎 (qū)	詘 굽힐 굴
層 (청)	層 そう	詘 (취)	

| 层次(céngcì): 내용의 순서

| 诎伸(qūshēn): 신축(하다)

7획

即 (jí)	卽 곧/가까이할 즉	质 (xì)	屭 힘쓸 희
卽 (지)	卽 そく【すなわち】	屓 (시)	屭 き【ひいき】

| 即便(jíbiàn): 설사 …하더라도

| 赑质(bìxì): 힘을 쓰는 모양

君 (jūn)	君 임금 군	诒 (yí)	詒 보낼 이
君 (쥔)	君 くん【きみ】	詒 (이)	詒 たい・い

| 君子(jūnzǐ): 군자

| '贻'와 통용

灵 (líng)	靈 신령/영혼 령	译 (yì)	譯 통변할/번역할 역
靈 (링)	靈 れい【たま】	譯 (이)	訳 やく【わけ】

| 灵巧(língqiǎo): 민첩하고 교묘하다

| 译作(yìzuò): 번역 작품

尿 (niào)(suī)	尿 오줌 뇨	诏 (zhào)	詔 가르칠/조서 조
尿 (냐오)(수이)	尿 にょう【いばり】	詔 (자오)	

| 尿尿(niàoniào): 소변을 보다

| 诏告(zhàogào): 황제가 알리다

阿 (ā)(ē)	阿 언덕/아첨할 아
阿 (아)(어)	阿 ぁ

阿姨(āyí): 어린이가 보모를 부르는 칭호

陈 (chén)	陳 늘어놓을/묵다 전
陳 (천)	陳 ちん

陈情(chénqíng): 진술하다

迟 (chí)	遲 더딜/굼뜰 지
遲 (츠)	遲 ち【おくれる】

迟缓(chíhuǎn): 느리다

改 (gǎi)	改 고칠/고쳐질 개
改 (가이)	改 かい【あらためる】

改革(gǎigé): 개혁(하다)

际 (jì)	際 사이/때 제
際 (지)	際 さい【きわ】

际逢(jìféng): 만나다

忌 (jì)	忌 미워할/시기할 기
忌 (지)	忌 き【いむ】

忌妒(jìdu): 질투하다

局 (jú)	局 방/마을 국
局 (쥐)	局 きょく【つぼね】

局限(júxià): 국한하다

陇 (lǒng)	隴 언덕 이름 롱
隴 (룡)	隴 ろう

陇亩(lǒngmǔ): 밭이랑

陆 (lù)(liù)	陸 뭍/언덕 륙/육
陸 (루)(류)	陸 りく【くが】

陆续(lùxù): 끊임없이, 계속하여

尾 (wěi)(yǐ)	尾 꼬리/끝 미
尾 (웨이)(이)	尾 び【お】

尾款(wěikuǎn): (더 지불해야 할) 잔여 금액

孜 (zī)	孜 부지런할 자
孜 (쯔)	孜 し

孜孜(zīzī): 부지런하다

张 (zhāng)	張 당길/베풀 장
張 (장)	張 ちょう【はる】

张扬(zhāngyáng): 떠벌리다

114

陂 (bēi)(pō)	陂 방죽 피, 비탈 파
陂 (베이)(포)	陂 ひ【さか】

| 陂陀(pōtuó): 평탄치 못하다

陉 (xíng)	陘 지레목 형
陘 (싱)	

| 灶陉(zàojìng): 부뚜막 주변의 돌출부

阽 (diàn)(yán)	阽 위태할 점
阽 (뎬)(옌)	

| 阽危(diànwēi): (처지나 형세가) 위험하다

妍 (yán)	妍 고울/갈 연
妍 (옌)	妍 けん【うつくしい】

7획

| 妍艳(yányàn): 곱고 아름답다

附 (fù)	附 붙을 부
附 (푸)	附 ふ

| 附属(fùshǔ): 종속되다

妪 (yù)	嫗 할미 구
嫗 (위)	嫗 う【おうな】

| 老妪(lǎoyù): 노구

妓 (jì)	妓 기생 기
妓 (지)	妓 き【わざおぎ】

| 妓女(jìnǚ): 기녀

阻 (zǔ)	阻 막힐 조
阻 (쭈)	阻 そ【はばむ】

| 阻塞(zǔsè): 두절되다

陀 (tuó)	陀 비탈길 타
陀 (퉈)	陀 だ

| 陀螺(tuóluó): 팽이

阼 (zuò)	阼 섬돌 조
阼 (쭤)	

| 阼阶(zuòjiē): 동편 섬돌

妩 (wǔ)	嫵 아리따울 무
嫵 (우)	

| 妩媚(wǔmèi): 자태가 예쁘고 사랑스럽다

坠 (zhuì)	墜 떨어질 추
墜 (주이)	墜 つい

| 坠毁(zhuìhuǐ): 추락하여 부서지다

115

妣 (bǐ)
妣 (비)
妣 어미 비
妣 ひ

| 显妣(xiǎnbǐ): 돌아가신 어머니

妞 (niū)
妞 (뉴)
妞 계집아이 뉴

| 泡妞(pàoniū): 여자를 꼬이다

妒 (dù)
妒 (두)
妒 강샘할 투
妬 と【ねたむ】

| 妒嫉(dùjí): 질투하다

妊 (rèn)
妊 (런)
妊 애밸 임
妊 にん【はらむ】

| 妊娠(rènshēn): 임신(하다)

妨 (fáng)
妨 (팡)
妨 거리낄 방
妨 ぼう

| 无妨(wúfáng): 지장 없다

姒 (sì)
姒 (쓰)
姒 손윗동서 사

| 옛날, 언니

妫 (guī)
嬀 (구이)
嬀 땅 이름 규

| 妫水河(guīshuǐhé): 구이수이허[지명]

妖 (yāo)
妖 (야오)
妖 아리따울/괴이할 요
妖 よう

| 妖娆(yāoráo): 요염하다

妗 (jìn)
妗 (진)
妗 외숙모 금

| 妗母(jìnmǔ): 외숙모

妤 (yú)
妤 (위)
妤 궁녀 여

| 婕妤(jiéyú): 한대 궁녀의 관명

妙 (miào)
妙 (먀오)
妙 묘할/넓을 묘
妙 みょう

| 妙招(miàozhāo): 뛰어난 솜씨나 재주

姊 (zǐ)
姊 (쯔)
姊 누이 자
姊 し【あね】

| 姨夫(yífu): 이모부

| 鸡 (jī) | 鷄 닭 계 |
| 鷄 (지) | 鷄 けい【にわとり】 |

鸡翅(jīchì): 닭날개

| 勁 (jìn)(jìng) | 勁 셀/굳셀 경 |
| 勁 (진)(징) | 勁 けい【つよい】 |

劲敌(jìngdí): 강적

| 刭 (jǐng) | 剄 목 벨 경 |
| 剄 (징) | 剄 けい・きょう |

自刭(zìjǐng): 자결하다

| 努 (nǔ) | 努 힘쓸 노 |
| 努 (누) | 努 ど【つとめる】 |

努力(nǔlì): 노력하다

| 忍 (rěn) | 忍 참을 인 |
| 忍 (련) | 忍 にん【しのぶ】 |

忍住(rěnzhù): 꾹 참다

| 邵 (shào) | 邵 고을 이름 소 |
| 邵 (사오) | 邵 しょう |

邵弥(shàomí): 소미(邵彌)

| 劭 (shào) | 劭 권할 초/소 |
| 劭 (사오) | 劭 しょう |

劭美(shàoměi): (덕행이) 높고 아름답다

| 邰 (tái) | 邰 나라 이름 태 |
| 邰 (타이) | |

성(姓)의 하나

| 纬 (wěi) | 緯 씨줄 위 |
| 緯 (웨이) | 緯 い【よこ】 |

缜密(zhěnmì): 세밀하다

| 矣 (yǐ) | 矣 어조사 의 |
| 矣 (이) | 矣 い |

悔之晚矣(huǐzhīwǎnyǐ): 후회해도 늦었다

| 甬 (yǒng) | 甬 길 용 |
| 甬 (융) | 甬 よう |

甬道(yǒngdào): 정원의 소로

| 纭 (yún) | 紜 어지러울 운 |
| 紜 (원) | 紜 うん |

纷纭(fēnyún): 분분하다

7획

117

驳回(bóhuí): 기각하다

纰漏(pīlòu): 실수

纯真(chúnzhēn): 순진하다

驱邪(qūxié): 악마를 쫓아내다

纷 (fēn) 紛 어지러울/번잡할 분 / 紛 (편) 紛 ふん【まぎれる】	纴 (rèn) 紝 짤임 / 紝 (런)

纷呈(fēnchéng): 잇달아 드러나다

[문어] 베 짜는 실

纲 (gāng) 綱 벼리/대강 강 / 綱 (강) 綱 もう【あみ】	

纲要(gāngyào): 중요한 강령

婚纱(hūnshā): 신부 드레스

纶 (guān)(lún) 綸 낚싯줄 륜 허리끈 관 / 綸 (관)(륜) 綸 かん・りん	纵 (zòng) 縱 세로/놓아둘 종 / 縱 (쫑) 縱 じゅう・しょう

纶巾(guānjīn): 옛날, 청색 실로 만든 두건

纵然(zòngrán): 설사…하더라도

纳 (nà) 納 들일/바칠 납 / 納 (나) 納 のう【おさめる】	纸 (zhǐ) 紙 종이 지 / 紙 (즈) 紙 し【かみ】

纳闷(nàmèn): 답답하다

纸箱(zhǐxiāng): 마분지 상자

| 纺 (fǎng) | 紡 자을/길쌈 방 |
| 紡 (팡) | 紡 ぼう【つむ】 |

| 纺纱(fǎngshā): 방적하다

| 驴 (lǘ) | 驢 당나귀 려 |
| 驢 (뤼) | 驢 りょ【ろば】 |

| 驴友(lǘyǒu): 배낭여행객

| 纽 (niǔ) | 紐 맺을 뉴 |
| 紐 (뉴) | 紐 ちゅう【ひも】 |

| 纽扣(niǔkòu): 단추

| 纾 (shū) | 紓 늘어질/풀 서 |
| 紓 (수) | |

| 纾解(shūjiè): 완화되다

| 纹 (wén) | 紋 무늬 문 |
| 紋 (원) | 紋 もん【あや】 |

| 纹眉(wénméi): 눈썹 문신(하다)

7획

| 纻 (zhù) | 紵 모시 저 |
| 紵 (주) | 紵 ちょ |

| 纻衣(zhùyī): 모시옷

8획

喪 (sāng) (sàng)	喪	상복 입을/잃을 상
喪 (쌍)	喪	そう【も】

| 喪失(sàngshī): 상실하다

刺 (cī) (cì)	刺	찌를 자
刺 (츠)	刺	し【さす】

| 刺客(cìkè): 자객

事 (shì)	事	일 사
事 (스)	事	じ【こと】

| 事故(shìgù): 사고

杻 (chǒu) (niǔ)	杻	수갑 축 감탕나무 뉴
杻 (처우) (뉴)		

| 手杻(shǒuchǒu): 쇠고랑

述 (shù)	述	말할 술
述 (수)	述	じゅつ【のべる】

| 述说(shùshuo): 진술하다

画 (huà)	畫	그림 화
畫 (화)	画	が【え】

| 画家(huàjiā): 화가

卧 (wò)	臥	누울 와
臥 (워)	臥	が【ふす】

| 卧底(wòdǐ): 숨어들다

或 (huò)	或	혹 혹
或 (훠)	或	わく【あるいは】

| 或许(huòxǔ): 혹시

枕 (zhěn)	枕	베개 침
枕 (전)	枕	ちん【まくら】

| 枕芯(zhěnxīn): 베갯속

杷 (pá)	杷	밭 고무래 파
杷 (파)	杷	は【びわ】

| 枇杷(pípá): 비파나무

杼 (zhù)	杼	북 저
杼 (주)	杼	ちょ

| 杼轴(zhùzhóu): 바디집

厕 (cè)	厠 뒷간 측	
厠 (측)	厠 し【かわや】	

| 厕所(cèsuǒ): 변소

砀 (dàng)	碭 무늬 있는 돌 탕	
碭 (탕)	碭 とう	

| 沆砀(hàngdàng): 안개가 자욱이 낀 모양

矸 (gān)	矸 산돌 간, 주사 안	
矸 (간)	矸 かん	

| 矸石(gānshí): 석탄에 섞인 경제성 없는 돌멩이

矻 (kū)	矻 부지런한 모양 굴	
矻 (쿠)	矻 こう	

| 矻矻(kūkū): 부지런히 애쓰는 모양

矿 (kuàng)	礦 쇳돌 광	
礦 (광)	礦 こう【あらがね】	

| 矿泉(kuàngquán): 광천

码 (mǎ)	碼 마노/야드 마	
碼 (마)	碼 め·ば·ま	

| 码头(mǎtou): 부두

卖 (mài)	賣 팔 매	
賣 (마이)	売 ばい【うる】	

| 卖出(màichū): 매출하다

矾 (fán)	礬 명반 반	
礬 (판)	礬 ばん	

| 矾石(fánshí): 명반석

矽 (xī)	矽 규소 석	
矽 (시)	矽 せき【しりこん】	

| 矽钢(xīgāng): 규소강

雨 (yǔ)	雨 비 우	
雨 (위)	雨 う【あめ】	

| 雨季(yǔjì): 우기(雨期)

郁 (yù)	鬱 우거질 울	
鬱 (위)	鬱 うつ【ふさぐ】	

| 郁闷(yùmèn): 마음이 답답하고 괴롭다

枣 (zǎo)	棗 대추나무 조	
棗 (짜오)	棗 そう【なつめ】	

| 枣树(zǎoshù): 대추나무

奔 (bēn) (bèn) 奔 (번)	奔 달릴 분 奔 ほん【はしる】

奔走(bēnzǒu): 급히 달리다

瓯 (ōu) 甌 (어우)	甌 사발 구 甌 おう【かめ】

瓯眍(ōukōu): 움푹하다

奇 (jī) (qí) 奇 (지) (치)	奇 기이할/짝 기 奇 き【くしき】

奇怪(qíguài): 괴상하다

欧 (ōu) 歐 (어우)	歐 구라파 구 欧 おう

欧洲(ōuzhōu): 유럽

剐 (kū) 剮 (쿠)	剮 가를 고 剮 こ【さく】

剐剥(kūbō): 도살하여 가죽을 벗기다

殴 (ōu) 毆 (어우)	毆 칠 구 殴 おう【なぐる】

殴打(ōudǎ): 구타하다

垄 (lǒng) 壟 (롱)	壟 밭두둑 롱 壟 ろう【うね】

垄断(lǒngduàn): 독점하다

态 (tài) 態 (타이)	態 모양 태 態 たい【わざ】

态势(tàishì): 형세

殁 (mò) 殁 (모)	殁 죽을 몰 殁 ぼつ【しぬ】

战殁(zhànmò): 전사하다

奋 (fèn) 奮 (펀)	奮 떨칠 분 奮 ふん【ふるう】

奋发(fènfā): 분발하다

奈 (nài) 奈 (나이)	奈 어찌 나/내 奈 な

奈何(nàihé): 어찌하다

奄 (yān) (yǎn) 奄 (옌)	奄 가릴/문득 엄 奄 えん【おおう】

奄奄(yānyān): 숨이 간들간들하다

到 (dào)	到 이를 도
到 (다오)	到 とう【いたる】

| 到达(dàodá): 도착하다

顷 (qǐng)	頃 이랑 경
頃 (칭)	頃 けい【ころ】

| 顷刻(qǐngkè): 매우 짧은 동안

轭 (è)	軛 멍에 액
軛 (어)	軛 あく

| 轭褶(èzhě): 날개추 주름

软 (ruǎn)	軟 부드러울 연
軟 (롼)	軟 なん【やわらか】

| 软卧(ruǎnwò): (열차의) 일등 (연석) 침대

轰 (hōng)	轟 울릴 굉
轟 (훙)	轟 ごう【とどろく】

| 轰动(hōngdòng): 뒤흔들다

8획

鸢 (yuān)	鳶 소리개 연
鳶 (위안)	鳶 えん【とび】

| 鸢尾(yuānwěi): 자주 붓꽃

郏 (jiá)	郟 땅 이름 겹
郟 (지아)	

| 郏鄏(jiárù): 지아루[산 이름]

斩 (zhǎn)	斬 벨 참
斬 (잔)	斬 ざん【きる】

| 斩人(zhǎnrén): 바가지를 씌우다

轮 (lún)	輪 바퀴 륜
輪 (룬)	輪 りん【わ】

| 轮流(lúnliú): 교대로 하다

郅 (zhi)	郅 고을 이름 질
郅 (즈)	

| [주로 인명에 쓰임]

妻 (qī)(qi)	妻 아내 처
妻 (치)	妻 さい【つま】

| 妻妾(qīqiè): 아내와 첩

转 (zhuǎn)(zhuàn)(zhuǎi)	轉 바꿀 전
轉 (주완)(좌이)	転 てん【ころぶ】

| 转让(zhuǎnràng): 양도하다

123

齒 (chǐ) 齒 (츠)	齒 이 치 齒 し【は】
齒寒(chǐhán): 이가 시리다	

尚 (shàng) 尚 (상)	尚 숭상할 상 尚 しょう【なお】
尚可(shàngkě): 그런대로 괜찮다	

非 (fēi) 非 (페이)	非 아닐 비 非 ひ【あらず】
非法(fēifǎ): 불법적인	

腎 (shèn) 腎 (선)	腎 콩팥 신 腎 じん
腎虚(shènxū): 신허	

虎 (hǔ) 虎 (후)	虎 범 호 虎 こ【とら】
虎猫(hǔmāo): 오셀롯[동물]	

叔 (shū) 叔 (수)	叔 아재비 숙 叔 しゅく
叔叔(shūshu): 아저씨	

肯 (kěn) 肯 (컨)	肯 즐길/긍정할 긍 肯 こう【うけがう】
肯干(kěngàn): 자발적으로 일을 하다	

賢 (xián) 賢 (셴)	賢 어질 현 賢 けん【かしこい】
賢淑(xiánshū): (여자가) 현명하고 정숙하다	

虜 (lǔ) 虜 (류)	虜 사로잡을 로 虜 りょ【とりこ】
虜获(lǔhuò): 사로잡다	

些 (xiē)(sào) 些 (세)(싸오)	些 적을 사 些 さ【いささか】
些微(xiēwēi): 약간의	

岐 (qí) 岐 (치)	岐 갈림길 기
分岐(fēnqí): 분기	

卓 (zhuó) 卓 (줘)	卓 높을 탁 卓 たく
卓然(zhuórán): 탁월하다	

哎 (āi) 哎 (아이)	哎 애통해하는 소리 애

哎呦(āiyōu): 아이고

昆 (kūn) 昆 (쿤)	昆 형곤 昆 こん

昆虫(kūnchóng): 곤충

杲 (gǎo) 杲 (가오)	杲 밝을고 杲 こう【あきらか】

杲杲(gǎogǎo): 환하다

曇 (tán) 曇 (탄)	曇 구름낄담 曇 どん【くもる】

曇花(tánhuā): 월하미인

8획

国 (guó) 國 (궈)	國 나라국 国 こく【くに】

国产(guóchǎn): 국산(의)

旺 (wàng) 旺 (왕)	旺 성할왕 旺 おう【さかん】

旺铺(wàngpù): 길목이 좋은 가게

果 (guǒ) 果 (궈)	果 실과과 果 か【はたす】

果断(guǒduàn): 과단성 있다

味 (wèi) 味 (웨이)	味 맛미 味 み【あじ】

味精(wèijīng): 화학 조미료

昊 (hào) 昊 (하오)	昊 하늘호 昊 こう【そら】

昊天(hàotiān): 가없는 하늘

盱 (xū) 盱 (쉬)	盱 쳐다볼우

睢盱(suīxū): 우러러보다

具 (jù) 具 (쥐)	具 갖출구 具 ぐ【そなえる】

具体(jùtǐ): 구체적이다

昃 (zè) 昃 (쩌)	昃 기울측 昃 しょく

日昃(rìzè): 해가 기울 때

| 昂 (áng) | 昂 밝을 앙 |
| (앙) | 昂 こう【たかぶる】 |

| 昂首(ángshǒu): 머리를 쳐들다

| 明 (míng) | 明 밝을 명 |
| (밍) | 明 みょう【あかるい】 |

| 明智(míngzhì): 현명하다

| 昌 (chāng) | 昌 창성할 창 |
| (창) | 昌 しょう |

| 昌盛(chāngshèng): 번창하다

| 呸 (pēi) | 呸 나무랄 배 |
| (페이) | |

| 啊呸(āpēi): 에이, 흥, 치[감탄사]

| 畅 (chàng) | 暢 통할 창 |
| (창) | 暢 ちょう |

| 畅通(chàngtōng): 막힘없이 잘 통하다

| 昕 (xīn) | 昕 새벽 흔 |
| (신) | |

| 昕夕(xīnxī): 조석(朝夕)

| 咕 (gū) | 咕 투덜거릴 고 |
| (구) | |

| 咕哝(gūnong): 중얼거리다

| 易 (yì) | 易 바꿀 역, 쉬울 이 |
| (이) | 易 えき【やすい】 |

| 易懂(yìdǒng): 알기 쉽다

| 呵 (hē) (kē) | 呵 꾸짖을 가 |
| (허) (커) | 呵 か【しける】 |

| 乐呵(lèhē): 즐겁다

| 昀 (yún) | 昀 햇빛 윤 |
| (윈) | |

| 주로 인명에 쓰임

| 咙 (lóng) | 嚨 목구멍 롱 |
| (롱) | |

| 喉咙(hóulóng): 목구멍

| 咂 (zā) | 咂 빨 잡 |
| (짜) | |

| 咂吧(zāba): 혀를 차다

126

畀 (bì) 畀 (비)	畀 줄 비	
郭畀(guōbì): 곽비[인명]		

灵 (jiǒng) (guì) (지웅) (구이)	灵 빛날 경, 성씨 계	
[문어] 햇빛		

迪 (dí) 迪 (디)	迪 나아갈 적 迪 てき【みち】	
迪拜(díbài): 두바이[지명]		

咀 (jǔ) (zuǐ) 咀 (쥐) (쭈이)	咀 씹을 저 咀 そ	
咀嚼(jǔjué): 씹다		

典 (diǎn) 典 (뗀)	典 법 전 典 てん【のり】	
典当(diǎndàng): 전당 잡히다		

8획

咔 (kā) (kǎ) 咔 (카)	咔 음역자 가	
咔唑(kǎzuò): 카르바졸(carbazole)		

昉 (fǎng) 昉 (팡)	昉 밝을 방	
昉此(fǎngcǐ): 지금부터		

旻 (mín) 旻 (민)	旻 하늘 민 旻 びん	
旻天(míntiān): 가을 하늘		

固 (gù) 固 (구)	固 굳을 고 固 こ【かためる】	
固然(gùrán): 물론 …지만		

呷 (gā) (xiā) 呷 (가) (샤)	呷 마실/울 합 呷 こう	
呷啜(xiāchuò): 꿀꺽거리다		

虮 (jǐ) 蟣 (지)	蟣 서캐 기	
虮子(jǐzi): 서캐		

忠 (zhōng) 忠 (중)	忠 충성할 충 忠 ちゅう	
忠诚(zhōngchéng): 충성스럽다		

| 咚 소리 동
| 咚 (동)

咚咚(dōngdōng): 쿵[의성어]

| 鳴 울 명
| 鳴 めい【なく】

鳴枪(míngqiāng): 총을 쏘다

| 咐 분부할 부
| 咐 ふ【ふく】

嘱咐(zhǔfù): 분부하다

| 嚀 간곡할 녕
| 嚀 ねい

叮咛(dīngníng): 신신당부하다

| 呱 울 고
| 呱 こ【なく】

呱呱叫(guāguājiào): 아주 좋다

| 咆 으르렁거릴 포
| 咆 ほう

咆哮(páoxiào): 포효하다

| 呼 숨 내쉴 호
| 呼 こ【よぶ】

呼吁(hūyù): 호소하다

| 呻 끙끙거릴 신
| 呻 しん【うめく】

呻吟(shēnyín): 신음

| 呤 푸린 령
| 呤

嘌呤(piàolíng): 푸린

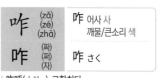
| 咋 어사 사
| 咋 깨물/큰소리 색
| 咋 さく

咋呼(zhāhu): 고함치다

| 黾 힘쓸 민
| 黾 고을 이름 면
| 黾 ぼう【あおがえる】

黾勉(mǐnmiǎn): 노력하다

| 咒 방자 주
| 咒 じゅ【のろう】

咒诅(zhòuzǔ): 저주하다

| 岸 (àn) | 岸 언덕 안 |
| 岸 (안) | 岸 がん【きし】 |

| 岸然(ànrán): 위엄 있는 모양

| 咄 (duō) | 咄 꾸짖을 돌 |
| 咄 (둬) | 咄 とつ |

| 咄咄(duōduō): 뜻밖의 일에 놀라 지르는 소리

| 岵 (hù) | 岵 산 호 |
| 岵 (후) | |

| [문어] 초목이 많은 산

| 咖 (gā)(kā) | 咖 음역자 가 |
| 咖 (가)(카) | |

| 咖喱(gālí): 카레

| 岢 (kě) | 岢 땅 이름 가 |
| 岢 (커) | |

| 岢岚(kělán): 커란[지명]

| 呶 (náo) | 呶 지껄일 노 |
| 呶 (나오) | 呶 ど |

| 呶呶(náonáo): 떠들썩하게 지껄이는 모양

| 呢 (ní)(ne) | 呢 의문조사 니 |
| 呢 (니)(너) | |

| 呢喃(nínán): 지지배배

| 噝 (sī) | 噝 날아가는 소리 사 |
| 噝 (쓰) | |

| 噝噝(sīsī): 씽씽

| 帖 (tiē)(tiě)(tiè) | 帖 휘장/표제 첩 |
| 帖 (톄) | 帖 ちょう |

| 跟帖(gēntiě): 댓글을 달다

| 岩 (yán) | 岩 바위 암 |
| 岩 (옌) | 岩 がん【いわ】 |

| 岩壁(yánbì): 암벽

| 詠 (yǒng) | 詠 읊을 영 |
| 詠 (융) | 詠 えい【よむ】 |

| 咏唱(yǒngchàng): 시를 읊고 노래를 부르다

| 呦 (yōu) | 呦 울 유 |
| 呦 (유) | |

| 呦呦(yōuyōu): 슬픈 소리

刿 (guì)
劌 (구이)
劌 상처입힐 귀

[주로 인명에 쓰임]

峁 (mǎo)
峁 (마오)
峁 구릉 묘

山峁(shānmǎo): 작은 언덕

岣 (gǒu)(jū)
岣 (거우)(쥐)
岣 산 이름 구

岣嵝(gǒulǒu): 거우러우[산 이름]

帕 (mò)(pà)
帕 (모)(파)
帕 휘장 파, 머리띠 말

丝帕(sīpà): 명주 손수건

岬 (jiǎ)
岬 (지아)
岬 산 사이 갑
岬 こう【みさき】

岬角(jiǎjiǎo): 갑, 곶

峂 (tóng)
峂 (퉁)
峂 땅 이름 동

峂峪(tóngyù): 퉁위[지명]

岿 (kuī)
巋 (쿠이)
巋 험준할 귀

岿巍(kuīwēi): 우뚝 솟다

岫 (xiù)
岫 (슈)
岫 산굴 수
岫 しゅう

远岫(yuǎnxiù): 먼 산

岭 (lǐng)
嶺 (링)
嶺 재 령
嶺 れい【みね】

分水岭(fēnshuǐlǐng): 분수령

帙 (zhì)
帙 (즈)
帙 책갑 질
帙 ちつ

史帙(shǐzhì): 역사책

罗 (luó)
羅 (뤄)
羅 그물 라
羅 ら

罗盘(luópán): 나침반

帜 (zhì)
幟 (즈)
幟 표기 치
幟 し

旗帜(qízhì): 깃발

130

败 (bài)	败 패할 패
败 (바이)	败 はい【やぶれる】

| 败坏(bàihuài): 손상시키다

贬 (biǎn)	贬 덜 폄
贬 (볜)	贬 へん【けなす】

| 贬低(biǎndī): 낮게 평가하다

贩 (fàn)	販 팔 판
贩 (판)	販 はん【ひさぐ】

| 贩毒(fàndú): 마약을 판매하다

购 (gòu)	購 살 구
購 (거우)	購 こう【あがなう】

| 购置(gòuzhì): 사들이다

迥 (jiǒng)	迥 멀 형
迥 (지웅)	迥 けい【はるか】

| 迥异(jiǒngyì): 아주 다르다

剀 (kǎi)	剴 낫 개
剴 (카이)	剴 がい

| 剀切(kǎiqiè): 적절하다

凯 (kǎi)	凱 이길 개
凱 (카이)	凱 がい【かちどき】

| 凯旋(kǎixuán): 개선하다

岷 (mín)	岷 산 이름 민
岷 (민)	岷 みん

| 岷江(mínjiāng): 민장[하천 이름]

帔 (pèi)	帔 치마 피
帔 (페이)	

| 帔裙(pèiqún): 다른 천으로 바이어스처리 한 치마

沓 (dá) (tà)	沓 겹칠 답
沓 (다) (타)	沓 とう【くつ】

| 沓合(tàhé): 서로 겹치다

嶧 (yì)	嶧 산 이름 역
嶧 (이)	

| 峄山(yìshān): 이산[산 이름]

账 (zhàng)	賬 회계 장
賬 (장)	

| 账号(zhànghào): 은행 따위의 계좌 번호

8획

131

釧 (chuàn)
釧 (촨)

釧 팔가락지 천
釧 せん【うでわ】

| 玉钏(yùchuàn): 옥팔찌

钐 (shàn)(shān)
釤 (삼)

釤 낫/사마륨 삼

| 钐草(shāncǎo): 벌낫으로 풀을 베다

钓 (diào)
釣 (댜오)

釣 낚시 조
釣 ちょう【つり】

| 钓鱼(diàoyú): 물고기를 낚다

钒 (fán)
釩 (판)

釩 바나듐 범

| 钒酸(fánsuān): 바나드 산(vanadic acid)

囹 (líng)
囹 (랑)

囹 옥 령
囹 れい

| 囹圄(língyǔ): 감옥

图 (tú)
圖 (투)

圖 그림 도
図 と·ず【はかる】

| 图案(tú'àn): 도안

钔 (mén)
鍆 (먼)

鍆 멘델레븀 문

| 멘델레븀(Md, Mendelevium)[화학]

钍 (tǔ)
釷 (투)

釷 토륨 토

| 钍石(tǔshí): 규토륨광(thorite)

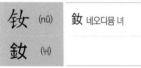

钕 (nǚ)
釹 (뉴)

釹 네오디뮴 녀

| 钕玻璃(nǚbōli): 네오디뮴 유리

罔 (wǎng)
罔 (왕)

罔 속일 망
罔 もう【あみ】

| 罔顾(wǎnggù): 돌보지 않다

钎 (qiān)
釬 (치엔)

釬 정 천

| 钎焊(qiānhàn): 납땜하다

贮 (zhù)
貯 (주)

貯 쌓을 저
貯 ちょ【たくわえる】

| 贮藏(zhùcáng): 저장하다

钗 (chāi)	釵 비녀 차
釵 (차이)	釵 さい【かんざし】

钗簪(chāizān): 비녀

牧 (mù)	牧 목장 목
牧 (무)	牧 ぼく【まき】

牧羊(mùyáng): 양을 치다

垂 (chuí)	垂 늘어질 수
垂 (추이)	垂 すい【たれる】

垂询(chuíxún): 하문하시다

物 (wù)	物 만물 물
物 (우)	物 ぶつ・もつ【もの】

物价(wùjià): 물가

迭 (dié)	迭 갈마들 질
迭 (데)	迭 てつ

迭出(diéchū): 차례로 출현하다

8획

迮 (zé)	迮 닥칠 책
迮 (쩌)	

迮狭(zé xiá): 협소하다

氛 (fēn)	氛 기운 분
氛 (펀)	氛 ふん【き】

氛围(fēnwéi): 분위기

知 (zhī)	知 알 지
知 (즈)	知 ち【しる】

知道(zhīdào): 알다

乖 (guāi)	乖 어그러질 괴
乖 (과이)	乖 かい

乖僻(guāipì): 성격이 괴팍하다

制 (zhì)	制 지을 제
制 (즈)	制 せい

制定(zhìdìng): 제정하다

牦 (máo)	牦 소 이름 모
牦 (마오)	

牦牛(máoniú): 야크

邾 (zhū)	邾 나라 이름 주
邾 (주)	

邾国(zhūguó): 주 나라

秉承(bǐngchéng): 계승하다

甜秆(tiángǎn): 사탕수수의 줄기

刮脸(guāliǎn): 얼굴을 면도하다

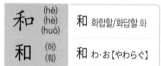

和谐(héxié): 잘 어울리다

佶屈(jíqū): (문장이) 난삽하여 이해하기 어렵다

季节(jìjié): 계절

佳肴(jiāyáo): 좋은 요리

侍奉(shìfèng): 부모를 섬기다

委托(wěituō): 위탁

迤逦(yǐlǐ): 구불구불 이어진 모양

岳母(yuèmǔ): 장모

天竺(tiānzhú): 천축[인도의 옛 이름]

佰 (bǎi)	佰 백사람 백
佰 (바이)	佰 ひゃく

| 汉佰(hànbǎi): 해인즈 브랜즈[기업명]

佬 (lǎo)	佬 사내 로
佬 (라오)	

| 乡巴佬(xiāngbālǎo): 시골뜨기

版 (bǎn)	版 널 판
版 (반)	版 はん

| 版权(bǎnquán): 판권

例 (lì)	例 법식 례
例 (리)	例 れい【たとえる】

| 例如(lìrú): 예를 들면

佴 (èr)(nài)	佴 버금 이, 성씨 내
佴 (얼)(나이)	

| [문어] 머무르다

使 (shǐ)	使 부릴 사
使 (스)	使 し【つかう】

| 使用(shǐyòng): 사용(하다)

供 (gōng)(gòng)	供 이바지할 공
供 (궁)	供 きょう【そなえる】

| 供货(gōnghuò): 물품을 공급하다

侠 (xiá)	俠 호협할 협
俠 (샤)	俠 きょう

| 侠士(xiáshì): 의협심이 많은 사람

侥 (jiǎo)(yáo)	僥 요행/난장이 요
僥 (자오)(야오)	僥 ぎょう

| 侥幸(jiǎoxìng): 운이 좋다

侑 (yòu)	侑 도울 유
侑 (유)	侑 ゆう

| 侑觞(yòushāng): 잔[술]을 권하다

侉 (kuǎ)	侉 자랑할 과
侉 (과)	

| 侉气(kuǎqì): 촌스럽다

臾 (yú)	臾 잠깐 유
臾 (위)	臾 ゆ·よう

| 须臾(xūyú): 잠깐

側卧(cèwò): 옆으로 눕다

凭证(píngzhèng): 증빙

岱庙(dàimiào): 대묘[미술]

侨胞(qiáobāo): 해외 동포

倥侗(kōngtóng): 무지몽매하다

轻佻(qīngtiāo): 경박스럽다

侃价(kǎnjià): 값을 깎다

侦察(zhēnchá): 정찰하다

商侩(shāngkuài): 브로커

侄女(zhínǚ): 조카딸

侣伴(lǚbàn): 짝

侏儒(zhūrú): 난쟁이

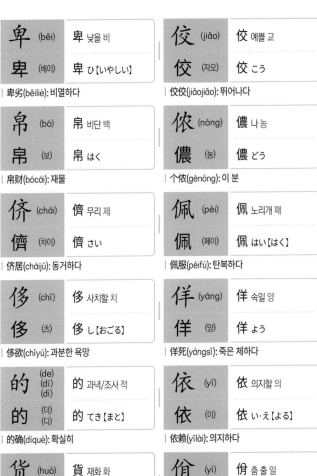

卑 (bēi) / 卑 (베이)　卑 낮을 비　卑 ひ【いやしい】
卑劣(bēiliè): 비열하다

帛 (bó) / 帛 (보)　帛 비단 백　帛 はく
帛财(bócái): 재물

侪 (chái) / 儕 (차이)　儕 무리 제　儕 さい
侪居(cháijū): 동거하다

侈 (chǐ) / 侈 (츠)　侈 사치할 치　侈 し【おごる】
侈欲(chǐyù): 과분한 욕망

的 (de) (dí) (dì) / 的 (더) (디)　的 과녁/조사 적　的 てき【まと】
的确(díquè): 확실히

货 (huò) / 貨 (훠)　貨 재화 화　貨 か【たから】
货款(huòkuǎn): 상품 대금

佼 (jiǎo) / 佼 (쟈오)　佼 예쁠 교　佼 こう
佼佼(jiǎojiǎo): 뛰어나다

侬 (nóng) / 儂 (눙)　儂 나 농　儂 どう
个侬(gènóng): 이 분

8획

佩 (pèi) / 佩 (페이)　佩 노리개 패　佩 はい【はく】
佩服(pèifú): 탄복하다

佯 (yáng) / 佯 (양)　佯 속일 양　佯 よう
佯死(yángsǐ): 죽은 체하다

依 (yī) / 依 (이)　依 의지할 의　依 い・え【よる】
依赖(yīlài): 의지하다

佾 (yì) / 佾 (이)　佾 춤 줄 일
佾舞(yìwǔ): 일무

137

彼 (bǐ) 彼 저 피
彼 (비) 彼 ひ【かれ】

| 彼此(bǐcǐ): 피차

爬 (pá) 爬 긁을 파
爬 (파) 爬 は【かく】

| 爬山(páshān): 등산하다

祖 (cú) 徂 갈 조
徂 (추) 徂 そ【ゆく】

| 徂来(cúlái): 왕래하다

迫 (pǎi) (pò) 迫 닥칠 박
迫 (파이) (포) 迫 はく【せまる】

| 迫切(pòqiè): 절박하다

阜 (fù) 阜 언덕 부
阜 (푸) 阜 ふ【おか】

| 阜盛(fùshèng): 풍성하다

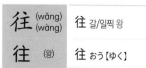

往 (wǎng) (wàng) 往 갈/일찍 왕
往 (왕) 往 おう【ゆく】

| 往返(wǎngfǎn): 왕복하다

郈 (hòu) 郈 고을 이름 후
郈 (허우)

| 산둥성 东平 동남쪽에 있었던 옛 지명

欣 (xīn) 欣 기뻐할 흔
欣 (신) 欣 きん【よろこぶ】

| 欣赏(xīnshǎng): 감상하다

径 (jìng) 徑 지름길 경
徑 (징) 径 けい【こみち】

| 径直(jìngzhí): 곧바로

征 (zhēng) 徵 갈 정, 부를 징
徵 (정) 徵 ちょう【しるし】

| 征收(zhēngshōu): 징수하다

伴 (móu) 侔 같을 모
侔 (머우)

| 相侔(xiāngmóu): 서로 같다

质 (zhì) 質 바탕 질
質 (즈) 質 しつ【もと】

| 质问(zhìwèn): 질문하다

138

爸 (bà)	爸 아비 파
爸 (빠)	

| 爸爸(bàba): 아빠

命 (mìng)	命 목숨 명
命 (밍)	命 めい【いのち】

| 命名(mìngmíng): 명명하다

刹 (chà)(shā)	刹 절 찰
刹 (차)(사)	刹 せつ

| 刹车(shāchē): 차에 제동을 걸다

怂 (sǒng)	怂 놀랄 종
慫 (쏭)	慫 しょう

| 怂恿(sǒngyǒng): 종용하다

斧 (fǔ)	斧 도끼 부
斧 (푸)	斧 ふ【おの】

| 斧头(fǔtou): 도끼

所 (suǒ)	所 바 소
所 (쒀)	所 しょ【ところ】

| 所有(suǒyǒu): 소유

刽 (guì)	剴 끓을 회
劊 (구이)	

| 刽子手(guìzishǒu): 회자수

舍 (shě)(shè)	舍 버릴/집 사
舍 (서)	舍 しゃ

| 舍得(shěde): 아깝지 않다

金 (jīn)	金 쇠 금
金 (진)	金 きん·こん【かね】

| 金额(jīn'é): 금액

郄 (qiè)(xì)	郄 틈/성 극
郄 (치에)(시)	

| '隙(xì)'·'郤(xì)'와 통용

郐 (kuài)	鄶 나라 이름 회
鄶 (콰이)	

| 주(周)의 제후국

肴 (yáo)	肴 안주 효
肴 (야오)	肴 こう【さかな】

| 肴馔(yáozhuàn): (연회의) 풍성한 음식

采 (cǎi)	採 캘 채	
採 (차이)	採 さい	

采购(cǎigòu): 사들이다

籴 (dí)	糴 쌀살 적	
糴 (디)	糴 てき	

籴米(dímǐ): 쌀을 사들이다

忿 (fèn)	忿 성낼 분	
忿 (펀)	忿 ふん【いかる】	

忿怒(fènnù): 화를 내다

肼 (jǐng)	肼 히드라진 정	
肼 (징)		

异烟肼(yìyānjǐng): 이소니아지드

觅 (mì)	覓 구할 멱	
覓 (미)	覓 べき	

觅食(mìshí): 먹을 것을 찾다

念 (niàn)	念 생각 념	
念 (녠)	念 ねん【おもう】	

念书(niànshū): 책을 읽다

贫 (pín)	貧 가난할 빈	
貧 (핀)	貧 ひん·びん	

贫瘠(pínjí): 척박하다

戗 (qiāng)(qiàng)	戧 다칠/버틸 창	
戧 (치앙)		

戗堤(qiàngdī): 버팀 제방

乳 (rǔ)	乳 젖 유	
乳 (루)	乳 にゅう【ちち】	

乳液(rǔyè): 유액

受 (shòu)	受 받을 수	
受 (서우)	受 じゅ【うける】	

受贿(shòuhuì): 뇌물을 받다

贪 (tān)	貪 탐할 탐	
貪 (탄)	貪 たん·どん	

贪婪(tānlán): 매우 탐욕스럽다

瓮 (wèng)	甕 항아리 옹	
甕 (웡)	甕 おう	

瓮城(wèngchéng): 옹성

肺 (fèi)	肺 허파 폐
肺 (페이)	肺 はい

肺炎(fèiyán): 폐렴

朊 (ruǎn)	朊 알부민 완
朊 (롼)	

朊酶(ruǎnméi): 프로테아제

肤 (fū)	膚 살갗 부
膚 (푸)	膚 ふ【はだ】

肤色(fūsè): 피부색

肬 (yóu)	肬 사마귀 우
肬 (유)	

'疣'의 이체자

肱 (gōng)	肱 팔뚝 굉
肱 (굉)	肱 こう【ひじ】

肱骨(gōnggǔ): 상박골(上膊骨)

胀 (zhàng)	脹 부를 창
脹 (장)	脹 ちょう【ふくらむ】

胀肚(zhàngdù): 배가 더부룩해지다

肭 (nà)	肭 살찔 눌
肭 (나)	肭 どつ

腽肭(wànà): 뚱뚱하다

肢 (zhī)	肢 팔다리 지
肢 (즈)	肢 し

肢体(zhītǐ): 사지

朋 (péng)	朋 벗 붕
朋 (펑)	朋 ほう

朋友(péngyou): 친구

肿 (zhǒng)	腫 부스럼 종
腫 (중)	腫 しょう【はれる】

肿痛(zhǒngtòng): 부어오르고 아프다

肷 (qiǎn)	肷 허구리 겸
肷 (치엔)	

狐肷(húqiǎn): 여우의 흉복부와 겨드랑이 가죽

肫 (zhūn)	肫 정성스러울 순
肫 (준)	

鸡肫(jīzhūn): (요리에 쓰이는) 닭의 위(胃)

肮 (āng) 骯 (앙)	骯 불결한 일 항
肮脏(āngzang): 더럽다	

股 (gǔ) 股 (구)	股 넓적다리 고
	股 こ【もも】
股市(gǔshi): 주식 시장	

剁 (duò) 剁 (둬)	剁 자를 타
剁碎(duòsuì): 잘게 썰다	

郇 (huán) (xún) 郇 (환) (순)	郇 성씨/땅 이름 순
	郇
郇厨(xúnchú): 성대한 연	

迩 (ěr) 邇 (얼)	邇 가까울 이
	迩 じ
迩刻(ěrkè): 지금	

昏 (hūn) 昏 (훈)	昏 날저물 혼
	昏 こん【くれ】
昏庸(hūnyōng): 멍청하고 어리석다	

肪 (fáng) 肪 (팡)	肪 기름 방
	肪 ぼう
脂肪(zhīfáng): 지방	

狙 (jū) 狙 (쥐)	狙 긴팔원숭이 저
	狙 そ【ねらう】
狙击(jūjī): 저격	

肥 (féi) 肥 (페이)	肥 살찔 비
	肥 ひ【こえる】
肥胖(féipàng): 뚱뚱하다	

胁 (xié) 脅 (세)	脅 겨드랑이 협 으쓱거릴 흡
	脅 きょう
胁迫(xiépò): 협박하다	

服 (fú) (fù) 服 (푸)	服 옷/먹을 복
	服 ふく【きもの】
服从(fúcóng): 복종	

周 (zhōu) 周 (저우)	周 두루 주
	周 しゅう【まわり】
周密(zhōumì): 주도면밀하다	

142

备 (bèi)	備 갖출 비	
備 (베이)	備 び【そなえる】	

| 备注(bèizhù): 비고

狒 (fèi)	狒 원숭이 비	
狒 (페이)	狒 ひ【ひひ】	

| 狒狒(fèifèi): 비비

狗 (gǒu)	狗 개 구	
狗 (거우)	狗 く【いぬ】	

| 狗屁(gǒupì): 개소리

忽 (hū)	忽 홀연 홀	
忽 (후)	忽 こつ	

| 忽略(hūlüè): 소홀히 하다

狐 (hú)	狐 여우 호	
狐 (후)	狐 こ【きつね】	

| 狐疑(húyí): 의심하다

咎 (jiù)	咎 허물 구	
咎 (지우)	咎 きゅう【とがめる】	

| 咎戾(jiùlì): 재앙

狞 (níng)	獰 모질 녕	
獰 (닝)	獰 どう【わるい】	

| 狞恶(níng'è): 영악하다

狍 (páo)	狍 짐승 이름 포	
狍 (파오)		

| 狍属(páoshǔ): 노루 종(種)

8획

狎 (xiá)	狎 익을 압	
狎 (샤)	狎 こう	

| 狎妓(xiájì): 기생을 데리고 놀다

狝 (xiǎn)	獮 가을 사냥 선	
獮 (셴)		

| 狝场(xiǎnchǎng): 사냥터

枭 (xiāo)	梟 올빼미 효	
梟 (샤오)	梟 きょう【ふくろう】	

| 枭张(xiāozhang): 횡포하다

炙 (zhì)	炙 구울 자, 구울 적	
炙 (즈)	炙 しゃ【あぶる】	

| 炙热(zhìrè): 몹시 뜨겁다

143

饱 (bǎo) / 飽 (바오)	飽 배부를 포 / 飽 ほう【あきる】
庞 (páng) / 龐 (팡)	龐 클 방

| 饱嗝(bǎogé): 트림

| 庞然(pángrán): 거대한 모양

变 (biàn) / 變 (볜)	變 변할 변 / 変 へん【かわる】
饲 (sì) / 飼 (쓰)	飼 기를 사 / 飼 し【かう】

| 变质(biànzhì): 변질하다

| 饲养(sìyǎng): 사육

饳 (duò) / 飿 (둬)	飿 고기만두 돌
饰 (shì) / 飾 (스)	飾 꾸밀 식 / 飾 しょく【かざる】

| 馉饳(gǔduò): 고기만두의 일종

| 饰演(shìyǎn): …역을 연기하다

饯 (jiàn) / 餞 (지엔)	餞 전송할 전 / 餞 せん
冼 (xiǎn) / 冼 (셴)	冼 성 선

| 饯行(jiànxíng): 전별하다

| [성(姓)의 하나]

京 (jīng) / 京 (징)	京 서울 경 / 京 きょう·けい
享 (xiǎng) / 享 (샹)	享 드릴 향 / 享 きょう

| 京城(jīngchéng): 경성

| 享誉(xiǎngyù): 성예를 떨치다

冽 (liè) / 冽 (례)	冽 맵게 찰 렬/열 / 冽 れつ
饴 (yí) / 飴 (이)	飴 엿 이 / 飴 い【あめ】

| 冽泉(lièquán): 차가운 샘

| 饴糖(yítáng): 엿당

144

底 (de) (dǐ) / 底 (더)(디)	底 밑 저 / 底 てい【そこ】

底薪(dǐxīn): 기본급

店 (diàn) / 店 (뎬)	店 점방 점 / 店 てん【みせ】

店铺(diànpù): 점포

府 (fǔ) / 府 (부)	府 곳집 부 / 府 ふ【くら】

府第(fǔdì): 관저

疙 (gē) / 疙 (거)	疙 쥐부스럼 흘

疙瘩(gēda): 뾰두라지

疚 (jiù) / 疚 (지유)	疚 오랜 병 구 / 疚 きゅう【やましい】

疚歉(jiùqiàn): 미안하다

疠 (lì) / 癘 (리)	癘 창질 려 / 癘 れい·らい

疠疾(lìjí): 돌림병

庙 (miào) / 廟 (먀오)	廟 사당 묘 / 廟 びょう

庙宇(miàoyǔ): 사당

疟 (nüè)(yào) / 瘧 (눼)(야오)	瘧 학질 학 / 瘧 ぎゃく

疟疾(nüèji): 학질

庖 (páo) / 庖 (파오)	庖 부엌 포 / 庖 ほう【くりや】

庖丁(páodīng): 주방장

疝 (shàn) / 疝 (산)	疝 산증 산 / 疝 せん【せんき】

疝气(shànqì): 헤르니아

疡 (yáng) / 瘍 (양)	瘍 두창 양 / 瘍 よう【かさ】

溃疡(kuìyáng): 궤양

夜 (yè) / 夜 (예)	夜 밤 야 / 夜 や·よ【よる】

夜景(yèjīng): 야경

8획

| 放 (fàng) | 放 내칠 방 |
| 放 (팡) | 放 ほう【はなす】 |

放假(fàngjià): 방학하다

| 廢 (fèi) | 廢 못쓰게 될 폐 |
| 廢 (페이) | 廃 はい【すたれる】 |

废弃(fèiqì): 폐기하다

| 庚 (gēng) | 庚 일곱째 천간 경 |
| 庚 (겅) | 庚 こう【かのえ】 |

庚信(gēngxìn): (여자의) 월경

| 劑 (jì) | 劑 약제 제 |
| 劑 (지) | 劑 ざい |

剂量(jìliàng): 조제량

| 郊 (jiāo) | 郊 성밖 교 |
| 郊 (쟈오) | 郊 こう |

郊外(jiāowài): 교외

| 淨 (jìng) | 淨 깨끗할 정 |
| 淨 (징) | 浄 じょう【きよめる】 |

净损(jìngsǔn): 순손실

| 刻 (kè) | 刻 새길 각 |
| 刻 (커) | 刻 こく【きざむ】 |

刻意(kèyì): 진력하다

| 盲 (máng) | 盲 눈멀 맹 |
| 盲 (망) | 盲 もう【めくら】 |

盲目(mángmù): 맹목적

| 妾 (qiè) | 妾 첩 첩 |
| 妾 (치에) | 妾 しょう【めかけ】 |

纳妾(nàqiè): 축첩하다

| 於 (wū)(yū)(yú) | 於 탄식할 오, 성씨 어 |
| 於 (우)(위) | 於 お【おいて】 |

於菟(wūtú): 호랑이

| 兗 (yǎn) | 兗 땅 이름 연 |
| 兗 (옌) | 兗 |

兗州(yǎnzhōu): 옌저우[지명]

| 卒 (cù)(zú) | 卒 하인 졸 |
| 卒 (추)(쭈) | 卒 そつ【おえる】 |

卒业(zúyè): 졸업하다

146

单 (dān)(shàn)	單 홑 단, 성씨 선
單 (단)(산)	単 たん【ひとえ】

| 单纯(dānchún): 단순하다

炖 (dùn)	燉 불 이글이글한 돈
燉 (둔)	燉 とん

| 炖鱼(dùnyú): 생선조림

劾 (hé)	劾 캐물을 핵
劾 (허)	劾 がい

| 劾弹(hétán): 탄핵하다

炬 (jù)	炬 홰 거
炬 (쥐)	炬 きょ【かがりび】

| 炬头(jùtóu): 토치 헤드

卷 (juǎn)(juàn)	捲 책/말 권
捲 (쥐안)	捲 けん【まき】

| 卷发(juǎnfà): 고수머리

氓 (máng)(méng)	氓 백성 맹
氓 (망)(멍)	氓 ぼう【たみ】

| 流氓(liúmáng): 건달

闹 (nào)	鬧 시끄러울 뇨
鬧 (나오)	鬧 とう·どう

| 闹心(nàoxīn): 괴로워하다

券 (quàn)	券 문서 권
券 (취안)	券 けん【てがた】

| 券据(quànjù): 증권

8획

炜 (wěi)	煒 빨갈 위, 빛날 휘
煒 (웨이)	煒

| [문어] 밝게 빛나다, 매우 밝다

育 (yù)	育 기를 육
育 (위)	育 いく【そだつ】

| 育人(yùrén): 인재를 기르다

闸 (zhá)	閘 수문 갑
閘 (자)	閘 こう【ひのくち】

| 闸门(zhámén): 갑문

郑 (zhèng)	鄭 나라 이름 정
鄭 (정)	鄭 てい【ねんごろ】

| 郑重(zhèngzhòng): 정중하다

| 炒 (chǎo) | 炒 볶을 초 |
| 炒 (차오) | 炒 しょう |

炒股(chǎogǔ): 주식 투자를 하다

| 沫 (mò) | 沫 거품 말 |
| 沫 (모) | 沫 まつ【あわ】 |

泡沫(pàomò): 거품

| 炊 (chuī) | 炊 불땔 취 |
| 炊 (추이) | 炊 すい【たく】 |

炊事(chuīshì): 취사

| 浅 (jiān) (qiǎn) | 淺 얕을 천 |
| 淺 (지엔) (치엔) | 浅 せん【あさい】 |

浅薄(qiǎnbó): 천박하다

| 法 (fǎ) | 法 법 법 |
| 法 (파) | 法 ほう【のり】 |

法庭(fǎtíng): 법정

| 炝 (qiàng) | 熗 데칠 창 |
| 熗 (치양) | |

炝锅(qiàngguō): 양념을 먼저 볶다

| 泔 (gān) | 泔 뜨물 감 |
| 泔 (간) | |

泔水(gānshuǐ): 쌀뜨물

| 炔 (guì) (quē) | 炔 아세틸렌 결 |
| 炔 (구이) (쉐) | |

炔烃(quētīng): 알킨(Alkyne)

| 炕 (kàng) | 炕 말릴 항 |
| 炕 (캉) | |

炕头(kàngtóu): 아랫목

| 泄 (xiè) (yì) | 泄 샐 설, 많을 예 |
| 泄 (셰) (이) | 泄 せつ |

泄露(xièlòu): 누설하다

| 炉 (lú) | 爐 화로 로 |
| 爐 (루) | 炉 ろ【いろり】 |

炉灶(lúzào): 부뚜막

| 炎 (yán) | 炎 불탈 염 아름다울 담 |
| 炎 (옌) | 炎 えん【ほのお】 |

炎热(yánrè): 무덥다

沽 (gū) 沽 (구)	沽 팔 고 沽 こ	
沽家(gūjiā): 투매자		

泅 (qiú) 泅 (치유)	泅 헤엄칠 수 泅 しゅう	
泅水(qiúshuǐ): 헤엄치다		

河 (hé) 河 (허)	河 물 하 河 か【かわ】	
河水(héshuǐ): 강물		

泗 (sì) 泗 (쓰)	泗 물 이름 사 泗 し	
涕泗(tìsì): 눈물과 콧물		

沮 (jǔ) (jù) 沮 (쥐)	沮 막을/적실 저 沮 そ【はばむ】	
沮喪(jǔsàng): 실망하다		

8획

沭 (shù) 沭 (수)	沭 내 이름 술	
沭河(shùhé): 수허[하천 이름]		

泪 (lèi) 淚 (레이)	淚 눈물 루 淚 るい【なみだ】	
泪水(lèishuǐ): 눈물		

泱 (yāng) (yǎng) 泱 (양)	泱 끝없을 앙 泱 おう・えい	
泱泱(yāngyāng): 수면이 넓은 모양		

泷 (lóng) (shuāng) 瀧 (롱) (솽)	瀧 비올 롱 땅 이름 상 滝 ろう【たき】	
泷泷(lónglóng): 콸콸		

油 (yóu) 油 (유)	油 기름 유 油 ゆ【あぶら】	
油膩(yóunì): 기름지다		

泸 (lú) 瀘 (루)	瀘 물 이름 로 瀘 ろ	
泸州(lúzhōu): 루저우[지명]		

沾 (zhān) 沾 (잔)	沾 젖을 첨, 엿볼 점 沾 せん・てん	
沾染(zhānrǎn): 감염되다		

149

泊 (bó) (pō)	泊 배댈 박
泊 (박) (포)	泊 はく【とまる】

| 泊车(bóchē): 주차하다

洸 (luò) (pō)	濼 물 이름 락/늪 박
濼 (루오) (포)	

| 洸河(luòhé): 루오허[하천 이름]

泃 (jū)	泃 내 이름 구
泃 (쥐)	

| 泃河(jūhé): 쥐허[하천 이름]

泣 (qì)	泣 울 읍
泣 (치)	泣 きゅう【なく】

| 泣诉(qìsù): 읍소하다

泠 (líng)	泠 맑은 소리 령
泠 (링)	

| 泠泠(línglíng): 청량하다

泫 (xuàn)	泫 눈물흘릴 현
泫 (쉬안)	

| 泫然(xuànrán): (주로 눈물이) 뚝뚝 떨어지는 모양

泖 (mǎo)	泖 작은 호수 묘
泖 (마오)	

| 泖桥(mǎoqiáo): 마오챠오[지명]

沿 (yán)	沿 물따라 내려갈 연
沿 (옌)	沿 えん【そう】

| 沿岸(yán'àn): 연안

泮 (pàn)	泮 학교 반
泮 (판)	

| 泮涣(pànhuàn): 흩어지다

泜 (zhì)	泜 강 이름 지
泜 (즈)	

| 강 이름으로 쓰임

泡 (pāo) (pào)	泡 작은 호수/거품 포
泡 (파오)	泡 ほう【あわ】

| 泡菜(pàocài): (한국)김치

注 (zhù)	注 흐를 주
注 (주)	注 ちゅう【そそぐ】

| 注重(zhùzhòng): 중시하다

150

沸 (fèi)	沸 끓을 비	
沸 (페이)	沸 ふつ·ひ【わく】	

| 沸腾(fèiténg): 비등하다

疲 (pí)	疲 고달플 피	
疲 (피)	疲 は【はみ】	

| 疲劳(píláo): 지치다

泓 (hóng)	泓 물속 깊을 홍	
泓 (훙)	泓 おう【ふかい】	

| [문어] 물이 깊고 넓다

泼 (pō)	潑 뿌릴 발	
潑 (포)	溌 はつ	

| 泼辣(pōla): 무지막지하다

泌 (bì)(mì)	泌 샘물 흐르는 모양 비	
泌 (비)(미)		

| 泌尿科(mìniàokē): 비뇨기과

沱 (tuó)	沱 물 이름 타	
沱 (뒤)	沱 た	

| 沱茶(tuóchá): 사발 모양으로 압축시킨 차

泯 (mǐn)	泯 멸할 민	
泯 (민)	泯 びん·みん	

| 泯绝(mǐnjué): 멸망하다

泻 (xiè)	瀉 쏟을 사	
瀉 (세)	瀉 しゃ	

| 泻吐(xiètù): 설사하고 토하다

泥 (ní)(nì)	泥 진흙 니	
泥 (니)	泥 でい【どろ】	

| 泥鳅(níqiū): 미꾸라지

泳 (yǒng)	泳 헤엄칠 영	
泳 (융)	泳 えい【およぐ】	

| 泳衣(yǒngyī): 수영복

泞 (nìng)	濘 진창 녕	
濘 (닝)	濘 ねい	

| 泞滑(nìnghuá): 질어서 미끄럽다

沼 (zhǎo)	沼 늪 소	
沼 (자오)	沼 しょう【ぬま】	

| 沼气(zhǎoqì): 메탄가스

怖 (bù)	怖 두려워할 포	
怖 (부)	怖 ふ【こわい】	

怖懼(bùjù): 두려워하다

怯 (qiè)	怯 겁낼 겁	
怯 (치에)	怯 きょう【おびえる】	

怯夫(qièfū): 겁쟁이

怵 (chù)	怵 두려워할 출	
怵 (추)		

怵惕(chùtì): 두려워하다

性 (xìng)	性 성품 성	
性 (싱)	性 せい・しょう	

性格(xìnggé): 성격

怛 (dá)	怛 슬플 달	
怛 (다)	怛 だつ・たん	

悲怛(bēidá): 비통하다

怏 (yàng)	怏 원망할 앙	
怏 (양)	怏 おう【うらむ】	

怏怏(yàngyàng): 만족스럽지 않은 모양

怙 (hù)	怙 믿을 호	
怙 (후)	怙 こ【たのむ】	

怙恃(hùshì): 믿고 의지하다

泽 (zé)	澤 못/윤 택	
澤 (쩌)	沢 たく【さわ】	

泽恩(zé'ēn): 은택

泾 (jīng)	涇 물 이름 경	
涇 (징)		

涇河(jīnghé): 징허[하천 이름]

怔 (zhēng)(zhèng)	怔 두려워할 정	
怔 (정)		

怔忪(zhēngzhōng): 두려워하는 모양

怦 (pēng)	怦 두근거릴 평	
怦 (평)	怦 ほう	

怦然(pēngrán): 두근거리다

治 (zhì)	治 다스릴 치	
治 (즈)	治 じ・ち【おさめる】	

治愈(zhìyù): 치유하다

宝 (bǎo)	寶 보배 보	怕 (pà)	怕 두려워할 파
寶 (바오)	宝 ほう【たから】	怕 (파)	怕 は·はく

| 宝贵(bǎoguì): 귀중하다 | 怕羞(pàxiū): 부끄러워하다 |

怊 (chāo)	怊 슬퍼할 초	学 (xué)	學 배울 학
怊 (차오)		學 (쒜)	学 がく【まなぶ】

| 怊怅(chāochàng): 실의한 모양 | 学历(xuélì): 학력 |

8획

怫 (fú)	怫 발끈할 불	怡 (yí)	怡 기뻐할 이
怫 (푸)	怫 ふつ·はい	怡 (이)	怡 い

| 怫然(fúrán): 불끈 화를 내다 | 怡人(yírén): 쾌적하다 |

怪 (guài)	怪 의심할 괴	怿 (yì)	懌 기뻐할 역
怪 (과이)	怪 かい【あやしい】	懌 (이)	懌 えき

| 怪罪(guàizuì): 책망하다 | 悦怿(yuèyì): 즐겁다 |

怜 (lián)	憐 불쌍히 여길 련	宗 (zōng)	宗 종묘 종
憐 (렌)	憐 れい【あわれみ】	宗 (쫑)	宗 そう·しゅう

| 怜爱(lián'ài): 사랑하다 | 宗庙(zōngmiào): 종묘 |

怩 (ní)	怩 부끄러워할 니	怍 (zuò)	怍 부끄러워할 작
怩 (니)	怩 じ	怍 (쮜)	怍

| 忸怩(niǔní): 언짢다 | 惭怍(cánzuò): 송구스럽다 |

153

宠 (chǒng) (총)	寵 사랑할 총 寵 ちょう	穹 (qióng) (치융)	穹 하늘 궁 穹 きゅう
宠物(chǒngwù): 애완동물		穹苍(qióngcāng): 창공	

宕 (dàng) (당)	宕 방탕할 탕 宕 とう	审 (shěn) (선)	審 살필 심 審 しん
宕延(dàngyán): 연기하다		审判(shěnpàn): 심판	

宕延(dàngyán): 연기하다

定 (dìng) (딩)	定 정할 정 定 てい【さだめる】	宛 (wǎn) (yuān) (완) (위안)	宛 완연 완 　 나라 이름 원 宛 えん
定金(dìngjīn): 계약금		宛如(wǎnrú): 마치 …같다	

官 (guān) (관)	官 벼슬 관 官 かん	冟 (xī) (시)	冟 광중 석
官方(guānfāng): 정부 당국		窀冟(zhūnxī): 묘혈	

空 (kōng) (kòng) (쿵)	空 하늘/빌 공 空 くう【そら・から】	宜 (yí) (이)	宜 옳을 의 宜 ぎ
空虚(kōngxū): 공허하다		宜家(yíjiā): 가정이 화목하다	

帘 (lián) (렌)	簾 발 렴 簾 れん【すだれ】	宙 (zhòu) (저우)	宙 하늘 주 宙 ちゅう
窗帘(chuānglián): 블라인드		宙斯(zhòusī): 제우스	

154

房 (fáng)	房 집 방
房 (팡)	房 ぼう【ふさ】

房产(fángchǎn): 부동산

挂 (guà)	掛 걸 괘
掛 (과)	掛 かい【かかる】

挂断(guàduàn): 전화를 끊다

肩 (jiān)	肩 어깨 견
肩 (지엔)	肩 けん【かた】

肩膀(jiānbǎng): 어깨

诘 (jí) (jié)	詰 꾸짖을 힐
詰 (지) (지에)	詰 きつ【なじる】

诘责(jiézé): 힐책하다

诓 (kuāng)	誆 속일 광
誆 (쾅)	

诓诈(kuāngzhà): 속이다

郎 (láng) (làng)	郎 사내 랑
郎 (랑)	郎 ろう

郎窑(lángyáo): 청대 강서 순무랑 연좌가 만든 자기

诔 (lěi)	誄 뇌사 뢰
誄 (레이)	誄 るい【しのびごと】

诔词(lěicí): 애도사

戾 (lì)	戾 어그러질 려
戾 (리)	戾 れい【もどす】

戾税(lìshuì): 환세

8획

宓 (mì)	宓 조용할 밀
宓 (미)	

宓羲(mìxī): 복희씨

诗 (shī)	詩 시 시
詩 (스)	詩 し【うた】

诗人(shīrén): 시인

实 (shí)	實 열매 실
實 (스)	実 じつ【み·みのる】

实现(shíxiàn): 실현하다

试 (shi)	試 시험할 시
試 (스)	試 し【こころみる】

试用(shìyòng): 시용하다

155

衩 (chà)(chǎ) 衩 (차)	衩 옷깃 차
裤衩(kùchǎ): 반바지	

衫 (shān) 衫 (삼)	衫 적삼 삼 衫 さん
衬衫(chènshān): 셔츠	

衬 (chèn) 襯 (천)	襯 속옷 친 襯 しん【はだぎ】
衬裤(chènkù): 속바지	

视 (shì) 視 (스)	視 볼 시 視 し【みる】
视线(shìxiàn): 시선	

诚 (chéng) 誠 (청)	誠 정성 성 誠 せい【まこと】
诚实(chéngshí): 성실하다	

祆 (xiān) 祆 (셴)	祆 하늘 천/현
祆教(xiānjiào): 조로아스터교	

戽 (hù) 戽 (후)	戽 두레박 호
戽斗(hùdǒu): 호두	

祎 (yī) 禕 (이)	禕 아름다울 의
인명에 많이 쓰임	

诙 (huī) 詼 (후이)	詼 조롱할 회 詼 かい
诙谑(huīxuè): 농담하다	

郓 (yùn) 鄆 (원)	鄆 고을 이름 운
郓城(yùnchéng): 윈청[지명]	

祈 (qí) 祈 (치)	祈 빌 기 祈 き【いのる】
祈祷(qídǎo): 기도하다	

祉 (zhǐ) 祉 (즈)	祉 복 지 祉 し
福祉(fúzhǐ): 복지	

诞 (dàn) 誕 (단)	誕 날 탄 誕 たん

诞生(dànshēng): 태어나다

诜 (shēn) 詵 (선)	詵 많을 선

诜诜(shēnshēn): 우글우글하다

该 (gāi) 該 (가이)	該 갖출 해 該 がい

该死(gāisǐ): 빌어먹을

详 (xiáng) 詳 (상)	詳 자세할 상 詳 しょう【くわしい】

详情(xiángqíng): 상세한 상황

诟 (gòu) 詬 (거우)	詬 꾸짖을 구/후 詬 こう

诟骂(gòumà): 꾸짖다

询 (xún) 詢 (쉰)	詢 물을 순 詢 じゅん

询问(xúnwèn): 알아보다

诡 (guǐ) 詭 (구이)	詭 괴이할 궤 詭 き【あざむく】

诡谲(guǐjué): 변화무상하다

诣 (yì) 詣 (이)	詣 이를 예 詣 けい

诣谒(yìyè): 방문하다

话 (huà) 話 (화)	話 이야기 화 話 わ【はなし】

话剧(huàjù): 연극

诤 (zhèng) 諍 (정)	諍 간할 쟁 諍 そう

诤谏(zhèngjiàn): 간언하다

诠 (quán) 詮 (취안)	詮 설명할 전 詮 そん

诠释(quánshì): 설명

诛 (zhū) 誅 (주)	誅 벨 주 誅 ちゅう

诛杀(zhūshā): 주살하다

157

| 诧 (chà) | 詫 속일 타 |
| 詫 (차) | 詫 た【わび】 |

诧异(chàyì): 의아하게 여기다

| 诨 (hùn) | 諢 농담할 원 |
| 諢 (훈) | 諢 こん |

诨号(hùnhào): 별명

| 建 (jiàn) | 建 세울 건 |
| 建 (지엔) | 建 けん【たてる】 |

建造(jiànzào): 건조하다

| 届 (jiè) | 届 이를 계 |
| 届 (지에) | 届 かい【とどく】 |

届临(jièlín): 다가오다

| 居 (jū) | 居 살 거 |
| 居 (쥐) | 居 きょ·き【いる】 |

居住(jūzhù): 거주하다

| 隶 (lì) | 隸 붙을 례 |
| 隸 (리) | 隸 れい |

隶属(lìshǔ): 종속되다

| 录 (lù) | 錄 적을 록 |
| 錄 (류) | 錄 ろく |

录用(lùyòng): 채용하다

| 肃 (sù) | 肅 엄숙할 숙 |
| 肅 (쑤) | 肅 しゅく |

肃然(sùrán): 숙연하다

| 刷 (shuā) (shuà) | 刷 닦을/고를 쇄 |
| 刷 (솨) | 刷 さつ【する】 |

刷新(shuāxīn): 쇄신하다

| 屉 (tì) | 屜 시루 체 |
| 屜 (티) | |

屉柜(tiguì): 서랍장

| 诩 (xǔ) | 詡 자랑할 후 |
| 詡 (쉬) | |

自诩(zìxǔ): 자만하다

| 帚 (zhǒu) | 帚 비 추 |
| 帚 (저우) | 帚 そう【ほうき】 |

帚星(zhǒuxīng): 혜성

158

孢 (bāo)	孢 포자포	
孢 (바오)		

孢囊(bāonáng): 낭포

弥 (mí)	彌 퍼질 미	
彌 (미)	弥 び·み	

弥漫(mímàn): 자욱하다

承 (chéng)	承 받들 승	
承 (청)	承 しょう	

承诺(chéngnuò): 승낙하다

陌 (mò)	陌 길 맥	
陌 (모)	陌 はく【みち】	

陌生(mòshēng): 낯설다

8획

孤 (gū)	孤 고아 고	
孤 (구)	孤 こ	

孤独(gūdú): 고독하다

戕 (qiāng)	戕 죽일 장	
戕 (치앙)		

戕害(qiānghài): 해치다

弧 (hú)	弧 활 호	
弧 (후)	弧 こ【ゆみ】	

弧线(húxiàn): 호선

屈 (qū)	屈 굽을 굴	
屈 (취)	屈 くつ【かがむ】	

屈服(qūfú): 굴복하다

陋 (lòu)	陋 좁을 루	
陋 (러우)	陋 ろう【せまい】	

陋劣(lòuliè): 초라하다

鸤 (shī)	鸤 뻐꾸기 시	
鸤 (스)		

鸤鸠(shījiū): 뻐꾸기

孟 (mèng)	孟 우두머리 맹	
孟 (멍)	孟 もう	

孟子(mèngzǐ): 맹자

弦 (xián)	弦 시위 현	
弦 (셴)	弦 げん【つる】	

弦乐(xiányuè): 현악

妲 (dá)	妲 여자 이름 달
妲 (다)	妲 だつ

妲己(dájǐ): 달기

姐 (jiě)	姐 누이 저
姐 (지에)	姐 そ

姐妹(jiěmèi): 자매

陔 (gāi)	陔 층계 해
陔 (가이)	

陔步(gāibù): 걸음이 절도 있다

졷 (jǐn)	졷 합환주 잔 근
졷 (진)	

合졷(héjǐn): 합환주를 마시다

姑 (gū)	姑 고모 고
姑 (꾸)	姑 こ【しゅうとめ】

姑姑(gūgu): 고모

妹 (mèi)	妹 누이 매
妹 (메이)	妹 まい【いもうと】

妹夫(mèifu): 매부

函 (hán)	函 상자 함
函 (한)	函 かん【はこ】

函数(hánshù): 함수

陕 (shǎn)	陕 땅 이름 섬
陕 (산)	陕 きょう

陕西(shǎnxī): 산시[지명]

亟 (jí) (qì)	亟 빠를 극, 자주 기
亟 (지) (치)	亟 きょく【すみやか】

亟速(jísù): 급속히

限 (xiàn)	限 지경 한
限 (셴)	限 げん【かぎる】

限制(xiànzhì): 제한하다

降 (jiàng) (xiáng)	降 내릴 강, 항복할 항
降 (지앙) (샹)	降 こう【おりる】

降低(jiàngdī): 낮추다

妯 (zhóu)	妯 동서 축
妯 (저우)	

妯娌(zhóuli): 동서

160

| 迦 (jiā) | 迦 부처 이름 가 |
| 迦 (지아) | 迦 か |

| 迦蓝(jiālán): 가람

| 姆 (mǔ) | 姆 유모 모 |
| 姆 (무) | 姆 ぼ【うば】 |

| 姆妈(mǔmā): 엄마

| 妮 (nī) | 妮 계집아이 니 |
| 妮 (니) | |

| 妮子(nīzi): 계집애

| 孥 (nú) | 孥 처자 노 |
| 孥 (누) | 孥 ど・ぬ【つまこ】 |

| 妻孥(qīnú): 처와 자식

| 驽 (nú) | 駑 둔할 노 |
| 駑 (누) | 駑 ど【のろい】 |

| 驽钝(núdùn): 우둔하다

| 弩 (nǔ) | 弩 쇠뇌 노 |
| 弩 (누) | 弩 ど【いしゆみ】 |

| 弩弓(nǔgōng): 쇠뇌

| 姗 (shān) | 姍 헐뜯을 산 |
| 姍 (산) | |

| 姗笑(shānxiào): 비웃다

| 虱 (shī) | 虱 이 슬 |
| 蝨 (스) | 蝨 しつ【しらみ】 |

| 虱卵(shīluǎn): 서캐

8획

| 始 (shǐ) | 始 처음 시 |
| 始 (스) | 始 し【はじめ】 |

| 始终(shǐzhōng): 시종

| 帑 (tǎng) | 帑 나라곳집 탕 |
| 帑 (탕) | 帑 ど・とう |

| 帑藏(tǎngzàng): 국고(國庫)

| 迢 (tiáo) | 迢 멀 초 |
| 迢 (타오) | 迢 ちょう |

| 迢迢(tiáotiáo): 까마득히 멀다

| 姓 (xìng) | 姓 성 성 |
| 姓 (싱) | 姓 せい |

| 姓名(xìngmíng): 성명

参考(cānkǎo): 참고하다

迨今(dàijīn): 오늘까지

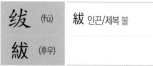

(옛날) 도장에 매는 끈

绀紫(gànzǐ): 감청색의

驾驶(jiàshǐ): 운전하다

练功(liàngōng): 연마하다

'三'의 갖은자

电线(diànxiàn): 전선

累绁(léixiè): 사람을 묶는 새끼

驵侩(zǎngkuài): 말의 거간꾼

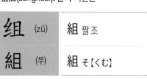

组成(zǔchéng): 구성하다

艰难(jiānnán): 곤란하다

绊 (bàn)	絆 줄 반
絆 (반)	絆 はん【きずな】

| 绊倒(bàndǎo): 걸려서 넘어지다

细 (xì)	細 가늘 세
細 (세)	細 さい【ほそい】

| 细致(xìzhì): 섬세하다

驸 (fù)	駙 곁말 부
駙 (부)	

| 驸马(fùmǎ): 부마

驺 (zōu)	騶 마부 추
騶 (쩌우)	

| 驺唱(zōuchàng): 길을 비키라고 외치다

驹 (jū)	駒 망아지 구
駒 (쥐)	駒 く【こま】

| 驹子(jūzi): 망아지

8획

织 (zhī)	織 짤 직
織 (즈)	織 しょく【おる】

| 织物(zhīwù): 직물

驷 (sì)	駟 사마 사
駟 (쓰)	駟 し

| 驷马(sìmǎ): 사마[한 수레를 끄는 네 필의 말]

终 (zhōng)	終 끝 종
終 (중)	終 しゅう【おわる】

| 终盘(zhōngpán): 마감하다

绅 (shēn)	紳 큰띠 신
紳 (선)	紳 しん【おおおび】

| 绅士(shēnshì): 신사

绉 (zhòu)	縐 주름질 추
縐 (저우)	

| 绉纱(zhòushā): 크레이프

驶 (shǐ)	駛 달릴 사
駛 (스)	駛 し【はしる】

| 驶入(shǐrù): 들어오다

驻 (zhù)	駐 머무를 주
駐 (주)	駐 ちゅう

| 驻地(zhùdì): 주둔지

163

绌 (chù)	絀 꿰맬 출
絀 (추)	

支绌(zhīchù): 부족하다

绋 (fú)	紼 얽힌 삼 불
紼 (뮤)	

纶绋(lúnfú): 조칙

贯 (guàn)	貫 꿸 관, 당길 만
貫 (관)	貫 かん【つらぬく】

贯彻(guànchè): 관철하다

经 (jīng)(jìng)	經 날 경
經 (징)	経 けい・きょう

经过(jīngguò): 경과하다

绍 (shào)	紹 이을 소
紹 (사오)	紹 しょう【つぐ】

绍介(shàojiè): 소개하다

骀 (dài)(tāi)	駘 둔마 태
駘 (다이)(타이)	駘 たい・だい

骀荡(dàidàng): 자유분방하다

奉 (fèng)	奉 받들/바칠 봉
奉 (펑)	奉 ほう【たてまつる】

奉劝(fèngquàn): 충고합니다

驼 (tuó)	駝 곱사등이 타
駝 (퉈)	駝 だ【らくだ】

驼背(tuóbèi): 곱사등이

玩 (wán)	玩 장난할/익힐 완
玩 (완)	玩 がん

玩弄(wánnòng): 희롱하다

驿 (yì)	驛 역말 역
驛 (이)	駅 えき

驿站(yìzhàn): 옛날, 역참

绎 (yì)	繹 당길 역
繹 (이)	繹 えき

绎续(yìxù): 끊임없이 계속되다

甾 (zāi)	甾 스테로이드 재
甾 (짜이)	

甾体(zāitǐ): 스테로이드

表 (biǎo)	表 겉/시계 표	瑋 (wěi)	瑋 옥/진귀할 위
表 (뱌오)	表 ひょう【おもて】	瑋 (웨이)	

| 表达(biǎodá): 표현하다

| 玮宝(wěibǎo): 진기한 보물

玢 (bīn)(fēn)	玢 옥무늬 빈	武 (wǔ)	武 굳셀 무
玢 (빈)(펀)		武 (우)	武 ぶ・む【たけし】

| 玢岩(bīnyán): 분암

| 武断(wǔduàn): 독단하다

8획

环 (huán)	環 옥/고리 환	现 (xiàn)	現 나타낼 현
環 (환)	環 かん	現 (셴)	現 げん【あらわれる】

| 环境(huánjìng): 환경

| 现实(xiànshí): 현실적이다

玠 (jiè)	玠 홀 개	玡 (yá)	玡 땅 이름 아
玠 (지에)		玡 (야)	

| 인명에 쓰이는 글자

| 琅玡(lángyá): 랑야

玫 (méi)	玫 매괴 매	玥 (yuè)	玥 구슬 월
玫 (메이)	玫 ばい・まい	玥 (위에)	

| 玫瑰(méigui): 장미

| 전설상의 신기한 구슬

青 (qīng)	青 푸른빛 청	责 (zé)	責 꾸짖을 책
青 (칭)	青 せい【あおい】	責 (쩌)	責 せき【せめる】

| 青蛙(qīngwā): 개구리

| 责怪(zéguài): 책망하다

165

戴 (dài)
戴 (다이)

戴 배당체 대

| 糖戴(tángdài): 배당체

玦 (jué)
玦 (줴)

玦 패옥 결

| 한 쪽이 이지러진 고리 모양의 패옥

坩 (gān)
坩 (간)

坩 도가니 감
坩 かん【つぼ】

| 坩堝(gānguō): 도가니

珂 (kē)
(kě)
珂 (커)

珂 평탄하지 않을 가

| 珂雪(kēxuě): 새하얗다

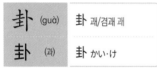

卦 (guà)
卦 (과)

卦 괘/겸괘 괘
卦 かい·け

| 卦命(guàmìng): 점치다

抹 (mā)
(mǒ)
(mò)
抹 (마)
(모)

抹 바를/닦을 말
抹 まつ

| 抹杀(mǒshā): 말살하다

邽 (guī)
邽 (구이)

邽 고을 이름 규

| 下邽(xiàguī): 하규[고대 지명]

坯 (pī)
坯 (피)

坯 굽지 않은 질그릇 비
坯 はい

| 坯料(pīliào): 반제품

規 (guī)
規 (구이)

規 그림쇠/법 규
規 き【のり】

| 規模(guīmó): 규모

忝 (tiǎn)
忝 (톈)

忝 더럽힐 첨
忝 てん

| 忝膺(tiǎnyīng): 과분하게도 그 소임을 맡다

匭 (guǐ)
匭 (구이)

匭 상자 궤

| 投匭(tóuguǐ): 투표하다

盂 (yú)
盂 (위)

盂 사발 우
盂 う【はち】

| 痰盂(tányú): 타구(唾具)

166

拔 (bá) 拔 (비)	拔 뺄/가릴 발 拔 ばつ【ぬく】	

| 拔牙(báyá): 이를 뽑다

炉 (lú) 爐 (루)	爐 검은석비례 로	

| 炉土(lútǔ): 부식토

担 (dān) (dàn) 擔 (단)	擔 맬/짐 담 担 たん【になう】	

| 担心(dānxīn): 염려하다

拈 (niān) 拈 (넨)	拈 집을 점 拈 ねん【つまむ】	

| 拈花(niānhuā): 꽃을 따다

坫 (diàn) 坫 (뎬)	坫 잔대 점	

| 钱坫(qiándiàn): 전점(錢坫)

8획

抨 (pēng) 抨 (평)	抨 탄핵할 평	

| 抨击(pēngjī): 비난하다

拣 (jiǎn) 揀 (지엔)	揀 가릴 간/련 揀 かん·れん	

| 拣择(jiǎnzé): 선택하다

坪 (píng) 坪 (핑)	坪 벌/들 평 坪 へい【つぼ】	

| 坪台(píngtái): 평평한 공지

拢 (lǒng) 攏 (룽)	攏 합칠 롱	

| 拢头(lǒngtóu): 빗질하다

坦 (tǎn) 坦 (탄)	坦 평평할 탄 坦 たん【たいら】	

| 坦白(tǎnbái): 담백하다

垅 (lǒng) 壠 (룽)	壠 밭두둑 롱	

| '垄(lǒng)'과 같음

拓 (tà) (tuò) 拓 (타) (퇴)	拓 넓을 칙, 박을 탁 拓 たく【ひらく】	

| 拓展(tuòzhǎn): 개척하다

167

拆 (cā)(chāi)	拆 터질/배설할 탁
拆 (차)(차이)	拆 たく【ひらく】

拆卸(chāixiè): 분해하다

坼 (chè)	坼 터질/갈라질 탁
坼 (처)	

坼裂(chèliè): 갈라지다

抻 (chēn)	抻 펼 신
抻 (천)	抻 しん

抻面(chēnmiàn): 수타국수

抽 (chōu)	抽 뺄/당길 추
抽 (처우)	抽 ちゅう【ぬす】

抽烟(chōuyān): 담배를 피우다

顶 (dǐng)	頂 이마/꼭대기 정
頂 (딩)	頂 ちょう【いただき】

顶嘴(dǐngzuǐ): 말대꾸하다

拊 (fǔ)	拊 칠 부
拊 (푸)	拊 ふ【うつ】

拊掌(fǔzhǎng): 박수치다

拐 (guǎi)	拐 속일/지팡이 괴
拐 (과이)	拐 かい【かどわかす】

拐杖(guǎizhàng): 지팡이

坤 (kūn)	坤 땅 곤
坤 (쿤)	坤 こん【つち】

坤伞(kūnsǎn): 양산·우산

拍 (pāi)(pò)	拍 칠/박자 박
拍 (파이)(포)	拍 はく【うつ】

拍摄(pāishè): 촬영하다

拖 (tuō)	拖 끌 타
拖 (퉈)	

拖延(tuōyán): 지연하다

押 (yā)	押 수결/주관할 압
押 (야)	押 おう【おす】

押金(yājīn): 보증금

者 (zhě)	者 놈 자
者 (저)	者 しゃ【もの】

者番(zhěfān): 금번

抱 (bào)	抱 안을/품을 포
抱 (바오)	抱 ほう【いだく】

| 抱怨(bàoyuàn): 원망하다

坻 (chí)(dǐ)	坻 모래섬 지
坻 (츠)(디)	

| 宝坻(bǎodǐ): 바오디[지명]

抵 (dǐ)	抵 닥뜨릴 겨, 겨룰 저
抵 (디)	抵 てい【あたる】

| 抵消(dǐxiāo): 상쇄하다

拘 (jū)	拘 잡을/잡힐 구
拘 (쥐)	拘 こう【とらえる】

| 拘捕(jūbǔ): 체포하다

垃 (lā)	垃 쓰레기 랍
垃 (라)	

| 垃圾(lājī): 쓰레기

拉 (lā)(lá)(là)	拉 깎을/끌 랍
拉 (라)	拉 らつ

| 沙拉(shālā): 샐러드

拦 (lán)	攔 막을 란
攔 (란)	

| 拦阻(lánzǔ): 가로막다

拎 (līn)	拎 들 령
拎 (린)	

| 拎包(līnbāo): 손가방

8회

势 (shì)	勢 세력/형세 세
勢 (스)	勢 せい【いきおい】

| 势利(shìlì): 지위나 재산을 따지다

幸 (xìng)	幸 다행/행복 행
幸 (싱)	幸 こう【さいわい】

| 幸运(xìngyùn): 행운

拥 (yōng)	擁 낄/안을 옹
擁 (융)	擁 よう

| 拥抱(yōngbào): 포옹하다

拄 (zhǔ)	拄 떠받칠 주
拄 (주)	

| 拄杖(zhǔzhàng): 지팡막대

169

拌 (bàn)	拌 버릴 반
拌 (반)	拌 はん

拌嘴(bànzuǐ): 말다툼하다

拨 (bō)	撥 다스릴/덜다 발
撥 (보)	撥 はつ·ばち

拨打(bōdǎ): 전화를 걸다

拂 (fú)	拂 털/떨칠 불
拂 (불)	払 ふつ【はらう】

拂晓(fúxiǎo): 새벽녘

抿 (mǐn)	抿 어루만질 민
抿 (민)	

抿嘴(mǐnzuǐ): 입을 약간 오므리다

坭 (ní)	坭 진흙 니
坭 (니)	

填坭(tiánní): 충전용 시멘트

拧 (níng) (níng) (nìng)	擰 비틀 녕
擰 (녕)	

拧干(nínggān): 꽉 짜다

披 (pī)	披 걸칠/헝클어질 피
披 (피)	披 ひ【ひらく】

披露(pīlù): 드러내다

坡 (pō)	坡 비탈/고개 파
坡 (포)	坡 は【さか】

坡道(pōdào): 고갯길

坨 (tuó)	坨 덩어리질 타
坨 (퉈)	

冰坨(bīngtuó): 얼음덩이

择 (zé) (zhái)	擇 가릴 택
擇 (쩌) (자이)	択 たく【えらぶ】

择偶(zé'ǒu): 배필을 고르다

招 (zhāo)	招 부를/구할 초
招 (자오)	招 しょう【まねく】

招聘(zhāopìn): 초빙하다

拙 (zhuō)	拙 졸할 졸
拙 (쮜)	拙 せつ【つたない】

拙劣(zhuōliè): 졸렬하다

拗 (ǎo)(ào)(niù)
拗 (요)(뉴)
拗 꺾을/비뚤 요
拗 よう·おう

拗气(àoqì): 완고하다

坳 (ào)
坳 (아오)
坳 산간평지 요

土坳(tǔào): 골짜기

耵 (dīng)
耵 (딩)
耵 귀에지 정

耵聍(dīngníng): 귀지

苷 (gān)
苷 (간)
苷 배당체 감

皂苷(zàogān): 사포닌

苦 (kǔ)
苦 (쿠)
苦 씀바귀/쓸 고
苦 く【にがい】

苦恼(kǔnǎo): 고뇌하다

茉 (mò)
茉 (모)
茉 말리 말
茉 まつ·ばつ

茉莉(mòlì): 말리

拇 (mǔ)
拇 (무)
拇 엄지손가락 무
拇 ぼ【おやゆび】

拇指(mǔzhǐ): 엄지 손[발]가락

拚 (pàn)
拚 (판)
拚 쓸 분

拚弃(pànqì): 내버리다

其 (jī)(qí)
其 (지)(치)
其 어조사/그 기
其 き【その·それ】

其余(qíyú): 나머지

取 (qǔ)
取 (취)
取 취할/장가들 취
取 しゅ【とる】

取缔(qǔdì): 취소하다

抬 (tái)
抬 (타이)
抬 들 대
抬 たい

抬举(táiju): 발탁하다

耶 (yē)(yé)
耶 (예)
耶 그런가 야
耶 や【か】

耶稣(yēsū): 예수

8획

171

苯酚(běnfēn): 페놀

苜蓿(mùxu): 거여목

苴 (jū)	苴 삼씨 저
苴 (쥐)	苴 しょ【あさ】

苴麻(jūmá): 암삼

苤蓝(piělan): 구경 양배추

苛 (kē)	苛 독할 가
苛 (커)	苛 か【からい】

苛酷(kēkù): 가혹하다

苹果(píngguǒ): 사과

茏 (lóng)	蘢 말여뀌 롱
蘢 (룽)	蘢 ろう

茏葱(lóngcōng): 푸르고 무성하다

若 (ruò)	若 만약 약
若 (뤄)	若 じゃく【わかい】

若是(ruòshì): 만약 …한다면

茂 (mào)	茂 우거질/성할 무
茂 (마오)	茂 も【しげる】

茂盛(màoshèng): 무성하다

苫 (shān)(shàn)	苫 거적 점, 섬 섬
苫 (산)	苫 せん【とま·むしろ】

苫席(shànxí): 삿자리

苗圃(miáopǔ): 묘포

昔 (xī)	昔 옛 석
昔 (시)	昔 せき【むかし】

昔人(xīrén): 옛날 사람

苞 (bāo)	苞 풀 이름 포
苞 (바오)	苞 ほう【つと】

苞米(bāomǐ): 옥수수

茌 (chí)	茌 풀우거질 치
茌 (츠)	

茌平(chípíng): 츠핑[지명]

苻 (fú)	苻 부신 부
苻 (퓨)	苻 ふ【さや】

[주로 인명에 쓰임]

苟 (gǒu)	苟 구차할 구
苟 (거우)	苟 こう

苟且(gǒuqiě): 소홀히 하다

苓 (líng)	苓 도꼬마리 령
苓 (링)	苓 れい【みみなぐさ】

苓耳(líng'ěr): 도꼬마리

茆 (máo)	茆 순채 묘
茆 (마오)	茆 ぼう【じゅんさい】

성(姓)

茑 (niǎo)	茑 담쟁이 조
蔦 (냐오)	蔦 ちょう【つた】

茑萝(niǎoluó): 담쟁이덩굴

苘 (qǐng)	苘 어저귀 경
苘 (칭)	

苘麻(qǐngmá): 어저귀

8획

苒 (rǎn)	苒 성할 염
苒 (란)	苒 ぜん【さかえる】

苒蒻(rǎnruò): 가날프다

茚 (yìn)	茚 인덴 인
茚 (인)	

氮茚(dànyìn): 인돌(indole)

英 (yīng)	英 꽃/꽃받침 영
英 (잉)	英 えい

英明(yīngmíng): 영명하다

苑 (yuán) (yuàn)	苑 동산 원
苑 (위안)	苑 えん【その】

苑囿(yuànyòu): 동물을 기르는 곳

173

范例(fànlì): 범례

[문어] 풀이 무성하게 나서 길을 막다

番茄(fānqié): 토마토

茎秆(jīnggǎn): (벼·보리 따위의) 줄기

茊 (mín)	茊 속대 민
茊 (민)	

茊高粱(míngāoliáng): 늦수수

煢 (qióng)	煢 의로울 경
煢 (치융)	煢 けい【ひとりもの】

煢独(qióngdú): 의지할 곳 없는 외로운 사람

苕帚(tiáozhou): 갈대로 엮어 만든 빗자루

苔 (tāi) (tái)	苔 이끼 태
苔 (타이)	苔 たい【こけ】

苔藓(táixiǎn): 태선

芖 (xué)	芖 샀자리 혈
芖 (쉐)	

芖子(xuézi): 샀자리로 엮은 장석으로 둘러친 곡물 저장소

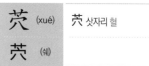

茔地(yíngdì): 묘지(墓地)

直销(zhíxiāo): 직접 판매하다

茁壮(zhuózhuàng): 건장하다

杯 (bēi)	杯 잔 배
杯 (베이)	杯 はい【さかずき】

杯面(bēimiàn): 컵라면

柜 (guì) (jǔ)	櫃 함 궤
櫃 (구이) (쥐)	櫃 き【ひつ】

柜台(guìtái): 카운터

枥 (lì)	櫪 개냉이 력
櫪 (리)	櫪 れき【くぬぎ】

槽枥(cáolì): 마구간

林 (lín)	林 수풀 림
林 (린)	林 りん【はやし】

林立(línlì): 즐비하다

茅 (máo)	茅 띠 모
茅 (마오)	茅 ぼう【かや·ち】

茅庐(máolú): 초가집

杪 (miǎo)	杪 끝 초
杪 (먀오)	杪 じょう

发杪(fàmiǎo): 머리카락의 끝

枇 (pí)	枇 비파나무 비
枇 (피)	枇 ひ【さじ·くし】

枇杷(pípá): 비파

枝 (qí) (zhī)	枝 가지 지
枝 (치) (즈)	枝 し【えだ】

枝叶(zhīyè): 나뭇가지와 잎

8획

枘 (ruì)	枘 장부 예
枘 (루이)	

枘凿(ruìzáo): 서로 어울리지 않다

枢 (shū)	樞 지도리 추
樞 (주)	枢 すう

枢纽(shūniǔ): 중요 관건

枉 (wǎng)	枉 굽을 왕
枉 (왕)	枉 おう

枉费(wǎngfèi): 낭비하다

杳 (yǎo)	杳 어두울/깊을 묘
杳 (야오)	杳 よう【くらい】

杳然(yǎorán): 고요한 모양

175

板 (bǎn)	板 널조각 판
板 (판)	板 はん·ばん【いた】

| 板栗(bǎnlì): 왕밤

杭 (háng)	杭 건널 항
杭 (항)	杭 こう

| 杭州(hángzhōu): 항저우[지명]

枞 (cōng)(zōng)	樅 전나무 종
樅 (총)(종)	樅 しょう【もみ】

| 枞萜(cōngtiē): 실베스트렌(sylvestrene)

枧 (jiǎn)	梘 비누 견
梘 (지엔)	

| 枧粉(jiǎnfěn): 가루비누

枨 (chéng)	棖 문설주 정
棖 (청)	

| 枨触(chéngchù): 건드리다

枚 (méi)	枚 낱/줄기 매
枚 (메이)	枚 まい·ばい

| 枚枚(méiméi): 세밀하다

杵 (chǔ)	杵 공이 저
杵 (추)	杵 しょ【きね】

| 杵仗(chǔzhàng): 버팀목

枪 (qiāng)	槍 창/다다를 창
槍 (치앙)	槍 そう【やり】

| 枪毙(qiāngbì): 총살

枫 (fēng)	楓 단풍나무 풍
楓 (펑)	楓 ふう【かえで】

| 枫叶(fēngyè): 단풍잎

松 (sōng)	鬆 소나무 송
鬆 (쑹)	鬆 しょう【まつ】

| 松动(sōngdong): 흔들리다

构 (gòu)	構 얽을 구
構 (거우)	構 こう【かまえる】

| 构筑(gòuzhù): 구축하다

析 (xī)	析 가를/쪼갤 석
析 (시)	析 せき

| 析出(xīchū): 석출하다

枓拱(dǒugǒng): 지붕받침

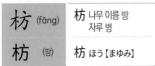

옛날, 귀를 잘라내는 형벌

枋子(fāngzi): 각재

杰 (jié)
杰 (지에)
杰 뛰어날 걸

杰作(jiézuò): 걸작

劲昇(jìngshēng): 강하게 오르다

肽多糖(tàiduōtáng): 펩티도글리칸(peptidoglycan)

[방언] (약한 불에) 고다

炘 (xīn)
炘 (신)
炘 화끈거릴 흔

炘炘(xīnxīn): 열기가 왕성한 모양

9획

珏 (jué)
珏 (줴)

珏 쌍옥 각/곡

| 인명에 쓰임

帮 (bāng)
帮 (방)

帮 도울 방
帮 ほう

| 帮助(bāngzhù): 돕다

珂 (kē)
珂 (커)

珂 마노 가
珂 か

| 珂雪(kēxuě): 새하얗다

春 (chūn)
春 (춘)

春 봄 춘
春 しゅん【はる】

| 春节(chūnjié): 음력설

珑 (lóng)
瓏 (롱)

瓏 옥소리 롱/농
瓏 ろう

| 珑玲(lónglíng): 빛나다

贰 (èr)
貳 (얼)

貳 두 이
弍 に【ふたつ】

| 贰心(èrxīn): 딴 마음

契 (qì)
契 (xiè)
契 (치)
契 (세)

契 맺을 계
　사람 이름 설
契 けい【ちぎる】

| 契约(qìyuē): 계약하다

珐 (fà)
琺 (파)

琺 법랑 법

| 珐琅(fàláng): 법랑

籽 (zǐ)
籽 (쯔)

籽 종자 자

| 耘籽(yúnzǐ): 김을 매고 북을 돋우다

耇 (huā)
(xū)
耇 (화)
(쉬)

耇 뼈 바르는 소리 획

| [문어] 살을 바를 때 나는 소리

奏 (zòu)
奏 (쩌우)

奏 아뢸 주
奏 そう

| 奏效(zòuxiào): 주효하다

玻 (bō)	玻 유리 파
玻 (보)	玻 は

玻璃(bōli): 유리

玳 (dài)	玳 대모 대
玳 (다이)	玳 たい

玳瑁(dàimào): 대모

玷 (diàn)	玷 옥의 티 점
玷 (뎬)	

玷污(diànwū): 더럽히다

毒 (dú)	毒 독 독
毒 (두)	毒 どく

毒害(dúhài): 독살하다

預 (hān)	預 얼굴 클 한
預 (한)	

預实(hānshí): 소박하고 진실하다

珈 (jiā)	珈 머리꾸미개 가
珈 (지아)	珈 か

瑜珈(yújiā): 요가

玲 (líng)	玲 옥 소리 령
玲 (링)	玲 れい

玲玲(línglíng): 옥(玉)이 부딪쳐 나는 소리

珉 (mín)	珉 옥돌 민
珉 (민)	

인명에 쓰인 글자

珀 (pò)	珀 호박 박
珀 (포)	珀 はく

琥珀(hǔpò): 호박

珊 (shān)	珊 산호 산
珊 (산)	珊 さん

珊瑚(shānhú): 산호

型 (xíng)	型 거푸집 형
型 (싱)	型 けい【かた】

型号(xínghào): 사이즈

珍 (zhēn)	珍 보배 진
珍 (전)	珍 ちん【めずらしい】

珍贵(zhēnguì): 진귀하다

持 (chí) 持 (초)	持 가질 지 持 ち·じ【もつ】
持股(chígǔ): 주식을 보유하다

拷 (kǎo) 拷 (카오)	拷 칠 고 拷 ごう
拷打(kǎodǎ): 고문(하다)

封 (fēng) 封 (펑)	封 봉할 봉 封 ふう·ほう
封冻(fēngdòng): 얼어붙다

拭 (shì) 拭 (스)	拭 닦을 식 拭 しょく
拭净(shìjìng): 깨끗하게 닦다

韨 (fú) 韨 (무)	韨 슬갑 불
고대 제복의 일종

挝 (wō) (zhuā) 撾 (워) (좌)	撾 칠 과
挝鼓(wōgǔ): 북을 두드리다

拱 (gǒng) 拱 (궁)	拱 두 손 마주잡을 공 拱 きょう
拱手(gǒngshǒu): 공수하다

项 (xiàng) 項 (샹)	項 항목 항 項 こう
项链(xiàngliàn): 목걸이

挂 (guà) 挂 (과)	挂 걸 괘 挂 けい
挂失(guàshī): 분실 신고를 하다

垭 (yā) 埡 (야)	垭 작은 방죽 오
垭口(yākǒu): 산과 산 사이의 낮은 곳

拮 (jié) 拮 (지에)	拮 일할 길 拮 きつ
拮据(jiéjū): 옹색하다

垣 (yuán) 垣 (위안)	垣 담 원 垣 えん【かき】
垣墙(yuánqiáng): (낮은) 담

城 (chéng) 城 (청)	城 성 성 城 じょう【しろ】

城镇(chéngzhèn): 도시와 읍

挎 (kuà) 挎 (콰)	挎 가질 고

挎包(kuàbāo): 가방

垯 (da) 墶 (다)	墶 작은 언덕 달

圪垯(gēda): 둔덕

挠 (náo) 撓 (나오)	撓 어지러울 뇨 撓 どう【たゆむ】

挠痒(náoyǎng): 가려운 데를 긁다

垤 (dié) 垤 (뎨)	垤 개밋둑 질 垤 ちつ

丘垤(qiūdié): 조그만 흙더미

挞 (tà) 撻 (타)	撻 매질할 달 撻 たつ

挞谷(tàgǔ): 탈곡하다

9획

赴 (fù) 赴 (부)	赴 갈 부 赴 ふ【おもむく】

赴任(fùrèn): 부임(하다)

挟 (xié) 挾 (셰)	挾 낄 협 挾 きょう【はさむ】

挟持(xiéchí): 협박하다

赳 (jiū) 赳 (지유)	赳 헌걸찰 규 赳 きゅう

赳赳(jiūjiū): 씩씩한 모양

赵 (zhào) 趙 (자오)	趙 조나라 조 趙 ちょう

赵云(zhàoyún): 조운[인명]

垮 (kuǎ) 垮 (콰)	垮 무너질 과

垮塌(kuǎtā): 붕괴하다

政 (zhèng) 政 (정)	政 정사 정 政 せい·しょう

政策(zhèngcè): 정책

181

贲 (bēn) (bì)	賁 클 분, 꾸밀 비
賁 (번) (비)	賁 ひ

| 贲临(bìlín): 왕림하다

挢 (jiǎo)	撟 들 교
撟 (자오)	

| [문어] 쳐들다, 치켜들다

挡 (dǎng) (dàng)	擋 제거할 당
擋 (당)	

| 挡住(dǎngzhù): 막다

垲 (kǎi)	塏 높은 땅 개
塏 (카이)	

| 爽垲(shuǎngkǎi): (지세가) 높고 확 트이다

垱 (dàng)	壋 둑 당
壋 (당)	

| 垱肥(dàngféi): 거름

埏 (shān) (yán)	埏 이길 선, 가장자리 연
埏 (산) (옌)	

| 埏埴(shānzhí): 진흙을 이기다

垌 (dòng)	垌 항아리 동
垌 (둥)	

| 垌田(dòngtián): 강 연안의 넓은 논밭

挺 (tǐng)	挺 곧을 정
挺 (팅)	挺 てい

| 挺立(tǐnglì): 똑바로 서다

括 (guā) (kuò)	括 묶을 괄
括 (과) (쿼)	括 かつ【くくる】

| 括号(kuòhào): 괄호

哉 (zāi)	哉 어조사 재
哉 (짜이)	哉 さい【かな】

| 悠哉游哉(yōuzāiyóuzāi): 흐늘흐늘

郝 (hǎo)	郝 고을 이름 학
郝 (하오)	

| 郝帅(hǎoshuài): 하오솨이[인명]

拽 (zhuāi) (zhuài)	拽 끌 예
拽 (좌이)	

| 拽嗤(zhuàichi): 잡아당기다

垫 (diàn)	墊 빠질 점
垫 (뎬)	墊 てん【おちいる】

| 垫付(diànfù): 잠시 대신 지불하다

垧 (shǎng)	垧 들 경
垧 (상)	

| 경지 면적 단위

垛 (duǒ)(duò)	垛 쌓을 타
垛 (둬)	

| 垛上(duòshang): 쌓아 올리다

拾 (shè)(shī)(shí)	拾 오를 섭, 주울 습
拾 (서)(스)	拾 しゅう【ひろう】

| 拾掇(shíduo): 수습하다

垓 (gāi)	垓 땅 가장자리 해
垓 (가이)	垓 がい

| 垓垓(gāigāi): 사람들이 많은 모습을 형용

拴 (shuān)	拴 가릴 전
拴 (솬)	

9획

| 拴绑(shuānbǎng): 묶다

垢 (gòu)	垢 때 구
垢 (거우)	垢 こう·く【あか】

| 垢污(gòuwū): 때가 묻어 더럽다

挑 (tāo)(tiāo)(tiào)	挑 돋울 도
挑 (타오)(타오)	挑 ちょう【いどむ】

| 挑战(tiǎozhàn): 도전(하다)

垍 (jì)	垍 굳은 흙 기/게
垍 (지)	

| [문어] 굳은 흙, 단단한 흙

挣 (zhēng)(zhèng)	掙 참을/찌를 쟁
挣 (정)	

| 挣钱(zhèngqián): 돈을 벌다

挤 (jǐ)	擠 밀칠 제
擠 (지)	擠 せい【おす】

| 挤掉(jǐdiào): 배척하다

指 (zhǐ)	指 손발가락 지
指 (즈)	指 し【ゆび】

| 指导(zhǐdǎo): 지도(하다)

按 (àn)	按 누를 안
按 (안)	按 あん

| 按揭(ànjiē): 대출받다

挖 (wā)	挖 더듬을 알
挖 (와)	

| 挖苦(wāku): 비꼬다

垞 (chá)	垞 언덕 타 사람 이름 택
垞 (차)	

| 胜垞(shèngchá): 성차[지명]

挦 (xián)	挦 딸잠
挦 (셴)	

| 挦扯(xiánchě): 잡아 뽑다

挥 (huī)	挥 휘두를 휘
揮 (후이)	揮 き

| 挥舞(huīwǔ): 휘두르다

垟 (yáng)	垟 흙 속 괴물 양
垟 (양)	

| 翁垟(wēngyáng): 옹양[지명]

某 (mǒu)	某 아무 모
某 (머우)	某 ぼう

| 某种(mǒuzhǒng): 어떤 종류(의)

垠 (yín)	垠 땅 가장자리은
垠 (인)	垠 ぎん

| 一望无垠(yíwàngwúyín): 아득하고 멀다

挪 (nuó)	挪 옮길 나
挪 (눠)	

| 挪用(nuóyòng): 유용(流用)하다

拶 (zā) (zǎn)	拶 짓누를 찰
拶 (짜) (짠)	拶 さつ

| 迫拶(pòzā): 핍박하다

拼 (pīn)	拼 붙일 병
拼 (핀)	

| 拼车(pīnchē): 카풀을 하다

拯 (zhěng)	拯 도울 증
拯 (정)	拯 しょう【すくう】

| 拯救(zhěngjiù): 구제하다

184

茬 (chá)	茬 풀 모양 치	
茬 (차)		

荓 (jīng)	荓 가시나무 형
荓 (징)	荓 けい

茬子(cházi): 그루터기

蔓荓(mànjīng): 만형

荙 (dá)	蓬 질경이 달
蓬 (다)	

茜 (qiàn) (xī)	茜 꼭두서니 천
茜 (피엔) (시)	茜 せん

莙荙菜(jūndácài): 근대

茜草(qiàncǎo): 꼭두서니

革 (gé)	革 가죽 혁
革 (거)	革 かく【かわ】

茸 (róng) (rǒng)	茸 풀 날 용, 버섯 이
茸 (룽)	茸 じょう

革职(gézhí): 면직하다

茸毛(róngmáo): 솜털

9획

巷 (hàng) (xiàng)	巷 거리 항
巷 (항) (상)	巷 こう【ちまた】

甚 (shèn)	甚 심할 심
甚 (선)	甚 じん【はなはだ】

巷战(xiàngzhàn): 시가전(市街戰)

甚至(shènzhì): 심지어

荚 (jiá)	荚 꼬투리 협
莢 (지아)	莢 きょう

赊 (shì)	贳 세낼 세
貰 (스)	貰 せい【もらう】

荚蒾(jiámí): 가막살나무

赊贳(shēshì): 외상으로 사다

荐 (jiàn)	薦 천거할 천
薦 (지엔)	荐/薦 せん

荑 (tí) (yí)	荑 띠싹 제, 벨 이
荑 (티) (이)	

荐举(jiànjǔ): 추천하다

荑稗(tíbài): 개피와 피

185

萆 (bì) 蓽 (비)	蓽 콩필	

萆拨(bìbō): 필발

草 (cǎo) 草 (차오)	草 풀 초 草 そう【くさ】	

草率(cǎoshuài): 경솔하다

茈 (chái) (cí) (zǐ) 茈 (차이) (츠) (쯔)	茈 능소화나무 자	

凫茈(fúcí): 올방개

帶 (dài) 帶 (다이)	帶 띠 대 帶 たい【おびる】	

带领(dàilǐng): 영솔하다

茴 (huí) 茴 (후이)	茴 회향풀 회 茴 かい·うい	

茴香(huíxiāng): 회향

茧 (jiǎn) 繭 (지엔)	繭 고치 견 繭 けん【まゆ】	

茧丝(jiǎnsī): 견사

莒 (jǔ) 莒 (쥐)	莒 감자 거	

揉莒(róujǔ): 뒤섞여 있다

荛 (ráo) 蕘 (라오)	蕘 땔나무 요 蕘 じょう【きこり】	

荛花(ráohuā): 산닥나무

莛 (tíng) 莛 (팅)	莛 풀 줄기 정	

莛蔓(yánmàn): 널리 퍼지다

茼 (tóng) 茼 (퉁)	茼 쑥갓 동	

茼蒿(tónghāo): 쑥갓

茵 (yīn) 茵 (인)	茵 깔개 인 茵 いん	

茵茵(yīnyīn): 빽빽하게 자라다

茱 (zhū) 茱 (주)	茱 수유나무 수 茱 しゅ	

茱萸(zhūyú): 산수유나무

| 茨 (cí) | 茨 지붕 일 자 |
| 茨 (츠) | 茨 し |

茨棘(cíjí): 가시나무

| 茶 (chá) | 茶 차나무 다 |
| 茶 (차) | 茶 ちゃ·さ |

茶壺(cháhú): 찻주전자

| 茯 (fú) | 茯 복령 복 |
| 茯 (푸) | 茯 ふく |

茯苓(fúlíng): 복령

| 荟 (huì) | 薈 풀 우거질 회 |
| 荟 (후이) | |

荟萃(huìcuì): 모이다

| 荠 (jì)(qí) | 薺 냉이 제 |
| 荠 (지)(치) | |

荠菜(jìcài): 냉이

| 茭 (jiāo) | 茭 꼴 교 |
| 茭 (쟈오) | |

茭米(jiāomǐ): 줄풀 쌀

| 茗 (míng) | 茗 차 명 |
| 茗 (밍) | 茗 めい |

茗具(míngjù): 다기(茶器)

| 荞 (qiáo) | 蕎 메밀 교 |
| 荞 (챠오) | 蕎 きょう【そば】 |

荞麦(qiáomài): 메밀

| 荃 (quán) | 荃 향초 전 |
| 荃 (취안) | |

荃湾线(quánwānxiàn): 취안완 선[교통]

9획

| 荏 (rěn) | 荏 들깨 임 |
| 荏 (런) | 荏 じん·にん |

荏弱(rěnruò): 연약하다

| 荇 (xìng) | 荇 노랑머리연꽃 행 |
| 荇 (싱) | |

荇菜(xìngcài): 노랑머리연꽃

| 荀 (xún) | 荀 풀 이름 순 |
| 荀 (쉰) | 荀 じゅん |

荀子(xúnzǐ): 순자(荀子)

荡尽(dàngjìn): 탕진하다

荦牛(luòniú): 얼룩소

垩粉(èfěn): 백악분

茫茫(mángmáng): 망망하다

茛菪(gèndàng): 사리풀

荨麻(qiánmá): 쐐기풀

荒唐(huāngtáng): 황당하다

荣升(róngshēng): 영전하다

荤菜(hūncài): 고기 요리

荥阳(xíngyáng): 싱양[지명]

茳芏(jiāngdù): 방동사닛과의 다년초 식물

荧光(yíngguāng): 형광

故 (gù)	故 연고 고
故 (구)	故 こ【ゆえ】

| 故障(gùzhàng): 고장

荭 (hóng)	葒 털여뀌 홍
葒 (홍)	

| 荭草(hóngcǎo): 말여뀌

胡 (hú)	鬍 수염 호
鬍 (후)	胡 こ·ご

| 胡同(hútòng): 골목

荩 (jìn)	藎 조개풀 신
藎 (진)	

| 荩草(jìncǎo): 조개풀

荔 (lì)	荔 여지 려
荔 (리)	荔 れい

| 荔枝(lìzhī): 여지

荬 (mǎi)	蕒 시화 매
蕒 (마이)	

| 山苦荬(shānkǔmǎi): 산씀바귀

奈 (nài)	奈 능금나무 내 어찌 나
奈 (나이)	

| 奈何(nàihé): 어찌 하다

南 (nán)	南 남녘 남
南 (난)	南 なん·な【みなみ】

| 南瓜(nánguā): 호박

茹 (rú)	茹 먹을 여
茹 (루)	茹 じょ

| 茹痛(rútòng): 고통을 참고 견디다

荪 (sūn)	蓀 창포 손
蓀 (쑨)	

| 兰荪(lánsūn): 창포

药 (yào)	藥 약 약
藥 (야오)	薬 やく

| 药房(yàofáng): 약국

荫 (yīn) (yìn)	蔭 그늘 음
蔭 (인)	蔭 いん【かげ】

| 荫庇(yìnbì): 비호

标 (biāo)	標 표할 표
標 (뱌오)	標 ひょう【しるし】

| 标准(biāozhǔn): 기준

柄 (bǐng)	柄 자루 병
柄 (빙)	柄 へい【え】

| 柄政(bǐngzhèng): 정권을 쥐다

栋 (dòng)	棟 마룻대 동
棟 (둥)	棟 とう【むね】

| 栋梁(dòngliáng): 마룻대와 들보

柑 (gān)	柑 귤 감, 재갈 물릴 겸
柑 (간)	柑 かん

| 柑橘(gānjú): 감귤

柩 (jiù)	柩 널 구
柩 (지유)	柩 きゅう【ひつぎ】

| 柩车(jiùchē): 영구차

柯 (kē)	柯 나뭇가지 가
柯 (커)	柯 か

| 伐柯(fákē): 나무를 베어 도끼 자루를 만들다

枯 (kū)	枯 마를 고
枯 (쿠)	枯 こ【かれる】

| 枯竭(kūjié): 고갈되다

栊 (lóng)	櫳 난간 롱
櫳 (룽)	櫳

| 栊槛(lóngjiàn): 짐승 우리

枰 (píng)	枰 바둑판 평
枰 (핑)	

| 对枰(duìpíng): 바둑을 두다

栈 (zhàn)	棧 사다리 잔, 성할 진
棧 (잔)	棧 さん

| 栈房(zhànfáng): 창고

柘 (zhè)	柘 산뽕나무 자
柘 (저)	柘 しゃ

| 柘树(zhèshù): 산뽕나무

栉 (zhì)	櫛 빗 즐
櫛 (즈)	櫛 しつ【くし】

| 栉比(zhìbǐ): 즐비하다

| 柏 (bǎi)(bó)(bò) | 柏 측백 백 |
| 柏 (바이)(보) | 柏 はく |

柏树(bǎishù): 측백나무

| 相 (xiāng)(xiàng) | 相 서로 상 |
| 相 (상) | 相 そう·しょう |

相反(xiāngfǎn): 상반되다

| 查 (chá)(zhā) | 查 조사할 사 |
| 查 (차)(자) | 查 さ【しらべる】 |

查询(cháxún): 조회

| 枵 (xiāo) | 枵 빌효 |
| 枵 (샤오) | |

枵腹(xiāofù): 공복

| 柃 (líng) | 柃 나무 이름 령 |
| 柃 (링) | |

柃木(língmù): 사스레피나무

| 柚 (yóu)(yòu) | 柚 유자 유, 바디 축 |
| 柚 (유) | 柚 ゆ·じく |

柚木(yòumù): 유자나무

| 栌 (lú) | 櫨 두공 로 |
| 櫨 (루) | 櫨 ろ |

栌树(lúshù): 거먕옻나무

| 柞 (zhà)(zuò) | 柞 떡갈나무 작 |
| 柞 (자)(줘) | 柞 さく |

柞栎(zuòlì): 떡갈나무

| 柝 (tuò) | 柝 딱따기 탁, 쪼갤 석 |
| 柝 (퉈) | 柝 たく |

柝居(tuòjū): 분가하다

| 栀 (zhī) | 栀 치자나무 치 |
| 栀 (즈) | 栀 し【くちなし】 |

栀子(zhīzi): 치자나무

| 柙 (xiá) | 柙 우리 합, 향나무 갑 |
| 柙 (샤) | |

柙床(xiáchuáng): 작은 나무 침대

| 枳 (zhǐ) | 枳 탱자나무 지 |
| 枳 (즈) | 枳 き |

枳椇(zhǐjǔ): 허깨나무

柈 (bàn) 柈 (반)	柈 쟁반 반

| 柈子(bànzi): 땔나무

柢 (dǐ) 柢 (디)	柢 뿌리 저 / 柢 てい

| 根柢(gēndǐ): 뿌리

枸 (gōu)(gǒu)(jǔ) 枸 (거우)(쥐)	枸 구기자 구 / 枸 く

| 枸橘(gōujú): 탱자나무

枷 (jiā) 枷 (지아)	枷 칼 가 / 枷 か

| 枷锁(jiāsuǒ): 가쇄

栏 (lán) 欄 (란)	欄 난간 란 / 欄 らん【てず】

| 栏杆(lángān): 난간

栎 (lì)(yuè) 櫟 (리)(웨)	櫟 상수리나무 력/역 / 櫟 れき

| 栎树(lìshù): 떡갈나무

柳 (liǔ) 柳 (류)	柳 버드나무 류 / 柳 りゅう【せなぎ】

| 柳树(liǔshù): 버드나무

柠 (níng) 檸 (닝)	檸 레몬 녕

| 柠檬(níngméng): 레몬

栅 (shān)(zhà) 栅 (산)(자)	栅 울타리 책 / 栅 さく

| 栅栏(zhàlan): 울타리

柿 (shì) 柿 (스)	柿 감나무 시 / 柿 し【かき】

| 柿饼(shìbǐng): 곶감

柁 (tuó) 柁 (퉈)	柁 키 타 / 柁 だ【かじ】

| 柁梁(tuóliáng): 들보[건축]

柱 (zhù) 柱 (주)	柱 기둥 주 / 柱 ちゅう【はしら】

| 柱头(zhùtóu): 기둥머리

勃 (bó)	勃 노할 발
勃 (보)	勃 ぼつ

| 勃发(bófā): 왕성하다

剅 (lóu)	剅 작은 구멍 루
剅 (러우)	

| 剅口(lóukǒu): 제방 밑의 방 수구

柽 (chēng)	檉 위성류 정
檉 (청)	

| 柽柳(chēngliǔ): 위성류(渭城柳)

树 (shù)	樹 나무 수
樹 (수)	樹 じゅ【き】

| 树立(shùlì): 수립하다

酊 (dīng) (dǐng)	酊 술 취할 정
酊 (딩)	

| 酊剂(dīngjì): 팅크제

威 (wēi)	威 위엄 위
威 (웨이)	威 い

| 威力(wēilì): 위력

9획

柬 (jiǎn)	柬 가릴 간
柬 (지엔)	柬 かん

| 柬邀(jiǎnyāo): 초대장을 보내어 초대하다

郚 (wú)	郚 고을 이름 오
郚 (우)	

| 鄌郚(tángwú): 탕우[지명]

剌 (là)	剌 발랄할 랄, 수라 라
剌 (라)	剌 らつ

| 剌子(làzi): 성질이 매우 나쁜 사람

咸 (xián)	咸 다/짤 함
咸 (셴)	咸 かん

| 咸菜(xiáncài): 짠지

郦 (lì)	酈 땅 이름 력/이
酈 (리)	

| 성(姓)의 하나

要 (yāo) (yào)	要 요긴할 요
要 (야오)	要 よう【いる】

| 要求(yāoqiú): 요구

甫 (béng)
甫 (벙)

甭 쓰지 않을 용

| 甭提(béngtí): 말할 필요도 없다

砌 (qì)
   (qiè)
砌 (치)
   (치에)

砌 섬돌 체

砌 せい

| 砌墙(qìqiáng): 담을 쌓다

硨 (chē)
硨 (처)

硨 옥돌 차
   조개 이름 거

| 硨磲(chēqú): 거거(車渠)

砂 (shā)
砂 (사)

砂 모래 사

砂 しゃ・さ【すな】

| 砂锅(shāguō): 뚝배기

砘 (dùn)
砘 (둔)

砘 다질 돈

| 石砘(shídùn): 돌번지

歪 (wāi)
   (wǎi)
歪 (와이)

歪 기울 왜/외

歪 わい・え【ゆがむ】

| 歪曲(wāiqū): 왜곡하다

厚 (hòu)
厚 (허우)

厚 두터울 후

厚 こう【あつい】

| 厚道(hòudao): 너그럽다

砑 (yà)
砑 (야)

砑 갈 아

| 砑光(yàguāng): 광택을 내다

厘 (lí)
厘 (리)

厘 다스릴 리, 가게 전

厘 りん

| 厘清(líqīng): 규명하다

研 (yán)
   (yàn)
研 (옌)

研 갈 연

研 げん【とぐ】

| 研修(yánxiū): 연수(하다)

砒 (pī)
砒 (피)

砒 비상 비

砒 ひ【ひそ】

| 砒霜(pīshuāng): 비상

砖 (zhuān)
砖 (주완)

磚 벽돌 전
   둥근 모양 타

磚 せん

| 砖瓦(zhuānwǎ): 벽돌과 기와

泵 (bèng) 泵 (벙)	泵 펌프 붕
泵站(bèngzhàn): 양수장

面/麵 (miàn) 面/麵 (미엔)	面/麵 낯/밀가루 면 面/麵 めん
面临(miànlín): 직면하다

砭 (biān) 砭 (볜)	砭 돌침 편
砭石(biānshí): 침석(鍼石) 또는 석편(石片)

耐 (nài) 耐 (나이)	耐 견딜 내 耐 たい【たえる】
耐用(nàiyòng): 내용하다

耷 (dā) 耷 (다)	耷 큰 귀 탑
耷拉(dāla): 축 처지다

牵 (qiān) 牽 (치엔)	牽 이끌 견 牽 けん【ひく】
牵连(qiānlián): 연루되다

9획

砜 (fēng) 碸 (펑)	碸 술폰 풍
砜亚胺(fēngyàn): 설폭시민(sulfoximine)

耍 (shuǎ) 耍 (솨)	耍 희롱할 사
耍赖(shuǎlài): 생떼를 쓰다

砍 (kǎn) 砍 (칸)	砍 쪼갤 감
砍价(kǎnjià): 값을 깎다

砚 (yàn) 硯 (옌)	硯 벼루 연 硯 けん【すずり】
砚友(yànyǒu): 동창생

奎 (kuí) 奎 (쿠이)	奎 별 이름 규 奎 けい
奎宁(kuíníng): 키니네

斫 (zhuó) 斫 (줘)	斫 벨 작 斫 しゃく【きる】
斫断(zhuóduàn): 절단하다

| 残 (cán) | 殘 해칠 잔 |
| 殘 (찬) | 残 ざん【のこる】 |

| 残酷(cánkù): 잔혹하다

| 驴 (lú) | 轤 도르래 로 |
| 轤 (루) | 轤 ろ |

| 轳轴(lúzhóu): 도르래 축

| 殂 (cú) | 殂 죽을 조 |
| 殂 (추) | |

| 殂逝(cúshì): 서거하다

| 鸥 (ōu) | 鷗 갈매기 구 |
| 鷗 (어우) | 鸥 おう【かもめ】 |

| 鸥鸟(ōuniǎo): 갈매기

| 殆 (dài) | 殆 거의 태 |
| 殆 (다이) | 殆 たい |

| 殆无(dàiwú): 거의 없다

| 殇 (shāng) | 殤 일찍 죽을 상 |
| 殤 (상) | 殇 しょう |

| 国殇(guóshāng): 순국열사

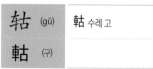

| 轱 (gū) | 軲 수레 고 |
| 軲 (구) | |

| 轱辘(gūlu): 차바퀴

| 殄 (tiǎn) | 殄 다할 진 |
| 殄 (톈) | 殄 てん |

| 殄灭(tiǎnmiè): 전멸(하다)

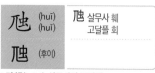

| 虺 (huī)(huǐ) | 虺 살무사 훼
고달플 회 |
| 虺 (후이) | |

| 虺蜴(huìyì): 살무사와 도마뱀

| 殃 (yāng) | 殃 재앙 앙 |
| 殃 (양) | 殃 おう |

| 殃及(yāngjí): 화(禍)가 미치다

| 轲 (kē)(kě) | 軻 수레 가 |
| 軻 (커) | 軻 か |

| 坎轲(kǎnkě): 평탄하지 못하다

| 轴 (zhóu)(zhòu) | 軸 굴대 축 |
| 軸 (저우) | 轴 じく |

| 轴承(zhóuchéng): 베어링

196

| 愸 (bì) | 愸 삼갈 비 |
| 愸 (비) | |

懲愸(chéngbì): 이전의 과오를 뒷날의 경계로 삼다

| 轹 (lì) | 轢 칠 력 |
| 轢 (리) | 轢 れき |

凌轹(línglì): 업신여기다

| 蚕 (chài) | 蠆 전갈 채 |
| 蠆 (차이) | |

蚕芒(chàimáng): (전갈 따위의) 독침

| 轻 (qīng) | 輕 가벼울 경 |
| 輕 (칭) | 輕 けい【かるい】 |

轻率(qīngshuài): 경솔하다

| 轺 (yáo) | 軺 수레 이름 초 작은 수레 요 |
| 軺 (야오) | |

轺车(yáochē): 고대의 가볍고 작은 마차

| 鸦 (yā) | 鴉 갈가마귀 아 |
| 鴉 (야) | 鴉 あ【からす】 |

鸦片(yāpiàn): 아편

9획

| 轷 (hū) | 軤 성 호 |
| 軤 (후) | |

성(姓)의 하나

| 轶 (yì) | 軼 수레바퀴 철 앞지를 일 |
| 軼 (이) | 軼 いつ |

轶事(yìshì): 일화

| 皆 (jiē) | 皆 다 개 |
| 皆 (지에) | 皆 かい【みな】 |

皆捷(jiējié): 전승(하다)

| 轸 (zhěn) | 軫 수레 뒤턱나무 진 |
| 軫 (전) | 軫 しん |

轸惜(zhěnxī): 몹시 애석해 하다

| 韭 (jiǔ) | 韭 부추 구 |
| 韭 (지유) | 韭 きゅう |

韭菜(jiǔcài): 부추

| 轵 (zhī) | 軹 굴대 끝 지 |
| 軹 (즈) | |

轵首蛇(zhīshǒushé): 머리가 둘 달린 뱀

背 (bēi)(bèi)	背 등 배
背 (베이)	背 はい【せ・せい】

背叛(bèipàn): 배반하다

觇 (chān)	觇 엿볼 첨
覘 (찬)	覘 てん

觇候(chānhòu): 정찰하다

尝 (cháng)	嘗 맛볼 상
嘗 (창)	嘗 しょう・じょう

尝味(chángwèi): 맛보다

点 (diǎn)	点/點 점 점, 시들 다
點 (뎬)	点/點 てん

点头(diǎntóu): 머리를 끄덕이다

尜 (gá)	尜 팽이 가
尜 (가)	

尜尜(gágá): 팽이처럼 생긴 것

览 (lǎn)	覽 볼 람
覽 (란)	覽 らん【みる】

览眺(lǎntiào): 멀리 바라보다

临 (lín)	臨 임할 림/임
臨 (린)	臨 りん【のぞむ】

临床(línchuáng): 임상(하다)

虐 (nüè)	虐 모질 학
虐 (눼)	虐 ぎゃく

虐待(nüèdài): 학대(하다)

省 (shěng)(xǐng)	省 살 성, 덜 생
省 (성)(싱)	省 せい【かえりみる】

省略(shěnglüè): 생략

竖 (shù)	竪 세울 수
竪 (수)	竪 じゅ【たつ】

竖直(shùzhí): 수직

削 (xiāo)(xuē)	削 깎을 삭, 채지 소 칼집 초
削 (사오)(쉐)	削 さく【けずる】

削减(xuējiǎn): 삭감하다

战 (zhàn)	戰 싸움 전
戰 (잔)	戰 せん【たたかう】

战胜(zhànshèng): 싸워 이기다

肫 (dǔn) 肫 (둔)	肫 졸 순

鴨肫(yāzhūn): 오리의 모래주머니

眍 (kōu) 瞘 (커우)	瞘 움펑눈 구

眍瞘着(kōukōuzhe): 움푹 들어가 있다

哐 (kuāng) 哐 (광)	哐 부딪히는 소리 광

哐当(kuāngdāng): 콰당

眬 (lóng) 矓 (룽)	矓 눈이 어두울 롱

蒙眬(ménglóng): 몽롱하다

眊 (mào) 眊 (마오)	眊 흐릴 모

昏眊(hūnmào): 침침하다

昧 (mèi) 昧 (메이)	昧 어두울 매 昧 まい

蒙昧(méngmèi): 몽매하다

眄 (miǎn)(miàn) 眄 (미엔)	眄 곁눈질할 면 眄 べん・めん

眄视(miànshì): 곁눈질하다

眇 (miǎo) 眇 (먀오)	眇 애꾸눈 묘 眇 びょう

眇目(miǎomù): 애꾸눈

盼 (pàn) 盼 (판)	盼 눈 예쁠 반

盼望(pànwàng): 희망하다

是 (shì) 是 (스)	是 이 시 是 ぜ

是非(shìfēi): 시비

郢 (yǐng) 郢 (잉)	郢 초나라 서울 영 郢 えい

郢正(yǐngzhèng): 시문의 첨삭을 남에게 의뢰하다

眨 (zhǎ) 眨 (자)	眨 눈 깜빡거릴 자

眨巴(zhǎba): (눈을) 깜박거리다

| 眈 (dān)
| 眈 (단)

眈 노려볼 탐

眈 たん【にらむ】

| 虎视眈眈(hǔshìdāndān): 호시탐탐하다

| 显 (xiǎn)
| 顯 (셴)

顯 밝을 현

顯 けん

| 显眼(xiǎnyǎn): 뚜렷하다

| 哄 (hōng) (hǒng) (hòng)
| 哄 (홍)

哄 떠들썩할 홍

哄 こう

| 哄动(hōngdòng): 뒤흔들다

| 星 (xīng)
| 星 (싱)

星 별 성

星 せい・しょう【ほし】

| 星星(xīngxing): 별

| 咭 (jī)
| 咭 (지)

咭 의성어 길

| 咭片(jīpiàn): 명함

| 哑 (yā) (yǎ)
| 哑 (야)

啞 벙어리 아

啞 あ【おし】

| 哑巴(yǎba): 벙어리

| 冒 (mào) (mò)
| 冒 (마오) (모)

冒 무릅쓸 모

冒 ぼう【おかす】

| 冒充(màochōng): 사칭하다

| 映 (yìng)
| 映 (잉)

映 비칠 영

映 えい【うつる】

| 映衬(yìngchèn): 비치다

| 哂 (shěn)
| 哂 (선)

哂 웃을 신

哂 しん

| 哂笑(shěnxiào): 비웃다

| 禺 (yú)
| 禺 (위)

禺 긴꼬리원숭이 우

禺 ぐ

| 番禺(pānyú): 판위[지명]

| 哇 (wā) (wa)
| 哇 (와)

哇 토할 와, 목멜 화

哇 てい・かい

| 哇塞(wāsài): 우와

| 昨 (zuó)
| 昨 (쭤)

昨 어제 작

昨 さく

| 昨天(zuótiān): 어제

200

哔 (bì) 哔 (비)	哔 모직물 필
哔叽(bìjī): 베이지

畎 (quǎn) 畎 (취안)	畎 밭도랑 견
畎亩(quǎnmǔ): 밭

曷 (hé) 曷 (허)	曷 어찌 갈 / 曷 かつ
曷若(hé ruò): 어떠한가, 어떻게

畏 (wèi) 畏 (웨이)	畏 두려워할 외 / 畏 い
畏缩(wèisuō): 위축되다

咴 (huī) 咴 (후이)	咴 말 우는 소리 회
咴儿咴儿(huīrhuīr): 히잉[말 울음소리]

哓 (xiāo) 哓 (샤오)	哓 두려워할 효
哓咋(xiāozhà): 공갈하다

咧 (liē)(liě)(lie) 咧 (레)	咧 어조사 렬
咧嘴(liězuǐ): 입을 벌리다

咦 (yí) 咦 (이)	咦 놀랄 이
咦咦(yíyí): 애개개[감탄사]

昴 (mǎo) 昴 (마오)	昴 별 이름 묘 / 昴 ぼう
昴宿(mǎosù): 묘수

昱 (yù) 昱 (위)	昱 빛날 욱
昱耀(yùyào): 환하게 빛나다

昵 (ni) 昵 (니)	昵 친할 닐 / 昵 じつ
昵称(nìchēng): 애칭

昭 (zhāo) 昭 (자오)	昭 밝을 소 / 昭 しょう
昭彰(zhāozhāng): 분명하다

9획

呲 (cī) (츠)	呲 꾸짖을 자	界 (jiè) (지에)	界 경계 계 界 かい【さかい】

呲哭(cīkū): 꾸짖어 울리다　　界线(jièxiàn): 경계선

畈 (fàn) (판)	畈 밭 판	趴 (pā) (파)	趴 엎드릴 파

畈田(fàntián): 전답　　趴倒(pādǎo): 엎어지다

虼 (gè) (거)	虼 말똥구리 걸	毗 (pí) (피)	毗 도울 비 毗 ひ

虼蚤(gèzao): 벼룩　　毗连(pílián): 인접하다

贵 (guì) (구이)	貴 귀할 귀 貴 き【たつとい】	畋 (tián) (톈)	畋 밭 갈 전

贵重(guìzhòng): 귀중하다　　畋猎(tiánliè): 사냥(하다)

虾 (há)(xiā) (하)(샤)	蝦 두꺼비/새우 하 蝦 か	胃 (wèi) (웨이)	胃 위장 위 胃 い

虾米(xiāmi): 작은 새우　　胃疼(wèiténg): 위통

虹 (hóng)(jiàng) (훙)(지양)	虹 무지개 홍 虹 こう【にじ】	胄 (zhòu) (저우)	胄 맏아들 주 胄 ちゅう【かぶと】

虹膜(hóngmó): 홍채　　介胄(jièzhòu): 갑옷과 투구

剐玉(guǎyù): 커런덤[강옥]

品德(pǐndé): 인품과 덕성

咣当(guāngdāng): 쾅당

思念(sīniàn): 그리워하다

哕哕(huìhuì): 짤랑짤랑

虽然(suīrán): 비록…일지라도

蚂蚱(màzha): 메뚜기

咽炎(yānyán): 인두염

骂人(màrén): 남을 욕하다

蚁后(yǐhòu): 여왕개미

虻等에 맹

牛虻(niúméng): 등에

蛊惑(gǔhuò): 고혹하다

哚 (duǒ)
哚 (뒤)

哚 인돌 타

| 吲哚(yǐnduǒ): 인돌(indole)

哈 (hā)(hǎ)(hà)
哈 (하)

哈 마실 합

哈 ごう·は【すする】

| 哈欠(hāqian): 하품

哗 (huā)(huá)
嘩 (화)

嘩 시끄러운 소리 화

嘩 か【かまびすしい】

| 哗变(huábiàn): 쿠데타

哙 (kuài)
噲 (콰이)

噲 목구멍 쾌

| 哙伍(kuàiwǔ): 평범한 인물

哌 (pài)
哌 (파이)

哌 음역자 파

| 哌啶(pàidìng): 피페리진

响 (xiǎng)
響 (샹)

響 울림 향

響 きょう【ひびく】

| 响彻(xiǎngchè): 소리가 울려 퍼지다

咻 (xiū)
咻 (슈)

咻 떠들 휴

| 咻咻(xiūxiū): 씩씩

勋 (xūn)
勛 (쉰)

勛 공 훈

勛 くん

| 勋章(xūnzhāng): 훈장

咿 (yī)
咿 (이)

咿 글 읽는 소리 이

| 咿呀(yīyā): 삐걱삐걱

囿 (yòu)
囿 (유)

囿 동산 유

囿 ゆう【その】

| 囿束(yòushù): 속박하다

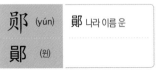

郧 (yún)
鄖 (윈)

鄖 나라 이름 운

| 郧县(yúnxiàn): 윈현[지명]

咱 (zá)(zán)(zan)
咱 (짜)(잔)

咱 나 찰

| 咱们(zánmen): 우리

 哆 입 딱 벌릴 치

哆 (duō)

哆 (뒤)

哆嗦(duōsuō): 부들부들 떨다

 哞 소 우는 소리 모

哞 (mōu)

哞 (머우)

哞哞(mōumōu): 음매

 咯 울 각

咯 (gē)(kǎ)(lo)(luò)

咯 (거)(카)(로)(뤄)

咯吱(gēzhī): 삐걱

 哪 어찌 나

哪 (nǎ)(na)(něi)

哪 (나)(나이)(네이)

哪里(nǎli): 어디

 哏 흉악할 근

哏 (gén)

哏 (건)

逗哏(dòugén): 웃기다

 哝 소곤거릴 농

哝 (nóng)

哝 (농)

咕哝(gūnong): 중얼거리다

9획

 咳 기침 해

咳 (hāi)(kài)(ké)

咳 (하이)(카이)(커)

咳 がい【せき】

咳嗽(késou): 기침(하다)

 咬 씹을 교

咬 (yǎo)

咬 (야오)

咬 こう

咬牙(yǎoyá): 이를 악물다

 咪 고양이 우는 소리 미

咪 (mī)

咪 (미)

咪嘴(mīzuǐ): 립싱크

哟 (yō)(yo)

哟 (요)

哟 어조사 약

哎哟(āiyō): 아야! 어머나!

 咩 양 우는 소리 미

咩 (miē)

咩 (몌)

茄士咩(jiāshìmiē): 캐시미어

咤 (zhà)

咤 (자)

咤 꾸짖을 타

咤 た

叱咤(chìzhà): 질타하다

205

峒 (dòng)(tóng) / (동)(통)　峒 산 이름 동

| 平峒(píngdòng): 가로 뚫은 갱도

炭 (tàn) / (탄)
炭 숯불 탄
炭 たん【すみ】

| 炭火(tànhuǒ): 숯불

罚 (fá) / (파)
罰 벌벌
罰 ばつ

| 罚款(fákuǎn): 벌금을 내다

峡 (xiá) / (샤)
峽 골짜기 협
峽 きょう

| 峡谷(xiágǔ): 골짜기

罘 (fú) / (푸)
罘 땅 이름 부
罘 ふう·ふ

| 罘罳(fúsī): 문밖에 설치하는 투각을 한 병풍

峋 (xún) / (쉰)
峋 깊숙할 순

| 嶙峋(línxún): 겹이 우뚝하다

峧 (jiāo) / (자오)
峧 땅 이름 교

| 峧头(jiāotóu): 교두[지명]

嶤 (yáo) / (야오)
嶢 높을 요
嶤 ぎょう

| 嶢嶢(yáoyáo): 높고 험준한 모양

峤 (jiào)(qiáo) / (자오)(차오)
嶠 뾰족하고 높을 교

| 峤屿(qiáoyǔ): 바다 가운데 우뚝 선 조그만 섬

帧 (zhēn) / (전)
幀 그림 족자 정/탱
幀 てい

| 帧频(zhēnpín): 프레임 주파수

峙 (shì)(zhì) / (스)(즈)
峙 우뚝 솟을 치
峙 じ

| 峙立(zhìlì): 치솟다

峥 (zhēng) / (정)
崢 가파를 쟁
崢 そう

| 峥嵘(zhēngróng): 산세가 높고 험준한 모양

206

钚 (bù) 鈈 (부)	鈈 플루토늄 부
钚回收(bùhuíshōu): 플루토늄 재활용	

帡 (píng) 帡 (핑)	帡 장막 병
帡幪(píngméng): 장막 따위의 덮는 물건	

钝 (dùn) 鈍 (둔)	鈍 무딜 둔 鈍 とん【にぶい】
钝刀(dùndāo): (날이) 무딘 칼	

钛 (tài) 鈦 (타이)	鈦 티타늄 태
钛酸(tàisuān): 티타산	

钙 (gài) 鈣 (가이)	鈣 칼슘 개
补钙(bǔgài): 칼슘을 보충하다	

贴 (tiē) 貼 (테)	貼 붙일 첩 貼 ちょう【はる】
贴切(tiēqiè): 적절하다	

9획

骨 (gū) (gǔ) 骨 (구)	骨 뼈 골 骨 こつ【ほね】
骨折(gǔzhé): 골절(되다)	

钘 (xíng) 鈃 (싱)	鈃 술그릇 형
목이 긴 주기(酒器)	

贱 (jiàn) 賤 (지엔)	賤 천할 천 賤 せん
贱卖(jiànmài): 싸게 팔다	

贻 (yí) 貽 (이)	貽 줄 이 貽 い
贻害(yíhài): 해를 끼치다	

贶 (kuàng) 貺 (쾅)	貺 줄 황
贶赠(kuàngzèng): 증정하다	

幽 (yōu) 幽 (유)	幽 그윽할 유 幽 ゆう
幽会(yōuhuì): 밀회하다	

钣金(bǎnjīn): 판금

钠灯(nàdēng): 나트륨램프

钡餐(bèicān): 바륨 죽(粥)

铃铛(língdāng): 방울

钞票(chāopiào): 지폐

钦慕(qīnmù): 흠모하다

钢琴(gāngqín): 피아노

钨钢(wūgāng): 텅스텐강

钩稽(gōujī): 조사하다

钥匙(yàoshi): 열쇠

钧启(jūnqǐ): 뜯어 보십시오

钟爱(zhōng'ài): 총애하다

| 钯 (bǎ) | 鈀 병거 파 | 矩 (jǔ) | 矩 모서리 구 |
| 鈀 (바) | | 矩 (쥐) | 矩 く |

| 钯金(bājīn): 팔라듐

| 矩形(jǔxíng): 직사각형

| 拜 (bài) | 拜 절 배 | 看 (kàn) | 看 볼 간 |
| 拜 (바이) | 拜 はい【おがむ】 | 看 (칸) | 看 かん |

| 拜会(bàihuì): 방문하다

| 看望(kànwàng): 방문하다

| 钭 (dǒu)(tǒu) | 鈄 술 그릇 두 | 钪 (kàng) | 鈧 스칸듐 강 |
| 钭 (더우)(터우) | | 钪 (캉) | 鈧 |

9획

| 성(姓)의 하나

| 스칸듐(Sc, scandium)

| 钫 (fāng) | 鈁 되그릇 방 | 钮 (niǔ) | 鈕 단추 뉴 |
| 鈁 (팡) | | 鈕 (뉴) | 鈕 ちゅう |

| 프란슘(Fr, francium)

| 钮扣(niǔkòu): 단추

| 缸 (gāng) | 缸 항아리 항 | 矧 (shěn) | 矧 하물며 신 |
| 缸 (강) | 缸 こう | 矧 (선) | |

| 浴缸(yùgāng): 욕조

| [문어] 하물며, 더군다나

| 钬 (huǒ) | 鈥 홀뮴 화 | 卸 (xiè) | 卸 풀 사 |
| 鈥 (훠) | | 卸 (셰) | 卸 しゃ |

| 氯化钬(lùhuàhuǒ): 염화홀뮴

| 卸货(xièhuò): 짐을 부리다

209

秕 (bǐ) 秕 쭉정이 비

秕 (비) 秕 ひ

| 秕糠(bǐkāng): 겨와 기울

氢 (qīng) 氫 수소 경

氫 (칭)

| 氢弹(qīngdàn): 수소 폭탄

氡 (dōng) 氡 라돈 동

氡 (둥)

| 二氟化氡(èrfúhuàdōng): 이플루오린화 라돈

牲 (shēng) 牲 희생 생

牲 (성) 牲 せい

| 牲畜(shēngchù): 가축

氟 (fú) 氟 불소 불

氟 (푸)

| 氟素(fúsù): 불소

适 (shì) 適 맞을 적

適 (스) 適 てき

| 适合(shìhé): 적합하다

郜 (gào) 郜 나라 이름 고

郜 (가오)

| 郜林(gàolín): 가오린[인명]

选 (xuǎn) 選 가릴 선

選 (쉬안) 選 せん【えらぶ】

| 选拔(xuǎnbá): 선발하다

牯 (gǔ) 牯 암소 고

牯 (구)

| 牯牛(gǔniú): 거세한 황소

怎 (zěn) 怎 어찌 즘

怎 (쩐) 怎 しん

| 怎样(zěnyàng): 어떻게

秒 (miǎo) 秒 까끄라기 묘
초침 초

秒 (먀오) 秒 びょう

| 秒表(miǎobiǎo): 스톱워치

氈 (zhān) 氈 모전 전

氈 (잔) 氈 せん

| 毪子(múzi): 티베트산 모직

210

重 (chóng)(zhòng)	重 무거울 중	
重 (충)(중)	重 じゅう【おもい】	

| 重要(zhòngyào): 중요하다

种 (chóng)(zhòng)(zhòng)	種 씨/심을 종	
種 (충)(중)	種 しゅ【たね】	

| 种族(zhǒngzú): 종족

俦 (chóu)	儔 짝/무리 주	
儔 (처우)	儔 ちゅう	

| 俦伴(chóubàn): 반려자

笃 (dǔ)	篤 도타울 독	
篤 (두)	篤 とく【あつい】	

| 笃实(dǔshí): 독실하다

复 (fù)	復/複 회복할 복다시 부	
復/複 (푸)	復/複 ふく	

| 复兴(fùxīng): 부흥하다

竿 (gān)	竿 장대 간	
竿 (간)	竿 かん【さお】	

| 竿子(gānzi): 대나무 장대

笈 (jí)	笈 책상자 급	
笈 (지)	笈 きゅう	

| 秘笈(mìjí): 비급

科 (kē)	科 과정 과	
科 (커)	科 か	

| 科技(kējì): 과학 기술

秋 (qiū)	秋 가을 추	
秋 (치유)	秋 しゅう【あき】	

| 秋天(qiūtiān): 가을

香 (xiāng)	香 향기 향	
香 (샹)	香 こう【かおり】	

| 香菇(xiānggū): 표고버섯

竽 (yú)	竽 피리 우	
竽 (위)		

| 滥竽(lànyú): 능력, 실력보다 높은 지위에 있다

秭 (zǐ)	秭 만억 자	
秭 (쯔)		

| 秭归(zǐguī): 쯔꾸이[지명]

便利(biànlì): 편리하다

贷款(dàikuǎn): 대출하다

段落(duànluò): 단락

垡子地(fázidì): 갈아 엎은 땅

打牮(dǎjiàn): 버팀목을 대다

俪影(lìyǐng): 부부의 사진

俩月(liǎyuè): 두 달

俅俅(qiúqiú): 공손하다

叟猴(sǒuhóu): 북아프리카 꼬리없는 원숭이

顺畅(shùnchàng): 거침없다

俨然(yǎnrán): 정연하다

修正(xiūzhèng): 수정하다

保 (bǎo) 保 도울 보
保 (바오) 保 ほ【たもつ】

| 保障(bǎozhàng): 보장하다

俐 (lì) 俐 똑똑할 리
俐 (리)

| 俐落(lìluo): 말끔하다

促 (cù) 促 절박할/급할 촉
促 (추) 促 そく【うながす】

| 促进(cùjìn): 촉진하다

偋 (pīng) 偋 비틀거릴 빙
偋 (핑)

| 伶偋(língpīng): 고독하다

俄 (é) 俄 갑자기/잠시 아
俄 (어) 俄 が【にわか】

| 俄国(éguó): 러시아

俏 (qiào) 俏 예쁠 초
俏 (챠오)

| 俏丽(qiàolì): 곱다

9획

俘 (fú) 俘 사로잡을 부
俘 (푸) 俘 ふ【とりこ】

| 俘虏(fúlǔ): 포로

俗 (sú) 俗 풍습 속
俗 (쑤) 俗 ぞく

| 俗语(súyǔ): 속담

俭 (jiǎn) 俭 검소할 검
俭 (지엔) 俭 けん

| 俭朴(jiǎnpǔ): 검박하다

侮 (wǔ) 侮 업신여길 모
侮 (우) 侮 ぶ【あなどる】

| 侮辱(wǔrǔ): 모욕(하다)

俚 (lǐ)(lǐ) 俚 속될 리
俚 (리) 俚 り【ひな】

| 俚言(lǐyán): 방언

俁 (yǔ) 俁 클 우
俁 (위) 俁 また

| 俁俁(yǔyǔ): 몸집이 크다

213

| 皈 (guī) | 皈 돌아갈 귀 |
| 皈 (구이) | |

皈依(guīyī): 귀의하다

| 侵 (qīn) | 侵 침노할 침 |
| 侵 (친) | 侵 しん【おかす】 |

侵犯(qīnfàn): 침범하다

| 鬼 (guǐ) | 鬼 귀신 귀 |
| 鬼 (구이) | 鬼 き【おに】 |

鬼神(guǐshén): 귀신

| 泉 (quán) | 泉 샘 천 |
| 泉 (취안) | 泉 せん【いずみ】 |

泉水(quánshuǐ): 샘물

| 侯 (hóu)(hòu) | 侯 후작 후 |
| 侯 (허우) | 侯 こう |

侯补(hòubǔ): 후보

| 信 (xìn) | 信 믿음 신 |
| 信 (신) | 信 しん |

信任(xìnrèn): 신임(하다)

| 皇 (huáng) | 皇 임금 황 |
| 皇 (황) | 皇 こう·おう |

皇帝(huángdì): 황제

| 俑 (yǒng) | 俑 목우 용 |
| 俑 (융) | 俑 よう |

兵马俑(bīngmǎyǒng): 병마용

| 俊 (jùn) | 俊 뛰어날 준 |
| 俊 (쥔) | 俊 しゅん |

俊秀(jùnxiù): 준수하다

| 禹 (yǔ) | 禹 우임금 우 |
| 禹 (위) | 禹 う |

禹域(yǔyù): 중국의 땅

| 俟 (qí)(sì) | 俟 기다릴 사 |
| 俟 (치)(쓰) | 俟 し【まつ】 |

俟机(sìjī): 기회를 기다리다

| 追 (zhuī) | 追 쫓을 추 |
| 追 (주이) | 追 つい【おう】 |

追加(zhuījiā): 추가하다

待 (dāi)(dài)	待 기다릴 대
待 (다이)	待 たい【まつ】

待替(dàitì): 대체하다

盾 (dùn)	盾 방패 순
盾 (둔)	盾 じゅん【たて】

盾牌(dùnpái): 방패

很 (hěn)	很 매우/대단할 흔
很 (헌)	很 こん

很好(hěnhǎo): 대단하다

逅 (hòu)	逅 만날 후
逅 (허우)	逅 こう【あう】

邂逅(xièhòu): 우연히 만나다

徊 (huái)(huí)	徊 노닐 회
徊 (화이)(후이)	徊 かい

徘徊(páihuái): 배회하다

律 (lǜ)	律 법률, 가락 율
律 (뤼)	律 りつ

律师(lǜshī): 변호사

舢 (shān)	舢 삼판 산
舢 (산)	

舢板(shānbǎn): 삼판

须/鬚 (xū)	須/鬚 수염 수
须/鬚 (쒸)	須/鬚 しゅ

须臾(xūyú): 잠깐

徇 (xùn)	徇 돌 순
徇 (쉰)	徇 じゅん

徇情(xùnqíng): 인정에 사로잡히다

9획

衍 (yǎn)	衍 넘칠 연
衍 (옌)	衍 えん

衍生(yǎnshēng): 파생(하다)

佯 (yáng)	佯 노닐 양
佯 (양)	

佯装(yángzhuāng): 가장하다

舣 (yǐ)	舣 배 댈 의
艤 (이)	艤 ぎ

舣装(yǐzhuāng): 의장(艤裝)

215

郭 (fú)	郭 외성부	
郭 (푸)	郭 ふ	

郭郭(fúguō): 성곽

郤 (xì)	郤 고을 이름극	
郤 (시)		

'隙'와 통용

劍 (jiàn)	劍 칼검	
劍 (지엔)	劍 けん【つるぎ】	

劍客(jiànkè): 검객

敍 (xù)	敍 차례서	
敍 (쉬)	敍 じょ	

敍述(xùshù): 진술

瓴 (líng)	瓴 동이령	
瓴 (링)		

양 옆에 쥘 수 있는 귀가 달린 동이

弇 (yǎn)	弇 덮을엄	
弇 (옌)		

弇陋(yǎnlòu): 견식이 얕다

食 (shí)	食 먹을식	
食 (스)	食 しょく【たべる】	

食品(shípǐn): 식품

俞 (yú)(yù)	俞 그러할유	
俞 (위)	俞 ゆ	

俞允(yúyǔn): 허락

逃 (táo)	逃 달아날도	
逃 (타오)	逃 とう【にげる】	

逃避(táobì): 도피하다

爰 (yuán)	爰 이에원	
爰 (위안)	爰 えん	

[문어] 어디, 어느 곳

郗 (xī)	郗 고을 이름치	
郗 (시)		

郗愔(xīyīn): 치음

俎 (zǔ)	俎 도마조	
俎 (쭈)	俎 そ【まないた】	

俎上肉(zǔshàngròu): 도마에 오른 고기

胆 (dǎn)　膽 쓸개 담	胪 (lù)　臚 살갗 려
膽 (단)　胆 たん【きも】	臚 (루)　臚 ろ
胆怯(dǎnqiè): 겁내다	胪列(lúliè): 열거하다

胨 (dòng)　腖 펩톤 동	胚 (pēi)　胚 아이 밸 배
腖 (둥)	胚 (페이)　胚 はい
胨尿(dòngniào): 펩톤뇨	胚芽(pēiyá): 배아

胍 (guā)　胍 큰 배 고	盆 (pén)　盆 동이 분
胍 (과)	盆 (펀)　盆 ぼん
胍血(guāxuè): 구아니딘혈	盆栽(pénzāi): 분재

9획

胛 (jiǎ)　胛 어깨뼈 갑	胂 (shèn)　胂 기지개 켤 신
胛 (지아)　胛 こう	胂 (선)
胛骨(jiǎgǔ): 견갑골	胂凡纳明(shènfánnàmíng): 아르스페나민

胩 (kǎ)　胩 카르빌아민 가	胜 (shèng)　勝 이길 승
胩 (카)	勝 (성)　勝 しょう【かつ】
카르빌아민(carbylamine)	胜任(shèngrèn): 능히 감당하다

胧 (lóng)　朧 흐릿할 롱	胙 (zuò)　胙 제사에 쓴 고기 조/작
朧 (룡)　朧 ろう【おぼろ】	胙 (쭤)　胙 そ
胧光(lóngguāng): 희미한 달빛	옛날, 제사에 쓴[제 지낸] 고기

217

胞姐(bāojiě): 친누나

鸨母(bǎomǔ): 기생 어미

胫骨(jìnggǔ): 경골

脉搏(màibó): 맥박

勉励(miǎnlì): 면려하다

匍匐(púfú): 기다

胸 (qú) 胸 포구

胸 (취)

지명에 쓰임

狨属(róngshǔ): 마모셋

胎盘(tāipán): 태반

鸡胗(jīzhēn): 닭의 위

胝 (zhī) 胝 굳은살 지

胝 (즈) 胝 ち【たこ】

胼胝(piánzhī): 굳은살

	飑 (biāo) / (뱌오) — 飑 회오리 바람표

线飑(xiànbiāo): 선 스콜

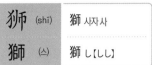	狮 (shī) / (스) — 獅 사자 사 / 獅 し【しし】

狮子王(shīziwáng): 라이온 킹

	独 (dú) / (두) — 獨 홀로 독 / 独 どく【ひとり】

独裁(dúcái): 독재(하다)

狩 (shòu) / (서우) — 狩 사냥 수 / 狩 しゅ【かり】

狩猎(shòuliè): 수렵하다

	狠 (hěn) / (헌) — 狠 개 싸우는 소리 한 / 狠 こん

狠毒(hěndú): 잔인하다

狭 (xiá) / (샤) — 狹 좁을 협 / 狭 きょう【せまい】

狭窄(xiázhǎi): 비좁다

9획

	狡 (jiǎo) / (쟈오) — 狡 간교할 교 / 狡 こう【ずるい】

狡猾(jiǎohuá): 교활하다

狱 (yù) / (위) — 獄 감옥 옥 / 獄 ごく

狱室(yùshì): 옥방

猃 (kuài) / (콰이) — 獪 교활할 회/쾌 / 獪 かい

狡狯(jiǎokuài): 교활하다

飐 (zhǎn) / (잔) — 颭 물결 일 점

飐滟(zhǎnyàn): 물결이 이는 모양

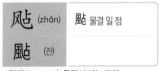	狲 (sūn) / (쑨) — 猻 원숭이 손

兔狲(tùsūn): 스라소니의 일종

狰 (zhēng) / (정) — 猙 짐승 이름 쟁

狰狞(zhēngníng): 흉악하다

饵 (ěr) / 餌 (얼) — 餌 먹이 이 / 餌 じ【えさ】

| 餌食(ěrshí): 미끼

尯 (qiú) / 尲 (치유) — 尲 핍박할 구

| [문어] 강요하다, 핍박하다

饸 (hé) / 餄 (허) — 餄 경단 협, 떡 겹

| 饸饹(héle): 메밀가루 따위로 만든 틀국수

饶 (ráo) / 饒 (라오) — 饒 넉넉할 요 / 饒 じょう

| 饶恕(ráoshù): 용서하다

訇 (hōng) / 訇 (훙) — 訇 큰소리 굉

| 訇然(hōngrán): 쿵, 쾅 같은 소리가 울려 퍼지는 것

蚀 (shí) / 蝕 (스) — 蝕 먹을 식 / 蝕 しょく【むしばむ】

| 蚀刻(shíkè): 식각(하다)

急 (jí) / 急 (지) — 急 서두를 급 / 急 きゅう【いそぐ】

| 急忙(jímáng): 급하다

饷 (xiǎng) / 餉 (샹) — 餉 보낼 향 / 餉 しょう

| 饷银(xiǎngyín): 군대의 급료

贸 (mào) / 貿 (마오) — 貿 장사할 무 / 貿 ぼう

| 贸易(màoyì): 무역

怨 (yuàn) / 怨 (위안) — 怨 원망할 원 / 怨 えん・おん【うらむ】

| 怨恨(yuànhèn): 원망하다

逄 (páng) / 逄 (팡) — 逄 막을 방 / 逄 ほう

| 성(姓)의 하나

昝 (zǎn) / 昝 (짠) — 昝 성씨 참

| 성(姓)의 하나

哀 (āi) 哀 서러울 애
哀 (아이) 哀 あい【あわれむ】

| 哀求(āiqiú): 애원하다

饼 (bǐng) 餅 떡병
餅 (빙) 餅 へい【もち】

| 饼干(bǐnggān): 비스킷

饸 (gē)(le) 餄 각답각, 협락락
餄 (거)(레)

| 饸饹(héle): 메밀가루 따위로 만든 틀국수

将 (jiāng)(jiàng)(qiāng) 將 장수장
將 (지앙)(치앙) 将 しょう

| 将近(jiāngjìn): 거의 …에 가깝다

奖 (jiǎng) 獎 도울장
獎 (지앙) 奨 しょう【すすめる】

| 奖励(jiǎnglì): 장려

饺 (jiǎo) 餃 경단교
餃 (자오) 餃 こう

| 饺子(jiǎozi): 교자

孪 (luán) 孿 쌍둥이련
孿 (롼)

| 孪生(luánshēng): 쌍둥이

娈 (luán) 孌 아름다울련
孌 (롼)

| 娈童(luántóng): 미소년

恋 (luán) 戀 메란/만
戀 (롼) 戀 らん【みね】

| 恋兄(luánxiōng): 손위 처남

9획

弯 (wān) 彎 당길만
彎 (완) 彎 わん【まがる】

| 弯曲(wānqū): 꼬불꼬불하다

饻 (xī) 餏 화폐 단위의
餏 (시)

| '老解放区'에서 사용하던 일종의 화폐 계산의 단위

胤 (yìn) 胤 자손윤
胤 (인) 胤 いん【たね】

| 胤嗣(yìnsì): 후사

221

度 (dù)(duó) · 度 (두)(뒤) — 度 법도/정도 도 · 度 ど·と【たび】

度假(dùjià): 휴가를 보내다

亭 (tíng) · 亭 (팅) — 亭 주막집 정 · 亭 てい

亭亭(tíngtíng): 우뚝하게 높이 솟은 모양

迹 (jì) · 迹 (지) — 迹 자취 적 · 迹 せき【あと】

迹象(jìxiàng): 흔적

庥 (xiū) · 庥 (슈) — 庥 나무그늘 휴

凝庥(níngxiū): 복이 모여들다

疥 (jiè) · 疥 (지에) — 疥 옴 개 · 疥 かい

疥疤(jièbā): 옴자리

弈 (yì) · 弈 (이) — 弈 바둑 혁

弈棋(yìqí): 바둑·장기를 두다

疬 (lì) · 癧 (리) — 癧 연주창 력 · 癧 れき

瘰疬(luǒlì): 나력

奕 (yì) · 奕 (이) — 奕 아름다울 혁 · 奕 えき·やく

奕奕(yìyì): 활기 있다

亮 (liàng) · 亮 (량) — 亮 밝을 량 · 亮 りょう

亮丽(liànglì): 밝고 아름답다

疣 (yóu) · 疣 (유) — 疣 혹 우 · 疣 ゆう【いぼ】

疣猪(yóuzhū): 혹멧돼지

庭 (tíng) · 庭 (팅) — 庭 뜰 정 · 庭 てい【にわ】

庭园(tíngyuán): 정원

庤 (zhì) · 庤 (즈) — 庤 쌓을 치

[문어] 비축하다

疤 (bā)	疤 흉터 파	庠 (xiáng)	庠 학교 상
疤 (바)		庠 (상)	庠 しょう

| 疤瘌(bāla): 흉터

| 庠庠(yǎngyang): 가렵다

疢 (chèn)	疢 열병 진	疫 (yì)	疫 돌림병 역
疢 (천)		疫 (이)	疫 えき

| 疢毒(chèndú): 병독

| 疫病(yìbìng): 돌림병

瘡 (chuāng)	瘡 부스럼 창	音 (yīn)	音 소리 음
瘡 (창)	瘡 そう	音 (인)	音 おん·いん【おと】

| 瘡疖(chuāngjiē): 부스럼

9획

| 音讯(yīnxùn): 소식

疯 (fēng)	疯 두풍 풍	咨/諮 (zī)	咨/諮 물을 자
瘋 (펑)	瘋 ふう	咨/諮 (쯔)	咨/諮 し

| 疯狂(fēngkuáng): 미치다

| 咨询(zīxún): 자문하다

竑 (hóng)	竑 넓을 횡	姿 (zī)	姿 시자
竑 (훙)		姿 (쯔)	姿 し【すがた】

| 竑议(hóng yì): 해박한 언론

| 姿态(zītài): 자태

亲 (qīn)(qìng)	親 친할 친	疭 (zòng)	瘲 경풍 종
親 (친)(청)	親 しん【おや】	瘲 (쫑)	

| 亲密(qīnmì): 친밀하다

| 瘛疭(chìzòng): 계종

223

帝 (dì) 帝 임금 제
帝 (디) 帝 てい

| 帝国(dìguó): 제국

闽 (mǐn) 閩 종족 이름 민
閩 (민)

| 闽菜(mǐncài): 푸젠 요리

阀 (fá) 閥 공로 벌
閥 (파) 閥 ばつ

| 阀门(fámén): 밸브

飒 (sà) 颯 바람소리 삽
颯 (싸) 颯 さつ

| 飒爽(sàshuǎng): 씩씩하고 시원스럽다

阁 (gǎo) 閣 다락집 각
(gé)
閣 (가오) 閣 かく
(거)

| 阁楼(gélóu): 다락방

施 (shī) 施 베풀 시
施 (스)

| 施行(shīxíng): 시행하다

闺 (guī) 閨 협문 규
閨 (구이) 閨 けい

| 闺房(guīfáng): 규방

闼 (tà) 闥 문 달
闥 (타) 闥 たつ・けん

| 排闼(páità): 밀어 열다

阍 (kǎi) 闓 열 개
闓 (카이)

| [문어] 열다

聞 (wén) 聞 들을 문
聞 (원) 聞 ぶん・もん【きく】

| 闻名(wénmíng): 유명하다

闾 (lú) 閭 마을 려
閭 (뤼) 閭 りょ

| 闾巷(lúxiàng): 골목

彦 (yàn) 彦 선비 언
彦 (옌) 彦 げん

| 阿巴彦(āsìyàn): 아미히코[일본, 오사카]

224

逬 (bèng)	逬 흩어져 달아날 병
逬 (병)	逬 ほう・へい

逬裂(bèngliè): 쪼개지다

差 (chā)(chà)(cuō)(chāi)	差 다를 차
差 (차)(취)(차이)	差 さ〔さす〕

差距(chājù): 격차

阂 (hé)	閡 문잠글 애
閡 (허)	

隔阂(géhé): 간격

姜 (jiāng)	姜 성씨/생강 강
姜/薑 (지양)	姜/薑 きょう

姜茶(jiāngchá): 생강차

类 (lèi)	類 무리 류
類 (레이)	類 るい

类似(lèisì): 유사하다

美 (měi)	美 아름다울 미
美 (메이)	美 び〔うつくしい〕

美妙(měimiào): 미묘하다

迷 (mí)	迷 헤맬 미
迷 (미)	迷 めい〔まよう〕

迷路(mílù): 길을 잃다

叛 (pàn)	叛 배반할 반
叛 (판)	

叛乱(pànluàn): 반란(을 일으키다)

送 (sòng)	送 보낼 송
送 (쏭)	送 そう〔おくる〕

送行(sòngxíng): 배웅하다

籼 (xiān)	籼 메벼 선
籼 (셴)	

籼米(xiānmǐ): 멥쌀

养 (yǎng)	養 기를 양
養 (양)	養 よう〔やしう〕

养育(yǎngyù): 양육하다

羑 (yǒu)	羑 땅 이름 유
羑 (유)	

羑里(yǒulǐ): 유리[옛 지명]

225

炳耀(bǐngyào): 빛나다

인명에 쓰임

炼油(liànyóu): 정유하다

娄子(lóuzi): 혼란

逆行(nìxíng): 역행하다

前 (qián)
前 (치엔)

前 앞 전

前 ぜん【まえ】

前景(qiánjǐng): 전경

酋长(qiúzhǎng): 추장

炻器(shíqì): 오지(그릇)

首饰(shǒushi): 장신구

兹查(zīchá): 이에 살피건대

籽 (zǐ)
籽 (쯔)

籽 씨앗 자

籽种(zǐzhǒng): 종자

总统(zǒngtǒng): 대통령

炮 (bāo)(páo)(pào)	炮 통째로 구울 포	
炮 (바오)(파오)	炮 ほう	

| 炮弹(pàodàn): 포탄

剃 (tì)	剃 깎을 체	
剃 (티)	剃 てい[そる]	

| 剃头(tìtóu): 이발하다

炽 (chì)	熾 성할 치	
熾 (츠)	熾 し[おき]	

| 炽烈(chìliè): 치열하다

烃 (tīng)	烴 따뜻할 경	
烴 (팅)		

| 烃气(tīngqì): 탄화수소 가스

烀 (hū)	烀 삶을 호	
烀 (후)		

| 烀白薯(hū báishǔ): 고구마를 찌다

9획

洼 (wā)	窪 구덩이 와	
窪 (와)	窪 わ[くぼ]	

| 洼地(wādì): 움푹한 지대

炯 (jiǒng)	炯 밝을 형	
炯 (지용)	炯 けい	

| 炯炀(tóngyáng): 통양[지명]

炫 (xuàn)	炫 빛날 현	
炫 (쉬안)		

| 炫耀(xuànyào): 뽐내다

烂 (làn)	爛 빛날 란	
爛 (란)	爛 らん	

| 烂醉(lànzuì): 만취하다

炸 (zhá)(zhà)	炸 터질 작	
炸 (자)	炸 さく・さ	

| 炸鸡(zhàjī): 닭튀김

烁 (shuò)	爍 빛날 삭	
爍 (쉬)	爍 しゃく	

| 烁亮(shuòliàng): 환하다

炷 (zhù)	炷 심지 주	
炷 (주)		

| 炷香(zhùxiāng): 선향(線香)을 피우다

227

泚 (cǐ)	泚 맑을 체
泚 (츠)	

泚笔(cǐbǐ): 붓에 먹을 묻히다

洁 (jié)	潔 깨끗할 결
潔 (지에)	潔 けつ【いさぎよい】

洁白(jiébái): 새하얗다

洱 (ěr)	洱 강 이름 이
洱 (얼)	

洱海(ěrhǎi): 얼하이[호수 이름]

洌 (liè)	洌 맑을 렬
洌 (례)	洌 れつ

洌清(lièqīng): (물이나 술이) 맑다

洪 (hóng)	洪 큰물 홍
洪 (홍)	洪 こう

洪水(hóngshuǐ): 홍수

柒 (qī)	柒 옻나무 칠
柒 (치)	

柒拾(qīshí): 칠십

洹 (huán)	洹 강 이름 원
洹 (환)	

洹河(huánhé): 환허[하천 이름]

洒 (sǎ)	灑 뿌릴 쇄
灑 (싸)	洒 きい·しゃ

洒脱(sǎtuō): 소탈하다

浃 (jiā)	浹 두루 미칠 협
浹 (지아)	浹 しょう

融浃(róngjiā): 조화롭다

洧 (wěi)	洧 강 이름 유
洧 (웨이)	

洧川(wěichuān): 웨이추완[지명]

浇 (jiāo)	澆 물댈 요
澆 (쟈오)	澆 ぎょう

浇花(jiāohuā): 꽃에 물을 주다

浈 (zhēn)	湞 물 이름 정
湞 (전)	

浈水(zhēnshuǐ): 전수이[하천 이름]

测 (cè)	測 잴 측	
測 (처)	測 そく【はかる】	

| 测试(cèshì): 테스트

狮 (shī)	澌 물 이름 사	
澌 (스)		

| 澌河(shīhé): 스허[하천 이름]

洞 (dòng)	洞 골 동	
洞 (동)	洞 どう	

| 洞察(dòngchá): 통찰하다

洗 (xǐ) (xiǎn)	洗 씻을 세, 깨끗할 선	
洗 (시) (션)	洗 せん	

| 洗澡(xǐzǎo): 목욕하다

洑 (fú) (fù)	洑 돌아 흐를 보	
洑 (푸)		

| 洑水(fùshuǐ): 수영하다

涎 (xián)	涎 침/점액 연	
涎 (셴)	涎 えん【よだれ】	

| 涎水(xiánshuǐ): 군침

洄 (huí)	洄 거슬러 올라갈 회	
洄 (후이)		

| 洄游(huíyóu): 회유(하다)

洇 (yīn)	洇 물 이름 인	
洇 (인)		

| 洇透(yīntòu): 배어들다

活 (huó)	活 살 활	
活 (훠)	活 かつ	

| 活泼(huópō): 활발하다

洙 (zhū)	洙 물 이름 수	
洙 (주)	洙 しゅ	

| 洙水(zhūshuǐ): 주수이[하천 이름]

洎 (jì)	洎 미칠 기	
洎 (지)		

| 洎夫蓝(jìfūlán): 사프란

浊 (zhuó)	濁 흐릴 탁	
濁 (줘)	濁 だく【にごる】	

| 浊酒(zhuójiǔ): 탁주

浍 (huì)(kuài) 澮 봇도랑 회
澮 (후이)(콰이)

| 沟浍(gōuhuì): 봇도랑

济 (jǐ)(jì) 濟 건널 제
濟 (지) 済 さい

| 济济(jǐjǐ): 사람이 많은 모양

浲 (jiàng) 浲 내릴 강
浲 (지앙)

| 浲水(jiàngshuǐ): 홍수

浏 (liú) 瀏 맑을 류
瀏 (류) 瀏 りゅう

| 浏览(liúlǎn): 대충 훑어보다

洛 (luò) 洛 물 이름 락
洛 (뤄) 洛 らく

| 洛杉矶(luòshānjī): 로스앤젤레스

洺 (míng) 洺 강 이름 명
洺 (밍)

| 洺河(mínghé): 밍허[하천 이름]

派 (pā)(pài) 派 갈라질 파
派 (파)(파이) 派 は

| 派遣(pàiqiǎn): 파견하다

洽 (qià) 洽 화합할 흡
洽 (치아) 洽 こう

| 洽商(qiàshāng): 협의하다

染 (rǎn) 染 물들일 염
染 (란) 染 せん

| 染色(rǎnsè): 염색하다

洮 (táo) 洮 씻을 조/도
洮 (타오)

| 洮汰(táotài): 도태하다

洫 (xù) 洫 봇도랑 혁
洫 (쉬) 洫 きょく

| 沟洫(gōuxù): 논·밭의 수로

洵 (xún) 洵 진실로 순
洵 (쉰) 洵 しゅん

| 洵阳(xúnyáng): 쉰양[지명]

浐 (chǎn) 滻 (찬)	滻 물 이름 산	浓 (nóng) 濃 (농)	濃 짙을 농 濃 のう【こい】

浐河(chǎnhé): 산하[하천 이름]

浓缩(nóngsuō): 농축(하다)

浒 (hǔ) (xǔ) 滸 (후) (쉬)	滸 물가 호 滸 こ	洴 (píng) 洴 (핑)	洴 솜 씻을 병

浒湾(xǔwān): 쉬완[지명]

洴澼(píngpì): 물에 헹구다

浑 (hún) 渾 (혼)	渾 섞일 혼 渾 こん	洨 (xiáo) 洨 (샤오)	洨 강 이름 효

浑浊(húnzhuó): 혼탁하다

洨水(xiáoshuǐ): 샤오수이[하천 이름]

9획

津 (jīn) 津 (진)	津 나루 진 津 しん【つ】	浔 (xún) 潯 (쉰)	潯 물가 심 潯 じん【ふち】

津贴(jīntiē): 수당, 보조금

江浔(jiāngxún): 강가

浕 (jìn) 濜 (진)	濜 급히 흐를 진	洋 (yáng) 洋 (양)	洋 큰바다 양 洋 よう

浕水(jìnshuǐ): 진수이[후베이 성에 있는 강]

洋溢(yángyì): 충만하다

渼 (mǐ) 渼 (미)	渼 강 이름 미	洲 (zhōu) 洲 (저우)	洲 섬 주

渼水(mǐshuǐ): 미수이[지명]

洲际(zhōujì): 대륙간

231

恻 (cè)	惻 슬퍼할 측	洳 (rù)	洳 강 이름 여
惻 (처)	惻 そく	洳 (루)	洳 じょ

| 恻隐(cèyǐn): 불쌍히 여기다

| 涟洳(liánrú): 눈물이 줄줄 흐르는 모양

恫 (dòng) (tōng)	恫 상심할 통 두려워할 동	恃 (shì)	恃 믿을 시
恫 (동) (통)	恫 どう	恃 (스)	恃 じ

| 恫喝(dònghè): 공갈하다

| 恃强(shìqiáng): 힘을 믿다

恒 (héng)	恒 항구 항	恬 (tián)	恬 편안할 염
恒 (형)	恒 こう	恬 (톈)	恬 てん

| 恒心(héngxīn): 변함없는 마음

| 恬静(tiánjìng): 평안하고 고요하다

恍 (huǎng)	恍 어스푸레할 황	恸 (tòng)	慟 서러워할 통
恍 (황)	恍 こう	慟 (통)	慟 どう

| 恍惚(huǎnghū): 얼떨하다

| 恸心(tòngxīn): 슬퍼하다

恢 (huī)	恢 넓을 회	恤 (xù)	恤 근심할 휼
恢 (후이)	恢 かい	恤 (쉬)	恤 じゅつ

| 恢弘(huīhóng): 광대하다

| 恤怜(xùlián): 동정하다

恺 (kǎi)	愷 즐거울 개	恹 (yān)	懨 편안할 염
愷 (카이)		懨 (옌)	

| 恺切(kǎiqiè): 간절하다

| 恹煎(yānjiān): 의기소침하다

宬 (chéng) 宬 (청)	宬 서고 성
皇史宬(huángshǐchéng): 황실 역사 서고	

恰 (qià) 恰 (치아)	恰 꼭 흡
恰巧(qiàqiǎo): 공교롭게도	

恨 (hèn) 恨 (헌)	恨 한할 한 / 恨 こん【うらむ】
恨恶(hènwù): 증오하다	

恼 (nǎo) 恼 (나오)	惱 괴로워할 뇌 / 惱 のう【なやむ】
恼怒(nǎonù): 성내다	

宦 (huàn) 宦 (환)	宦 벼슬살이 환 / 宦 かん
宦官(huànguān): 내시	

宣 (xuān) 宣 (쉬안)	宣 베풀 선 / 宣 せん
宣布(xuānbù): 선포하다	

举 (jǔ) 擧 (쥐)	擧 들 거 / 擧 きょ【あげる】
举行(jǔxíng): 거행하다	

恂 (xún) 恂 (쉰)	恂 두려워할 순 / 恂 じゅん
恂谨(xúnjǐn): 공손하고 삼가다	

觉 (jué) (jiào) 覺 (줴) (자오)	覺 깨달을 각 / 覺 かく【おぼえる】
觉察(juéchá): 알아차리다	

恽 (yùn) 惲 (원)	惲 중후할 운
恽向(yùnxiàng): 운향[미술]	

恪 (kè) 恪 (커)	恪 삼갈 각 / 恪 かく
恪守(kèshǒu): 엄수하다	

宥 (yòu) 宥 (유)	宥 용서할 유 / 宥 ゆう
宥恕(yòushù): 용서하다	

9획

穿 (chuān) 穿 (촨)	穿 뚫을 천 穿 せん
穿过(chuānguò): 통과하다	

室 (shì) 室 (스)	室 집 실 室 しつ
室友(shìyǒu): 룸메이트	

宫 (gōng) 宮 (궁)	宮 집 궁 宮 きゅう·ぐう【みや】
宫殿(gōngdiàn): 궁전	

突 (tū) 突 (튜)	突 부딪칠 돌 突 とつ【つく】
突破(tūpò): 돌파하다	

冠 (guān)(guàn) 冠 (관)	冠 갓 관 冠 かん【かんむり】
冠军(guànjūn): 우승	

诬 (wū) 誣 (우)	誣 속일 무 誣 ふ·ぶ
诬陷(wūxiàn): 무함하다	

诫 (jiè) 誡 (지에)	誡 경계할 계 誡 かい
诫劝(jièquàn): 주의시키다	

宪 (xiàn) 憲 (셴)	憲 법 헌 憲 けん
宪法(xiànfǎ): 헌법	

客 (kè) 客 (커)	客 나그네 객 客 かく·きゃく
客户(kèhù): 고객	

语 (yǔ)(yù) 語 (위)	語 말할 어 語 ご【かたる】
语音(yǔyīn): 말소리	

窃 (qiè) 竊 (치에)	竊 훔칠 절 竊 せつ【ぬすむ】
窃听(qiètīng): 도청하다	

窀 (zhūn) 窀 (준)	窀 광중 둔
窀穸(zhūnxī): 묘혈	

袄 (ǎo) / 襖 (아오)　襖 웃옷 오 / 襖 おう

| 袄领(ǎolǐng): 저고리 깃

衿 (jīn) / 衿 (진)　衿 옷깃 금 / 衿 きん

| 沾衿(zhānjīn): (눈물이) 옷깃을 적시다

扁 (biǎn)(piān) / 扁 (벤)(피엔)　扁 납작할 편 / 扁 へん

| 扁平(biǎnpíng): 납작하다

袂 (mèi) / 袂 (메이)　袂 소매 메 / 袂 べい【そで】

| 连袂(liánmèi): 손을 맞잡고 행동하다

祓 (fú) / 祓 (푸)　祓 푸닥거리할 불 / 祓 ふつ

| 祓除(fúchú): 부정을 깨끗이 제거하다

衲 (nà) / 衲 (나)　衲 기울 납 / 衲 のう

| 衲衣(nàyī): 승려가 입는 검정 옷

9획

祜 (hù) / 祜 (후)　祜 복 호

| 祜佑(hùyòu): 신의 가호

祛 (qū) / 祛 (취)　祛 떨 거

| 祛除(qūchú): 제거하다

祎 (huī) / 禕 (후이)　禕 폐슬 휘 / 아름다울 위

| [문어] 옛날 왕후의 제복

衽 (rèn) / 衽 (런)　衽 옷깃 임 / 衽 じん

| 衽席(rènxí): 잠자리

扃 (jiōng) / 扃 (지옹)　扃 빗장 경

| 扃关(jiōngguān): 빗장

祖 (zǔ) / 祖 (쭈)　祖 할아비 조 / 祖 そ

| 祖国(zǔguó): 조국

祠堂(cítáng): 사당

神奇(shénqí): 신기하다

诰命(gàomìng): 봉건 시대에 봉호를 받은 부녀

误解(wùjiě): 오해(하다)

诲淫(huìyín): 음화

诱惑(yòuhuò): 유혹하다

诳骗(kuángpiàn): 기만하다

祚命(zuòmìng): 하늘의 축복

성(姓)

[문어] 삼가다, 공경하다

诮责(qiàozé): 질책하다

祝愿(zhùyuàn): 축원하다

236

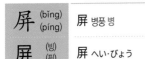

| 屛 (bǐng) (píng) | 屛 병풍 병 |
| 屛 (병)(평) | 屛 へい・びょう |

| 屛蔽(píngbì): 가리다

| 昶 (chǎng) | 昶 해 길 창 |
| 昶 (창) | 昶 しょう・ちょう |

| [문어] 해가 길다, 낮이 길다

| 既 (jì) | 既 이미 기 |
| 既 (지) | 既 き【すでに】 |

| 既然(jìrán): 이미 이렇게 된 바에야

| 郡 (jùn) | 郡 고을 군 |
| 郡 (쥔) | 郡 ぐん |

| 郡主(jùnzhǔ): 군주

| 墾 (kěn) | 墾 개간할 간 |
| 墾 (컨) | 墾 こん |

| 墾地(kěndì): 개간하다

| 诵 (sòng) | 誦 읽을 송 |
| 誦 (쏭) | 誦 しょう |

| 诵诗(sòngshī): 시를 낭송하다

| 说 (shui)(shuō)(yuè) | 說 말씀 설 |
| 說 (수이)(쉬)(웨) | 說 せつ【とく】 |

| 说服(shuōfú): 설복하다

| 退 (tuì) | 退 물러날 퇴 |
| 退 (투이) | 退 たい【しりぞける】 |

| 退货(tuìhuò): 반품하다

| 屋 (wū) | 屋 지붕 옥 |
| 屋 (우) | 屋 おく【いえ】 |

| 屋檐(wūyán): 처마

| 鸩 (zhèn) | 鴆 짐새 짐 |
| 鴆 (전) | 鴆 ちん |

| 鸩杀(zhènshā): 짐주로 독살하다

| 咫 (zhǐ) | 咫 여덟치 지 |
| 咫 (즈) | 咫 し |

| 咫尺(zhǐchǐ): 지척

| 昼 (zhòu) | 晝 낮 주 |
| 晝 (저우) | 昼 ちゅう |

| 昼夜(zhòuyè): 주야

陛 (bì)
陛 (비)

陛 섬돌 폐
陛 へい

| 陛下(bìxià): 폐하

陡 (dǒu)
陡 (더우)

陡 험할 두

| 陡然(dǒurán): 갑자기

费 (fèi)
費 (페이)

費 쓸 비
費 ひ【ついやす】

| 费心(fèixīn): 마음을 쓰다

孩 (hái)
孩 (하이)

孩 어린아이 해
孩 がい

| 孩童(háitóng): 어린이

舸 (kē)
舸 (커)

舸 배말뚝 가

| 牂舸(zāngkē): 짱커[지명]

眉 (méi)
眉 (메이)

眉 눈썹 미
眉 び【こびる】

| 眉毛(méimao): 눈썹

弭 (mǐ)
弭 (미)

弭 활고자 미
弭 び

| 弭患(mǐhuàn): 재해를 없애다

陧 (niè)
陧 (녜)

陧 위태로울 얼

| 杌陧(wùniè): 불안하다

屎 (shǐ)
屎 (스)

屎 똥 시
屎 し【くそ】

| 屎壳郎(shǐkelàng): 말똥구리

胥 (xū)
胥 (쉬)

胥 서로 서
胥 しょ

| 储胥(chǔ xū): 하인

逊 (xùn)
遜 (쉰)

遜 달아날 손
遜 そん【へりくだる】

| 逊色(xùnsè): 손색

陟 (zhì)
陟 (즈)

陟 오를 척
陟 ちょく

| 陟山(zhìshān): 산에 오르다

除 (chú) 除 (추)	除 없앨 제 除 じょ【のぞく】	险 (xiǎn) 險 (셴)	險 험할 험 險 けん【けわしい】

除夕(chúxī): 섣달 그믐날   险恶(xiǎn'è): 험악하다

姞 (jí) 姞 (지)	姞 성 길	娅 (yà) 娅 (야)	娅 동서 아

성(姓)   姻娅(yīnyà): 사돈

姥 (lǎo)(mǔ) 姥 (라오)(무)	姥 할미 모	姨 (yí) 姨 (이)	姨 이모 이 姨 い

姥爷(lǎoye): 외조부   姨夫(yífu): 이모부

娆 (ráo)(rǎo) 嬈 (라오)	嬈 번거로울 뇨	姻 (yīn) 姻 (인)	姻 시집갈 인 姻 いん

妖娆(yāoráo): 매혹적이다   姻缘(yīnyuán): 부부의 인연

姝 (shū) 姝 (수)	姝 예쁠 주	陨 (yuán)(yǔn) 隕 (위안)(원)	隕 무너질 운 隕 いん

姝丽(shūlì): 예쁘다   陨石(yǔnshí): 운석

娃 (wá) 娃 (와)	娃 예쁠 왜/와 娃 あい·あ	院 (yuàn) 院 (위안)	院 마을 원 院 いん

娃娃(wáwa): 아기   院长(yuànzhǎng): 병원 원장

9획

姹 (chà) 姹 소녀 차
姹 (차)

| 姹女(chànǚ): 미녀

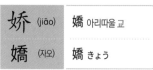

娇 (jiāo) 嬌 아리따울 교
嬌 (쟈오) 嬌 きょう

| 娇嫩(jiāonèn): 여리다

怼 (duì) 懟 원망할 대
懟 (두이)

| 怨怼(yuànduì): 원한

娜 (nà)(nuó) 娜 아리따울 나
娜 (나)(눠) 娜 だ

| 婀娜(ēnuó): 유연하고 아름다운 모양

姽 (guǐ) 姽 얌전히 걸을 궤
姽 (구이)

| 姽嫿(guǐhuà): 곱고 점잖다

怒 (nù) 怒 성낼 노
怒 (누) 怒 ど【いかる】

| 怒斥(nùchì): 성나서 비난하다

贺 (hè) 賀 하례할 하
賀 (허) 賀 が

| 贺年(hènián): 새해를 축하하다

姘 (pīn) 姘 사통할 병/평
姘 (핀)

| 姘居(pīnjū): 동거하다

架 (jià) 架 시렁 가
架 (지아) 架 か【かける】

| 架设(jiàshè): 가설하다

姚 (yáo) 姚 예쁠 요
姚 (야오) 姚 よう

| 票姚(piàoyáo): 강하고 날쌘 모양

姣 (jiāo) 姣 예쁠 교
姣 (쟈오)

| 姣妍(jiāoyán): 아릅답다

盈 (yíng) 盈 찰 영
盈 (잉) 盈 えい

| 盈眶(yíngkuàng): 눈에 그득하다

绑 (bǎng)	綁 결박할 방
綁 (방)	

绑票(bǎngpiào): 납치하다

怠 (dài)	怠 게으를 태
怠 (다이)	怠 たい【おこたる】

怠工(dàigōng): 태업하다

矜 (guān) (jīn) (qín)	矜 불쌍히 여길 긍 홀아비 관
矜 (관) (진) (친)	矜 きん·きょう

矜恤(jīnxù): 동정하다

癸 (guǐ)	癸 열째천간 계
癸 (구이)	癸 き

癸酸(guǐsuān): 카프린 산

结 (jiē) (jié)	結 맺을 결, 상투 계
結 (지에)	結 けつ【むすび】

结婚(jiéhūn): 결혼하다

垒 (lěi)	壘 진루, 끌밋할 뢰
壘 (레이)	壘 るい

垒球(lěiqiú): 소프트볼

绒 (róng)	絨 융융
絨 (룽)	絨 じゅう

绒发(róngfà): 곱슬머리

柔 (róu)	柔 부드러울 유
柔 (러우)	柔 じゅう【やわらかい】

柔弱(róuruò): 연약하다

炱 (tái)	炱 그을음 태
炱 (타이)	炱

烟炱(yāntái): 그을음

羿 (yì)	羿 사람 이름 예
羿 (이)	

하대(夏代) 궁국(窮國)의 군주 이름

勇 (yǒng)	勇 날랠 용
勇 (융)	勇 ゆう【いさむ】

勇敢(yǒnggǎn): 용감하다

蚤 (zǎo)	蚤 벼룩 조
蚤 (자오)	蚤 そう

蚤夭(zǎoyāo): 요절하다

给 (gěi)(jǐ)	給 넉넉할 급	
給 (게이)(지)	給 きゅう【たまう】	

| 给与(gěiyǔ): 주다

绔 (kù)	絝 바지 고	
絝 (쿠)	絝	

| 纨绔(wánkù): 부잣집 아이

绗 (háng)	絎 바느질할 행	
絎 (항)	絎 こう	

| 绗缝(hángfèng): 이불감

络 (lào)(luò)	絡 맥락 락	
絡 (라오)(뤄)	絡 らく【からむ】	

| 络绎(luòyì): 왕래가 잇달아 끊이지 않다

骅 (huá)	驊 준마 화	
驊 (화)		

| 骅骝(huáliú): 적색의 준마

绕 (rào)	繞 얽힐 요	
繞 (라오)	繞 じょう	

| 绕行(ràoxíng): 돌아가다

绘 (huì)	繪 그림 회	
繪 (후이)	繪 かい【え】	

| 绘图(huìtú): 제도하다

彖 (tuàn)	彖 판단할 단	
彖 (퇀)	彖 たん	

| 彖辞(tuàncí): 역경의 각 괘 의미를 풀어놓은 글

绛 (jiàng)	絳 진홍 강	
絳 (지앙)	絳 こう	

| 绛红(jiànghóng): 진홍색의

骁 (xiāo)	驍 굳셀 효	
驍 (샤오)	驍 ぎょう	

| 骁勇(xiāoyǒng): 용맹하다

骄 (jiāo)	驕 씩씩할 교	
驕 (쟈오)	驕 きょう【おごる】	

| 骄傲(jiāo'ào): 자랑스럽다

绚 (xuàn)	絢 무늬 현	
絢 (쉬안)	絢 けん	

| 绚烂(xuànlàn): 현란하다

骇客(hàikè): 해커

绞杀(jiǎoshā): 교살하다

骆驼(luòtuo): 낙타

骈列(piánliè): 줄지어 서다

绝 (jué)
绝 (줴)

絶 끊을 절
絶 ぜつ【たつ】

绝望(juéwàng): 절망하다

统帅(tǒngshuài): 통솔자

9획

243

恝 (jiá)
恝 (지아)

恝 근심 없을 개

| 恝置(jiázhì): 방치하다

耙 (bà)
(pá)
耙 (바)
(파)

耙 써레 파

耙 は【まぐわ】

| 耙耜(bàsì): 써레

挈 (qiè)
挈 (치에)

挈 손에 들 설

挈 けつ

| 挈眷(qièjuàn): 온가족을 동반하다

耖 (chào)
耖 (차오)

耖 밭 거듭 갈 초

| 耖田(chàotián): 밭을 써레질하다

秦 (qín)
秦 (친)

秦 진나라 진

秦 しん【はた】

| 秦朝(qíncháo): 진나라

珥 (ěr)
珥 (얼)

珥 귀고리 이

珥 じ【みみだま】

| 珥珰(ěrdāng): 귀고리

泰 (tài)
泰 (타이)

泰 클 태

泰 たい

| 泰然(tàirán): 태연하다

耕 (gēng)
耕 (경)

耕 밭 갈 경

耕 こう【たがやす】

| 耕田(gēngtián): 밭을 갈다

艳 (yàn)
艷 (옌)

艷 고울 염

艷 えん【つや】

| 艳丽(yànlì): 곱고 아름답다

耗 (hào)
耗 (하오)

耗 소모할 모

耗 もう

| 耗资(hàozī): 자재를 소모하다

耘 (yún)
耘 (원)

耘 김맬 운

耘 うん

| 耘耘(yúnyún): 무성한 모양

班 (bān) 班 (반)	班 나눌 반 班 はん【まだら】	珞 (luò) 珞 (뤄)	珞 구슬 목걸이 락 珞 らく

班机(bānjī): 정기 항공편

瓔珞(yīngluò): 영락

琤 (chēng) 琤 (쟁)	琤 옥 소리 쟁	珽 (tǐng) 珽 (팅)	珽 옥 이름 정

琤然(chēngrán): 소리가 맑고 쟁쟁하다

[문어] (제왕이 사용하는) 옥홀

珰 (dāng) 璫 (당)	璫 귀고리 옥 당	顼 (xū) 頊 (쉬)	頊 삼갈 욱

明璫(míngdāng): 명주(明珠) 귀걸이

주로 인명에 쓰임

10획

珙 (gǒng) 珙 (궁)	珙 옥 공	珣 (xún) 珣 (쉰)	珣 옥 이름 순

珙桐(gǒngtóng): 손수건나무

珣玗琪(xúnyúqí): 고서에 나오는 아름다운 옥

珩 (háng) (héng) 珩 (항) (형)	珩 패옥 형	珧 (yáo) 珧 (야오)	珧 꼬막 요

珩床(héngchuáng): 호닝반(horning盤)

江珧(jiāngyáo): 살조개

珲 (huī) (hún) 琿 (후이) (훈)	琿 옥 혼 琿 こん	珠 (zhū) 珠 (주)	珠 구슬 주 珠 しゅ【たま】

珲春(húnchūn): 훈춘[지명]

珠宝(zhūbǎo): 진주·보석류의 장식물

245

敖 (áo)	敖 거만할 오
敖 (아오)	敖 ごう【おごる】

敖翔(áoxiáng): 새가 하늘을 날다

捕 (bǔ)	捕 잡을 포
捕 (부)	捕 ほ【とらえる】

捕猎(bǔliè): 사냥하다

埔 (bù)(pǔ)	埔 땅 이름 포
埔 (부)(푸)	埔 ふ

黄埔(huángpǔ): 황푸[지명]

蚕 (cán)	蠶 누에 잠
蠶 (찬)	蚕 さん【かいこ】

蚕茧(cánjiǎn): 누에고치

匪 (fěi)	匪 비적 비
匪 (페이)	匪 ひ・ふん

匪徒(fěitú): 강도

恚 (huì)	恚 성낼 에
恚 (후이)	恚 い【いかる】

恚恨(huìhèn): 원망하다

捞 (lāo)	撈 잡을 로
撈 (라오)	撈 ろう

捞钱(lāoqián): 부정한 돈을 벌다

匿 (nì)	匿 숨을 닉
匿 (니)	匿 とく

匿伏(nìfú): 잠복하다

素 (sù)	素 흴 소
素 (쑤)	素 そ・す

素颜(sùyán): 민낯

顽 (wán)	頑 완고할 완
頑 (완)	頑 がん

顽强(wánqiáng): 완강하다

栽 (zāi)	栽 심을 재
栽 (짜이)	栽 さい【うえる】

栽树(zāishù): 나무를 심다

盏 (zhǎn)	盞 잔 잔
盞 (잔)	盞 さん

盏的(zhǎnde): 신배

埕 (chéng)	埕 술독 정	捎 (shāo)(shào)	捎 없앨 소
埕 (청)		捎 (사오)	

| 酒埕(jiǔchéng): 술 단지 | 捎话(shāohuà): 말을 전하다 |

| 赶 (gǎn) | 趕 쫓을 간 | 埘 (shí) | 塒 홰 시 |
| 趕 (간) | | 塒 (스) | 塒 し·じ【とぐろ】 |

| 赶上(gǎnshàng): 따라잡다 | [문어] 흙벽에 구멍을 파서 만든 닭장 |

| 埂 (gěng) | 埂 둑 갱 | 捂 (wú)(wǔ) | 捂 거스를 오 |
| 埂 (갱) | | 捂 (우) | |

| 埂堰(gěngyàn): 제방 | 捂住(wǔzhù): 단단히 가리다 |

| 捍 (hàn) | 捍 막을 한 | 盐 (yán) | 鹽 소금 염 |
| 捍 (한) | 捍 かん | 鹽 (옌) | 塩 えん |

| 捍卫(hànwèi): 지키다 | 盐巴(yánbā): 소금 |

| 捏 (niē) | 捏 꾸밀 날 | 载 (zǎi)(zài) | 載 실을 재 |
| 捏 (녜) | 捏 ねつ【こねる】 | 載 (짜이) | 載 さい·たい【のせる】 |

| 捏造(niēzào): 날조하다 | 载人(zàirén): 사람을 태우다 |

| 起 (qǐ) | 起 일어설 기 | 振 (zhèn) | 振 떨칠 진 |
| 起 (치) | 起 き【おきる】 | 振 (전) | 振 しん【ふるう】 |

| 起飞(qǐfēi): 이륙하다 | 振兴(zhènxīng): 진흥하다 |

247

捌 (bā)	捌 깨뜨릴/여덟 팔
捌 (바)	捌 へつ

捌哥(bāgē): 앵무새

损 (sǔn)	损 덜 손
損 (쑨)	損 そん【そこなう】

损害(sǔnhài): 손해를 주다

都 (dōu)(dū)	都 도읍 도
都 (더우)(두)	都 と·つ【みやこ】

都市(dūshì): 도시

埙 (xūn)	埙 질나발 훈
塤 (쉰)	

취주악기의 하나

埚 (guō)	埚 도가니 과
堝 (궈)	堝 か【るつぼ】

坩埚(gānguō): 도가니

挹 (yì)	挹 뜰 읍
挹 (이)	

挹取(yìqǔ): 푸다

捐 (juān)	捐 버릴 연
捐 (쥐안)	捐 えん

捐献(juānxiàn): 기부하다

袁 (yuán)	袁 성씨 원
袁 (위안)	袁 えん

주로 인명에 쓰임

捆 (kǔn)	捆 묶을 곤
捆 (쿤)	

捆绑(kǔnbǎng): 줄로 묶다

哲 (zhé)	哲 밝을 철
哲 (저)	哲 てつ【あきらか】

哲学(zhéxué): 철학

埋 (mái)(mán)	埋 묻을 매
埋 (마이)(만)	埋 まい【うずめる】

埋怨(mányuàn): 원망하다

捉 (zhuō)	捉 잡을 착
捉 (줘)	捉 そく【とらえる】

捉弄(zhuōnòng): 조롱하다

挫 (cuò) 挫 (좌)	挫 꺾을 좌 挫 ざ【くじく】

挫折(cuòzhé): 좌절시키다

耆 (qí) 耆 (치)	耆 늙을 기 耆 き【おいる】

耆老(qílǎo): 노인

换 (huàn) 換 (환)	換 바꿀 환 換 かん【かえる】

换乘(huànchéng): 갈아타다

热 (rè) 熱 (려)	熱 열 열 熱 ねつ【あつい】

热爱(rè'ài): 열애하다

捡 (jiǎn) 撿 (지엔)	撿 단속할 검

捡拾(jiǎnshí): 줍다

逝 (shì) 逝 (스)	逝 갈 서 逝 せい【ゆく】

逝世(shìshì): 서거하다

10획

捋 (lǚ) (luō) 捋 (뤼) (뤄)	捋 쓰다듬을 랄

捋奶(luōnǎi): 젖을 짜다

挽 (wǎn) 挽 (완)	挽 당길 만 挽 ばん【ひく】

挽回(wǎnhuí): 만회하다

埒 (liè) 埒 (례)	埒 담 랄/날/렬/열 埒 らつ

河埒(héliè): 허례[지명]

贽 (zhì) 贄 (즈)	贄 폐백 지 贄 し【にえ】

贽见(zhìjiàn): 지현하다

耄 (mào) 耄 (마오)	耄 늙은이 모 耄 ぼう·もう

耄龄(màolíng): 고령

挚 (zhì) 摯 (즈)	摯 잡을 지 摯 げつ【あやふい】

挚切(zhìqiè): 진지하고 간절하다

249

埃 (āi)	埃 티끌 애
埃 (아이)	埃 あい【ほこり】

| 埃及(āijí): 이집트

挨 (āi) (ái)	挨 밀칠 애
挨 (아이)	挨 あい

| 挨揍(áizòu): 얻어맞다

耻 (chǐ)	耻 부끄러울 치
耻 (츠)	耻 ち【はじる】

| 耻辱(chǐrǔ): 치욕

耽 (dān)	耽 빠질 탐
耽 (단)	耽 たん【ふける】

| 耽误(dānwu): 일을 그르치다

捣 (dǎo)	捣 찧을 도
捣 (다오)	

| 捣毁(dǎohuǐ): 때려 부수다

耿 (gěng)	耿 빛 경
耿 (경)	耿 こう【ひかり】

| 耿直(gěngzhí): 정직하고 솔직하다

盍 (hé)	盍 모일 합 새 이름 갈
盍 (허)	盍 こう【なんぞ】

| 昌盍(chānghé): 가을 바람

壶 (hú)	壶 병 호
壶 (후)	壶 こん

| 壶嘴(húzuǐ): 주전자 주둥이

捃 (jùn)	捃 주울 군
捃 (쥔)	

| 捃华(jùnhuá): 정수를 취하다

恐 (kǒng)	恐 두려워할 공
恐 (쿵)	恐 きょう【おそれる】

| 恐惧(kǒngjù): 겁먹다

捅 (tǒng)	捅 찌를 통
捅 (퉁)	

| 捅破(tǒngpò): 찔러 깨뜨리다

垸 (yuàn)	垸 바를 완/환
垸 (위안)	

| 垸田(yuàntián): 둑으로 둘러막은 논

荸 (bí) 荸 (비)	荸 나물 발	莽 (mǎng) 莽 (망)	莽 우거질 망 莽 ぼう【くさ】

荸荠(bíqí): 올방개

莽莽(mǎngmǎng): 풀이 무성하다

茝 (chǎi) (zhǐ) 茝 (차이) (즈)	茝 어수리 채 궁궁이싹 치	莫 (mò) 莫 (모)	莫 없을 막 莫 ばく·ぼ

蕲茝(qíchǎi): 천궁의 싹

莫大(mòdà): 막대하다

恭 (gōng) 恭 (궁)	恭 공손할 공 恭 きょう	聂 (niè) 聶 (녜)	聂 소곤거릴 섭 聶 じょう【ささやく】

恭候(gōnghòu): 삼가 기다리다

聂帕桐(nièpàlú): 니파[식물]

10획

莰 (kǎn) 莰 (간)	莰 캄판 감	莆 (pú) 莆 (푸)	莆 서초 보, 부들 포

莰醇(kǎnchún): 보르네올(borneol)

莆田(pútián): 푸톈[지명]

莱 (lái) 萊 (라이)	萊 명아주 래 萊 らい	莳 (shí) (shi) 蒔 (스)	蒔 모종할 시 蒔 し【まく】

莱田(láitián): 황폐한 논밭

莳萝(shíluó): 소회향

莲 (lián) 蓮 (롄)	蓮 연 련 蓮 れん【はす】	莴 (wō) 萵 (워)	萵 상추 와 萵 わ【ちしゃ】

莲藕(lián'ǒu): 연뿌리

莴笋(wōsǔn): 양상추

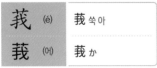

| 莪 (é) | 莪 쑥 아 |
| 莪 (어) | 莪 が |

莪蒿(éhāo): 미나리

| 蔹 (lián)(xiān) | 蔹 가위톱 렴 |
| 蔹 (렌)(셴) | |

豨蔹(xīxiān): 진득찰, 희렴초[식물]

| 荸 (fú)(piǎo) | 荸 갈대청 부
굶어죽을 표 |
| 荸 (뿌)(퍄오) | |

葭荸(jiāfú): 갈대청

| 莓 (méi) | 莓 딸기나무 매 |
| 莓 (메이) | 莓 まい【いちご】 |

蓝莓(lánméi): 블루베리

| 荷 (hé)(hè) | 荷 멜 하 |
| 荷 (허) | 荷 か【はす・こなう】 |

荷叶(héyè): 연잎

| 荽 (suī) | 荽 고수풀 수/유 |
| 荽 (쑤이) | |

芫荽(yánsuī): 고수

| 获 (huò) | 獲/穫 얻을 획 |
| 獲/穫 (휙) | 獲/穫 かく |

获奖(huòjiǎng): 상을 받다

| 荼 (tú) | 荼 씀바귀 도 |
| 荼 (투) | 荼 と |

荼毒(túdú): 해독

| 莉 (lì) | 莉 말리 리 |
| 莉 (리) | 莉 り【まり】 |

茉莉(mòlì): 말리

| 莜 (yóu) | 莜 메밀 유
김 매는 연장 조 |
| 莜 (유) | |

莜麦(yóumài): 귀리

| 莅 (lì) | 莅 다다를 리 |
| 莅 (리) | 莅 り【のぞむ】 |

莅临(lìlín): 왕림하다

| 莠 (yǒu) | 莠 가라지 유, 씀바귀 수 |
| 莠 (유) | 莠 ゆう【はぐさ】 |

莠民(yǒumín): 나쁜 사람

荻 (dí)	荻 물억새 적
荻 (디)	荻 てき【おぎ】

荻竹(dízhú): 물억새

恶 (ě) (è)	惡 모질/나쁠 악
惡 (어)	悪 あく・お【わるい】

恶化(èhuà): 악화되다

莞 (guān) (guǎn) (wǎn)	莞 왕골 완
莞 (관) (완)	莞 かん【い】

莞尔(wǎn'ěr): 빙긋 웃는 모양

晋 (jìn)	晉 나아갈 진
晉 (진)	晋 しん【すすむ】

晋级(jìnjí): 진급하다

莙 (jūn)	莙 버들말즘 군
莙 (쥔)	

莙荙菜(jūndácài): 근대

莨 (láng) (làng) (liáng)	莨 수크령 랑
莨 (랑) (량)	莨 ろう

莨菪(làngdàng): 사리풀

莎 (shā) (suō)	莎 사초 사
莎 (사) (쒀)	莎 さ【はますげ】

莎鸡(shājī): 범메뚜기

莘 (shēn) (xīn)	莘 족두리풀 신
莘 (선) (신)	

莘莘(shēnshēn): 많은 모양

莺 (yīng)	鶯 꾀꼬리 앵
鶯 (잉)	鶯 おう

莺迁(yīngqiān): 좋은 자리로 옮기다

10획

莹 (yíng)	瑩 옥돌 옥, 밝을 영
瑩 (잉)	瑩 えい

莹洁(yíngjié): 투명하고 깨끗하다

莸 (yóu)	蕕 누린내풀 유
蕕 (유)	蕕 ゆう

薰莸(xūnyóu): 군자와 소인

真 (zhēn)	眞 참 진
真 (전)	真 しん【ま】

真诚(zhēnchéng): 성실하다

253

梆 (bāng)	梆 목어 방
梆 (방)	

梆硬(bāngyìng): 매우 단단하다

桔 (jié)(jú)	桔 도라지 길
桔 (지에)(쥐)	桔 けつ

桔梗(jiégěng): 도라지

郴 (chēn)	郴 고을 이름 침
郴 (천)	

郴州(chēnzhōu): 천저우[지명]

栲 (kǎo)	栲 북나무 고
栲 (카오)	栲 こう

[식물] 모밀잣밤나무

蒓 (chún)	蒓 순채 순
蒓 (춘)	

蒓菜(chúncài): 순채

框 (kuāng)(kuàng)	框 문테 광
框 (쾅)	框 きょう

框架(kuàngjià): 골격

鸪 (gū)	鸪 자고 고
鴣 (구)	鴣 こ

鷓鸪(zhègū): 자고

栳 (lǎo)	栳 고리 로
栳 (라오)	

栲栳(kǎolǎo): 바구니

桂 (guì)	桂 계수나무 계
桂 (구이)	桂 けい

桂皮(guìpí): 계피나무

栖 (qī)(xī)	栖 깃들일 서
栖 (치)(시)	栖 せい【すむ】

栖息(qīxī): 서식하다

桓 (huán)	桓 굳셀 환
桓 (환)	桓 かん

桓桓(huánhuán): 용맹스러운 모양

桡 (ráo)	桡 굽을/노 요
橈 (라오)	橈 にょう・どう

桡足(ráozú): 납작한 발

254

档 (dàng) 档 (당)	檔 의자 당	档次(dàngcì): 등급

档次(dàngcì): 등급

桥 (qiáo) 橋 (챠오)	橋 다리 교 橋 きょう・こう

桥墩(qiáodūn): 교각

栝 (guā) (kuò) 栝 (과)(궤)	栝 노송나무 괄 땔나무 첨

栝楼(guālóu): 하눌타리

梃 (tǐng) (tìng) 梃 (팅)	梃 막대기 정 梃 ちょう

梃击(tǐngjī): 몽둥이로 때리다

桄 (guāng) (guàng) 桄 (광)	桄 광랑나무 광

桄榔(guāngláng): 광랑

桐 (tóng) 桐 (퉁)	桐 오동나무 동 桐 どう [きり]

桐树(tóngshù): 오동나무

10획

桦 (huà) 樺 (화)	樺 벚나무 화 樺 か [かば]

桦木(huàmù): 자작나무

桎 (zhì) 桎 (즈)	桎 차꼬 질 桎 しつ

桎梏(zhìgù): 차꼬와 수갑

桕 (jiù) 桕 (지유)	桕 두레박 구

桕油(jiùyóu): 오구목의 종자유

桢 (zhēn) 楨 (전)	楨 광나무 정

桢木(zhēnmù): 담광나무

桤 (qī) 榿 (치)	榿 기나무 기 榿 き

桤木(qīmù): 오리나무

株 (zhū) 株 (주)	株 그루 주 株 しゅ [かぶ]

株连(zhūlián): 연좌하다

255

栟 (bēn)(bīng) 栟 (번)(빙)	栟 종려나무 병
栟櫚(bīnglǘ): 종려나무

栓 (shuān) 栓 (쇈)	栓 마개 전 栓 せん
栓塞(shuānsè): 색전증

格 (gē)(gé) 格 (거)	格 이를 격, 막을 가 格 かく
格外(géwài): 각별히

桃 (táo) 桃 (타오)	桃 복숭아나무 도 桃 とう【もも】
桃花(táohuā): 복숭아꽃

桧 (guì)(huì) 檜 (구이)(후이)	檜 전나무 회 檜 かい【ひのき】
桧柏(guìbǎi): 향나무

桅 (wéi) 桅 (웨이)	桅 돛대 외
桅杆(wéigān): 돛대

核 (hé)(hú) 核 (허)(후)	核 씨/실과 핵 核 かく
核对(héduì): 대조 확인

栒 (xún) 栒 (쉰)	栒 나무 이름 순
栒子(xúnzǐ): 코토네아스터

桁 (háng)(héng) 桁 (항)(형)	桁 차꼬/도리 형 桁 こう【けた】
桁架(héngjià): 구형(構桁)

样 (yàng) 樣 (양)	樣 모양 양 樣 よう
样品(yàngpǐn): 견본

校 (jiào)(xiào) 校 (쟈오)(샤오)	校 학교 교 校 こう
校对(jiàoduì): 교정하다

桩 (zhuāng) 樁 (쭹)	樁 말뚝 장
桩柱(zhuāngzhù): 말뚝

桉 (ān)	桉 유칼립투스 안	豇 (jiāng)	豇 광저기 강
桉 (안)		豇 (지앙)	

桉树(ānshù): 유칼립투스	豇豆(jiāngdòu): 동부

逋 (bū)	逋 도망갈 포	逑 (qiú)	逑 짝 구
逋 (부)	逋 ほ	逑 (치유)	逑 きゅう

逋亡(būwáng): 도망하다	好逑(hǎoqiú): 좋은 짝

逗 (dòu)	逗 머무를 두	速 (sù)	速 빠를 속
逗 (더우)	逗 とう	速 (쑤)	速 そく【はやい】

逗留(dòuliú): 체류하다	速写(sùxiě): 스케치

哥 (gē)	哥 형 가	索 (suǒ)	索 노 삭, 찾을 색
哥 (거)	哥 か【うた】	索 (쒀)	索 さく

帅哥(shuàigē): 잘생긴 남자를 이르는 말	索赔(suǒpéi): 변상을 요구하다

鬲 (gé)(lì)	鬲 막을 격, 솥 력	栩 (xǔ)	栩 상수리나무 후
鬲 (거)(리)	鬲 れき・かく	栩 (쉬)	栩 く【くぬぎ】

鬲鼎(gédǐng): 역정(鬲鼎)	栩栩(xǔxǔ): 활발하고 생동감 있다

根 (gēn)	根 뿌리 근	彧 (yù)	彧 문채 욱
根 (건)	根 こん【ね】	彧 (위)	

根据(gēnjù): 근거하다	주로 인명에 쓰임

257

厝身(cuòshēn): 몸을 두다

翅膀(chìbǎng): 날개

唇膏(chúngāo): 립스틱

乙酐(yǐgān): 무수 초산

贾利(gǔlì): 이익을 얻다

逦迤(lǐyǐ): 구불구불 잇닿다

栗色(lìsè): 밤색

配置(pèizhì): 배치하다

辱骂(rǔmà): 욕설을 퍼붓다

酏食(yíshí): 멀건 죽

酎金(zhòujīn): 제후가 제사용으로 황제에게 바친 공금

酌情(zhuóqíng): (사정 따위를) 참작하다

砹 (ài) 砹 (아이)	砹 아스타틴 애	砷 (shēn) 砷 (선)	砷 비소 신

| 砹 아스타틴(astatium) | 砷化氢(shēnhuàqīng): 수소화비소 |

砥 (dǐ) 砥 (디)	砥 숫돌 지 砥 し	砼 (tóng) 砼 (퉁)	砼 콘크리트 동

| 砥柱(dǐzhù): 역경에 굴하지 않는 튼튼한 기둥 | 钢筋砼(gāngjīntóng): 철근 콘크리트 |

砝 (fǎ) 砝 (파)	砝 단단할 법	夏 (xià) 夏 (샤)	夏 여름 하 夏 か【なつ】

| 砝码(fǎmǎ): 저울추 | 夏令(xiàlìng): 여름철 날씨 |

10획

孬 (nāo) 孬 (나오)	孬 나쁠 요	砸 (zá) 砸 (짜)	砸 찧을 잡

| 孬种(nāozhǒng): 겁쟁이 | 砸坏(záhuài): 때려 부수다 |

砺 (lì) 礪 (리)	礪 숫돌 려 礪 れい	砟 (zhǎ) 砟 (자)	砟 자갈 자

| 砺石(lìshí): 숫돌 | 砟砝(zuòluò): 바위가 울퉁불퉁하다 |

砰 (pēng) 砰 (펑)	砰 돌 구르는 소리 팽	砧 (zhēn) 砧 (전)	砧 다듬잇돌 침 砧 ちん【きぬた】

| 砰然(pēngrán): 쾅 하다 | 砧板(zhēnbǎn): 도마 |

259

础石(chǔshí): 주춧돌

剞劂(jījué): 끝이 구부러진 조각칼

硁硁(kēngkēng): 쨍강쨍강

砺石(lìshí): 조약돌

烈酒(lièjiǔ): 독한 술

砻坊(lóngfáng): 연자방앗간

恧缩(nùsuō): 부끄럽고 황송하다

破产(pòchǎn): 파산하다

套餐(tàocān): 세트 음식

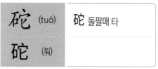

秤砣(chèngtuó): 저울추

原则(yuánzé): 원칙

逐出(zhúchū): 축출하다

鸫 (dōng)	鶇 콩새 동
鶇 (둥)	

斑鸫(bāndōng): 지빠귀

顿 (dú)(dùn)	頓 조아릴 돈
頓 (둔)(둔)	頓 とん

顿悟(dùnwù): 갑자기 깨닫다

顾 (gù)	顧 돌아볼 고
顧 (구)	顧 こ【かえりみる】

顾忌(gùjì): 꺼리다

较 (jiào)	較 비교할 교, 차이 각
較 (자오)	較 こう【くらべる】

较量(jiàoliàng): 겨루다

轿 (jiào)	轎 가마 교
轎 (자오)	轎 きょう

轿夫(jiàofū): 교부

辂 (lù)	輅 수레 로, 맞이할 아
輅 (루)	輅 ろ·らく

龙辂(lónglù): 어가

辁 (quán)	輇 상여차 전
輇 (취안)	

辁才(quáncái): 작은 재주

轼 (shi)	軾 수레 앞 가로나무 식
軾 (스)	軾 しょく

苏轼(sūshì): 소식[인명]

殊 (shū)	殊 다를 수
殊 (수)	殊 しゅ【ことに】

殊途(shūtú): 촉망받는 앞날

殉 (xùn)	殉 따라 죽을 순
殉 (쉰)	殉 じゅん

殉职(xùnzhí): 순직하다

轾 (zhi)	輊 앞 낮은 수레 지
輊 (즈)	輊 ち【おもい】

轩轾(xuānzhì): 수레 앞의 높은 부분과 낮은 부분

辀 (zhōu)	輈 끌채 주
輈 (저우)	

辀张(zhōuzhāng): 행패를 부리는 모양

毙 (bì) 斃 (비)	斃 넘어질 폐 斃 へい【しぬ】
毙命(bìmìng): 죽다	

紧 (jǐn) 緊 (진)	緊 팽팽할 긴 緊 きん【かたい】
紧缩(jǐnsuō): 긴축하다	

柴 (chái) 柴 (차이)	柴 섶 시, 울짱 채 柴 さい【しば】
柴禾(cháihe): 땔나무	

鸬 (lú) 鸕 (루)	鸕 가마우지 로
鸬鹚(lúcí): 갯가마우지	

龀 (chèn) 齔 (천)	齔 이 갈 츤/츤 齔 しん【みそっぱ】
龀童(chèntóng): 세 살 전후의 어린이	

虑 (lǜ) 慮 (뤼)	慮 생각할 려 慮 りょ
虑后(lǜhòu): 뒷일을 걱정하다	

趸 (dǔn) 躉 (둔)	躉 거룻배 돈
趸卖(dǔnmài): 도매하다	

虔 (qián) 虔 (치엔)	虔 공경할 건 虔 けん
虔诚(qiánchéng): 경건하고 정성스럽다	

剕 (fèi) 剕 (페이)	剕 발 벨 비
중국 고대 오형(五刑)의 하나	

致 (zhì) 致 (즈)	致 이를 치 致 ち【いたす】
致辞(zhìcí): 축사를 하다	

监 (jiān)(jiàn) 監 (지엔)	監 볼 감 監 かん
监管(jiānguǎn): 감시 관리하다	

桌 (zhuō) 桌 (줘)	桌 탁자 탁
桌灯(zhuōdēng): 스탠드	

逞 (chěng)	逞 왕성할 령	晒 (shài)	曬 쬘 쇄
逞 (청)	逞 てい	曬 (사이)	晒 さい【さらす】

逞能(chěngnéng): 뽐내다 | 晒干(shàigān): 햇볕에 말리다

哧 (chī)	哧 웃음소리 하	晟 (shèng)	晟 밝을 성
哧 (츠)		晟 (성)	晟 せい

哧溜(chīliū): 주르륵 | 晟碟(shèngdié): 샌디스크

党 (dǎng)	黨 무리 당	逍 (xiāo)	逍 거닐 소
黨 (당)	党 とう【なかま】	逍 (샤오)	逍 しょう

党派(dǎngpài): 당파 | 逍遥(xiāoyáo): 소요하다

唝 (gòng)	嗊 노래/나아갈 홍/공	晓 (xiǎo)	曉 새벽 효
嗊 (궁)		曉 (샤오)	暁 ぎょう

唝呸(gòngbù): 캄포트[지명] | 晓畅(xiǎochàng): 정통하다

眬 (lóng)	矓 어스레할 롱	眩 (xuàn)	眩 아찔할 현, 요술 환
矓 (룽)		眩 (쉬안)	眩 けん·げん

蒙眬(ménglóng): 몽롱하다 | 眩惑(xuànhuò): 현혹되다

眠 (mián)	眠 잘 면	眙 (yí)	眙 땅 이름 이
眠 (미엔)	眠 みん【ねむる】	眙 (이)	

安眠药(ānmiányào): 수면제 | 盱眙(xūyí): 쉬이[지명]

哺 (bǔ)	哺 먹일 포	
哺 (부)	哺 ほ	

哺育(bǔyù): 양육하다

晌 (shǎng)	晌 대낮 상	
晌 (상)		

晌午(shǎngwǔ): 정오

晁 (cháo)	晁 아침 조	
晁 (차오)	晁 ちょう	

晁模油(cháomóyóu): 대풍자유

剔 (tī)	剔 깎을 척/체	
剔 (티)	剔 てき・てい	

剔牙(tīyá): 이를 쑤시다

哽 (gěng)	哽 목멜 경	
哽 (경)	哽 こう	

哽咽(gěngyè): 오열하다

哮 (xiào)	哮 성낼 효	
哮 (샤오)	哮 こう	

哮喘(xiàochuǎn): 천식

晃 (huǎng) (huàng)	晃 밝을 황	
晃 (황)	晃 こう	

晃动(huàngdòng): 흔들거리다

鸭 (yā)	鸭 오리 압	
鴨 (야)	鴨 おう【かも】	

鸭掌(yāzhǎng): 오리발

唠 (láo) (lào) (lao)	唠 지껄일 로	
嘮 (라오)		

唠嗑(làokē): 한담하다

晔 (yè)	曄 빛날 엽	
曄 (예)	曄 よう	

孙晔(sūnyè): 쑨예

唔 (ńg) (wú)	唔 글 읽는 소리 오	
唔 (우)	唔 ご	

唔识(wúshī): 우식

喳 (zhā)	喳 새소리 찰	
喳 (자)	喳 たつ	

嘲喳(zhāozhā): 작은 소리가 뒤얽혀 있는 모양

蚌 (bàng)(bèng)	蚌 씹조개 방	趿 (tā)	趿 끌 타
蚌 (방)(벵)	蚌 ぼう	趿 (타)	

蚌壳(bàngké): 조개껍데기

趿拉(tāla): (신발을) 지르신다

趵 (bào)(bō)	趵 뛸표	鸮 (xiāo)	鸮 부엉이 효
趵 (바오)(보)		鸮 (샤오)	

趵趵(bōbō): 터벅터벅

鸮卣(xiāoyǒu): 올빼미 모양의 청동 술단지

蚨 (fú)	蚨 파랑강충이 부	蚜 (yá)	蚜 진딧물 아
蚨 (푸)		蚜 (야)	

跏蚨(jiāfū): 가부좌

蚜虫(yáchóng): 진딧물

10획

晖 (huī)	晖 빛 휘	晏 (yàn)	晏 늦을 안
暉 (후이)	暉 き	晏 (옌)	晏 あん

晖映(huīyìng): 빛나다

晏然(yànrán): 평온하다

蚍 (pí)	蚍 왕개미 비	暈 (yūn)(yùn)	暈 햇무리 훈현기증 날 운
蚍 (피)		暈 (윈)	暈 うん【かさ】

蚍蜉(pífú): 왕개미

暈车(yùnchē): 차멀미하다

蚋 (ruì)	蚋 파리매 예	畛 (zhěn)	畛 두둑 진
蚋 (루이)	蚋 ぜい【ぶゆ】	畛 (전)	畛 しん【あぜ】

蚊蚋(wénruì): 모기

畛界(zhěnjiè): 경계

265

蚪 (dǒu)	蚪 올챙이 두
蚪 (더우)	蚪 と

| 蝌蚪(kēdǒu): 올챙이

蚣 (gōng)	蚣 지네 공
蚣 (궁)	蚣 こう

| 蜈蚣(wúgōng): 지네

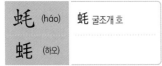

蚝 (háo)	蚝 굴조개 호
蚝 (하오)	

| 蚝油(háoyóu): 굴 기름

蚧 (jiè)	蚧 조개 이름 개
蚧 (지에)	

| 蛤蚧(géjiè): 합개

哩 (lī) (lǐ) (li)	哩 어조사 리
哩 (리)	哩 り【まいる】

| 哩哩啦啦(līlilālā): 척척 해내지 못하다

畔 (pàn)	畔 밭두둑 반
畔 (판)	畔 はん【ほとり】

| 湖畔(húpàn): 호숫가

圃 (pǔ)	圃 채마밭 포
圃 (푸)	圃 ほ【はたけ】

| 圃地(pǔdì): 묘포

哨 (shào)	哨 망볼 소/초
哨 (사오)	哨 しょう

| 哨兵(shàobīng): 보초병

唢 (suǒ)	唢 태평소 쇄
唢 (쒀)	

| 唢呐(suǒ·nà): 태평소

蚊 (wén)	蚊 모기 문
蚊 (원)	蚊 ぶん【か】

| 蚊帐(wénzhàng): 모기장

蚬 (xiǎn)	蚬 가막조개 현
蚬 (셴)	蚬 けん【しじみ】

| 黄蚬(huángxiǎn): 바지락조개

蚓 (yǐn)	蚓 지렁이 인
蚓 (인)	蚓 いん【みみず】

| 蚓蜥(yǐnxī): 지렁이도마뱀

盎然(àngrán): 넘쳐흐르는 모양

哦连(élián): 얼룩

恩爱(ēn'ài): 사랑이 깊다

哼唧(hēngji): 흥얼거리다

唏嘘(xīxū): 탄식하다

唁函(yànhán): 애도의 편지

鸳鸯(yuānyāng): 원앙새

囹圄(língyǔ): 감옥

啰唣(luózào): 소란을 피우다

咔唑(kǎzuò): 카르바졸

啊 (ā)(á)(ǎ)(à)(a)
啊 (아)

啊 어조사 아

| 是啊(shìa): 그래요

罟 (gǔ)
罟 (구)

罟 그물 고

罟 こ【あみ】

| 罟客(gǔkè): 어부

唉 (āi)(ài)
唉 (아이)

唉 물을 애, 한탄할 희

| 唉呀(àiyā): 아이고

唧 (jī)
唧 (지)

唧 두근거릴 즉

唧 そ

| 唧咕(jīgu): 중얼거리다

罷 (bà)(ba)
罷 (비)

罷 파할 파

罷 ひ【やめる】

| 罷免(bàmiǎn): 파면하다

崃 (lái)
崃 (라이)

崃 산 이름 래

| 崃山(láishān): 라이산[산 이름]

幬 (chóu)(dào)
幬 (처우)(다오)

幬 휘장 주, 비칠 도

| 幬帳(chóuzhàng): 장막

崂 (láo)
崂 (라오)

崂 산 이름 로

| 崂山(láoshān): 라오산[산 이름]

峨 (é)
峨 (어)

峨 높을 아

峨 が【けわしい】

| 巍峨(wēi'é): 우뚝 솟은 모양

峭 (qiào)
峭 (차오)

峭 가파를 초

峭 しょう

| 峭壁(qiàobì): 절벽

罡 (gāng)
罡 (강)

罡 북두성 강

| 天罡(tiāngāng): 북두성

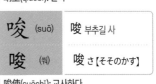

唆 (suō)
唆 (쒀)

唆 부추길 사

唆 さ【そそのかす】

| 唆使(suōshǐ): 교사하다

268

賅 (gāi)
賅 (가이)

賅 갖출 해

| 賅博(gāibó): 해박하다

峰 (fēng)
峰 (펑)

峰 산봉우리 봉
峰 ほう【みね】

| 峰会(fēnghuì): 정상 회담

賄 (huì)
賄 (후이)

賄 재물 회
賄 わい

| 賄通(huìtōng): 재물로 매수하다

觊 (jì)
覬 (지)

覬 바랄 기
覬 き

| 觊觎(jìyú): 노리다

赆 (jìn)
贐 (진)

贐 전별할 신

| 赆行(jìnxíng): 재물을 선물하고 전송하다

峻 (jùn)
峻 (쥔)

峻 높을 준
峻 しゅん

| 峻岭(jùnlǐng): 높고 험한 고개

赂 (lù)
賂 (루)

賂 뇌물 뢰
賂 ろ【まいなう】

| 赂遗(lùwèi): 뇌물을 보내다

峪 (yù)
峪 (위)

峪 산골짜기 욕
峪 よく

| 老峪(lǎoyù): 깊은 산골

钰 (yù)
鈺 (위)

鈺 보배 옥

| [문어] 보배, 보물

圆 (yuán)
圓 (위안)

圓 둥글 원
円 えん

| 圆滑(yuánhuá): 원활하다

赃 (zāng)
贓 (짱)

贓 장물 장
贓 ぞう

| 赃官(zāngguān): 탐관오리

贼 (zéi)
賊 (쩨이)

賊 도둑 적
賊 ぞく

| 贼心(zéixīn): 사악한 생각

| 钵 (bō) | 鉢 바리때 발 |
| 鉢 (보) | 鉢 はつ |

钵头(bōtóu): 사발

| 钱 (qián) | 錢 돈 전 |
| 錢 (치엔) | 錢 せん【ぜに】 |

钱包(qiánbāo): 돈지갑

| 钹 (bó) | 鈸 심벌즈 발 |
| 鈸 (보) | |

吊钹(diàobó): 서스펜션 심벌즈

| 钳 (qián) | 鉗 칼/다물 겸 |
| 鉗 (치엔) | 鉗 けん |

钳台(qiántái): 공작대

| 钴 (gǔ) | 鈷 다리미 고 |
| 鈷 (구) | 鈷 こ |

钴胺素(gǔ'ànsù): 비타민 B

| 钽 (tǎn) | 鉭 탄탈 단 |
| 鉭 (탄) | |

钽丝电灯(tǎnsīdiàndēng): 탄탈룸 램프

| 钾 (jiǎ) | 鉀 갑옷 갑 |
| 鉀 (지아) | |

钾肥(jiǎféi): 칼리 비료

| 钺 (yuè) | 鉞 도끼 월 |
| 鉞 (웨) | 鉞 えつ |

秉钺(bǐngyuè): 병권을 잡다

| 钼 (mù) | 鉬 몰리브덴 목 |
| 鉬 (무) | |

钼钢(mùgāng): 몰리브덴 강

| 钲 (zhēng)(zhèng) | 鉦 징소리 정 |
| 鉦 (정) | 鉦 せい【どら】 |

铜钲(tóngzhēng): 징

| 钷 (pǒ) | 鉕 프로메튬 파 |
| 鉕 (포) | |

프로메튬(Pm, Promethium)

| 钻 (zuān)(zuàn) | 鑽 뚫을 찬 |
| 鑽 (쭈완) | 鑽 さん |

钻戒(zuànjiè): 다이아몬드 반지

铋 (bì) 鉍 (비)	鉍 창자루 필	铈 (shì) 鈰 (스)	鈰 세륨 시

铋磁探头(bìcítàntóu): 소용돌이 비즈머드선

铈土(shìtǔ): 산화 세륨

铂 (bó) 鉑 (보)	鉑 금박 박	铄 (shuò) 鑠 (쒀)	鑠 녹일 삭 鑠 しゃく

铂氯酸(bólǜsuān): 염화백금산

铄铄(shuòshuò): 반짝반짝하는 모양

钿 (diàn) (tián) 鈿 (뗀) (톈)	鈿 비녀 전 鈿 てん	铊 (tā) 鉈 (타)	鉈 탈륨 사 鉈 しゃ

螺钿(luódiàn): 나전

铊成像(tāchéngxiàng): 탈륨 화상 진찰

10획

铃 (líng) 鈴 (링)	鈴 방울 령 鈴 れい【すず】	铁 (tiě) 鐵 (톄)	鐵 쇠 철 鉄 てつ

铃声(língshēng): 방울[벨] 소리

铁公鸡(tiěgōngjī): 구두쇠

铆 (mǎo) 鉚 (마오)	鉚 대갈못 묘	铉 (xuàn) 鉉 (쒸안)	鉉 솥귀고리 현 鉉 げん

铆钉(mǎodīng): 리벳

[주로 인명에 쓰임]

铅 (qiān) (yán) 鉛 (치엔) (옌)	鉛 납 연 鉛 えん【なまり】	铀 (yóu) 鈾 (유)	鈾 우라늄 유

铅笔(qiānbǐ): 연필

铀矿砂(yóukuàngshā): 우라늄 광석

271

氨 (ān)	氨 암모니아 안	铍 (pī)(pí)	鈹 베릴륨 피
氨 (안)		鈹 (피)	
氨基酸(ānjīsuān): 아미노산		氧化铍(yǎnghuàpí): 산화베릴륨	

铎 (duó)	鐸 방울 탁	眚 (shěng)	眚 눈에 백태 낄 생
鐸 (둬)	鐸 たく	眚 (성)	
司铎(sīduó): 신부, 선교사		眚灾(shěngzāi): 과실과 재난	

氦 (hài)	氦 헬륨 해	特 (tè)	特 유다를 특
氦 (하이)		特 (터)	特 とく
氦气(hàiqì): 헬륨가스		特意(tèyì): 특별히	

毪 (mú)	毪 양모 모	氩 (yà)	氬 아르곤 아
毪 (무)		氬 (야)	
毪子(múzi): 티베트산 모직		氩离子激光(yàlízǐjīguāng): 아르곤 레이저	

铌 (ní)	鈮 니오브 니	氧 (yǎng)	氧 산소 양
鈮 (니)		氧 (양)	
铌铁矿(nítiěkuàng): 컬럼브석		氧化(yǎnghuà): 산화	

缺 (quē)	缺 이지러질 결	氤 (yīn)	氤 기운 어릴 인
缺 (췌)	欠 けつ[かく]	氤 (인)	氤 いん
缺货(quēhuò): 품절되다		氤氲(yīnyūn): 자욱하다	

乘 (chéng)(shèng) / 乘 (청)(승)	乘 탈 승 乘 じょう【のる】

乘车(chéngchē): 차를 타다

秤 (chèng) / 秤 (칭)	秤 저울 칭 秤 しょう

秤锤(chèngchuí): 저울추

敌 (dí) / 敵 (디)	敵 원수 적

敌对(díduì): 적대하다

盉 (hé) / 盉 (허)	盉 조미할 화

세 개의 발이 있는 술 데우는 데 사용한 주전자

积 (jī) / 積 (지)	積 쌓을 적, 저축할 자 積 せき【つむ】

积蓄(jīxù): 저축하다

秣 (mò) / 秣 (모)	秣 꼴 말 秣 まつ

秣槽(mòcáo): 구유

舐 (shì) / 舐 (ㅅ)	舐 핥을 지 舐 し【なめる】

舐唇(shìchún): 입술을 핥다

秫 (shú) / 秫 (수)	秫 차조 출

秫米(shúmǐ): 수수쌀

牺 (xī) / 犧 (시)	犧 희생 희, 술그릇 사 犧 ぎ

牺牲(xīshēng): 희생

秧 (yāng) / 秧 (앙)	秧 모양 秧 おう

秧苗(yāngmiáo): 새싹

造 (zào) / 造 (짜오)	造 지을 조 造 ぞう【つくる】

造价(zàojià): 제조비

租 (zū) / 租 (쭈)	租 구실 조 租 そ

租约(zūyuē): 임대차 계약

笔 (bǐ)	筆 붓 필
筆 (비)	筆 ひつ〔ふで〕

| 笔记(bǐjì): 필기

秘 (bì) (mì)	秘 숨길 비
秘 (비) (미)	秘 ひ

| 秘诀(mìjué): 비결

称 (chèn) (chēng)	稱 일컬을 칭
稱 (천) (칭)	称 しょう

| 称赞(chēngzàn): 칭찬(하다)

笏 (hù)	笏 홀 홀
笏 (후)	笏 こつ

| 袍笏(páohù): 조복과 홀

笄 (jī)	笄 비녀 계
笄 (지)	笄 けい

| 笄冠(jīguàn): 어른이 되는 것

笕 (jiǎn)	筧 대홈통 견
筧 (지엔)	筧 けん

| 笕水(jiǎnshuǐ): 홈통으로 끌어 오는 물

笋 (sǔn)	筍 죽순 순
筍 (쑨)	筍 じゅん

| 笋头(sǔntóu): 죽순

透 (tòu)	透 통할 투
透 (터우)	透 とう

| 透彻(tòuchè): 투철하다

笑 (xiào)	笑 웃을 소
笑 (샤오)	笑 しょう〔わらう〕

| 笑柄(xiàobǐng): 웃음거리

笫 (zǐ)	笫 대자리 자
笫 (쯔)	笫

| 床笫(chuángzǐ): 부녀의 처소

笊 (zhào)	笊 조리 조
笊 (자오)	笊 そう

| 笊篱(zhàoli): 조리

秩 (zhì)	秩 차례 질
秩 (즈)	秩 ちつ

| 秩序(zhìxù): 질서

274

俺 (ǎn)	俺 나 암/엄		倾 (qīng)	倾 기울 경
俺 (안)	俺 えん		傾 (칭)	傾 けい【かたむく】

俺家(ǎnjiā): 우리집

倾斜(qīngxié): 경사지다

笆 (bā)	笆 대바자 파		偌 (ruò)	偌 이 약
笆 (바)	笆 は		偌 (뤄)	

笆竹(bāzhú): 가시대나무

偌大(ruòdà): 이렇게 크다

俵 (biào)	俵 나누어 줄 표		倻 (yē)	倻 가야 야
俵 (바오)	俵 ひょう【たわら】		倻 (예)	

俵散(biàosàn): 배분하다

伽倻(jiāyē): 가야

10획

俸 (fèng)	俸 녹 봉		倚 (yǐ)	倚 의지할 의
俸 (펑)	俸 ほう		倚 (이)	倚 い・き

俸禄(fènglù): 봉록

倚赖(yǐlài): 의뢰하다

借 (jiè)	借 빌릴 차		债 (zhài)	債 빚 채
借 (지에)	借 しゃく【かりる】		債 (자이)	債 さい

借鉴(jièjiàn): 참고로 하다

债权(zhàiquán): 채권

倩 (qiàn)	倩 예쁠 천		值 (zhí)	值 값 치
倩 (치엔)	倩 せん		值 (즈)	值 ち【ね・あたい】

倩影(qiànyǐng): 아리따운 모습

值钱(zhíqián): 값어치가 있다

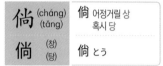

倘 (cháng) (tǎng)
倘 (창) (탕)

倘 어정거릴 상
혹시 당
倘 とう

倘若(tǎngruò): 만약…한다면

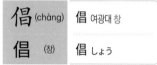

倡 (chàng)
倡 (창)

倡 여광대 창
倡 しょう

倡议(chàngyì): 제안하다

俶 (chù) (tì)
俶 (추) (티)

俶 비롯할숙
俶 しゅく

俶扰(chùrǎo): 소란하다

倒 (dǎo) (dào)
倒 (다오)

倒 넘어질 도
倒 とう【たおれる】

倒霉(dǎoméi): 재수 없다

候 (hòu)
候 (허우)

候 절기 후
候 こう

候补(hòubǔ): 후보

俱 (jū) (jù)
俱 (쥐)

俱 함께/다 구
俱 く

俱备(jùbèi): 완비하다

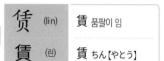

赁 (lìn)
賃 (린)

賃 품팔이 임
賃 ちん【やとう】

赁房(lìnfáng): 집을 세내다

恁 (nèn) (nín)
恁 (년) (님)

恁 생각할 임
恁 じん

恁地(nèndì): 이렇게

俳 (pái)
俳 (파이)

俳 광대 배
俳 はい

俳笑(páixiào): 희소하다

倏 (shū)
倏 (수)

倏 잠깐 숙
倏 しゅく

倏地(shūdì): 재빨리

倭 (wō)
倭 (워)

倭 나라 이름 왜
倭 わ【やまと】

倭寇(wōkòu): 왜구

倬 (zhuō)
倬 (줘)

倬 클 탁
倬 たく

倬然(zhuōrán): 현저하다

倍 (bèi)
倍 (베이)

倍 곱 배
倍 ばい

| 倍增(bèizēng): 배증하다

俾 (bǐ)
俾 (비)

俾 시킬 비
俾 ひ

| 俾得(bǐdé): …할 수 있도록 하다

俯 (fǔ)
俯 (부)

俯 숙일 부
俯 ふ

| 俯瞰(fǔkàn): 내려다보다

倌 (guān)
倌 (관)

倌 낮은 벼슬아치 관

| 店倌(diànguān): 점원

倞 (jìng)
  (liàng)
倞 (징)
  (량)

倞 굳셀 경

| [문어] 탐구하다, 추구하다

隽 (juàn)
  (jùn)
隽 (쥐안)
  (쥔)

隽 살진고기 전
  영특할 준
隽 せん·しゅん

| 隽永(juànyǒng): 의미심장하다

倦 (juàn)
倦 (쥐안)

倦 게으를 권
倦 けん

| 倦怠(juàndài): 권태롭다

倥 (kōng)
  (kǒng)
倥 (쿵)

倥 바쁠 공
倥 こう

| 倥侗(kōngtóng): 무지몽매하다

倪 (ní)
倪 (니)

倪 어린아이 예
倪 げい

| 倪搭(nídā): (우리) 여기

10획

倓 (tán)
倓 (탄)

倓 고요할 담

| 주로 인명에 쓰임

倜 (tì)
倜 (티)

倜 기개있을 척

| 倜然(tìrán): 초연하다

隼 (zǔn)
隼 (쭌)

隼 새매 준
隼 じゅん

| 隼科(sǔnkē): 매과

277

臭 (chòu)(xiù) 臭 냄새 취 / 臭 (쳐우)(슈) 臭 しゅう・きゅう

| 臭氧(chòuyǎng): 오존

 臬 (niè) 臬 과녁 얼 / 臬 (녜)

| 臬限(nièxiàn): 범위

 皋 (gāo) 皋 부르는 소리 고 / 皋 (가오) 皋 こう

| 皋比(gāobǐ): 호피

衄 (nǜ) 衄 코피날 뉵 / 衄 (뉘) 衄 じく

| 沮衄(jǔnù): 기가 꺾이어 패하다

 躬 (gōng) 躬 몸 궁 / 躬 (궁) 躬 きゅう

| 躬身(gōngshēn): 몸을 굽히다

郫 (pí) 郫 고을 이름 비 / 郫 (피)

| 郫县(píxiàn): 피셴[지명]

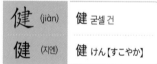 健 (jiàn) 健 굳셀 건 / 健 (지엔) 健 けん【すこやか】

| 健壮(jiànzhuàng): 건장하다

 颀 (qí) 颀 헌걸찰 기 / 颀 (치)

| 颀长(qícháng): 늘씬하다

 倨 (jù) 倨 거만할 거 / 倨 (쥐) 倨 きょ

| 倨傲(jù'ào): 건방지다

射 (shè)(yè) 射 쏠 사, 맞힐 석 / 射 (서)(예) 射 しゃ【いる】

| 射箭(shèjiàn): 활을 쏘다

 倔 (jué)(jué) 倔 고집셀 굴 / 倔 (줴) 倔 くつ

| 倔强(juéjiàng): 고집이 세다

  息 (xī) 息 숨쉴 식 / 息 (시) 息 そく【いき】

| 息怒(xīnù): 성을 가라앉히다

般 (bān) (bō) (pán)	般 돌 반
般 (반)(보)(판)	般 はん【たぐい】

般配(bānpèi): 어울리다

舰 (jiàn)	艦 싸움배 함
艦 (지엔)	艦 かん

舰队(jiànduì): 함대

舨 (bǎn)	舨 배 판
舨 (반)	

舢舨(shānbǎn): 삼판선

徕 (lái) (lài)	徕 올 래
徠 (라이)	徠 らい

徕呆(láidāi): 나쁘다

舱 (cāng)	艙 선창 창
艙 (창)	艙 そう

舱客(cāngkè): 탑승객

徒 (tú)	徒 걸어다닐 도
徒 (투)	徒 と【かち】

徒步(túbù): 도보

10획

瓞 (dié)	瓞 북칠 질
瓞 (예)	

瓜瓞(guādié): 작은 열매

途 (tú)	途 길 도
途 (투)	途 と【みち】

途经(tújīng): …을 경유하다

舫 (fǎng)	舫 방주 방
舫 (팡)	舫 ほう

画舫(huàfǎng): 아름답게 장식한 놀잇배

徐 (xú)	徐 천천할 서
徐 (쉬)	徐 じょ

徐行(xúxíng): 서행(하다)

航 (háng)	航 배 항
航 (항)	航 こう

航天(hángtiān): 우주 비행

殷 (yān) (yīn) (yǐn)	殷 성할 은 검붉은 빛 안
殷 (옌)(인)	殷 いん

殷切(yīnqiè): 간절하다

爱 (ài) 愛 (아이)	愛 사랑할 애 愛 あい	

爱心(àixīn): 사랑하는 마음

豹 (bào) 豹 (바오)	豹 표범 표 豹 ひょう	

豹猫(bàomāo): 살쾡이

豺 (chái) 豺 (차이)	豺 승냥이 시 豺 さい	

豺狼(cháiláng): 승냥이와 이리

鬯 (chàng) 鬯 (창)	鬯 울창주 창 鬯 ちょう	

条鬯(tiáochàng): 유려하고 조리가 있다

爹 (diē) 爹 (뎨)	爹 아비 다	

爹妈(diēmā): 양친

釜 (fǔ) 釜 (무)	釜 가마솥 부 釜 ふ【かま】	

釜底抽薪(fǔdǐchōuxīn): 발본색원하다

鸰 (líng) 鴒 (령)	鸰 할미새 령 鴒 れい	

鹡鸰(jílíng): 할미새

拿 (ná) 拿 (나)	拿 맞당길 나 拿 だ	

拿铁(nátiě): 라테

衾 (qīn) 衾 (친)	衾 이불 금 衾 きん	

衾单(qīndān): 홑옷

耸 (sǒng) 聳 (쏭)	耸 솟을 용 두려워할 송 聳 しょう	

耸立(sǒnglì): 우뚝 솟다

奚 (xī) 奚 (시)	奚 종 해, 어느곳 혜 奚 けい	

奚落(xīluò): 심한 말로 희롱하다

舀 (yǎo) 舀 (야오)	舀 퍼낼 요	

舀水(yǎoshuǐ): 물을 푸다

颁 (bān) 颁 (반)	頒 나눌 반, 머리클 분 / 頒 はん【わける】
颁奖(bānjiǎng): 상(賞)을 주다	

脺 (sà) 脙 (씨)	脺 오사존 살
오사존(osazone)[유기화합물의 하나]	

脆 (cuì) 脆 (추이)	脆 무를 취 / 脆 ぜい【もろい】
脆骨(cuìgǔ): 연골	

颂 (sòng) 頌 (쏭)	頌 기릴 송 / 頌 しょう【ほめる】
颂扬(sòngyáng): 찬미하다	

胴 (dòng) 胴 (둥)	胴 큰창자 동 / 胴 どう
胴体(dòngtǐ): 동체	

翁 (wēng) 翁 (웡)	翁 늙은이 옹 / 翁 おう
翁婿(wēngxù): 장인과 사위	

10획

胱 (guāng) 胱 (광)	胱 오줌통 광 / 胱 こう
胱氨酸(guāng'ānsuān): 시스틴	

胭 (yān) 胭 (옌)	胭 연지 연
胭脂(yānzhi): 연지	

胯 (kuà) 胯 (콰)	胯 사타구니 과 / 胯 こ【また】
胯下(kuàxià): 사타구니 밑	

胰 (yí) 胰 (이)	胰 등심 이
胰腺(yíxiàn): 췌장	

脍 (kuài) 膾 (콰이)	膾 회 회 / 膾 かい【なます】
脍鲤(kuàilǐ): 잉어회를 뜨다	

脂 (zhī) 脂 (즈)	脂 비계 지 / 脂 し【あぶら】
脂肪(zhīfáng): 지방	

胺 (àn) 胺 (안)	胺 아민 안	胺基酸(ànjīsuān): 아미노산

胺基酸(ànjīsuān): 아미노산

膿 (nóng) 膿 (농)	膿 고름 농 膿 のう

膿疮(nóngchuāng): 농창

胳 (gā)(gē)(gé) 胳 (가)(거)	胳 겨드랑이 각

胳膊(gēbo): 팔

胼 (pián) 胼 (피엔)	胼 살갗틀 변 胼 へん

胼胝(piánzhī): 굳은살

胲 (hǎi) 胲 (하이)	胲 엄지발가락 해

히드록실아민(hydroxylamine)

脐 (qí) 臍 (치)	臍 배꼽 제 臍 せい【へそ】

脐带(qídài): 탯줄

胶 (jiāo) 膠 (쟈오)	膠 갖풀 교 膠 こう

胶囊(jiāonáng): 캡슐

胸 (xiōng) 胸 (슝)	胸 가슴 흉 胸 きょう【むね】

胸襟(xiōngjīn): 흉금

脒 (mǐ) 脒 (미)	脒 아미딘 미

脒基(mǐjī): 아미디노

脏 (zāng)(zàng) 臟 (짱)	臟 오장 장 臟 ぞう

脏乱(zāngluàn): 너저분하고 더럽다

脑 (nǎo) 腦 (나오)	腦 머리골 뇌 腦 のう

脑力(nǎolì): 사고력

朕 (zhèn) 朕 (전)	朕 나 짐 朕 ちん

朕兆(zhènzhào): 조짐

狴 (bì) 狴 (비)	狴 짐승 이름 폐

| 狴犴(bì'àn): 감옥

鸱 (chī) 鴟 (츠)	鴟 소리개 치 鴟 し [とび]

| 鸱鸺(chīxiū): 부엉이

魛 (dāo) 魛 (다오)	魛 웅어 도

| [갈치나 웅어 따위의 물고기]

逛 (guàng) 逛 (광)	逛 노닐 광

| 逛荡(guàngdang): 어슬렁거리다

狷 (juàn) 狷 (쥐안)	狷 성급할 견 狷 けん

| 狷急(juànjí): 성급하다

狸 (lí) 狸 (리)	狸 너구리 리 狸 り [たぬき]

| 狸猫(límāo): 살쾡이

猁 (lì) 猁 (리)	猁 짐승 이름 리

| 猞猁(shēlì): 스라소니

鸲 (qú) 鴝 (취)	鴝 구관조 구

| 鸲鹆(qúyù): 구관조

玺 (xǐ) 璽 (시)	璽 인장 새 璽 じ

| 玉玺(yùxǐ): 군주의 도장

10획

猃 (xiǎn) 獫 (겐)	獫 개 험/렴

| [문어] 주둥이가 긴 개

狺 (yín) 狺 (인)	狺 으르렁거릴 은

| 狺狺(yínyín): 멍멍

狳 (yú) 狳 (위)	狳 짐승 이름 여

| 犰狳(qiúyú): 아르마딜로

| 逢 (féng) | 逢 만날 봉 |
| 逢 (펑) | 逢 ほう【あう】 |

| 逢迎(féngyíng): 접대하다

| 狻 (suān) | 狻 사자 산 |
| 狻 (쏸) | |

| 狻猊(suānní): 산예

| 桀 (jié) | 桀 홰 걸 |
| 桀 (지에) | 桀 けつ |

| 桀骜(jié'ào): 포악하고 오만하다

| 逖 (tì) | 逖 멀 적 |
| 逖 (티) | 逖 てき |

| 逖逖(tìtì): 이익에 연연해하는 모양

| 狼 (láng) | 狼 이리 랑 |
| 狼 (랑) | 狼 ろう【おおかみ】 |

| 狼狈(lángbèi): 궁지에 빠져 있다

| 鸵 (tuó) | 鸵 타조 타 |
| 鴕 (퉈) | 鴕 だ |

| 鸵鸟(tuóniǎo): 타조

| 留 (liú) | 留 머무를 류 |
| 留 (류) | 留 りゅう·る |

| 留言(liúyán): 말을 남기다

| 眢 (yuān) | 眢 눈멀 완 |
| 眢 (위안) | |

| 眢井(yuānjǐng): 폐정

| 裊 (niǎo) | 裊 간드러질 뇨 |
| 裊 (냐오) | |

| 裊绕(niǎorào): (소리가) 길고 가늘다

| 鸳 (yuān) | 鴛 원앙 원 |
| 鴛 (위안) | 鴛 えん |

| 鸳侣(yuānlǚ): 부부

| 卿 (qīng) | 卿 벼슬 경 |
| 卿 (칭) | 卿 きょう |

| 卿云(qīngyún): 상서로운 구름

| 皱 (zhòu) | 皺 주름 추 |
| 皺 (저우) | 皺 しゅう |

| 皱眉(zhòuméi): 눈살을 찌푸리다

饽 (bō) 饽 (보)	餑 떡발
饽饽(bōbo): 과자류	

饿 (è) 餓 (어)	餓 주릴 아 餓 が
饿倒(èdǎo): 굶주려서 쓰러지다	

浆 (jiāng)(jiàng) 漿 (지앙)	漿 미음 장 漿 しょう
浆料(jiāngliào): 펄프	

桨 (jiǎng) 槳 (지앙)	槳 노 장
桨手(jiǎngshǒu): 노젓는 사람	

恋 (liàn) 戀 (렌)	戀 그리워할 련 恋 れん【こい】
恋慕(liànmù): 연모(하다)	

凌 (líng) 凌 (링)	凌 얼음 릉 凌 りょう
凌辱(língrǔ): 모욕하다	

栾 (luán) 欒 (롼)	欒 모감주나무 란 欒 らん
栾树(luánshù): 모감주나무	

挛 (luán) 攣 (롼)	攣 걸릴 련 攣 れん【つながる】
挛缩(luánsuō): 경련이 나서 오그라들다	

馁 (něi) 餒 (네이)	餒 주릴 뇌 餒 だい
馁怯(něiqiè): 두렵다	

10획

凄 (qī) 凄 (치)	凄 찰 처 凄 せい
凄惨(qīcǎn): 처참하다	

凇 (sōng) 凇 (쑹)	凇 상고대 송
雾凇(wùsōng): 상고대	

馀 (yú) 餘 (위)	餘 나머지 여 餘 よ
馀年(yúnián): 만년	

285

毫 (bó) / 毫 (보)

毫 땅 이름 박
毫 はく

| 毫州(bózhōu): 보저우[지명]

勍 (qíng) / 勍 (칭)

勍 셀 경

| 勍敵(qíngdí): 강적

衰 (cuī) (shuāi) / 衰 (추이) (쇠이)

衰 쇠할 쇠, 도롱이 사
衰 すい【おとろえる】

| 衰竭(shuāijié): 기력이 쇠약해지다

席 (xí) / 席 (시)

席 자리 석
席 せき

| 席位(xíwèi): 좌석

疳 (gān) / 疳 (간)

疳 감질 감
疳 かん

| 疳积(gānjī): 감병

座 (zuò) / 座 (쭤)

座 자리 좌
座 ざ【すわる】

| 座谈(zuòtán): 간담하다

高 (gāo) / 高 (가오)

高 높을 고
高 こう【たかい】

| 高尚(gāoshàng): 고상하다

症 (zhēng) (zhèng) / 症 (정)

症 증세 증
症 しょう

| 症状(zhèngzhuàng): 증상

郭 (guō) / 郭 (궈)

郭 발재 곽
郭 かく【くるわ】

| 郭公(guōgōng): 꼭두각시

衷 (zhōng) / 衷 (중)

衷 속옷 충
衷 ちゅう

| 衷诚(zhōngchéng): 충성

脊 (jǐ) / 脊 (지)

脊 등골뼈 척
脊 せき

| 脊骨(jǐgǔ): 척추골

准/準 (zhǔn) / 准/準 (준)

准/準 수준/준할 준
准/準 じゅん

| 准许(zhǔnxǔ): 허가

286

病 (bìng)	病 병병
病 (빙)	病 びょう

病危(bìngwēi): 위독하다

疸 (da)(dǎn)	疸 달병 달
疸 (다)(단)	疸 たん

黄疸(huángdǎn): 황달

疾 (jí)	疾 병질
疾 (지)	疾 しつ

疾患(jíhuàn): 질환

疽 (jū)	疽 악창 저
疽 (저)	疽 そ

乳疽(rǔjū): 유방 내에 생기는 농양

疴 (kē)	疴 병 아
疴 (커)	

养疴(yǎngkē): 요양하다

疱 (pào)	疱 물집 포
疱 (파오)	疱 ほう

疱疮(pàochuāng): 천연두

疼 (téng)	疼 아플 동
疼 (텅)	疼 とう

疼惜(téngxī): 애석히 여기다

癰 (yōng)	癰 악창 옹
癰 (옹)	

痈疽(yōngjū): 독창

痄 (zhà)	痄 병 중할 자
痄 (자)	

痄腮(zhàsai): 항아리 손님

斋 (zhāi)	齋 방 재
齋 (자이)	斎 せい

斋月(zhāiyuè): 라마단

疹 (zhěn)	疹 홍역 진
疹 (전)	疹 しん

麻疹(mázhěn): 홍역

疰 (zhù)	疰 염병 주
疰 (주)	

疰夏(zhùxià): 주하증, 더위먹음

10획

287

瓷 (cí)	瓷	오지그릇 자
瓷 (츠)	瓷	じ

| 瓷砖(cízhuān): 타일

离 (lí)	離	떠날 리
離 (리)	離	り【はなれる】

| 离开(líkāi): 떠나다

凋 (diāo)	凋	시들 조
凋 (댜오)	凋	ちょう

| 凋零(diāolíng): 시들어 떨어지다

疲 (pí)	疲	고달플 피
疲 (피)	疲	ひ【つかれる】

| 疲弱(píruò): 허약하다

衮 (gǔn)	衮	곤룡포 곤
衮 (군)	衮	こん

| 衮服(gǔnfú): 곤룡포

唐 (táng)	唐	황당할 당
唐 (탕)	唐	とう【から】

| 唐突(tángtū): 당돌하다

颃 (háng)	頏	새 날아 내릴 항
頏 (항)	頏	こう

| 颉颃(xiéháng): 새가 오르내리며 날다

紊 (wěn)	紊	어지러울 문
紊 (원)	紊	ぶん

| 紊乱(wěnluàn): 문란하다

痂 (jiā)	痂	딱지 가
痂 (지아)	痂	か

| 结痂(jiéjiā): 딱지가 앉다

效 (xiào)	效	본받을 효
效 (샤오)	効	こう

| 效仿(xiàofǎng): 흉내내다

痉 (jìng)	痙	심줄당길 경
痙 (징)	痙	けい

| 痉挛(jìngluán): 경련

痃 (xuán)	痃	가래톳 현
痃 (쉬안)	痃	けん·げん

| 横痃(héngxuán): 가래톳

288

部 (bù)	部 거느릴 부
部 (부)	部 ぶ

部署(bùshǔ): 배치

竞 (jìng)	競 다툴 경
競 (경)	競 きょう·けい

竞拍(jìngpāi): 경매하다

凉 (liáng) (liàng)	涼 서늘할 량
涼 (량)	涼 りょう【すずしい】

凉爽(liángshuǎng): 시원하고 상쾌하다

旅 (lǚ)	旅 나그네 려
旅 (려)	旅 りょ【たび】

旅客(lǚkè): 여객

旄 (máo)	旄 깃대 장식 모
旄 (마오)	旄 ぼう

英旄(yīngmáo): 뛰어난 젊은이

旁 (páng)	旁 곁 방, 달릴 팽
旁 (팽)	旁 ぼう

旁门(pángmén): 정문 이외의 작은 문

斾 (pèi)	斾 기 패
斾 (페이)	斾 はい

征斾(zhēngpèi): 옛날, 고위 관리가 길을 떠날 때 세운 깃발

剖 (pōu)	剖 가를 부
剖 (퍼우)	剖 ぼう

剖腹(pōufù): 배를 가르다

资 (zī)	資 재물 자
資 (쯔)	資 し

资助(zīzhù): 재물로 돕다

10획

恣 (zì)	恣 방자할 자
恣 (쯔)	恣 し

恣暴(zìbào): 방자하고 횡포하다

旃 (zhān)	旃 기 전
旃 (잔)	旃 せん

旃檀(zhāntán): 단향목

站 (zhàn)	站 우두커니 설 참
站 (잔)	站 たん【えき】

站稳(zhànwěn): 똑바로 서다

畜产(xùchǎn): 축산

羔羊(gāoyáng): 새끼 양

抓阄(zhuājiū): 제비 뽑다

棬儿(juànr): 쇠코뚜레

阃令(kǔnlìng): 아내의 명령

阆苑(làngyuàn): 선경

敉平(mǐpíng): 평정하다

瓶颈(píngjǐng): 병목

拳击(quánjī): quánjī

羞愧(xiūkuì): 부끄러워하다

恙虫(yàngchóng): 털진드기

阅览(yuèlǎn): 열람하다

粑 (bā)	粑 구운음식 파
粑 (바)	

粑粑(bābā): 떡

邯 (dān)	邯 조나라서울 단
邯 (단)	邯 たん

邯城(dānchéng): 단청[지명]

烦 (fán)	煩 번거로울 번
烦 (판)	煩 はん【わずらう】

烦躁(fánzào): 초조하다

粉 (fěn)	粉 가루 분
粉 (판)	粉 ふん【こな】

粉刷(fěnshuā): 석회를 칠하다

烘 (hōng)	烘 땔 홍
烘 (홍)	

烘烤(hōngkǎo): 불에 굽다

兼 (jiān)	兼 겸할 겸
兼 (지엔)	兼 けん【かねる】

兼备(jiānbèi): 겸비하다

烤 (kǎo)	烤 구울 고
烤 (카오)	

烤鸭(kǎoyā): 오리 구이

料 (liào)	料 헤아릴 료/요
料 (랴오)	料 りょう

料想(liàoxiǎng): 예상하다

烧 (shāo)	燒 불사를 소
烧 (사오)	焼 しょう【やく】

烧伤(shāoshāng): 화상

朔 (shuò)	朔 초하루 삭
朔 (쉬)	朔 さく

朔日(shuòrì): 음력 초하루

烜 (xuǎn)	烜 빛날 훤
烜 (쉬안)	

烜赫(xuǎnhè): 명성이 자자하다

益 (yì)	益 더할 익
益 (이)	益 えき・やく

益力多(yìlìduō): 야쿠르트

| 递 (dì) | 遞 갈마들 체, 두를 대 |
| 递 (디) | 遞 てい |

| 递减(dìjiǎn): 점차 줄다

| 烩 (huì) | 燴 삶을 회 |
| 燴 (후이) | |

| 烩饭(huìfàn): 후이판

| 烬 (jìn) | 燼 탄 나머지 신 |
| 燼 (진) | 燼 じん |

| 烬余(jìnyú): 타다 남은 것

| 烙 (lào) (luò) | 烙 지질 락 |
| 烙 (라오) (뤄) | 烙 らく |

| 烙平(làopíng): 구김살을 펴다

| 剡 (shàn) (yǎn) | 剡 날카로울 염 땅 이름 섬 |
| 剡 (산) (옌) | |

| 剡棘(yǎnjí): 날카로운 가시

| 郯 (tán) | 郯 나라 이름 담 |
| 郯 (탄) | |

| 郯城(tánchéng): 탄청[지명]

| 涛 (tāo) | 濤 물결 도 |
| 濤 (타오) | 濤 とう【なみ】 |

| 波涛(bōtāo): 파도

| 烟 (yān) (yīn) | 煙 연기 연 |
| 煙 (옌) (인) | 煙 えん【けむり】 |

| 烟囱(yāncōng): 굴뚝

| 烊 (yáng) (yàng) | 烊 구울 양 |
| 烊 (양) | |

| 烊铜(yángtóng): 구리를 녹이다

| 烨 (yè) | 燁 빛날 엽 |
| 燁 (예) | |

| 任烨(rènyè): 런예[지명]

| 浙 (zhè) | 浙 물 이름 절 |
| 浙 (저) | 浙 せつ |

| 浙江(zhèjiāng): 저장[지명]

| 烛 (zhú) | 燭 초 촉 |
| 燭 (주) | 燭 しょく |

| 烛台(zhútái): 촛대

292

浡 (bó)	浡 일어날 발
浡 (보)	

[문어] 왕성하게 일어나다, 흥기(興起)하다

浦 (pǔ)	浦 개 포
浦 (푸)	浦 ほ

浦项(pǔxiàng): 포항[지명]

酒 (jiǔ)	酒 술 주
酒 (지유)	酒 しゅ【さけ】

酒窝(jiǔwō): 보조개

涑 (sù)	涑 물 이름 속
涑 (수)	

涑水(sùshuǐ): 수수이[산시성에 있는 강 이름]

涞 (lái)	涞 강 이름 래
涞 (라이)	

涞水(láishuǐ): 라이수이[지명]

娑 (suō)	娑 춤출 사
娑 (쒀)	娑 しゃ

娑发(suōfa): 소파

涝 (lào)	涝 큰 물결 로
涝 (라오)	

涝害(làohài): 수해

涉 (shè)	涉 건널 섭
涉 (서)	涉 しょう

涉嫌(shèxián): 혐의를 받다

涟 (lián)	涟 잔물결 련
涟 (롄)	涟 れん

涟漪(liányī): 잔잔한 물결

浯 (wú)	浯 물 이름 오
浯 (우)	

浯江(wújiāng): 우장[하천 이름]

涅 (niè)	涅 개흙 녈/날
涅 (녜)	涅 ね·でつ

涅槃(nièpán): 열반

消 (xiāo)	消 사라질 소
消 (샤오)	消 しょう【きえる】

消耗(xiāohào): 소모하다

浜 (bāng)	浜 선거 병
浜 (병)	浜 ひん【はま】

| 河浜(hébāng): 자그마한 내

涔 (cén)	涔 괸물 잠
涔 (천)	

| 涔涔(céncén): 비가 많이 내리는 모양

涡 (guō)(wō)	渦 소용돌이 와
渦 (궈)(워)	渦 か【うず】

| 涡轮(wōlún): 터빈

海 (hǎi)	海 바다 해
海 (하이)	海 かい【うみ】

| 海关(hǎiguān): 세관

浩 (hào)	浩 넓을 호
浩 (하오)	浩 こう【おおい】

| 浩大(hàodà): 대단히 크다

涓 (juān)	涓 물방울 연
涓 (쥐안)	涓 けん

| 涓涓(juānjuān): 물이 졸졸 흐르는 모양

涂 (tú)	塗 진흙 도
塗 (투)	塗 と【ぬる】

| 涂装(túzhuāng): 도색

潍 (wéi)	潿 땅 이름 위
潿 (웨이)	

| 潍洲(wéizhōu): 웨이저우[지명]

浠 (xī)	浠 물 이름 희
浠 (시)	

| 浠水(xīshuǐ): 시수이[하천 이름]

浥 (yì)	浥 젖을 읍
浥 (이)	

| [문어] 담그다, 적시다

涢 (yún)	溳 물 이름 운
溳 (원)	

| 涢水(yúnshuǐ): 윈수이[지명]

浞 (zhuó)	浞 젖을 착
浞 (줘)	

| 인명, 지명에 쓰임

滌 (dí)	滌 닦을 척
滌 (디)	滌 てき

滌除(díchú): 씻어 버리다

浮 (fú)	浮 뜰 부
浮 (푸)	浮 ふ【うかぶ】

浮夸(fúkuā): 과장하다

涣 (huàn)	涣 흩어질 환
涣 (환)	涣 かん

涣散(huànsàn): 풀어지다

浣 (huàn)	浣 빨 완
浣 (환)	浣 かん

浣涤(huàndí): 세척하다

涧 (jiàn)	涧 산골물 간
涧 (지엔)	涧 かん

涧水(jiànshuǐ): 산골물

浸 (jìn)	浸 잠글 침
浸 (진)	浸 しん【ひたす】

浸没(jìnmò): 수몰하다

浪 (làng)	浪 물결 랑
浪 (랑)	浪 ろう

浪漫(làngmàn): 낭만적이다

流 (liú)	流 흐를 류
流 (류)	流 りゅう【ながれる】

流浪(liúlàng): 유랑하다

浼 (měi)	浼 더럽힐 매
浼 (메이)	

浼污(měiwū): 오염되다

润 (rùn)	潤 젖을 윤
潤 (룬)	潤 じゅん

润泽(rùnzé): 윤기 있다

涕 (tì)	涕 눈물 체
涕 (티)	涕 てい

涕泣(tìqì): 흐느껴 울다

浴 (yù)	浴 미역감을 욕
浴 (위)	浴 よく【あびる】

浴缸(yùgāng): 욕조

悖 (bèi) 悖 (베이)	悖 어지러울 패 悖 はい
悖叛(bèipàn): 반역하다	

涌 (chōng) (yǒng) 涌 (충) (용)	涌 솟아날 용 涌 よう【わく】
涌出(yǒngchū): 솟아나다	

悍 (hàn) 悍 (한)	悍 사나울 한 悍 かん
悍妇(hànfù): 사나운 여자	

浚 (jùn) (xùn) 浚 (쥔) (쉰)	浚 깊을 준 浚 しゅん
浚哲(jùnzhé): 준철하다	

悭 (qiān) 悭 (치엔)	悭 아낄 간 悭 けん【おしむ】
悭吝(qiānlìn): 인색하다	

悄 (qiāo) (qiāo) 悄 (챠오)	悄 고요할 초 悄 しょう【うれえる】
悄悄(qiāoqiāo): 조용하다	

涩 (sè) 涩 (써)	涩 껄끄러울 삽 涩 じゅう【しぶい】
涩呐(sènè): 말주변이 없다	

涘 (sì) 涘 (쓰)	涘 물가 사
涯涘(yásì): 물가	

悚 (sóng) (sóng) 悚 (쏭)	悚 두려워할 송 悚 しょう
悚惧(sǒngjù): 무서워하다	

烫 (tàng) 烫 (탕)	烫 데울 탕
烫头(tàngtóu): 머리를 파마하다	

悟 (wù) 悟 (우)	悟 깨달을 오 悟 ご【さとる】
悟彻(wùchè): 철저히 깨닫다	

涨 (zhǎng) (zhàng) 涨 (쟝)	涨 불을 창 涨 ちょう【みなぎる】
涨价(zhǎngjià): 값이 오르다	

宸 (chén) 宸 (신)	宸 집 신 宸 しん	

宸断(chénduàn): 천자의 재결

害 (hài) (hé) 害 (하이) (허)	害 해칠 해 害 がい	

害羞(hàixiū): 부끄러워하다

悔 (huǐ) 悔 (후이)	悔 뉘우칠 회 悔 かい【くやむ】	

悔约(huǐyuē): 약속을 어기다

宽 (kuān) 寬 (관)	寬 너그러울 관 寬 かん	

宽裕(kuānyù): 여유롭다

悝 (kuī) (lǐ) 悝 (쿠이) (리)	悝 농할 회, 근심할 리	

인명에 쓰이는 글자

悃 (kǔn) 悃 (곤)	悃 정성 곤 悃 こん	

悃望(kǔnwàng): 간절히 바라다

悢 (liàng) 悢 (량)	悢 슬퍼할 량	

悢然(liàngrán): 슬퍼하는 모양

憫 (mǐn) 憫 (민)	憫 불쌍히 여길 민 憫 びん	

憫惻(mǐncè): 가련하다

悛 (quān) 悛 (취안)	悛 고칠 전 悛 しゅん	

悛改(quāngǎi): 개전하다

悌 (tì) 悌 (티)	悌 화락할 제 悌 てい	

恺悌(kǎitì): 부드럽다

悒 (yì) 悒 (이)	悒 뜰 읍 悒 ゆう	

悒郁(yìyù): 고민하다

悦 (yuè) 悦 (웨)	悦 기뻐할 열 悦 えつ	

悦口(yuèkǒu): 맛이 좋다

案 (àn)	案 책상 안	
案 (안)	案 あん	

案底(àndǐ): 전과

宵 (xiāo)	宵 밤 소	
宵 (샤오)	宵 しょう	

宵夜(xiāoyè): 밤참

宾 (bīn)	賓 손 빈	
賓 (빈)	賓 ひん	

宾馆(bīnguǎn): 영빈관

宴 (yàn)	宴 잔치 연	
宴 (옌)	宴 えん	

宴饮(yànyǐn): 연회를 베풀다

家 (jiā)(jia)	家 집 가	
家 (지아)	家 か【いえ】	

家乡(jiāxiāng): 고향

宭 (yǎo)	宭 멀리 바라볼 요	
宭 (야오)		

宭冥(yǎomíng): 깊숙하고 컴컴하다

窍 (qiào)	竅 구멍 규	
竅 (챠오)	竅 きょう	

窍诀(qiàojué): 비결

窈 (yǎo)	窈 그윽할 요	
窈 (야오)	窈 ちょう·よう	

窈窕(yǎotiǎo): 요조하다

容 (róng)	容 받아들일 용	
容 (룽)	容 よう	

容许(róngxǔ): 허용하다

宰 (zǎi)	宰 주관할 재	
宰 (짜이)	宰 さい	

宰客(zǎikè): 바가지를 씌우다

剜 (wān)	剜 깎을 완	
剜 (완)		

剜削(wānxiāo): 도려내다

窄 (zhǎi)	窄 좁을 착	
窄 (자이)	窄 さく	

宽窄(kuānzhǎi): 크기, 폭

298

| 读 (dòu)(dú) 讀 (더우)(두) | 讀 읽을 독 |
| | 読 どく・とう【よむ】 |

读物(dúwù): 도서

| 诽 (fěi) 誹 (페이) | 誹 헐뜯을 비 |
| | 誹 ひ【そしる】 |

诽谤(fěibàng): 비방하다

| 朗 (lǎng) 朗 (랑) | 朗 밝을 랑 |
| | 朗 ろう【ほがらか】 |

朗诵(lǎngsòng): 낭송하다

| 诺 (nuò) 諾 (눠) | 諾 대답할 낙 |
| | 諾 だく |

诺言(nuòyán): 승낙의 말

| 请 (qǐng) 請 (칭) | 請 청할 청 |
| | 請 せい【こう】 |

请帖(qǐngtiě): 초대장

| 祛 (qū) 祛 (취) | 祛 떨어 없앨 거 |
| | |

祛除(qūchú): 제거하다

| 扇 (shān)(shàn) 扇 (산) | 扇 문짝 선 |
| | 扇 せん【おうぎ】 |

扇动(shāndòng): 선동하다

| 袜 (wà) 襪 (와) | 襪 버선 말 |
| | 襪 ばつ |

袜子(wàzi): 양말

| 诹 (zōu) 諏 (쩌우) | 諏 물을 추 |
| | 諏 しゅ・す【はかる】 |

诹访(zōufǎng): 물어서 의논하다

| 冢 (zhǒng) 冢 (중) | 塚 무덤 총 |
| | 塚 つか |

冢地(zhǒngdì): 묘지

| 诸 (zhū) 諸 (주) | 諸 모든/어조사 제 |
| | 諸 しょ |

诸如(zhūrú): 예컨대 …따위

| 诼 (zhuó) 諑 (줘) | 諑 헐뜯을 착 |
| | |

谣诼(yáozhuó): 중상

被 (bèi)(pī) 被 이불 피
被 (베이)(피) 被 ひ

| 被迫(bèipò): 강요당하다

袒 (tǎn) 袒 웃통벗을 단
袒 (탄) 袒 たん

| 袒膊(tǎnbó): 웃통을 벗다

襏 (bó) 襏 도롱이 발
襏 (보)

| 옛날의 비옷

挑 (tiāo) 挑 조묘 조
挑 (타오)

| 挑庙(tiāomiào): 조묘

课 (kè) 課 시험할 과
課 (커) 課 か

| 课本(kèběn): 교과서

祥 (xiáng) 祥 복상
祥 (샹) 祥 しょう

| 祥兆(xiángzhào): 길조

冥 (míng) 冥 어두울 명
冥 (밍) 冥 めい

| 冥福(míngfú): 명복

袖 (xiù) 袖 소매 수
袖 (슈) 袖 しゅう【そで】

| 袖珍(xiùzhēn): 소형의

袢 (pàn) 袢 차려입을 반
袢 (판) 袢 はん

| 纽袢(niǔpàn): 단추고리[중국옷]

禛 (zhēn) 禛 상서 정
禛 (전) 禛 てい

| 禛祥(zhēnxiáng): 길고 상서롭다

袍 (páo) 袍 솜옷 포
袍 (파오) 袍 ほう【ぬのこ】

| 袍泽(páozé): 동료

袗 (zhěn) 袗 홑옷 진
袗 (전) 袗 しん【ひとえ】

| 袗衣(zhěnyī): 화려하게 수를 놓은 옷

谄 (chǎn)	諂 아첨할 첨
諂 (찬)	諂 てん

| 谄媚(chǎnmèi): 아첨하다

调 (diào)(tiáo)	調 고를 조, 아첨 주
調 (댜오)(탸오)	調 ちょう·ちゅう

| 调料(tiáoliào): 조미료

谅 (liáng)(liàng)	諒 어질 량
諒 (량)	諒 りょう

| 谅情(liàngqíng): 사정을 참작하다

谇 (suì)	誶 욕할 수
誶 (쑤이)	

| 谇语(suìyǔ): 꾸짖다

谁 (shéi)(shuí)	誰 누구 수
誰 (세이)(수이)	誰 すい [だれ]

| 谁知(shéizhī): (…을) 누가 알겠는가

谂 (shěn)	諗 간할 심
諗 (선)	

| 谂熟(shěnshú): 익숙하다

谈 (tán)	談 이야기 담
談 (탄)	談 だん

| 谈判(tánpàn): 담판

诿 (wěi)	諉 번거롭게 할 위
諉 (웨이)	

| 诿罪(wěizuì): 죄를 남에게 돌리다

谊 (yì)	誼 옳을 의
誼 (이)	誼 ぎ

| 情谊(qíngyì): 우정

谀 (yú)	諛 아첨할 유
諛 (위)	諛 ゆ [へつらう]

| 谀辞(yúcí): 아첨하는 말

冤 (yuān)	冤 원통할 원
冤 (위안)	冤 えん

| 冤家(yuānjiā): 원수

谆 (zhūn)	諄 도울 순
諄 (준)	諄 じゅん

| 谆切(zhūnqiè): 말하는 것이 간절하다

剥夺(bōduó): 박탈하다

屙屎(ē shǐ): 대소변을 보다

屐履(jīlǚ): 신발

剧增(jùzēng): 폭증하다

恳谈(kěntán): 간담하다

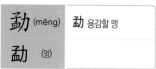

勐河(měnghé): 멍허[하천 이름]

弱(ruò) 弱 약할 약
弱(뤄) 弱 じゃく【よわい】

弱小(ruòxiǎo): 약소하다

屑尘(xièchén): 아주 작은 티끌

粗奘(cūzhuǎng): 크고 굵다

陬隅(zōuyú): 구석

陵园(língyuán): 공원묘지

展望(zhǎnwàng): 전망하다

302

蚩 (chī)	蚩 얕볼 치
蚩 (츠)	蚩 し

| 蚩拙(chīzhuō): 어리석다

陲 (chuí)	陲 변방 수
陲 (추이)	陲 すい

| 边陲(biānchuí): 변경

姬 (jī)	姬 아씨 희
姬 (지)	姬 き【ひめ】

| 姬妾(jīqiè): (제왕이나 제후의) 첩

娌 (lǐ)	娌 동서 리
娌 (리)	

| 妯娌(zhóuli): 동서

陪 (péi)	陪 모실 배
陪 (페이)	陪 ばい

| 陪罪(péizuì): 사죄하다

陴 (pí)	陴 성가퀴 비
陴 (피)	

| 城陴(chéngpí): 성곽

祟 (suì)	祟 빌미 수
祟 (쑤이)	祟 すい【たたる】

| 祟惑(suìhuò): 꼬임에 빠지다

娠 (shēn)	娠 애 밸 신
娠 (선)	娠 しん

| 妊娠(rènshēn): 임신(하다)

陶 (táo)(yáo)	陶 질그릇 도 / 사람 이름 요
陶 (타오)(야오)	陶 とう

| 陶醉(táozuì): 도취하다

陷 (xiàn)	陷 빠질 함
陷 (센)	陷 かん【おちいる】

| 陷阱(xiànjǐng): 함정

娱 (yú)	娱 즐거워할 오
娱 (위)	娱 ご

| 娱乐(yúlè): 오락

牂 (zāng)	牂 암양 장
牂 (짱)	

| 牂牂(zāngzāng): 초목이 무성한 모양

303

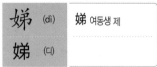

娣 (dì)
娣 (디)
娣 여동생 제

| 娣姒(dìsì): 손아래 동서와 손위 동서

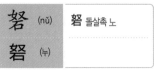

砮 (nǔ)
砮 (누)
砮 돌살촉 노

| [문어] 화살촉을 만드는 돌

婀 (ē)
婀 (어)
婀 아리따울 아
婀 ぁ

| 婀娜(ēnuó): 유연하고 아름다운 모양

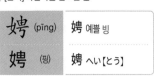

娉 (pīng)
娉 (핑)
娉 예쁠 빙
娉 へい【とう】

| 娉婷(pīngtíng): 자태가 아름답다

娥 (é)
娥 (어)
娥 예쁠 아
娥 が

| 娥妆(ézhuāng): 아름다운 몸단장

恕 (shù)
恕 (수)
恕 용서할 서
恕 じょ

| 恕宥(shùyòu): 용서하다

娟 (juān)
娟 (쥐안)
娟 이쁠 연
娟 けん·えん

| 娟丽(juānlì): 수려하다

娲 (wā)
娲 (와)
娲 여신 과/와

| 女娲(nǚwā): 여와씨

娩 (miǎn)(wǎn)
娩 (미엔)(완)
娩 해산할 만
娩 べん

| 娩出(miǎnchū): 몸을 풀다

娓 (wěi)
娓 (웨이)
娓 정황할 미

| 娓娓(wěiwěi): 감칠맛이 있다

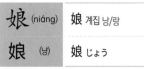

娘 (niáng)
娘 (냥)
娘 계집 낭/랑
娘 じょう

| 娘家(niángjia): 친정

嫻 (xián)
嫻 (셴)
嫻 우아할 한
嫻 かん

| 嫻淑(xiánshū): 고상하고 선량하다

畚 (běn)
畚 삼태기 분

畚 (번)
畚 ほん

| 畚箕(běnjī): 쓰레받기

劅 (duō)
劅 깎을 철

劅 (둬)

| 刺劅(cìduō): 찌르다

哿 (gě)
哿 좋을 가

哿 (거)

| [문어] 괜찮다, 좋다

绠 (gěng)
綆 두레박 줄 경

綆 (경)

| 汲绠(jígěng): 두레박줄

骊 (lí)
驪 가라말 려

驪 (리)
驪 り・れい

| 骊歌(lígē): 이별가

难 (nán)
(nàn)
(nuó)
難 어려울 난

難 (난)
(눠)
難 なん【むずかしい】

| 难受(nánshòu): 괴롭다

能 (néng)
能 재능 능

能 (넝)
能 のう

| 能量(néngliàng): 에너지

逡 (qūn)
逡 뒷걸음질 칠 준

逡 (췬)
逡 しゅん

| 逡巡(qūnxún): 머뭇거리다

桑 (sāng)
桑 뽕나무 상

桑 (쌍)
桑 そう【くわ】

| 桑葚(sāngshèn): 뽕나무의 열매

10획

通 (tōng)
(tòng)
通 통할 통

通 (퉁)
通 つう・つ【とおる】

| 通俗(tōngsú): 통속적이다

绡 (xiāo)
綃 생사 초/소

綃 (샤오)

| 绡帐(xiāozhàng): 생초 휘장

预 (yù)
預 미리 예

預 (위)
預 よ【あずける】

| 预订(yùdìng): 예약하다

305

骋 (chěng)	騁 달릴 빙
騁 (청)	騁 へい

骋志(chěngzhì): 뜻을 펴다

绦 (tāo)	縧 끈 조
縧 (타오)	縧 끈 조

绦虫(tāochóng): 촌충

继 (jì)	繼 이을 계
繼 (지)	繼 けい【つぐ】

继承(jìchéng): 계승하다

绨 (tí) (tì)	綈 깁 제
綈 (티)	綈 깁 제

绨袍(típáo): 두꺼운 비단옷

绢 (juàn)	絹 명주 견
絹 (쥐안)	絹 けん【きぬ】

绢丝(juànsī): 견사

绤 (xì)	綌 칡베 격
綌 (시)	綌 칡베 격

[문어] 거친 칡베, 거칠게 짠 갈포

骏 (jùn)	駿 준마 준
駿 (쥔)	駿 しゅん

骏逸(jùnyì): 재능이 뛰어나다

骍 (xīng)	騂 붉은 말 성
騂 (싱)	騂 붉은 말 성

[문어] 붉은 말, 붉은 소

骎 (qīn)	駸 말 달릴 침
駸 (친)	駸 しん

骎骎(qīnqīn): 말이 빨리 달리는 모양

绣 (xiù)	繡 수놓을 수
繡 (슈)	繡 しゅう

绣花(xiùhuā): 수놓다

绥 (suí)	綏 끈 수
綏 (쑤이)	綏 すい

绥慰(suíwèi): 어루만지다

验 (yàn)	驗 시험/증좌 험
驗 (옌)	驗 けん【ためす】

验收(yànshōu): 검수하다

鸶 (sī) 鸶 백로 사

鷥 (쓰)

| **鷺鷥**(lùsī): 백로

烝 (zhēng) 烝 김 오를 증

烝 (정) 烝 じょう【むす】

| **烝烝**(zhēngzhēng): 사물이 왕성하게 일어나는 모양

邕 (yōng) 邕 막을 옹

邕 (옹)

| **邕江**(yōngjiāng): 옹강

理 (lǐ) 理 다스릴 리
理 (리) 理 り【ことわり】

| 理发(lǐfà): 이발하다

燾 (dào)(tāo) 燾 덮을 도
燾 (다오)(타오)

| 인명에 쓰이는 글자

琏 (liǎn) 璉 호련 련
璉 (렌) 璉 れん

| 瑚琏(húlián): 옛날 제사 때 곡식을 담아 놓던 그릇

舂 (chōng) 舂 찧을 용
舂 (충) 舂 しょう

| 舂米(chōngmǐ): 쌀을 찧다

球 (qiú) 球 옥 구
球 (치유) 球 きゅう【たま】

| 球鞋(qiúxié): 운동화

麸 (fū) 麩 밀기울 부
麩 (푸) 麩 ふ【ふすま】

| 麸壳(fūké): 밀기울

耜 (sì) 耜 보습 사
耜 (쓰) 耜 し

| 耒耜(lěisì): 쟁기

彗 (huì) 彗 비 혜
彗 (후이) 彗 すい

| 彗核(huìhé): 혜성의 핵

琐 (suǒ) 瑣 자질구레할 쇄
瑣 (쒀) 瑣 さ

| 琐务(suǒwù): 잡무

琎 (jīn) 璡 옥돌 진
璡 (진)

| 인명에 쓰이는 글자

琇 (xiù) 琇 옥돌 수
琇 (슈)

| 인명에 쓰이는 글자

措 (cuò)	措 놓을 조, 섞을 착	捺 (nà)	捺 누를 날
措 (춰)	措 そ【おく】	捺 (나)	捺 なつ【おす】

| 措施(cuòshī): 조치

| 捺取(nàqǔ): 형을 뜨다

堵 (dǔ)	堵 담 도	捧 (pěng)	捧 받들 봉
堵 (두)	堵 と【かき】	捧 (펑)	捧 ほう【ささげる】

| 堵截(dǔjié): 차단하다

| 捧一把土: 손으로 흙을 받쳐 들다

掎 (jǐ)	掎 당길 기	舔 (tiǎn)	舔 묻힐/돋울 첨
掎 (지)	掎 き	舔 (톈)	

| 掎角(jǐjiǎo): 양쪽에서 적을 협공하다

| 舔笔(tiǎnbǐ): 먹을 묻혀 붓끝을 고르다

琅 (láng)	琅 옥돌 랑	揶 (yé)	揶 빈정거릴 야
琅 (랑)	琅 ろう	揶 (예)	揶 や【からかう】

| 琅琅(lángláng): 크게 책 읽는 소리

| 揶揄(yéyú): 야유하다

11획

琉 (liú)	琉 유리 류	域 (yù)	域 지경 역
琉 (류)	琉 りゅう	域 (위)	域 いき【さかい】

| 琉璃(liúlí): 유리

| 域外(yùwài): 역외

描 (miáo)	描 그릴 묘	埴 (zhí)	埴 찰흙 치/식
描 (먀오)	描 びょう【えがく】	埴 (즈)	埴 しょく

| 描摹(miáomó): 모사하다

| 埏埴(shānzhí): 진흙을 이기다

309

掩 (ǎn) 掩 (안)	掩 구덩이 암/엄
埯子(ǎnzi): 구덩이	

捯 (dáo) 捯 (다오)	捯 끌어당길 도
捯弄(dáonòng): 장사하다	

掉 (diào) 掉 (댜오)	掉 흔들 도 / 掉 とう
掉包(diàobāo): 살짝 바꾸다	

堌 (gù) 堌 (구)	堌 제방 고
龙堌(lónggù): 룽구[지명]	

摑 (guāi)(guó) 摑 (과이)(궈)	摑 칠 괵 / 摑 【つかむ】
脖儿摑(bórguāi): 목덜미 치기	

捷 (jié) 捷 (지에)	捷 이길 첩 / 捷 しょう【かつ】
捷径(jiéjìng): 빠른 길	

擄 (lǔ) 擄 (루)	擄 노략질할 로
擄夺(lǔduó): 강탈하다	

排 (pái)(pǎi) 排 (파이)	排 밀칠 배 / 排 はい
排放(páifàng): 배출하다	

埼 (qí) 埼 (치)	埼 갑 기 / 埼 き【さき】
埼玉(qíyù): 사이타마[일본 지명]	

焉 (yān) 焉 (옌)	焉 어찌 언 / 焉 えん
焉可(yānkě): 어찌 …할 수 있겠는가	

掩 (yǎn) 掩 (옌)	掩 가릴 엄 / 掩 えん【おおう】
掩埋(yǎnmái): 매장하다	

埸 (yì) 埸 (이)	埸 밭두둑 역
疆埸(jiāngyì): 밭두둑	

捭 (bǎi)	捭 칠 패, 열 벽
捭 (바이)	

捭阖(bǎihé): 열고 닫다

捻 (niǎn)	捻 비틀 넘/염
捻 (녠)	捻 ねん【ひねる】

捻丝(niǎnsī): 실을 꼬다

埠 (bù)	埠 부두 부
埠 (부)	埠 ふ【はとば】

埠头(bùtóu): 부두

赦 (shè)	赦 놓아줄 사
赦 (서)	赦 しゃ

赦罪(shèzuì): 죄를 용서하다

捶 (chuí)	捶 때릴 추
捶 (추이)	捶 すい

捶胸(chuíxiōng): 주먹으로 가슴을 치다

授 (shòu)	授 줄 수
授 (서우)	授 じゅ【さずける】

授权(shòuquán): 권한을 부여하다

堆 (duī)(zuī)	堆 흙무더기 퇴
堆 (두이)(쭈이)	堆 だい【うずたかい】

堆放(duīfàng): 쌓아 두다

11획

推 (tuī)	推 옮을 추
推 (투이)	推 すい【おす】

推测(tuīcè): 헤아리다

逵 (kuí)	逵 한길 규
逵 (쿠이)	逵 き【おおじ】

大逵(dàkuí): 큰길

掀 (xiān)	掀 번쩍들 흔
掀 (셴)	掀 きん【あげる】

掀翻(xiānfān): 전복하다

赧 (nǎn)	赧 얼굴 붉힐 난
赧 (난)	赧 だん【あからめる】

赧愧(nǎnkuì): 얼굴이 붉어지며 부끄러워하다

晢 (zhé)	晢 밝을 절
晢 (저)	晢 せつ【あきらか】

[문어] 밝다, 총명하다

311

 掂 (diān) / 掂 (뎬)	掂 겨냥할 점

掂量(diānliáng): 손대중하다

搟 (péng) / 搟 (펑)	搟 묻을/보 붕
	搟 ほう【あずち】

과녁으로 이용하는 낮은 담

教 (jiāo) (jiào) / 教 (쟈오)	教 가르칠 교
	教 きょう【おしえる】

教练(jiàoliàn): 코치

掐 (qiā) / 掐 (치야)	掐 할퀼/딸 겹

掐断(qiāduàn): 잘라 내다

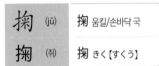 掬 (jū) / 掬 (쥐)	掬 움킬/손바닥 국
	掬 きく【すくう】

掬诚(jūchéng): 성의를 다하다

掏 (tāo) (táo) / 掏 (타오)	掏 더듬을 도
	掏 とう【えらぶ】

掏钱(tāoqián): 돈을 꺼내다

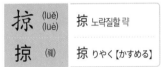 掠 (lüě) (lüè) / 掠 (뤠)	掠 노략질할 략
	掠 りゃく【かすめる】

掠劫(lüèjié): 약탈하다

 堍 (tù) / 堍 (투)	堍 다리끝 토

桥堍(qiáotù): 다리 어귀

埝 (niàn) / 埝 (녠)	埝 제방 념

围埝(wéiniàn): 둘러쌓은 제방

掖 (yē) (yè) / 掖 (예)	掖 겨드랑이 액
	掖 えき

掖藏(yēcáng): 찔러 넣어 감추다

培 (péi) / 培 (페이)	培 북돋울 배
	培 ばい【つちかう】

培植(péizhí): 재배하다

鸷 (zhì) / 鸷 (즈)	鸷 맹금 지
	鸷 し【あらい】

鸷悍(zhìhàn): 아주 사납다

埭 (dài)

埭 (다이)

埭 둑 태

| 埭堰(dàiyàn): 봇둑

掮 (qián)

掮 (치엔)

掮 어깨에 멜 견

| 掮客(qiánkè): 중매인

撣 (dǎn)
(shàn)

撣 (단)
(산)

撣 털 탄, 종족 이름 선

| 撣子(dǎnzi): 먼지떨이

悫 (què)

悫 (취에)

悫 성실할 각

悫 かく

| 诚悫(chéngquè): 성실하다

接 (jiē)

接 (지에)

接 사귈 접

接 せつ【つぐ】

| 接近(jiējìn): 접근하다

埽 (sào)

埽 (싸오)

埽 둑 소

| 埽材(sàocái): 물막이 재료

控 (kòng)

控 (쿵)

控 당길 공, 칠 강

控 こう【ひかえる】

| 控制(kòngzhì): 제어하다

11획

探 (tàn)

探 (탄)

探 더듬을 탐

探 たん【さぐる】

| 探亲(tànqīn): 친척을 방문하다

捩 (liè)

捩 (례)

捩 비틀 렬

捩 れつ【ねじる】

| 捩转(lièzhuǎn): 전환하다

堉 (yù)

堉 (위)

堉 기름진땅 육

| 인명에 쓰이는 글자

掊 (póu)
(pǒu)

掊 (퍼우)

掊 거둘 부

| 掊击(pǒujī): 공격하다

掷 (zhì)

掷 (즈)

掷 던질 척

掷 てき

| 掷铁枪(zhìtiěqiāng): 투창던지기

313

	掺 고곡/섞을 삼
掺 (càn)(chān)(천)	

| 掺假(chānjiǎ): 가짜를 섞다

	掘 팔굴, 뚫을 궐
掘 (jué)(궤)	掘 くつ【ほる】

| 掘土(juétǔ): 흙을 파다

	聸 귓바퀴없을 담
聸 (dān)(단)	

| 孔聸(kǒngdān): 공자와 노자

勘 (kān)(칸)	勘 살필 감
勘	勘 かん

| 墈上(kànshàng): 칸상[지명]

	掇 주울 철
掇 (duō)(뒤)	

| 掇拾(duōshí): 채집하다

聊 (liáo)(랴오)	聊 힘입을/편안할 료
聊	聊 りょう

| 聊天(liáotiān): 한담하다

	掼 던질 관
掼 (guàn)(관)	

| 掼跤(guànjiāo): 씨름하다

	聆 들을 령
聆 (líng)(링)	聆 れい【きく】

| 聆听(língtīng): 공손히 듣다

基 (jī)(지)	基 터 기
基	基 き【もと】

| 基地(jīdì): 기지

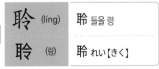	聹 귀지 녕
聹 (níng)(닝)	聹 でい

| 耵聍(dīngníng): 귀지

据 (jū)(jù)(쥐)	据 의거할 거
据	据 きょ【すえる】

| 据说(jùshuō): 듣건대

	職 구실 직
职 (zhí)(즈)	職 しょく

| 职权(zhíquán): 직권

| 菝 (bá) | 菝 풀 이름 발 | 萘 (nài) | 萘 나프탈렌 내 |
| 菝 (바) | | 萘 (나이) | |

菝葜(báqiā): 청미래 덩굴

萘酚(nàifēn): 나프톨

| 黄 (huáng) | 黄 누를 황 | 萁 (qí) | 萁 콩대 기 |
| 黄 (황) | 黄 こう·おう | 萁 (치) | |

黄油(huángyóu): 버터

豆萁(dòuqí): 콩깍지

| 堇 (jǐn) | 堇 제비꽃 근 | 娶 (qǔ) | 娶 장가들 취 |
| 堇 (진) | 堇 きん【すみれ】 | 娶 (취) | 娶 しゅ【めとる】 |

堇菜(jǐncài): 제비꽃, 오랑캐꽃

娶亲(qǔqīn): 장가들다

| 菁 (jīng) | 菁 부추꽃 청 | 菘 (sōng) | 菘 숭채 숭 |
| 菁 (징) | 菁 せい【かぶ】 | 菘 (쑹) | 菘 すう |

菁菁(jīngjīng): 초목이 무성하다

菘菜(sōngcài): 배추

11획

| 勒 (lè) (lēi) | 勒 굴레 륵 | 菥 (xī) | 菥 굵은냉이 석 |
| 勒 (러) (레이) | 勒 ろく | 菥 (시) | |

勒索(lèsuǒ): 강탈하다

菥蓂(xīmì): 황새냉이

| 菱 (líng) | 菱 마름 릉 | 著 (zhù) | 著 나타날 저 |
| 菱 (링) | 菱 りょう | 著 (주) | 著 ちょ【あらわす】 |

菱铁矿(língtiěkuàng): 능철광

著名(zhùmíng): 저명하다

315

菖蒲(chāngpú): 창포

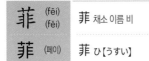

菲仪(fěiyí): 변변치 못한 선물

지명에 쓰이는 글자

菌苗(jūnmiáo): 백신

萝卜(luóbo): 나복

萌芽(méngyá): 싹트다

萋迷(qīmí): 무성하다

菽靡(shūmí): 두유

萜烯(tiēxī): 테르펜

萎蔫(wěiniān): 시들다

勩 수고로울 예/이

勩 (이)

[문어] 수고롭다, 고생스럽다

茱萸(zhūyú): 산수유나무

菜 (cài)	菜 나물 채
菜 (차이)	菜 さい【な】

| 菜谱(càipǔ): 식단

萃 (cuì)	萃 모을/스칠 췌
萃 (추이)	萃 すい・さい

| 萃取(cuìqǔ): 추출하다

萏 (dàn)	萏 연꽃봉우리 담
萏 (단)	

| 菡萏(hàndàn): 연꽃의 다른 이름

蒟 (dì)	蒟 연밥 적
蒟 (디)	

| [문어] 연밥. 연실(蓮實)

棻 (fēn)	棻 향내나는 나무 분
棻 (펀)	

| 사람의 이름에 잘 쓰이는 글자

菏 (hé)	菏 강 이름 하
菏 (허)	菏 か

| 菏泽(hézé): 허쩌[지명]

菊 (jú)	菊 국화 국
菊 (쥐)	菊 きく

| 菊花(júhuā): 국화

萍 (píng)	萍 개구리밥 평
萍 (핑)	萍 へい【うきくさ】

| 萍漂(píngpiāo): 정처 없이 유랑하다

菩 (pú)	菩 보리/보살 보
菩 (푸)	菩 ぼ

| 菩萨(púsà): 보살

菼 (tǎn)	菼 물억새 담
菼 (탄)	

| [식물] 달, 달풀, 물억새

11획

萄 (táo)	萄 포도나무 도
萄 (타오)	萄 とう

| 葡萄(pútáo): 포도

菟 (tú)(tù)	菟 새삼 토/도
菟 (투)	菟 と【うさぎ】

| 菟丝(tùsī): 새삼

317

菠 (bō) 菠 시금치 파
菠 (보) 菠 は

菠菜(bōcài): 시금치

蕩 (dàng) 蕩 독초 이름 탕
蕩 (탕)

莨蕩(làngdàng): 사리풀

乾 (gān) (qián) 乾 마를 건/간
乾 (간) (치엔) 乾 かん【かわく】

乾坤(qiánkūn): 건과 곤

菰 (gū) 菰 줄 고
菰 (구) 菰 こも

菰米(gūmǐ): 줄

菡 (hàn) 菡 연꽃 함
菡 (한)

菡萏(hàndàn): 연꽃의 다른 이름

菅 (jiān) 菅 사초 간/관
菅 (지엔) 菅 かん【すげ】

莱菅(láijiān): 사초

萨 (sà) 薩 보살 살
薩 (싸) 薩 さつ

萨克斯管(sàkèsīguǎn): 색소폰

菀 (wǎn) (yù) 菀 우거질 완, 쌓일 울
菀 (완) (위)

紫菀(zǐwǎn): 자완

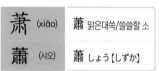

萧 (xiāo) 蕭 맑은대쑥/쓸쓸할 소
蕭 (샤오) 蕭 しょう【しずか】

萧条(xiāotiáo): 불경기

萤 (yíng) 螢 개똥벌레 형
螢 (잉) 蛍 けい【ほたる】

萤火虫(yínghuǒchóng): 개똥벌레

萦 (yíng) 縈 얽힐 영
縈 (잉)

萦回(yínghuí): 감돌다

营 (yíng) 營 피할 영
營 (잉) 営 えい【いとなむ】

营救(yíngjiù): 대책을 세워 구원하다

318

彬 (bīn)	彬 빛날 빈	
彬 (빈)	彬 ひん【あきらか】	

彬彬有礼(bīnbīnyǒulǐ): 예절이 밝아 점잖다

梵 (fàn)	梵 개끗할 범	
梵 (판)	梵 ぼん	

梵众(fànzhòng): 승도

梗 (gěng)	梗 줄기 경	
梗 (경)	梗 こう【おおむね】	

梗概(gěnggài): 대략적인 내용

菇 (gū)	菇 버섯 고	
菇 (구)		

蘑菇(mógu): 버섯

梏 (gù)	梏 쇠고랑 곡	
梏 (구)	梏 こく	

桎梏(zhìgù): 차꼬와 수갑

棶 (lái)	棶 무조나무 래	
棶 (라이)		

毛棶(máolái): 말채나무

婪 (lán)	婪 탐할 람	
婪 (란)	婪 らん【むさぼる】	

婪婪(lánlán): 탐욕스럽다

梦 (mèng)	夢 꿈 몽	
夢 (멍)	夢 む【ゆめ】	

梦魇(mèngyǎn): 가위 눌리다

梢 (sào)(shāo)	梢 막대기 소, 나무끝 초	
梢 (싸오)(샤오)	梢 しょう【こずえ】	

梢头(shāotóu): 나뭇가지 끝

11획

梧 (wú)	梧 벽오동나무 오	
梧 (우)	梧 ご	

梧桐(wútóng): 벽오동

械 (xiè)	械 기계 계	
械 (세)	械 かい【かせ】	

械斗(xièdòu): 흉기를 가지고 싸우다

栒 (zhì)	栒 땅 이름 지	
栒 (즈)		

栒木山(zhìmùshān): 즈무산[산 이름]

319

栰鼓(fúgǔ): 북채와 북

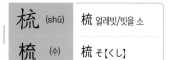

梳头(shūtóu): 머리를 빗다

| 检 (jiǎn) | 檢 조사할 검 |
| 檢 (지엔) | 檢 けん【しらべる】 |

检索(jiǎnsuǒ): 검색하다

| 梯 (tī) | 梯 사다리 제 |
| 梯 (티) | 梯 てい【はしご】 |

梯田(tītián): 계단식 밭

| 桷 (jué) | 桷 서까래 각 |
| 桷 (줴) | 桷 かく |

[문어] (네모진) 서까래

| 桶 (tǒng) | 桶 통 통 |
| 桶 (통) | 桶 とう【おけ】 |

桶匠(tǒngjiàng): 통을 만드는 사람

| 棂 (líng) | 欞 격자창 령 |
| 欞 (링) | |

棂布(língbù): 방충망

巫觋(wūxí): 무당과 박수

| 梅 (méi) | 梅 매화나무 매 |
| 梅 (메이) | 梅 ばい【うめ】 |

梅子(méizi): 매실

| 梓 (zǐ) | 梓 가래나무 재 |
| 梓 (쯔) | 梓 し【あずさ】 |

梓匠(zǐjiàng): 목공

桫椤(suōluó): 사라나무

[건축] 동자(童子)기둥, 동바리

320

曹偶(cáo'ǒu): 같은 또래의 벗

豉虫(chǐchóng): 물매암이

敕封(chìfēng): 칙명으로 봉하다

副业(fùyè): 부업

匮(kuì) 匮 다할 궤

匮(구이) 匮 き【ひつ】

匮缺(kuìquē): 모자라다

救(jiù) 救 건질 구

救(지유) 救 きゅう【すくう】

救济(jiùjì): 구제하다

鄄城(juànchéng): 쥐안청[지명]

票据(piàojù): 어음

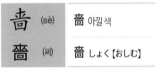

啬刻(sèkè): 인색하다

梭鱼(suōyú): 사어

郾(yǎn) 郾 나라 이름 언

郾(옌)

郾城(yǎnchéng): 옌청[지명]

酝(yùn) 醖 빚을 온

醖(윈)

酝造(yùnzào): 양조하다

11획

321

酚酞(fēntài): 페놀프탈레인

酞酸(tàisuān): 프탈산

硅谷(guīgǔ): 실리콘 밸리

硒化物(xīhuàwù): 셀렌화물

戛然(jiárán): 맑고 명랑한 새 소리

厢房(xiāngfáng): 곁채

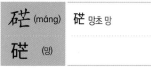

硭硝(mángxiāo): 유산나트륨

新发于硎(xīnfāyúxíng): 예기를 드러내다

戚旧(qījiù): 친척과 친구

酗酒(xùjiǔ): 주정하다

硕大(shuòdà): 매우 크다

厣状的(yǎnzhuàngde): 뚜껑 모양의

硐 (dòng)

硐 (동)

硐 동굴 동

| 硐产(dòngchǎn): 광산물

匏 (páo)

匏 (파오)

匏 박 포

匏 ほう【ひさご】

| 匏系(páoxì): 쓸모없는 사람

鸸 (ér)

鸸 (얼)

鸸 새 이름 이

| 鸸鹋(érmiáo): 에뮤[동물]

磽 (qiāo)

磽 (챠오)

磽 메마른 땅 교

磽 ぎょう

| 磽薄(qiāobó): 척박하다

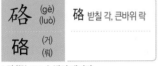

硌 (gè)(luò)

硌 (거)(뤄)

硌 받칠 각, 큰바위 락

| 硌脚(gèjiǎo): 발이 배기다

硚 (qiáo)

硚 (챠오)

硚 땅 이름 교

| 硚头(qiáotóu): 차오터우[지명]

瓠 (hù)

瓠 (후)

瓠 표주박 호

瓠 こ【ひさご】

| 瓠杓(hùsháo): 바가지

奢 (shē)

奢 (서)

奢 사치 사

奢 しゃ【おごる】

| 奢侈(shēchǐ): 사치하다

11획

厩 (jiù)

厩 (지유)

厩 마구간 구

厩 きゅう【うまや】

| 厩舍(jiùshè): 마구간

爽 (shuǎng)

爽 (솽)

爽 시원할 상

爽 そう【さわやか】

| 爽口(shuǎngkǒu): 시원하다

盔 (kuī)

盔 (쿠이)

盔 투구 회

| 盔帽(kuīmào): 헬멧

硖 (xiá)

硖 (샤)

硖 땅 이름 협

| 硖石(xiáshí): 샤스[지명]

323

 匾 (biǎn) / 匾 (볜) — 匾 납작할 편

匾额(biǎné): 편액

 盛 (chéng) (shèng) / 盛 (청) (성) — 盛 성할 성, 盛 せい【さかん】

盛行(shèngxíng): 성행하다

 龔 (gōng) / 龔 (궁) — 龔 이바지할 공

龚开(gōngkāi): 공개(龔開)

 賚 (lài) / 賚 (라이) — 賚 하사할 뢰, 賚 らい【たまう】

赍品(làipǐn): 하사품

 殮 (liàn) / 殮 (롄) — 殮 염할 렴

殓埋(liànmái): 납관하여 매장하다

 聾 (lóng) / 聾 (룽) — 聾 귀 먹을 롱, 聾 ろう【つんぼ】

聋佬(lónglǎo): 청각 장애인 남자

 殍 (piǎo) / 殍 (퍄오) — 殍 주려죽을 표, 殍 ひょう【うえじに】

饿殍(èpiǎo): 굶어 죽은 사람

 襲 (xí) / 襲 (시) — 襲 엄습할 습, 襲 しゅう【おそう】

袭占(xízhàn): 기습하여 점령하다

 雪 (xuě) / 雪 (쉐) — 雪 눈 설, 雪 せつ【ゆき】

雪橇(xuěqiāo): 썰매

 雩 (yú) / 雩 (위) — 雩 기우제 우

雩祭(yújì): 기우제

 殞 (yǔn) / 殞 (윈) — 殞 죽을 운, 殞 いん【しぬ】

殒世(yǔnshì): 청각 장애인 남자

 輒 (zhé) / 輒 (저) — 輒 번번이 첩, 輒 ちょう

专辄(zhuānzhé): 제멋대로 행동하다

| 敝 (bì)
| 敝 (비)

敝 해질 폐

敝 へい【やぶれる】

| 敝俗(bìsú): 나쁜 풍속

| 彪 (biāo)
| 彪 (바오)

彪 범 표

彪 ひょう【あや】

| 彪壮(biāozhuàng): 장대하다

| 常 (cháng)
| 常 (창)

常 항상 상

常 じょう【つね】

| 常态(chángtài): 정상 상태

| 辅 (fǔ)
| 輔 (푸)

輔 도울 보

輔 ほ【すけ】

| 辅佐(fǔzuǒ): 보좌하다

| 龁 (hé)
| 齕 (허)

齕 깨물/씹을 흘

| 齮齕(yǐhé): 물어뜯다

| 眶 (kuàng)
| 眶 (쾅)

眶 눈자위 광

| 眼眶(yǎnkuàng): 눈언저리

| 辆 (liàng)
| 輛 (량)

輛 수레 량

輛 りょう【くるま】

| 车辆(chēliàng): 차량

| 颅 (lú)
| 顱 (루)

顱 두개골 로

顱 ろ【かしら】

| 颅骨(lúgǔ): 뇌두개골

| 堑 (qiàn)
| 塹 (치엔)

塹 구덩이 참

塹 ざん【ほり】

| 堑壕(qiànháo): 참호

| 雀 (qiāo) (qiǎo) (què)
| 雀 (차오) (췌)

雀 참새 작

雀 じゃく【すずめ】

| 雀斑(quèbān): 주근깨

| 堂 (táng)
| 堂 (탕)

堂 집 당

堂 どう【たかどの】

| 堂弟(tángdì): 사촌 남동생

| 虚 (xū)
| 虛 (쉬)

虛 빌 허

虛 きょ【むなしい】

| 虚拟(xūnǐ): 가상적인

325

哺食(bǔshí): 저녁 식사

인명에 쓰이는 글자

晨星(chénxīng): 샛별

眺望(tiàowàng): 조망하다

眼眵(yǎnchī): 눈곱

晤言(wùyán): 면담하다

匙

匙 (chí)(shi)	匙 숟가락/열쇠 시
匙 (츠)(ᄉ)	匙 し【さじ】

汤匙(tāngchí): 국 숟가락

啧嘴(zézuǐ): 혀를 차다

唪经(fěngjīng): 독경하다

决眦(juézì): 격노하다

眯缝(mīfeng): 가늘게 뜨다

睁眼(zhēngyǎn): 눈을 뜨다

啦 (lā)
啦 (라)

啦 어조사 라/랍

| 啦啦队(lālāduì): 응원단

啪 (pā)
啪 (파)

啪 부딪치는소리 박

| 啪唧(pājī): 탈싹탈싹

啉 (lín)
啉 (린)

啉 순배할 람

| 喹啉(kuílín): 퀴놀린

圊 (qīng)
圊 (청)

圊 뒷간 청

| 圊肥(qīngféi): 퇴비

曼 (màn)
曼 (만)

曼 길 만

曼 まん【ながい】

| 曼妙(mànmiào): 부드럽고 아름답다

勖 (xù)
勖 (쉬)

勖 힘쓸 욱

勖 きょく【つとめる】

| 勖勉(xùmiǎn): 격려하다

喵 (miāo)
喵 (먀오)

喵 고양이 우는 소리 묘

| 喵喵(miāomiāo): 야옹

悬 (xuán)
懸 (쉬안)

懸 달릴 현

懸 けん【かける】

| 悬殊(xuánshū): 큰 차가 있다

眸 (móu)
眸 (머우)

眸 눈동자 모

眸 ぼう【ひとみ】

| 回眸(huímóu): 눈동자를 돌리다

眼 (yǎn)
眼 (옌)

眼 눈 안

眼 がん【め】

| 眼神(yǎnshén): 눈매

喏 (nuò) (rě)
喏 (눠) (러)

喏 대답할 야

| 唱喏(chàngrě): 인사를 하다

野 (yě)
野 (예)

野 들 야

野 や【の】

| 野餐(yěcān): 야외에서 식사를 하다

啡 (fēi) / 啡 (페이)　啡 커피 비

啡色(fēisè): 커피색

冕 (miǎn) / 冕 (미엔)　冕 면류관 면 / 冕 べん【かんむり】

冕服(miǎnfú): 고대 고관들의 예복

跗 (fū) / 跗 (푸)　跗 책상다리 할 부 / 跗 ふ【あぐら】

跗坐(fūzuò): 결가부좌

畦 (qí) / 畦 (치)　畦 밭두둑 휴 / 畦 けい【あぜ】

畦道(qídào): 논두렁 길

晗 (hán) / 晗 (한)　晗 날밝을 함

鹿晗(lùhán): 루한

晚 (wǎn) / 晚 (완)　晚 늦을 만 / 晚 ばん【おそい】

晚饭(wǎnfàn): 저녁밥

晦 (huì) / 晦 (후이)　晦 그믐/어두울 회 / 晦 かい【みそか】

晦暗(huì'àn): 어둡다

晞 (xī) / 晞 (시)　晞 마를 희 / 晞 き【かわく】

晞发(xīfà): 머리털을 말리다

趼 (jiǎn) / 趼 (지엔)　趼 굳은살 견

趼子(jiǎnzi): 손 또는 발바닥에 생기는 굳은살

啭 (zhuàn) / 啭 (주완)　啭 지저귈 전 / 囀 てん【さえずる】

啼啭(tízhuàn): 새가 지저귀다

距 (jù) / 距 (쥐)　距 이를 거 / 距 きょ【けづめ】

距离(jùlí): 떨어지다

啄 (zhuó) / 啄 (줘)　啄 두들길 탁 / 啄 たく【ついばむ】

啄木鸟(zhuómùniǎo): 딱따구리

蛄 (gū)(gǔ) 蛄 (구)	蛄 땅강아지 고	
	蛄 こ【けら】	

蝲蛄(làgǔ): 가재

跄 (qiāng)(qiàng) 蹌 (치앙)	蹌 비틀거릴 창	
	蹌 しょう	

蹌踉(qiāngliàng): 비틀거리다

蚶 (hān) 蚶 (한)	蚶 새고막 감	
	蚶 かん【あかがい】	

蚶田(hāntián): 꼬막 양식장

蛆 (qū) 蛆 (취)	蛆 구더기 저	
	蛆 しょ【うじ】	

蛆虫(qūchóng): 구더기

啃 (kěn) 啃 (컨)	啃 탐식할 간	

啃啮(kěnniè): 갉아먹다

蚺 (rán) 蚺 (란)	蚺 이무기 염	

蚺蛇(ránshé): 염사

蛎 (lì) 蠣 (리)	蠣 굴조개 려	
	蛎/蠣 れい【かき】	

蛎房(lìfáng): 굴껍데기

蚰 (yóu) 蚰 (유)	蚰 그리마 유	
	蚰 ゆう	

蚰蜒(yóuyán): 지네

11획

略 (lüè) 略 (뤠)	略 간략할 략	
	略 りゃく	

略图(lüètú): 약도

跃 (yuè) 躍 (웨)	躍 뛸 약	
	躍 やく【おどる】	

跃进(yuèjìn): 약진하다

啮 (niè) 嚙 (녜)	嚙 깨물 교	
	嚙/啮 ごう【かむ】	

啮合(nièhé): 악물다

趾 (zhǐ) 趾 (즈)	趾 발그칠 지	
	趾 し【あし】	

趾甲(zhǐjiǎ): 발톱

329

蛏 (chēng) / 蟶 (청) — 蟶 긴맛/맛조개 정 / 蟶 てい【まてがい】

蛏油(chēngyóu): 맛조개 기름

鄂 (è) / 鄂 (어) — 鄂 땅 이름 악 / 鄂 がく

下鄂(xià'è): 아래턱

蛊 (gǔ) / 蠱 (구) — 蠱 뱃속벌레 구 / 蠱 こ【とく】

蛊惑(gǔhuò): 고혹하다

唬 (hǔ) (xià) / 唬 (후) (샤) — 唬 으를 효 범의 울음 호

唬弄(hǔnòng): 을러 속이다

累 (léi) (lèi) (lěi) / 累 (레이) — 累 묶을/포갤/누끼칠 루 / 累 るい

累积(lěijī): 누적하다

蛉 (líng) / 蛉 (링) — 蛉 잠자리 령 / 蛉 れい

蜻蛉(qīnglíng): 물잠자리

蚯 (qiū) / 蚯 (치유) — 蚯 지렁이 구 / 蚯 きょう【みみず】

蚯蚓(qiūyǐn): 지렁이

蛇 (shé) (yí) / 蛇 (서) (이) — 蛇 뱀 사 구불구불 갈 이 / 蛇 じゃ【へび】

蛇蝎(shéxiē): 뱀과 전갈

蚴 (yòu) / 蚴 (유) — 蚴 유충 유

毛蚴(máoyòu): 섬모 유충

圉 (yǔ) / 圉 (위) — 圉 마구간 어 / 圉 ぎょ【うまかい】

囹圄(língyǔ): 감옥

蚱 (zhà) / 蚱 (자) — 蚱 벼메뚜기 책

蚱蜢(zhàměng): 메뚜기

蛀 (zhù) / 蛀 (주) — 蛀 나무굼벵이 주

蛀齿(zhùchǐ): 충치

 啐 (cuì) / 啐 (추이)	啐 뱉을 췌 / 啐 さい【なめる】

| 啐痰(cuìtán): 가래침을 뱉다

 啥 (shá) / 啥 (사)	啥 무엇 사

| 干啥(gànshá): 뭘 하느냐?

 唱 (chàng) / 唱 (창)	唱 부를 창 / 唱 しょう【となえる】

| 唱歌(chànggē): 노래를 부르다

唼 (shà) / 唼 (사)	唼 쪼아 먹을 삽

| 唼气(shàqì): 공기가 새다

 唿 (hū) / 唿 (후)	唿 바람소리 훌

| 唿喇(hūlā): 돌연히

啕 (táo) / 啕 (타오)	啕 울 도

| 号啕(háotáo): 큰 소리로 울다

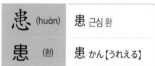 患 (huàn) / 患 (환)	患 근심 환 / 患 かん【うれえる】

| 患病(huànbìng): 병에 걸리다

11획

唾 (tuò) / 唾 (퉤)	唾 침 타 / 唾 だ【つば】

| 唾骂(tuòmà): 욕을 내뱉다

啰 (luō)(luó)(luo) / 啰 (뤄)	啰 소리섞일 라

| 啰嗦(luōsuō): 말이 많다

唯 (wéi) / 唯 (웨이)	唯 오직 유 / 唯 い·ゆい【ただ】

| 唯独(wéidú): 유독

 啤 (pí) / 啤 (피)	啤 맥주 비

| 啤酒(píjiǔ): 맥주

啁 (zhāo)(zhōu) / 啁 (자오)(저우)	啁 울 조, 새소리 주

| 啁啾(zhōujiū): 짹짹[의성어·의태어]

331

啵 (bō)

啵 (보)

啵 국끓는 소리 파

| 啵啵(bōbō): 부글부글

嗹 (chǎn)
(tān)

嗹 (천)
(탄)

嗹 혈떡일 탄, 느릴 천

| 嗹缓(tānhuǎn): 부드럽고 느리다

啜 (chuài)
(chuò)

啜 (촤이)
(쥐)

啜 훌쩍거릴 철

啜 てつ【すする】

| 啜泣(chuòqì): 훌쩍이며 울다

啖 (dàn)

啖 (단)

啖 먹을 담

啖 たん【くう】

| 啖食(dànshí): 욕심껏 먹다

啶 (dìng)

啶 (덩)

啶 피리딘 정

| 吡啶(bǐdìng): 피리딘

啷 (lāng)

啷 (랑)

啷 부딪히는소리 랑

| 啷当(lāngdāng): 안팎

唳 (lì)

唳 (리)

唳 울 려

唳 れい【なく】

| 嘹唳(liáolì): 끼루룩

崎 (qí)

崎 (치)

崎 험할 기

崎 き【さき】

| 崎路(qílù): 평탄치 않은 길

啸 (xiào)

啸 (샤오)

啸 휘파람불 소

啸 しょう

| 啸呼(xiàohū): 울부짖다

崖 (yá)

崖 (야)

崖 낭떠러지 애

崖 がい【がけ】

| 崖壁(yábì): 절벽

唷 (yō)

唷 (요)

唷 소리지를 조

| 喔唷(ōyō): 아이고

帻 (zé)

帻 (쩌)

帻 머리싸개 책

| 帻巾(zéjīn): 상투 두건

崩 (bēng)	崩 산 무너질 붕
崩 (붕)	崩 ほう【くずれる】

崩塌(bēngtā): 무너지다

逻 (luó)	邏 순행할 라
邏 (뤄)	邏 ら【みまわり】

逻辑(luójí): 논리

崔 (cuī)	崔 높을 최
崔 (추이)	崔 さい

崔巍(cuīwēi): (산·건축물이) 높고 웅장하다

帷 (wéi)	帷 휘장 유
帷 (웨이)	帷 い【とばり】

帷帐(wéizhàng): 휘장

崇 (chóng)	崇 높을 숭
崇 (충)	崇 すう【あがめる】

崇尚(chóngshàng): 숭상하다

崤 (xiáo)	崤 산 이름 효
崤 (샤오)	

崤山(xiáoshān): 샤오산[산 이름]

崮 (gù)	崮 섬 고
崮 (구)	

孟良崮(mèngliánggù): 멍량구[지명]

崦 (yān)	崦 산 이름 엄
崦 (옌)	

崦嵫(yānzī): 고대, 해가 지는 산을 이르던 말

11획

崞 (guō)	崞 땅 이름 곽
崞 (궈)	

崞阳(guōyáng): 궈양[지명]

崟 (yín)	崟 가파를 음
崟 (인)	崟 ぎん【みね】

嵚崟(qīnyín): 높고 험하다

崆 (kōng)	崆 산 이름 공
崆 (쿵)	

崆峒(kōngtóng): 쿵퉁[지명]

崭 (zhǎn)	崭 가파를 참
崭 (잔)	崭 さん

崭新(zhǎnxīn): 참신하다

333

铒 (ěr) (ěr)
鉺 (얼)
鉺 에르븀 이

| 에르븀(Er, erbium)

赇 (qiú)
賕 (치유)
賕 뇌물 구

| 受赇(shòuqiú): 뇌물을 받다

铗 (jiá)
鋏 (지아)
鋏 칼협
鋏 きょう

| 铁铗(tiějiá): 쇠집게

赊 (shē)
賒 (서)
賒 외상거래 할 사

| 赊账(shēzhàng): 외상으로 팔다

圈 (juān) (juàn) (quān)
圈 (쮜안) (쮜안)
圈 동그라미 권
圈 けん【かこい】

| 圈套(quāntào): 올가미

铘 (yé)
鋣 (예)
鋣 칼 이름 야

| 镆铘(mòyé): 고대 보검의 이름

崛 (jué)
崛 (줴)
崛 우뚝솟을 굴
崛 くつ【たかい】

| 崛起(juéqǐ): 굴기하다

婴 (yīng)
嬰 (잉)
嬰 갓난아기 영
嬰 えい【あかご】

| 婴儿(yīng'ér): 영아

铐 (kào)
銬 (카오)
銬 쇠고랑 고

| 手铐(shǒukào): 수갑

铕 (yǒu)
銪 (유)
銪 유로퓸 유

| 유로퓸(Eu, europium)

铑 (lǎo)
銠 (라오)
銠 로듐 로

| 로듐(Rh, rhodium)

赈 (zhèn)
賑 (전)
賑 구휼할 진
賑 しん

| 赈灾(zhènzāi): 이재민을 구제하다

铛 (chēng)(dāng)	鐺 솥 쟁, 쇠사슬 당
鐺 (청)(당)	鐺 とう【くさり】

| 铛焦(dāngjiāo): 누룽지

锎 (diào)	銱 걸쇠 조
銱 (댜오)	

| 钉锎儿(liàodiàor): 걸쇠

铠 (kǎi)	鎧 갑옷 개
鎧 (카이)	鎧 がい【よろい】

| 铠甲(kǎijiǎ): 갑옷

铝 (lǚ)	鋁 알루미늄 려
鋁 (뤼)	

| 铝箔(lǚbó): 알루미늄박

铙 (náo)	鐃 징 뇨
鐃 (나오)	鐃 どう【どら】

| 铙钹(náobó): 바라

铜 (tóng)	銅 구리 동
銅 (퉁)	銅 どう【あかがね】

| 铜牌(tóngpái): 동메달

铣 (xǐ)(xiǎn)	銑 무쇠 선
銑 (시)(센)	銑 せん【ずく】

| 铣床(xǐchuáng): 프레이즈반[기계]

铟 (yīn)	銦 인듐 인
銦 (인)	

| 인듐(In, indium)

凿 (záo)	鑿 뚫을 착, 구멍 조
鑿 (짜오)	鑿 さく【うがつ】

| 凿井(záojǐng): 우물을 파다

铡 (zhá)	鍘 작두 칙
鍘 (자)	

| 铡刀(zhádāo): 작두

铚 (zhì)	銍 낫질
銍 (즈)	

| 铚艾(zhì'ài): 곡식을 베다

铢 (zhū)	銖 저울눈 수
銖 (주)	銖 しゅ

| 铢两(zhūliǎng): 미세한 것

铫 (diào)(yáo)	铫 가래 조, 남비 요
銚 (댜오)(야오)	銚 ちょう

铫子(diàozi): 탕관

铰 (jiǎo)	铰 가위 교
鉸 (쟈오)	

铰链(jiǎoliàn): 경첩

铤 (dìng)(tǐng)	铤 달릴 정
鋌 (딩)(팅)	

钻铤(zuàntǐng): 드릴 칼라

铭 (míng)	铭 새길 명
銘 (밍)	銘 めい【しるす】

铭记(míngjì): 명기하다

铥 (diū)	铥 툴륨 주
銩 (듀)	

툴륨(Tm, thulium)

铨 (quán)	铨 저울질할 전
銓 (취안)	銓 せん【えらぶ】

铨择(quánzé): 평가하여 고르다

铬 (gè)	铬 깎을 락
鉻 (거)	

铬钢(gègāng): 크롬강

铯 (sè)	铯 세슘 색
銫 (써)	

铯钟(sèzhōng): 세슘 원자 시계

铪 (hā)	铪 하프늄 협
鉿 (하)	

二氧化铪(èryǎnghuàhā): 산화하프늄

铩 (shā)	铩 창 쇄/살
鎩 (사)	

铩羽(shāyǔ): 날개를 다치다

铧 (huá)	铧 가래 화
鏵 (화)	

铧鱼(huáyú): 가오리

铮 (zhēng)(zhèng)	铮 쇳소리 쟁
錚 (정)	錚 そう【かね】

铮铮(zhēngzhēng): 뛰어난 사람

铵 (ǎn) / 鋁 (안)	鋁 암모늄 안
铵根(ǎngēn): 암모늄이온

铲 (chǎn) / 鏟 (찬)	鏟 깎을 산
铲除(chǎnchú): 뿌리뽑다

铳 (chòng) / 銃 (충)	銃 도끼구멍 총 銃 じゅう【つつ】
铳床(chòngchuáng): 펀치 프레스

鸹 (guā) / 鴰 (과)	鴰 까마귀 괄
老鸹(lǎoguā): 까마귀

矫 (jiáo)(jiǎo) / 矯 (자오)	矯 바로잡을 교 矯 きょう【ためる】
矫正(jiǎozhèng): 교정하다

氪 (kè) / 氪 (커)	氪 크립톤 극
氪气灯(kèqìdēng): 크립톤 전구

铷 (rú) / 鉫 (루)	鉫 루비듐 여
铷地磁(rúdìcí): 루비듐 자력계

甜 (tián) / 甜 (톈)	甜 달 첨 甜 こん【あまい】
甜点(tiándiǎn): 단 과자

锡 (tāng) / 鍚 (탕)	鍚 징 탕
锡锣(tāngluó): 작은 징

11획

牾 (wǔ) / 牾 (우)	牾 거스를 오 牾 ご【さからう】
抵牾(dǐwǔ): 서로 어긋나다

铱 (yī) / 銥 (이)	銥 이리듐 의
铱金笔(yījīnbǐ): 이리듐 촉 만년필

银 (yín) / 銀 (인)	銀 은 은 銀 ぎん【しろがね】
银杏(yínxìng): 은행나무

| 笨 (bèn) | 笨 못생길 분 |
| 笨 (번) | 笨 ほん【あらい】 |

笨蛋(bèndàn): 바보

| 稆 (lǔ) | 稆 날 려 |
| 稆 (뤼) | |

稆生(lǔ shēng): 저절로 나다

| 秽 (huì) | 穢 더러울 예 |
| 穢 (후이) | 穢 えい【けがれる】 |

秽亵(huìxiè): 추잡하다

| 秾 (nóng) | 穠 무성할 농 |
| 穠 (눙) | |

秾绿(nónglǜ): 초목이 우거져 짙푸르다

| 笺 (jiān) | 箋 전지 전 |
| 箋 (지엔) | 箋 せん【かきもの】 |

笺札(jiānzhá): 서찰

| 笸 (pǒ) | 笸 소쿠리 파 |
| 笸 (포) | |

笸箩(pǒluo): 소쿠리

| 秸 (jiē) | 秸 짚 갈 |
| 秸 (지에) | |

秸秆(jiēgǎn): 짚

| 筇 (qióng) | 筇 대나무 이름 공 |
| 筇 (치용) | |

筇竹(qióngzhú): 지팡이를 만드는 대나무

| 梨 (lí) | 梨 배나무 리 |
| 梨 (리) | 梨 り【なし】 |

梨树(líshù): 배나무

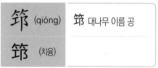

| 逶 (wēi) | 逶 구불구불할 위 |
| 逶 (웨이) | 逶 い |

逶迤(wēiyí): 구불구불 멀리 이어진 모양

| 犁 (lí) | 犁 쟁기 려 |
| 犁 (리) | 犁 り【すき】 |

犁地(lídì): 땅을 갈다

| 移 (yí) | 移 옮길 이 |
| 移 (이) | 移 い【うつる】 |

移交(yíjiāo): 넘겨주다

338

筡 (dá)	筡 대자리 달
筡 (다)	

| 竹筡(zhúdá): 대자리 |

笠 (lì)	笠 삿갓 립
笠 (리)	笠 りゅう【かさ】

| 笠檐(lìyán): 갓양태 |

笛 (dí)	笛 피리 적
笛 (디)	笛 てき【ふえ】

| 笛声(díshēng): 피리소리 |

笼 (lóng)(lǒng)	籠 채롱 롱
籠 (롱)	籠 ろう【かご】

| 笼罩(lǒngzhào): 덮어씌우다 |

第 (dì)	第 차례 제
第 (디)	第 てい【ついで】

| 府第(fǔdì): 관저 |

笥 (sì)	笥 상자 사
笥 (쓰)	笥 し【け】

| 箪笥(dānsì): 대나무로 만든 상자 |

符 (fú)	符 맞을 부
符 (푸)	符 ふ【わりふ】

| 符合(fúhé): 부합하다 |

笙 (shēng)	笙 생황 생
笙 (성)	笙 しょう

| 笙箫(shēngxiāo): 생황과 통소 |

11획

笱 (gǒu)	笱 통발 구
笱 (거우)	

| [방언] (대로 만든) 통발 |

笤 (tiáo)	笤 비 소/조
笤 (탸오)	

| 笤帚(tiáozhou): 빗자루 |

笳 (jiā)	笳 호드기 가
笳 (지아)	笳 か【ふえ】

| 笳管(jiāguǎn): 구멍이 아홉 개인 피리 |

筰 (zé)(zuó)	筰 좁을 착, 밧줄 작
筰 (쩌)(쭤)	

| 筰桥(zuóqiáo): 착교(筰橋) |

339

箯 (biān)
簿 변두 변
箯 (볜)

箯輿(biānyú): 대나무로 만든 가마

償 (cháng)
償 갚을 상
償 (창)
償 しょう【つぐなう】

償命(chángmìng): 목숨으로 대가를 치르다

笞 (chī)
笞 매질할 태
笞 (츠)
笞 ち【むち】

笞箠(chīchuí): 매로 때리다

袋 (dài)
袋 자루 대
袋 (다이)
袋 たい【ふくろ】

袋兽(dàishòu): 유대 동물

偾 (fèn)
偾 넘어질 분
偾 (펀)

偾事(fènshì): 일을 망치다

敏 (mǐn)
敏 민첩할 민
敏 (민)
敏 びん【さとい】

敏锐(mǐnruì): 예민하다

偶 (ǒu)
偶 짝수 우
偶 (어우)
偶 ぐう【たまたま】

偶遇(ǒuyù): 우연히 만나다

偕 (xié)
偕 함께 해
偕 (세)
偕 かい【ともに】

偕行(xiéxíng): 함께 가다

鸺 (xiū)
鸺 수리부엉이 휴
鸺 (슈)

鸺鹠(xiūliú): 올빼미과의 총칭

偃 (yǎn)
偃 쓰러질 언
偃 (옌)
偃 えん【ふせる】

偃傲(yǎn'ào): 오만하다

悠 (yōu)
悠 멀 유
悠 (유)
悠 ゆう【とおい】

悠闲(yōuxián): 유한하다

做 (zuò)
做 지을 주
做 (쭤)
做 さ【なす】

做菜(zuòcài): 요리를 만들다

偲 (cāi) (sī)	偲 똑똑할/책선할 시
偲 (차이) (쓰)	偲 し【しのぶ】

偲偲(sīsī): 서로 갈고 닦으며 독려하다

軀 (qū)	軀 몸 구
躯 (취)	軀 く【からだ】

躯体(qūtǐ): 체구

傀 (guī) (kuǐ)	傀 허수아비 괴
傀 (구이) (쿠이)	傀 かい【おおきい】

傀儡(kuǐlěi): 꼭두각시

售 (shòu)	售 팔 수
售 (서우)	售 しゅう【うる】

售价(shòujià): 판매 가격

偈 (jì) (jié)	偈 중의 귀글 게 힘쓸 걸
偈 (지) (지에)	偈 けい【げ】

偈语(jìyǔ): 가타(伽陀)

停 (tíng)	停 머무를 정
停 (팅)	停 てい【とどまる】

停泊(tíngbó): 정박하다

偻 (lóu)	僂 굽을 루
偻 (러우)	僂 る·ろう

偻指(lǚzhǐ): 손꼽아 헤아리다

偷 (tōu)	偷 훔칠 투
偸 (터우)	偸 とう【ぬすむ】

偷税(tōushuì): 탈세하다

您 (nín)	您 당신 니
您 (닌)	

您好(nínhǎo): 안녕하세요

偎 (wēi)	偎 가까이할 외
偎 (웨이)	

偎抱(wēibào): 바싹 끌어안다

偏 (piān)	偏 치우칠 편
偏 (피엔)	偏 へん【かたよる】

偏僻(piānpì): 궁벽하다

偬 (zǒng)	偬 바쁠 총
偬 (쭝)	偬 そう

倥偬(kǒngzǒng): 곤궁하다

| 皚白(áibái): 새하얗다

| 徜徉(chángyáng): 유유히 걷다

| 得意(déyì): 의기양양하다

| 兜风(dōufēng): 바람을 쐬다

| 画舸(huàgě): 화방(畫舫)

| 皎洁(jiǎojié): 휘영청 밝다

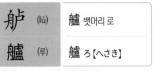

| 舳舻(zhúlú): 배의 고물과 이물

| 徘徊(páihuái): 배회하다

| 徙步(túbù): 도보하다

| 衔接(xiánjiē): 맞물리다

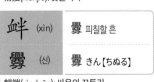

| 衅端(xìnduān): 싸움의 꼬투리

342

舶 (bó)	舶 큰배 박	盘 (pán)	盤 쟁반 반
舶 (보)	舶 はく	盤 (판)	盤 ばん【おおざら】

| 舶位税(bówèishuì): 정박세 | 盘问(pánwèn): 끝까지 따져 묻다 |

船 (chuán)	船 배 선	舷 (xián)	舷 시위 현
船 (촨)	船 せん【ふね】	舷 (셴)	舷 けん【ふなはた】

| 船舱(chuáncāng): 선실 | 舷梯(xiántī): 트랩 |

舵 (duò)	舵 키 타	斜 (xié)	斜 기울 사
舵 (둬)	舵 だ【かじ】	斜 (셰)	斜 しゃ【ななめ】

| 舵轮(duòlún): 조타륜 | 斜度(xiédù): 경사도 |

鸽 (gē)	鴿 비둘기 합	酢 (zé)	酢 잔돌릴 작
鴿 (거)	鴿 こう【はと】	酢 (쩌)	酢 さく【す】

| 鸽派(gēpài): 비둘기파 | 酬酢(chóuzuò): 주객이 술잔을 주고받다 |

11획

盒 (hé)	盒 합 합	舳 (zhú)	舳 고물 축
盒 (허)	盒 こう	舳 (주)	舳 ちく【とも】

| 盒饭(héfàn): 도시락 밥 | 舳舻(zhúlú): 배의 고물과 이물 |

龛 (kān)	龕 감실 감	鸼 (zhōu)	鵃 산비둘기 주
龕 (칸)	龕 がん【ずし】	鵃 (저우)	

| 龛像(kānxiàng): 감상 | 鹘鸼(gǔzhōu): 산비둘기 |

343

脖腔(bóqiāng): 목구멍

彩礼(cǎilǐ): 납채 예물

一瓻(yìchī): 술 한 병

脯脩(fǔxiū): 월사금

脚趾(jiǎozhǐ): 발가락

敛财(liǎncái): 재물을 긁어모으다

翎扇(língshàn): 새털[깃털]로 만든 부채

领悟(lǐngwù): 깨닫다

腡肌(luójī): 손가락 끝 피부

豚鼠(túnshǔ): 기니 피그

悉数(xīshù): 일일이 열거하다

欲望(yùwàng): 욕망

猜 (cāi)	猜 의심낼 시
猜 (차이)	猜 さい【ねたむ】

猜忌(cāijì): 질투하다

脞 (cuǒ)	脞 좀스러울 좌
脞 (취)	

脞言(cuǒyán): 수다스러운 말

匐 (fú)	匐 길 복
匐 (푸)	匐 ふく【はう】

匐犬(fúquǎn): 스카이 테리어[동물]

够 (gòu)	夠 많을 구
夠 (거우)	

够用(gòuyòng): 충분하다

朘 (juān) (zuī)	朘 줄어들 선/전
朘 (쥐안) (쭈이)	

朘削(juānxuē): 착취하다

脸 (liǎn)	臉 뺨 검/렴
臉 (렌)	臉 けん【ほお】

脸庞(liǎnpáng): 얼굴

脲 (niào)	脲 요소 뇨/요
脲 (냐오)	

脲酯(niàozhǐ): 우레탄

脬 (pāo)	脬 오줌통 포
脬 (파오)	

尿脬(suīpāo): 방광

脱 (tuō)	脱 벗을 탈
脱 (퉈)	脱 だつ【ぬぐ】

脱销(tuōxiāo): 품절되다

脘 (wǎn)	脘 밥통 완
脘 (완)	

胃脘(wèiwǎn): 위강

11획

象 (xiàng)	象 코끼리 상
象 (샹)	象 しょう【ぞう】

象征(xiàngzhēng): 상징하다

逸 (yì)	逸 달아날 일
逸 (이)	逸 いつ

逸口(yìkǒu): 실언하다

345

猝 (cù) / 猝 (졸)	猝 갑자기 졸 / 猝 そつ【にわか】	玀 (luó) / 玀 (뤄)	玀 오랑캐 이름 라

猝然(cùrán): 갑자기

猪玀(zhūluó): 얼뜨기

猖 (chāng) / 猖 (창)	猖 미칠 창 / 猖 しょう	猫 (māo) (máo) / 貓 (마오)	猫 고양이 묘 / 猫 びょう【ねこ】

猖狂(chāngkuáng): 난폭하다

猫鼬(māoyòu): 미어캣

斛 (hú) / 斛 (후)	斛 휘/말들이 곡 / 斛 こく【ます】	猊 (ni) / 猊 (니)	猊 사자 예 / 猊 けい【しし】

石斛(shíhú): 석골풀

猊座(nízuò): 부처가 앉는 자리

凰 (huáng) / 凰 (황)	凰 봉새 봉 / 凰 おう【おおとり】	猞 (shē) / 猞 (서)	猞 사리 사

凤凰(fènghuáng): 봉황

猞猁(shēlì): 스라소니

觖 (jué) / 觖 (제)	觖 서운해 할 결	猗 (yī) / 猗 (이)	猗 어조사 의 / 猗 い【ああ】

觖望(juéwàng): 원망하고 한탄하다

猗猗(yīyī): 아름답고 무성한 모양

猎 (liè) / 獵 (례)	獵 사냥 렵 / 猟 りょう【かり】	猪 (zhū) / 猪 (주)	猪 돼지 저 / 猪 ちょ【いのしし】

猎头(liètóu): 고급 인재를 물색하다

猪八戒(zhūbājiè): 저팔계

湊 (còu) / 湊 (처우)	湊 항구 주 湊 そう【あつまる】	减 (jiǎn) / 減 (지옌)	減 덜 감 減 げん【へる】

湊款(còukuǎn): 돈을 마련하다　　　减免(jiǎnmiǎn): 감면하다

馆 (guǎn) / 館 (관)	館 객사 관 館 かん【やかた】	馗 (kuí) / 馗 (쿠이)	馗 거리 구 馗 きゅう

馆藏(guǎncáng): 수장하다　　　'逵'와 같음

馃 (guǒ) / 餜 (궈)	餜 떡/밀경단 과 	鸾 (luán) / 鸞 (롼)	鸞 난새 란 鸞 らん

南馃(nánguǒ): 화난식의 구식 과자류　　　鸾殿(luándiàn): 황후의 궁전

毫 (háo) / 毫 (하오)	毫 잔털 호 毫 ごう【すこし】	猛 (měng) / 猛 (멍)	猛 사나울 맹 猛 もう【たけし】

毫不(háobù): 조금도 …않다　　　猛增(měngzēng): 급증하다

馄 (hún) / 餛 (훈)	餛 만두 혼 	猕 (mí) / 獼 (미)	獼 원숭이 미

馄饨(húntun): 훈툰[중국 요리의 일종]　　　猕猴(míhóu): 미후[원숭이의 일종]

祭 (jì)(zhài) / 祭 (지)(자이)	祭 제사 지낼 제 祭 さい【まつり】	馅 (xiàn) / 餡 (셴)	餡 소 함 餡 あん・かん

祭拜(jìbài): 제사를 지내다　　　馅饼(xiànbǐng): 파이

347

庵 (ān)
庵 (안)

庵 암자 암
庵 あん【いおり】

| 庵庙(ānmiào): 비구니 절

孰 (shú)
孰 (수)

孰 누구 숙
孰 じゅく【いずれ】

| 孰知(shúzhī): 어찌 알랴

庳 (bēi)
庳 (베이)

庳 낮을 비

| 堕高堙庳(duògāoyīnbēi): 땅을 깎아 메워 돋우다

庶 (shù)
庶 (수)

庶 많을 서
庶 しょ【もろもろ】

| 庶人(shùrén): 서민

疵 (cī)
疵 (츠)

疵 흉 자
疵 し【きず】

| 疵品(cīpǐn): 흠이 있는 제품

庹 (tuǒ)
庹 (퉈)

庹 다섯 자 탁

| 两庹(liǎngtuǒ): 두 발

麻 (mā)
麻 (má)
麻 (마)

麻 삼 마
麻 ま【あさ】

| 麻烦(máfan): 귀찮다

痍 (yí)
痍 (이)

痍 상처 이
痍 い【きず】

| 疮痍(chuāngyí): 상처

烹 (pēng)
烹 (펑)

烹 삶을 팽
烹 ほう【にる】

| 烹饪(pēngrèn): 요리하다

庾 (yǔ)
庾 (위)

庾 병들 유

| 庾亮(yǔliàng): 유량(庾亮)

庼 (qǐng)
庼 (칭)

庼 작은 마루 경

| [문어] 작은 마루방, 작은 대청

痔 (zhì)
痔 (즈)

痔 치질 치
痔 じ【しもがさ】

| 痔疮(zhìchuāng): 치질

348

盗 (dào)	盗 훔칠도
盗 (다오)	盗 とう【ぬすむ】

| 盗版(dàobǎn): 해적판을 내다

痊 (quán)	痊 나을전
痊 (취안)	痊 せん【いやす】

| 痊愈(quányù): 완쾌되다

痕 (hén)	痕 흉/자취흔
痕 (헌)	痕 こん【あと】

| 痕迹(hénjì): 흔적

商 (shāng)	商 헤아릴상
商 (상)	商 しょう【あきない】

| 商谈(shāngtán): 상담하다

竟 (jìng)	竟 끝날경
竟 (징)	竟 きょう

| 竟然(jìngrán): 뜻밖에도

痒 (yǎng)	痒 가려울양
痒 (양)	痒 よう【かゆい】

| 痒处(yǎngchù): 가려운 곳

康 (kāng)	康 편안할강
康 (캉)	康 こう【やすい】

| 康复(kāngfù): 건강을 회복하다

翊 (yì)	翊 도울익
翊 (이)	翊 よく

| 翊戴(yìdài): 보좌하여 받들다

廊 (láng)	廊 행랑랑
廊 (랑)	廊 ろう【わたどの】

| 廊座(lángzuò): 극장의 양쪽 측면의 좌석

庸 (yōng)	庸 쓸용
庸 (융)	庸 よう【つね】

| 庸医(yōngyī): 돌팔이 의사

鹿 (lù)	鹿 사슴록
鹿 (루)	鹿 ろく【しか】

| 鹿茸(lùróng): 녹용

章 (zhāng)	章 글장
章 (장)	章 しょう

| 章鱼(zhāngyú): 문어

| 閶风(chāngfēng): 가을 바람

| 望远镜(wàngyuǎnjìng): 망원경

| 闍台(dūtái): 망루

| 阋墙(xìqiáng): 울타리 안에서 싸우다

| 旌德(jīngdé): 선행을 표창하다

| 旋涡(xuánwō): 소용돌이

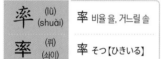

| 率直(shuàizhí): 솔직하다

| 阉割(yāngē): 거세하다

| 广袤(guǎngmào): 넓디넓다

| [문어] 문지방

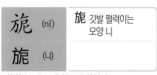

| 旎旎(nǐnǐ): 그윽하고 온화하다

| 族谱(zúpǔ): 족보

| 闡 (chǎn) | 闡 밝혀질 천 |
| 闡 (찬) | 闡 せん |

阐明(chǎnmíng): 천명하다

| 羝 (dī) | 羝 숫양 저 |
| 羝 (디) | 羝 てい【おひつじ】 |

羝羊触藩(dīyángchùfān): 저양촉번

| 瘀 (è)(yān) | 閼 막을 알 |
| 閼 (어)(예) | 閼 あつ |

瘀血(yūxuè): 어혈

| 盖 (gài)(gě) | 蓋 덮을 개 |
| 蓋 (가이)(거) | 蓋 がい【おおう】 |

盖饭(gàifàn): 덮밥

| 阍 (hūn) | 闇 문지기 혼 |
| 閽 (훈) | |

阍者(hūnzhě): 문지기

| 眷 (juàn) | 眷 돌아볼 권 |
| 眷 (쥐안) | 眷 けん |

眷恋(juànliàn): 사모하다

| 粝 (lì) | 糲 현미 려 |
| 糲 (리) | 糲 れい【くろごめ】 |

粝米(lìmǐ): 현미

| 羚 (líng) | 羚 영양 령 |
| 羚 (링) | 羚 れい【かもしか】 |

羚羊(língyáng): 영양

| 羟 (qiǎng) | 羥 수산기 강 |
| 羥 (치앙) | |

羟基氨(qiǎngjī'ān): 히드록실아민

| 阌 (wén) | 閿 땅 이름 문 |
| 閿 (원) | |

阌乡(wénxiāng): 원시앙[지명]

| 阎 (yán) | 閻 이문 염 |
| 閻 (옌) | 閻 えん【ちまた】 |

阎罗(yánluó): 염라대왕

| 着 (zhāo)(zháo)(zhe) | 着/著 붙을 착 나타날 저 |
| 着/著 (자오)(저) | 着/著 ちゃく |

着急(zháojí): 조급해하다

粗 (cū)	粗 거칠 조
粗 (추)	粗 そ【あらい】

粗略(cūlüè): 대략적인

粒 (lì)	粒 낱알 립
粒 (리)	粒 りゅう【つぶ】

粒径(lìjìng): 입경

断 (duàn)	断 자를 단
斷 (단)	断 だん【ことわる】

断绝(duànjué): 단절하다

粕 (pò)	粕 지게미 박
粕 (포)	粕 はく【かす】

糟粕(zāopò): 술지게미

焓 (hán)	焓 엔탈피 함
焓 (한)	

比焓(bǐhán): 비엔탈피

兽 (shòu)	獣 짐승 수
獸 (서우)	獣 じゅう【けもの】

兽医(shòuyī): 수의사

焊 (hàn)	焊 땜질할 한
焊 (한)	

焊接(hànjiē): 용접

焐 (wù)	焐 데울 오
焐 (우)	

焐躁(wùzao): 무덥다

焕 (huàn)	焕 빛날 환
煥 (환)	煥 かん【あきらか】

焕然(huànrán): 빛나는 모양

烯 (xī)	烯 에틸렌 희
烯 (시)	

烯烃(xītīng): 올레핀

剪 (jiǎn)	剪 가위 전
剪 (지엔)	剪 せん【きる】

剪彩(jiǎncǎi): 테이프를 끊다

粘 (zhān)(nián)	粘 차질 점
粘 (잔)(녠)	粘 ねん【ねばる】

粘连(zhānlián): 유착하다

烽 (fēng)	烽 봉화 봉	淇 (qí)	淇 물 이름 기
烽 (평)	烽 ほう【のろし】	淇 (치)	淇 き

| 烽烟(fēngyān): 봉화

| 치(淇)현. 허난(河南)성에 있는 현 이름

鸿 (hóng)	鸿 큰 기러기 홍	清 (qīng)	清 맑을 청
鴻 (홍)	鴻 こう	清 (청)	清 せい【きよい】

| 鸿运(hóngyùn): 행운

| 清晨(qīngchén): 동틀 무렵

焌 (jùn) (qū)	焌 구울 준	添 (tiān)	添 더할 첨
焌 (쥔) (취)		添 (톈)	添 てん【そえる】

| 焌油(qūyóu): 가열한 기름을 요리 위에 붓다

| 添乱(tiānluàn): 폐를 끼치다

烺 (lǎng)	烺 빛날 랑	烷 (wán)	烷 탄화수소 완
烺 (랑)		烷 (완)	

| 인명(人名)에 많이 쓰임

| 烷烃(wántīng): 파라핀

11획

淋 (lín) (lìn)	淋 뿌릴 림	渍 (zì)	渍 담글 지
淋 (린)	淋 りん【そそぐ】	漬 (쯔)	漬 し【ひたす】

| 淋浴(línyù): 샤워하다

| 渍染(zìrǎn): 염색하다

焖 (mèn)	燜 뜸들일 민	渚 (zhǔ)	渚 사주 저
燜 (먼)		渚 (주)	渚 しょ【なぎさ】

| 焖带鱼(mèndàiyú): 갈치조림

| 江渚(jiāngzhǔ): 강의 모래섬

353

渎 (dú)	瀆 도랑 독
瀆 (두)	涜 とく【けがす】

| 渎慢(dúxiè): 경솔하다

淑 (shū)	淑 맑을 숙
淑 (슉)	淑 しゅく【よい】

| 淑女(shūnǚ): 숙녀

渐 (jiān)(jiàn)	漸 차차 점
漸 (지엔)	漸 ぜん【すすむ】

| 渐进(jiànjìn): 점진하다

淌 (tǎng)	淌 흐를 창
淌 (탕)	淌 しょう【おおなみ】

| 淌汗(tǎnghàn): 땀을 흘리다

淖 (nào)	淖 진흙 뇨
淖 (나오)	

| 泥淖(nínào): 진창

淅 (xī)	淅 일 석
淅 (시)	淅 せき【よなぐ】

| 淅沥(xīlì): 부슬부슬

渠 (qú)	渠 도랑 거
渠 (취)	渠 きょ【みぞ】

| 渠道(qúdào): 관개 수로

涯 (yá)	涯 물가 애
涯 (야)	涯 がい【みぎわ】

| 涯田(yátián): 물가의 논밭

挲 (sā)(shā)(suō)	挲 만질 사
挲 (싸)(사)(쉬)	

| 摩挲(mósuō): 쓰다듬다

淹 (yān)	淹 담글 엄
淹 (옌)	淹 えん【ひたす】

| 淹死(yānsǐ): 익사하다

淞 (sōng)	淞 헝클어질 송
淞 (쏭)	淞 しょう

| 淞沪会战(sōnghùhuìzhàn): 상하이 전투

涿 (zhuō)	涿 땅 이름 탁
涿 (줘)	

| 涿洲(zhuōzhōu): 줘저우[지명]

淝 (féi)	淝 물 이름 비
淝 (페이)	

| 淝水(féishuǐ): 페이수이[하천 이름]

澠 (miǎn)(shéng)	澠 고을 이름 면 물 이름 승
澠 (미엔)(성)	

| 澠池(miǎnchí): 미엔츠[지명]

淦 (gàn)	淦 물 이름 감
淦 (간)	

| [문어] 물이 배 안으로 흘러 들어오다

淠 (pì)	淠 물 이름 비
淠 (피)	

| 淠河(pìhé): 피허[하천 이름]

淏 (hào)	淏 맑을 호
淏 (하오)	

| [문어] 물이 맑다

淆 (xiáo)	淆 섞일 효
淆 (샤오)	淆 こう【まじる】

| 淆惑(xiáohuò): 미혹시키다

涸 (hé)	涸 마를 후/학
涸 (허)	涸 かく・こ【かれる】

| 涸竭(héjié): 물이 마르다

淫 (yín)	淫 과할 음
淫 (인)	淫 いん【みだら】

| 淫荡(yíndàng): 음란 방탕하다

淮 (huái)	淮 물 이름 회
淮 (화이)	淮 わい・え

| 淮河(huáihé): 화이허[하천 이름]

淵 (yuān)	淵 못 연
淵 (위안)	淵 えん【ふち】

| 渊博(yuānbó): 해박하다

混 (hún)(hùn)	混 섞일 혼
混 (훈)	混 こん【まぜる】

| 混浊(hùnzhuó): 혼탁하다

渔 (yú)	漁 고기잡을 어
漁 (위)	漁 ぎょ【すなどる】

| 渔夫(yúfū): 어부

淙 (cóng) 淙 (총)	淙 물소리 종 淙 そう
淙淙(cóngcóng): 물 흐르는 소리	

涫 (guàn) 涫 (관)	涫 끓을 관
[문어] (물이) 끓다	

淬 (cuì) 淬 (추이)	淬 담금질할 쉬 淬 さい【にらぐ】
淬火(cuìhuǒ): 담금질하다	

淥 (lù) 淥 (록)	淥 맑을 록
淥淥(lùlù): 축축한 모양	

淳 (chún) 淳 (순)	淳 순박할 순 淳 じゅん【あつい】
淳朴(chúnpǔ): 성실하고 꾸밈이 없다	

深 (shēn) 深 (선)	深 깊을 심 深 しん【ふかい】
深奧(shēn'ào): 심오하다	

淡 (dàn) 淡 (단)	淡 싱거울 담 淡 たん【あわい】
淡泊(dànbó): 담박하다	

淘 (táo) 淘 (타오)	淘 일 도 淘 とう【よなぐ】
淘汰(táotài): 도태하다	

淀 (diàn) 澱 (뎬)	澱 앙금 전 淀 てん【よど】
淀粉(diànfěn): 전분	

液 (yè) 液 (예)	液 즙 액 液 えき【しる】
液晶(yèjīng): 액정	

涪 (fú) 涪 (푸)	涪 물 이름 부
涪州(fúzhōu): 푸저우[지명]	

淤 (yū) 淤 (위)	淤 진흙 어 淤 よ·お【どろ】
淤積(yūjī): 토사가 침적하다	

慚 (cán)	慚 부끄러울 참
慚 (참)	慙 ざん【はじる】

| 慚愧(cánkuì): 부끄럽다

涵 (hán)	涵 담글 함
涵 (함)	涵 かん【ひたす】

| 涵养(hányǎng): 함양하다

梁 (liáng)	梁 대들보 량
梁 (량)	梁 りょう【うつばり】

| 梁柱(liángzhù): 대들보를 받치는 기둥

婆 (pó)	婆 노파 파
婆 (포)	婆 ば【ばば】

| 婆媳(póxí): 시어머니와 며느리

惬 (qiè)	惬 만족할 협
惬 (치에)	

| 惬怀(qièhuái): 흐뭇하다

情 (qíng)	情 뜻 정
情 (칭)	情 じょう【なさけ】

| 情报(qíngbào): 정보

渗 (shèn)	渗 스밀 삼
渗 (선)	滲 しん【しみる】

| 渗透(shèntòu): 삼투하다

涮 (shuàn)	涮 씻을 쇄
涮 (쏸)	

| 涮涮锅(shuànshuànguō): 샤브샤브

悱 (fěi)	悱 표현 못할 비
悱 (페이)	

| 悱愤(fěifèn): 말 못하는 울분

11획

惜 (xī)	惜 아낄 석
惜 (시)	惜 せき·しゃく

| 惜别(xībié): 이별을 아쉬워하다

悻 (xìng)	悻 성낼 행
悻 (싱)	

| 悻然(xìngrán): 성내는 모양

淄 (zī)	淄 물 이름 치
淄 (쯔)	

| 淄博(zībó): 쯔보[지명]

357

惝 (chǎng) 惝 (창)	惝 경황없을 창

悸 (jì) 悸 (지)	悸 두근거릴 계 悸 き【おそれる】

| 惝怳(chǎnghuǎng): 실망하다

| 悸栗(jìlì): 겁이 나 떨다

惆 (chóu) 惆 (처우)	惆 실망할 주 惆 ちゅう【うらむ】

惊 (jīng) 驚 (징)	驚 놀랄 경 驚 きょう【おどろく】

| 惆然(chóurán): 실망하고 원망하는 모양

| 惊喜(jīngxǐ): 놀람과 기쁨

悼 (dào) 悼 (다오)	悼 슬퍼할 도 悼 とう【いたむ】

惧 (jù) 懼 (쮜)	懼 두려워할 구 懼 く【おそれる】

| 悼念(dàoniàn): 애도[추모]하다

| 惧内(jùnèi): 아내를 두려워하다

惦 (diàn) 惦 (덴)	惦 염려할 점

惕 (tì) 惕 (티)	惕 두려워할 척

| 惦挂(diànguà): 걱정하다

| 惕厉(tìlì): 두려워하다

惇 (dūn) 惇 (둔)	惇 도타울 돈 惇 とん【あつい】

惘 (wǎng) 惘 (왕)	惘 심심할 망 惘 ぼう【あきれる】

| 惇笃(dūndǔ): 돈독하다

| 惘然若失(wǎngránruòshī): 망연자실하다

惚 (hū) 惚 (후)	惚 황홀할 홀 惚 こつ

惟 (wéi) 惟 (웨이)	惟 오직 유 惟 い【おもう】

| 恍惚(huǎnghū): 얼떨하다

| 惟恐(wéikǒng): 다만 …할까 두렵다

| 惨 (cǎn) | 惨 슬플 참 |
| 惨 (찬) | 惨 さん【みじめ】 |

| 惨剧(cǎnjù): 참사

| 悴 (cuì) | 悴 야윌 췌 |
| 悴 (추이) | 悴 すい【やつれる】 |

| 悴容(cuìróng): 초췌한 모습

| 惮 (dàn) | 憚 꺼릴 탄 |
| 憚 (단) | 憚 たん【はばかる】 |

| 惮烦(dànfán): 귀찮아하다

| 惯 (guàn) | 慣 익숙할 관 |
| 慣 (관) | 慣 かん【なれる】 |

| 惯例(guànlì): 관례

| 逭 (huàn) | 逭 달아날 환 |
| 逭 (환) | |

| [문어] 벗어나다, 도피하다

| 寄 (jì) | 寄 부칠 기 |
| 寄 (지) | 寄 き【よる】 |

| 寄托(jìtuō): 위탁하다

| 寂 (jì) | 寂 고요할 적 |
| 寂 (지) | 寂 せき【さびしい】 |

| 寂寞(jìmò): 적적하다

| 寇 (kòu) | 寇 도둑 구 |
| 寇 (커우) | 寇 こう【あだ】 |

| 寇掠(kòulüè): 쳐들어가서 약탈하다

| 宿 (sù)(xiǔ)(xiù) | 宿 묵을 숙 |
| 宿 (쑤)(슈) | 宿 しゅく【やどる】 |

| 宿命(sùmìng): 숙명

| 惋 (wǎn) | 惋 한탄할 완 |
| 惋 (완) | |

| 惋惜(wǎnxī): 애석해하다

| 寅 (yín) | 寅 셋째 지지 인 |
| 寅 (인) | 寅 いん【とら】 |

| 寅谊(yínyì): 관리 동료 간의 우의

| 窒 (zhì) | 窒 막을 질 |
| 窒 (즈) | 窒 ちく【ふさがる】 |

| 窒息(zhìxī): 질식하다

宋諶(sòngchén): 송심[인명]

谍报(diébào): 첩보

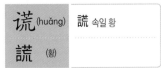

扈驾(hùjià): 천자의 수레를 수종하다

谎言(huǎngyán): 거짓말

谏劝(jiànquàn): 충고하다

谏劝(jiànquàn): 충고하다

皲裂(jūnliè): 피부가 트다

密封(mìfēng): 밀봉하다

谋杀(móushā): 모살하다

窕言(tiǎoyán): 구차한 말

谐和(xiéhé): 조화되다

窑洞(yáodòng): 동굴집

谑人(xuèrén): 놀리다

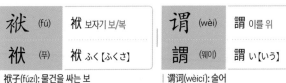

裆 (dāng)	襠 잠방이 당	祲 (jìn)	祲 햇무리 침
襠 (당)	襠 とう【まち】	祲 (진)	

| 裤裆(kùdāng): 바짓가랑이 | [문어] 상서롭지 못한 기운 |

祷 (dǎo)	禱 빌 도	裉 (kèn)	裉 솔기 간
禱 (다오)	祷 とう【いのる】	裉 (컨)	

| 祷告(dǎogào): 기도 드리다 | 杀裉(shākèn): 진동 둘레를 달다 |

谔 (è)	諤 곧은 말할 악	裈 (kūn)	褌 잠방이 곤
諤 (어)	諤 がく	褌 (쿤)	褌 こん【したばかま】

| 谔谔(è'è): 직언하는 모양 | 裈衣(kūnyī): 곤의 |

袱 (fú)	袱 보자기 보/복	谓 (wèi)	謂 이를 위
袱 (푸)	袱 ふく【ふくさ】	謂 (웨이)	謂 い【いう】

| 袱子(fúzi): 물건을 싸는 보 | 谓词(wèicí): 술어 |

袼 (gē)	袼 소매 각	谒 (yè)	謁 뵐 알
袼 (거)		謁 (예)	謁 えつ【まみえる】

| 袼褙(gēbei): 헝겊을 붙여 만든 두꺼운 조각 | 谒见(yèjiàn): 알현하다 |

祸 (huò)	禍 재화 화	谕 (yù)	諭 깨우칠 유
禍 (훠)	禍 か【わざわい】	諭 (위)	諭 ゆ【さとす】

| 祸根(huògēn): 화근 | 谕知(yùzhī): 고지하다 |

谙熟(ānshú): 숙련하다

谗害(chánhài): 참언으로 해치다

逮捕(dàibǔ): 체포하다

谛听(dìtīng): 자세히 듣다

敢想(gǎnxiǎng): 대담하게 생각하다

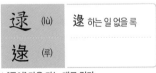

[문어] 마음 가는 대로 걷다

谜语(míyǔ): 수수께끼

谝嘴(piǎnzuǐ): 허풍떨다

屠宰(túzǎi): 도살하다

尉藉(wèijiè): 위로

谖草(xuāncǎo): 훤초

속담, 속어

彈 (dàn) (tán) | 彈 탄알 탄

彈 (단) (탄) | 弾 だん【ひく】

| 彈劾(tánhé): 탄핵하다

蛋 (dàn) | 蛋 새알 단

蛋 (단) | 蛋 たん【たまご】

| 蛋挞(dàntà): 에그타르트

堕 (duò) (huī) | 堕 떨어질 타

墮 (타) (휴이) | 堕 だ【おちる】

| 堕胎(duòtāi): 낙태하다

艴 (fú) | 艴 화낼 불

艴 (푸) | 艴

| 艴然(fúrán): 벌컥 화를 내다

隍 (huáng) | 隍 해자 황

隍 (황) | 隍 こう【からほり】

| 城隍(chénghuáng): 성황신

隗 (kuí) (wěi) | 隗 높을 외

隗 (쿠이) (웨이) | 隗 かい

| 先始於隗(xiānshǐyúkuí): 선시어외[성어]

郿 (méi) | 郿 고을 이름 미

郿 (메이) |

| 郿县(méixiàn): 메이셴[지명]

隋 (suí) | 隋 수나라 수

隋 (쑤이) | 隋 ずい【おちる】

| 隋朝(suícháo): 수나라

随 (suí) | 随 따를 수

隨 (쑤이) | 随 ずい【したかう】

| 随意(suíyì): 뜻대로 하다

粜 (tiào) | 糶 쌀내어팔 조

糶 (탸오) | 糶 ちょう【うりよね】

| 粜米(tiàomǐ): 쌀을 팔다

隈 (wēi) | 隈 굽이 외

隈 (웨이) | 隈 わい【くま】

| 山隈(shānwēi): 산모퉁이

隅 (yú) | 隅 구석 우

隅 (위) | 隅 ぐう【すみ】

| 隅反(yúfǎn): 유추하다

11획

363

婢 (bì)	婢 계집종 비
婢 (비)	婢 ひ【はしため】

| 婢女(bìnǚ): 하녀

婊 (biǎo)	婊 창부 표
婊 (뱌오)	

| 婊子(biǎozi): 매춘부

嬋 (chán)	嬋 고울 선
嬋 (천)	嬋 せん【うつくしい】

| 嬋娟(chánjuān): 곱고 아름답다

娼 (chāng)	娼 노는계집 창
娼 (창)	娼 しょう【あそびめ】

| 娼妓(chāngjì): 기생

姡 (huà)	嬅 안존할 획
嬅 (화)	

| 姽嬅(guǐhuà): 곱고 점잖다

婚 (hūn)	婚 혼인할 혼
婚 (훈)	婚 こん【えんぐみ】

| 婚宴(hūnyàn): 결혼 피로연

婕 (jié)	婕 궁녀 첩
婕 (지에)	

| 婕妤(jiéyú): 한대 궁녀의 관명

婧 (jìng)	婧 가냘플 청
婧 (징)	

| 杜婧(dùjìng): 두징[인명]

隆 (lōng) (lóng)	隆 성할 륭
隆 (륭)	隆 りゅう【たかい】

| 隆鼻(lóngbí): 성형수술로 코를 높이다

婶 (shěn)	嬸 숙모 심
嬸 (선)	

| 婶婶(shěnshen): 숙모

婉 (wǎn)	婉 곡진할 완
婉 (완)	婉 えん【うつくし】

| 婉拒(wǎnjù): 완곡하게 거절하다

隐 (yǐn)	隱 숨을 은
隱 (인)	隱 いん【かくれる】

| 隐私(yǐnsī): 사생활

欸	(āi)(ǎi)	欸 한숨쉴 애
欸	(아이)	欸 あい【なげく】

欸唷(èiyō): 아이구[감탄사]

颇	(pō)	頗 치우칠 파
頗	(파)	頗 は【すこぶる】

颇多(pōduō): 상당히 많다

颈	(gěng)(jǐng)	頸 목 경
頸	(경)(징)	頸 けい【くび】

颈椎(jǐngzhuī): 경추

骐	(qí)	騏 검푸른 말 기
騏	(치)	騏 き

骐骥(qíjì): 천리마

绩	(jì)	績 지을 적
績	(지)	績 せき【つむぐ】

绩效(jìxiào): 성적과 효과

绪	(xù)	緒 실마리 서
緒	(쉬)	緒 しょ【いとぐち】

绪言(xùyán): 머리말

袈	(jiā)	袈 가사 가
袈	(지야)	袈 か

袈裟(jiāshā): 가사

续	(xù)	續 이을 속
續	(쉬)	続 ぞく【つづく】

续签(xùqiān): 재차 서명하다

11획

绫	(líng)	綾 비단 릉
綾	(링)	綾 りょう

绫扇(língshàn): 비단부채

恿	(yǒng)	慂 권유할 용
慂	(용)	慂 よう【すすめる】

怂恿(sǒngyǒng): 교사하다

胬	(nǔ)	胬 군살 노
胬	(누)		

胬肉(nǔròu): 결막에 생긴 군살

翌	(yì)	翌 이튿날 익
翌	(이)	翌 よく

翌日(yìrì): 다음날

365

绷脸(bēngliǎn): 시무룩하다

绰号(chuòhào): 별명

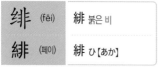

绯闻(fēiwén): 섹스 스캔들

绲边(gǔnbiān): 휘갑치기를 하다

| 骒 (kè) | 騍 암말 과 |
| 騍 (커) | |

骒马(kèmǎ): 암말

绵软(miánruǎn): 부드럽다

绳索(shéngsuǒ): 밧줄

| 骑 (qí) | 騎 말탈 기 |
| 騎 (치) | 騎 き【のる】 |

骑车(qíchē): 자전거를 타다

| 绮 (qǐ) | 綺 비단 기 |
| 綺 (치) | 綺 き【あや】 |

绮媚(qǐmèi): 아름답다

绥靖(suíjìng): 평정하다

| 维 (wéi) | 維 벼리 유 |
| 維 (웨이) | 維 い【これ】 |

维系(wéixì): 유지하다

| 骓 (zhuī) | 騅 오추마 추 |
| 騅 (주이) | 騅 すい【あしげ】 |

骓马(zhuīmǎ): 추마

366

驂 (cān)	驂 곁말 참	绹 (táo)	綯 새끼 도
驂 (참)	驂 さん【そえうま】	綯 (타오)	綯 とう【なわなう】

驂乘(cānshèng): 배승

索綯(suǒtáo): 밧줄

巢 (cháo)	巢 새집소	绾 (wǎn)	綰 통괄할관
巢 (차오)	巢 そう【す】	綰 (완)	綰 わん【わがねる】

巢居(cháojū): 나무 위에 살다

綰綬(wǎnshòu): 인수를 차다

绸 (chóu)	綢 얽을 주	综 (zèng)(zōng)	綜 모을 종
綢 (처우)	綢 ちゅう【まとふ】	綜 (정)(쭝)	綜 そう【おさ】

绸缎(chóuduàn): 주단

综艺(zōngyì): 종합 예능

绺 (liǔ)	綹 끈목 류	缁 (zī)	緇 검을 치
綹 (류)		緇 (쯔)	緇 し【くろ】

绺窃(liǔqiè): 소매치기하다

缁流(zīliú): 승려

11획

绿 (lù)(lù)	綠 초록 록	绽 (zhàn)	綻 솔기터질 탄
綠 (록)(뤼)	綠 りょく【みどり】	綻 (잔)	綻 たん

绿洲(lùzhōu): 오아시스

绽露(zhànlù): 드러나다

缱 (quǎn)	繾 정다울 권	缀 (zhuì)	綴 꿰맬 철
繾 (취안)	繾 けん	綴 (주이)	綴 てつ【つづる】

缱绻(qiǎnquǎn): 헤어지기 아쉬워 연연하다

缀合(zhuìhé): 한데 꿰매다

367

12획

| 琵 (pí) | 琵 비파 비 |
| 琵 (피) | 琵 び【びわ】 |

| 琵琶(pípá): 비파

| 琫 (běng) | 琫 칼집 장식 봉 |
| 琫 (봉) | 琫 ほう |

| 고대(古代)의 칼집 윗부분에 하는 장식

| 琪 (qí) | 琪 옥 기 |
| 琪 (치) | 琪 き |

| 琪花(qíhuā): 진기한 꽃

| 琥 (hǔ) | 琥 호박 호 |
| 琥 (후) | 琥 こ【こはく】 |

| 琥珀(hǔpò): 호박

| 琦 (qí) | 琦 옥 기 |
| 琦 (치) | 琦 き |

| 琦玮(qíwěi): 과장하다

| 耠 (huō) | 耠 갈합 |
| 耠 (훼) | 耠 こう |

| 耠子(huōzi): 극젱이[농기구]

| 琴 (qín) | 琴 거문고 금 |
| 琴 (친) | 琴 きん【こと】 |

| 琴瑟(qínsè): 거문고와 비

| 琳 (lín) | 琳 옥 림 |
| 琳 (린) | 琳 りん |

| 琳琅(línláng): 아름다운 옥

| 瑛 (yīng) | 瑛 옥빛 영 |
| 瑛 (잉) | 瑛 えい |

| 蓝瑛(lányīng): 남영(藍瑛)[미술]

| 琶 (pá) | 琶 비파 파 |
| 琶 (파) | 琶 は【びわ】 |

| 琶音(páyīn): 아르페지오

| 琢 (zhuó) (zuó) | 琢 쫄 탁 |
| 琢 (줘) (줘) | 琢 たく |

| 琢磨(zuómo): 생각하다

| 斑 (bān) | 斑 얼룩 반 |
| 斑 (반) | 斑 はん【まだら】 |

| 斑禿(bāntū): 원형 탈모증

| 琨 (kūn) | 琨 옥돌 곤 |
| 琨 (군) | |

| 琨珸(kūnwú): 옥과 같이 예쁜 돌

| 琮 (cóng) | 琮 옥홀 종 |
| 琮 (총) | 琮 そう |

| 琮琤(cóngchēng): 쟁쟁[옥돌이 부딪힐 때 나는 소리]

| 輦 (niǎn) | 輦 손수레 련 |
| 輦 (녠) | 輦 れん |

| 輦下(niǎnxià): 황성, 수도

| 琛 (chēn) | 琛 보배 침 |
| 琛 (천) | 琛 ちん |

| 亚琛(yàchēn): 아헨

| 琼 (qióng) | 瓊 옥경 |
| 瓊 (치융) | 瓊 けい |

| 琼瑶(qióngyáo): 아름다운 옥

| 琯 (guǎn) | 琯 옥피리 관 |
| 琯 (관) | 琯 かん |

| 替 (tì) | 替 바꿀 체 |
| 替 (티) | 替 たい【かえる】 |

| 替补(tìbǔ): 보결하다

12획

| 靓 (jìng) (liàng) | 靚 단장할 정 |
| 靚 (징) (량) | 靚 せい |

| 靓妹(liàngmèi): 예쁘고 세련된 소녀

| 琬 (wǎn) | 琬 홀 완 |
| 琬 (완) | 琬 えん・わん |

| 琬琰(wǎnyǎn): 아름다운 옥

| 琚 (jū) | 琚 패옥 거 |
| 琚 (쥐) | 琚 きょ |

| 吴琚(wújū): 오거

| 琰 (yǎn) | 琰 옥 염 |
| 琰 (옌) | 琰 えん |

| 琬琰(wǎnyǎn): 아름다운 옥

搽 (chá) 搽 (차)	搽 바를 차 搽 た·ちゃ

| 搽药(cháyào): 약을 바르다

塔 (da)(tǎ) 塔 (다)(타)	塔 탑 탑 塔 とう

| 塔吊(tǎdiào): 타워 크레인

搭 (dā) 搭 (다)	搭 칠 탑 搭 とう

| 搭档(dādàng): 협력자

堞 (dié) 堞 (데)	堞 성가퀴 첩

| 堞墙(diéqiáng): 성가퀴

堪 (kān) 堪 (칸)	堪 견딜 감 堪 かん【たえる】

| 堪当(kāndāng): 감당하다

款 (kuǎn) 款 (콴)	款 정성 관 款 かん

| 款待(kuǎndài): 환대하다

揳 (xiē) 揳 (셰)	揳 닦을 설 揳 かつ·せつ

| [방언] (쐐기나 못 따위를) 박다

揠 (yà) 揠 (야)	揠 뽑을 알 揠 あつ

| 揠苗助长: 모를 뽑아 자라게 하다

堰 (yàn) 堰 (옌)	堰 방죽 언 堰 えん【せき】

| 堰闸(yànzhá): 수문(水門)

堙 (yīn) 堙 (인)	堙 막을 인 堙 いん【ふさぐ】

| 堙窒(yīnzhì): 꽉 막혀 통하지 않다

揍 (zòu) 揍 (쩌우)	揍 때릴 주

| 揍扁(zòubiǎn): 후려갈기다

揸 (zhā) 揸 (자)	揸 집을 사

| [문어] 취하다, 가지다, 걷어쥐다

博 (bó)	博 넓을 박	揩 (kāi)	揩 문지를 개
博 (보)	博 はく・ばく	揩 (카이)	揩 かい

揩汗(kāihàn): 땀을 닦다

博览会(bólǎnhuì): 박람회

超 (chāo)	超 뛰어넘을 초	揽 (lǎn)	揽 잡을 람
超 (차오)	超 ちょう【こえる】	揽 (란)	揽 らん【とる】

超值(chāozhí): 실제 가치를 뛰어넘다

揽客(lǎnkè): 손님을 끌다

趁 (chèn)	趁 따를 진	趋 (qū)	趋 달아날 추
趁 (천)	趁 ちん【おう】	趋 (취)	趋 すう【あもむく】

趁机(chènjī): 기회를 타다

趋势(qūshì): 시세에 순응하다

提 (dī) (tí)	提 들 제	揾 (wèn)	揾 잠길 온
提 (디) (티)	提 てい【さげる】	揾 (원)	

提倡(tíchàng): 제창하다

揾倒(wèndǎo): 눌러 넘어뜨리다

堤 (dī)	堤 둑 제	揖 (yī)	揖 읍할 읍
堤 (디)	堤 てい【つつみ】	揖 (이)	揖 ゆう

堤坝(dībà): 댐과 둑의 총칭

揖别(yībié): 읍하고 헤어지다

趄 (jū) (qiè)	趄 머뭇거릴 저	越 (yuè)	越 넘을 월
趄 (쥐) (치에)	趄 しゃ・しょ	越 (위에)	越 えつ【こえる】

趄避(jūbì): 피하다

越发(yuèfā): 더욱

12획

371

插 (chā) 插 (차)	插 꽂을 삽 插 そう【さす】	塄 (léng) 塄 (릉)	塄 밭두둑 릉

插座(chāzuò): 콘센트

塄坎(léngkǎn): 논두렁

揣 (chuāi) 揣 (촤이)	揣 품을 췌 揣 し【はかる】	彭 (péng) 彭 (펑)	彭 땅 이름 팽 彭 ほう

揣度(chuǎiduó): 추측하다

彭殇(péngshāng): 장수와 요절

堠 (hòu) 堠 (허우)	堠 망루 후	撳 (qìn) 撳 (친)	撳 누를 흠 撳 きん

里堠(lǐhòu): 이정표

撳门铃(qìnménlíng): 문의 초인종을 누르다

揭 (jiē) 揭 (지에)	揭 들 게 揭 けい【かかげる】	搜 (sōu) 搜 (써우)	搜 찾을 수 搜 そう【さがす】

揭晓(jiēxiǎo): 발표하다

搜查(sōuchá): 수사하다

颉 (jié)(xié) 頡 (지에)(셰)	頡 사람 이름 힐 頡 けつ	喜 (xǐ) 喜 (시)	喜 기쁠 희 喜 き【よろこぶ】

颉颃(xiéháng): 우열을 가리기 어렵다

喜爱(xǐ'ài): 좋아하다

揪 (jiū) 揪 (지유)	揪 모을 추 揪 しゅう	煮 (zhǔ) 煮 (주)	煮 끓일 자 煮 しゃ【にる】

揪住(jiūzhù): 꽉 붙잡다

煮饭(zhǔfàn): 밥을 짓다

372

揞 (ǎn)	揞 숨길 암	
揞 (안)		

揞脉(ǎnmài): 진맥하다

跫 (qióng)	跫 발자국 소리 공	
跫 (치웅)	跫 きょう	

跫然(qióngrán): 뚜벅뚜벅

裁 (cái)	裁 마름질 할 재	
裁 (차이)	裁 さい【たつ】	

裁决(cáijué): 결재하다

壗 (wān)	壗 산모퉁이 땅 만	
壗 (완)		

壗坳(wān'ào): 산간 평지

搓 (cuō)	搓 비빌 차	
搓 (취)	搓 さ	

搓揉(cuōróu): 문지르고 비비다

援 (yuán)	援 당길 원	
援 (위안)	援 えん【たすける】	

援救(yuánjiù): 구원하다

攙 (chān)	攙 찌를 참	
攙 (찬)	攙 さん	

攙扶(chānfú): 부축하다

揄 (yú)	揄 빈정거릴 유	
揄 (위)	揄 ゆ【からかう】	

揄策(yúcè): 계책을 내놓다

耋 (dié)	耋 늙은이 질	
耋 (예)	耋 てつ	

大耋(dàdié): 고령자

蛰 (zhé)	蛰 숨을 칩	
蛰 (저)	蛰 てつ【かくれる】	

蛰居(zhéjū): 칩거하다

搁 (gē) (gé)	搁 놓을 각	
搁 (거)	搁 かく【おく】	

搁浅(gēqiǎn): 좌초하다

縶 (zhí)	縶 맬 집	
縶 (즈)	縶 ちゅう	

縶足(zhízú): 발을 묶다

12획

373

摒 (bìng) 摒 (빙)	摒 제거할 병 摒 へい
摒弃(bìngqì): 버리다	

聒 (guō) 聒 (궈)	聒 떠들썩할 괄 聒 かつ【やかましい】
聒噪(guōzào): 시끄럽다	

搅 (jiǎo) 攪 (쟈오)	攪 어지러울 교 攪 かく・こう【みだす】
搅和(jiǎohuo): 뒤섞다	

揆 (kuí) 揆 (쿠이)	揆 헤아릴 규 揆 き【はかる】
揆度(kuíduó): 추측하다	

摟 (lōu)(lǒu) 摟 (러우)	摟 끌루 摟 ろう
搂抱(lǒubào): 두 팔로 껴안다	

蕸 (qiā) 蕸 (치아)	蕸 덩굴 간 蕸 かつ
菝蕸(báqiā): 청미래 덩굴	

揉 (róu) 揉 (러우)	揉 주무를 유 揉 じゅう【もむ】
揉面(róumiàn): 밀가루를 반죽하다	

搔 (sāo) 搔 (싸오)	搔 긁을 소 搔 そう【かく】
搔痒(sāoyǎng): 가려운 데를 긁다	

握 (wò) 握 (워)	握 쥘 악 握 あく【にぎる】
握拳(wòquán): 주먹을 쥐다	

揎 (xuān) 揎 (쉬안)	揎 걷을 선 揎 せん
排揎(páixuan): 꾸짖다	

壹 (yī) 壱 (이)	壹 한 일 壱 いち【ひとつ】
诚壹(chéngyī): 심지가 한결같다	

掾 (yuàn) 掾 (위앤)	掾 아전 연 掾 えん
掾属(yuànshǔ): 속관	

葑 (fēng)(fèng)	葑 순무 봉	
葑 (평)	葑 ほう	

葑烷(fēngwán): 펜찬

蕋 (rèn)(shèn)	蕋 오디 심	
蕋 (런)(선)		

桑葚(sāngshèn): 오디

葫 (hú)	葫 마늘 호	
葫 (후)	葫 こ	

葫芦(húlu): 조롱박

靸 (sǎ)(tā)	靸 신을 삽	
靸 (싸)(타)	靸 そう	

靸鞋(sǎxié): 슬리퍼

期 (jī)(qī)	期 때 기	
期 (지)(치)	期 き·ご	

期望(qīwàng): 기대하다

散 (sǎn)(sàn)	散 헤어질 산	
散 (싼)	散 さん【ちる】	

散步(sànbù): 산보하다

联 (lián)	聯 연이을 련	
聯 (렌)	聯 れん【つらなる】	

联营(liányíng): 공동으로 경영하다

斯 (sī)	斯 이 사	
斯 (쓰)	斯 し【このい】	

斯文(sīwen): 우아하다

欺 (qī)	欺 속일 기	
欺 (치)	欺 き【あざむく】	

欺诈(qīzhà): 사기하다

葳 (wēi)	葳 우거질 위	
葳 (웨이)	葳 い	

葳蕤(wēiruí): 초목이 무성하다

惹 (rě)	惹 이끌 야	
惹 (러)	惹 じゃく【ひく】	

惹祸(rěhuò): 화를 초래하다

靰 (wù)	靰 겨울신 올	
靰 (우)		

靰鞡(wùlā): 방한화의 일종

12획

375

蔵饬(chǎnchì): 경계하다

董事(dǒngshì): 이사, 중역

萼筒(ètǒng): 꽃받침통

葛根(gégēn): 칡뿌리

菅葖(gūtū): 골돌

[문어] (흙을 담는) 멱둥구미, 삼태기

募债(mùzhài): 공채를 모집하다

葺补(qìbǔ): 가옥을 수리하다

萩城(qiūchéng): 하기 성

畏葸(wèixǐ): 두려워하다

葬送(zàngsòng): 매장하다

376

葆 (bāo)	葆 무성할 보		落 (là)(lào)(luō)(luò)	落 떨어질 락	
葆 (바오)	葆 ほう【しげる】		落 (라)(라오)(뤄)	落 らく【おちる】	

永葆(yǒngbǎo): 영원히 간직하다

落后(luòhòu): 낙후되다

葱 (cōng)	葱 파 총		蒌 (lóu)	蒌 산쑥 루	
蔥 (총)	葱 そう【ねぎ】		蔞 (러우)	蔞 る・ろう	

葱绿(cōnglǜ): 담록색

蒌蒿(lóuhāo): 물쑥

蒂 (dì)	蒂 꼭지 체		葩 (pā)	葩 꽃 파	
蒂 (디)	蒂 てい		葩 (파)	葩 は	

蒂托(dìtuō): 열매 꼭지

奇葩(qípā): 진기한 꽃

溁 (hóng)	溁 큰물 홍		蒎 (pài)	蒎 피넨 파	
溁 (훙)	溁 こう		蒎 (파이)	蒎	

溁(hóng): 큰물 홍

蒎烯(pàixī): 피넨

蒋 (jiǎng)	蒋 성씨 장		葡 (pú)	葡 포도나무 포	
蔣 (지앙)	蔣 しょう		葡 (푸)	葡 ぶ	

蒋英实(jiǎngyīngshí): 장영실[인명]

葡萄(pútáo): 포도

敬 (jìng)	敬 공경할 경		葶 (tíng)	葶 두루미냉이 정	
敬 (징)	敬 けい【うやまう】		葶 (팅)	葶 てい	

敬酒(jìngjiǔ): 술을 권하다

葶苈(tínglì): 두루미냉이

 棒 (bàng) / 棒 (방)	棒 몽둥이 봉 / 棒 ぼう

| 棒球(bàngqiú): 야구

葭 (jiā) / 葭 (지아)	葭 갈대 가 / 葭 か【よし】

| 葭莩(jiāfú): 갈대청

 朝 (cháo) (zhāo) / 朝 (챠오) (쟈오)	朝 아침 조 / 朝 ちょう【あさ】

| 朝气(zhāoqì): 생기

葵 (kuí) / 葵 (쿠이)	葵 해바라기 규 / 葵 き【あおい】

| 葵花(kuíhuā): 해바라기

 楮 (chǔ) / 楮 (추)	楮 닥나무 저 / 楮 ちょ【こうぞ】

| 楮实(chǔshí): 닥나무의 열매

棱 (lēng) (léng) (líng) / 棱 (렁) (랑)	棱 모서리 릉 / 棱 りょう【かど】

| 棱角(léngjiǎo): 모서리

 辜 (gū) / 辜 (구)	辜 허물 고 / 辜 こ【つみ】

| 辜负(gūfù): 헛되게 하다

棋 (qí) / 棋 (치)	棋 바둑 기 / 棋 き【ご】

| 棋盘(qípán): 바둑판

戟 (jǐ) / 戟 (지)	戟 창 극 / 戟 げき【ほこ】

| 戟手(jǐshǒu): 삿대질하다

葖 (tū) / 葖 (투)	葖 골돌풀 돌 / 葖 とつ

| 山葖(shāntū): 기름나물

 韩 (hán) / 韓 (한)	韓 나라 이름 한 / 韓 かん

| 韩语(hányǔ): 한국어

萱 (xuān) / 萱 (쉬안)	萱 원추리 훤 / 萱 けん

| 萱草(xuāncǎo): 훤초

櫝 (dú)	櫝 함독
櫝 (두)	櫝 とく

椤 (luó)	欏 사라나무 라
欏 (뤄)	欏 ら

| 桫椤(suōluó): 사라나무

棼 (fén)	棼 마룻대 분
棼 (펀)	棼 ふん

| 棼掠(fénlüè): 불을 지르고 약탈하다

森 (sēn)	森 수풀 삼
森 (썬)	森 しん【もり】

| 森严(sēnyán): 삼엄하다

焚 (fén)	焚 태울 분
焚 (펀)	焚 ふん【やく】

| 焚毁(fénhuǐ): 소각하다

椰 (yē)	椰 야자나무 야
椰 (예)	椰 や【やし】

| 椰果(yēguǒ): 나타데코코[필리핀 요리]

棍 (gùn)	棍 곤장 곤, 묶을 혼
棍 (군)	棍 こん

| 棍打(gùndǎ): 몽둥이로 때리다

椅 (yī)(yǐ)	椅 의자 의
椅 (이)	椅 い【いす】

| 椅垫(yǐdiàn): 의자에 까는 방석

12획

椒 (jiāo)	椒 산초나무 초
椒 (자오)	椒 しょう

| 椒盐(jiāoyán): 화초 소금

棹 (zhào)(zhuō)	棹 노 도
棹 (자오)(쥐)	棹 とう【さお】

| 棹力(zhàolì): 노의 힘

棵 (kē)	棵 괘 괘
棵 (커)	棵 か·かん

| 发棵(fākē): 분얼하다[식물]

植 (zhí)	植 심을 식
植 (즈)	植 しょく【うえる】

| 植树(zhíshù): 나무를 심다

379

椑 (bēi)(pí)	椑 술통 비
椑 (베이)(피)	椑 へい·へき

| 椑柿(bēishì): 돌감

棟 (liáng)	棟 푸조나무 량
棟 (량)	棟 りょう

| 棟鸟(liángniǎo): 찌르레기

棰 (chuí)	棰 매 추
棰 (추이)	棰 すい

| 棒棰(bàngchui): 방망이

棉 (mián)	棉 목화 면
棉 (미엔)	棉 めん【わた】

| 棉衣(miányī): 솜옷

椎 (chuí)(zhuī)	椎 쇠몽치 추
椎 (추이)(주이)	椎 つい【つち】

| 椎骨(zhuīgǔ): 척추

棚 (péng)	棚 시렁 붕
棚 (펑)	棚 ほう【たな】

| 棚圈(péngjuàn): 축사

棺 (guān)	棺 널 관
棺 (관)	棺 かん【ひつぎ】

| 棺材(guāncai): 널

棬 (quān)	棬 나무그릇 권
棬 (취안)	棬 けん

| 柳棬(liǔquān): 버드나무그릇

椁 (guǒ)	椁 덧널 곽
椁 (궈)	椁 かく

| 棺椁(guānguǒ): 관곽

鹀 (wú)	鹀 새 이름 무
鹀 (우)	鹀 ぶ·む【しとど】

| 蓬鹀(péngwú): 촉새

賫 (jī)	賫 가져갈 재
賫 (지)	賫 せい【もたらす】

| 賫志(jīzhì): 뜻을 품다

棕 (zōng)	棕 종려나무 종
棕 (쫑)	棕 しゅ·そう

| 棕榈(zōnglú): 종려나무

380

逼 (bī)	逼 닥칠 핍
逼 (비)	逼 ひつ【せまる】

逼婚(bīhūn): 결혼을 강요하다

鹁 (bó)	鹁 집 비둘기 발
鹁 (보)	鹁 ほつ・ぼつ

鹁鸽(bógē): 비둘기

棣 (dì)	棣 산앵두나무 체
棣 (디)	棣 てい【にわざくら】

棣棠(dìtáng): 죽도화나무

惠 (huì)	惠 은혜 혜
惠 (후이)	惠 けい【めぐむ】

惠及(huìjí): 은혜가 미치다

惑 (huò)	惑 미혹할 혹
惑 (휘)	惑 わく【まどう】

惑众(huòzhòng): 대중을 현혹하다

棘 (jí)	棘 멧대 축, 나무 극
棘 (지)	棘 きょく【いばら】

棘手(jíshǒu): 곤란하다

楗 (jiàn)	楗 문빗장 건
楗 (지엔)	楗 けん

椐 (jū)	椐 느티나무 거
椐 (쥐)	椐 きょ

榔 (láng)	榔 빈랑나무 랑
榔 (랑)	榔 ろう

榔榆(lángyú): 참느릅나무

覃 (qín)(tán)	覃 깊을 담
覃 (친)(탄)	覃 たん

覃思(tánsī): 깊이 생각하다

粟 (sù)	粟 조 속
粟 (쑤)	粟 ぞく【あわ】

粟饭(sùfàn): 변변치 못한 밥

椭 (tuǒ)	椭 둥글고 길쭉할 타
椭 (퉈)	楕 だ

椭圆(tuǒyuán): 타원

12획

381

酢 (cù)(zuò)	酢 초초, 잔 돌릴 작
酢 (초)(줘)	酢 さく·そ

酢浆草(cùjiāngcǎo): 작장초

厨 (chú)	厨 부엌 주
廚 (주)	厨 ちゅう【くりや】

厨师(chúshī): 요리사

覿 (dí)	覿 볼 적
覿 (디)	覿 てき【みる】

覿面(dímiàn): 맞대면하다

酦 (fā)(pō)	醱 빚을 발
醱 (파)(포)	醱 はつ

酦醅(pōpēi): 술을 양조하다

酤 (gū)	酤 술살/술팔 고
酤 (구)	酤 こ

酤户(gūhù): 술집

酣 (hān)	酣 즐길 감
酣 (한)	酣 かん

酣睡(hānshuì): 잠이 깊이 들다

鹂 (lí)	鸝 꾀꼬리 리
鸝 (리)	鸝 り

黄鹂(huánglí): 꾀꼬리

酥 (sū)	酥 연유 소/수
酥 (수)	酥 そ

酥脆(sūcuì): 바삭바삭하다

厦 (shà)(xià)	厦 큰집 하
厦 (사)(샤)	厦 か【いえ】

厦檐(shàyán): 처마 밑의 낭하

酡 (tuó)	酡 불그레해질 타
酡 (퉈)	酡 た

酡然(tuórán): 술기운에 얼굴이 불그레하다

硝 (xiāo)	硝 초석 초
硝 (샤오)	硝 しょう

硝酸(xiāosuān): 질산

硬 (yìng)	硬 단단할/강할 경
硬 (잉)	硬 こう【かたい】

硬盘(yìngpán): 하드 디스크

殫 (dān)	殫 다할탄
殫 (단)	殫 たん

殫心(dānxīn): 마음을 다하다

殛 (jí)	殛 죽일극
殛 (지)	

殛毙(jíbì): 죽이다

頰 (jiá)	頰 뺨협
頰 (지아)	頰 きょう【ほお】

頰骨(jiágǔ): 하악골

硷 (jiǎn)	鹼 잿물감
鹼 (지엔)	鹼 けん【しおけ】

详硷(xiángjiǎn): 중탄산나트륨

厥 (jué)	厥 그궐
厥 (췌)	厥 けつ【その】

昏厥(hūnjué): 의식을 잃다

裂 (liě)(liè)	裂 찢어질렬
裂 (례)	裂 れつ【さく】

裂开(lièkāi): 찢어지다

硫 (liú)	硫 유황류
硫 (류)	硫 りゅう

硫酸(liúsuān): 황산

确 (què)	確 굳을확
確 (췌)	確 かく【たしか】

确定(quèdìng): 확정하다

殖 (shi)(zhí)	殖 불릴식
殖 (스)(즈)	殖 しょく【ふえる】

殖财(zhícái): 재산을 불리다

硪 (wò)	硪 바위와
硪 (워)	硪 が

石硪(shíwò): 돌로 만든 달구

雄 (xióng)	雄 수컷웅
雄 (슝)	雄 ゆう【おす】

雄厚(xiónghòu): 풍부하다

雁 (yàn)	雁 기러기안
雁 (옌)	雁 がん【かり】

雁信(yànxìn): 편지

輩 (bèi)	輩 무리 배
輩 (베이)	輩 はい【ともがら】

輩出(bèichū): 계속 나오다

翹 (qiáo) (qiào)	翹 뛰어날 교
翹 (챠오)	翹 ぎょう

翹望(qiáowàng): 머리를 들어 바라보다

輟 (chuò)	輟 그칠 철
輟 (춰)	輟 てつ【とどめる】

輟学(chuòxué): 중도에서 학업을 그만두다

輞 (wǎng)	輞 바퀴 테 망
輞 (왕)	輞 ぼう

輞板(wǎngbǎn): 수레바퀴의 나무테

輥 (gǔn)	輥 빨리 구를 곤
輥 (군)	輥 こん

輥轴(gǔnzhóu): 굴대 축

雯 (wén)	雯 구름 무늬 문
雯 (원)	雯 ぶん

인명에 쓰이는 글자

靂 (lì)	靂 천둥 력
靂 (리)	靂 れき

霹靂(pīlì): 벼락

雅 (yā) (yǎ)	雅 바를/우아할 아
雅 (야)	雅 が【みやびやか】

雅致(yǎzhì): 품위가 있다

輬 (liáng)	輬 수레 량
輬 (량)	輬 りょう

輼輬(wēnliáng): 옛날, 누워서 탈 수 있는 수레

暫 (zàn)	暫 잠깐 잠
暫 (짠)	暫 ざん【しばらく】

暫缓(zànhuǎn): 잠시 유예하다

椠 (qiàn)	椠 분판 참, 편지 첨
椠 (치엔)	椠 さん·せん

椠本(qiànběn): 목판본

輜 (zī)	輜 짐수레 치
輜 (쯔)	輜 し

輜重(zīzhòng): 군수품

悲 (bēi)	悲 슬플 비	
悲 (뻬이)	悲 ひ【かなしい】	

| 悲观(bēiguān): 비관적이다

敞 (chǎng)	敞 넓을 창	
敞 (청)	敞 しょう【たかい】	

| 敞亮(chǎngliang): 넓고 환하다

掌 (chēng) (chèng)	掌 버틸 탱	
掌 (청)		

| 掌子(chèngzi): 가로대

斐 (fěi)	斐 문채 날 비	
斐 (페이)	斐 ひ【あや】	

| 斐然(fěirán): 우수하다

辉 (huī)	辉 빛날 휘	
辉 (후이)	辉 き【かがやく】	

| 辉煌(huīhuáng): 휘황찬란하다

晴 (qíng)	晴 갤 청	
晴 (칭)	晴 せい【はれる】	

| 晴天(qíngtiān): 맑게 갠 하늘

赏 (shǎng)	赏 칭찬할 상	
赏 (상)	赏 しょう	

| 赏脸(shǎngliǎn): 체면을 생각해 주다

棠 (táng)	棠 팥배나무 당	
棠 (탕)	棠 とう【やまなし】	

| 棠梨(tánglí): 팥배

凿 (záo)	鑿 뚫을 착, 구멍 조	
鑿 (자오)	鑿 さく【うがつ】	

| 凿井(záojǐng): 우물을 파다

紫 (zǐ)	紫 자주빛 자	
紫 (쯔)	紫 し【むらさき】	

| 紫色(zǐsè): 자줏빛

掌 (zhǎng)	掌 손바닥/맡을 장	
掌 (장)	掌 しょう【てのひら】	

| 掌控(zhǎngkòng): 지배하다

黹 (zhǐ)	黹 바느질할 치	
黹 (즈)	黹 ち	

| 黹敬(zhǐjìng): 결혼 축의금

| 喋 (dié) (zhá) | 喋 재재거릴 첩 쪼아먹을 잡 |
| 喋 (뎨) (자) | 喋 ちょう【しゃべる】 |

| 喋喋(diédié): 재잘거리다

| 量 (liáng) (liàng) | 量 헤아릴 량 |
| 量 (량) | 量 りょう【はかる】 |

| 量体温(liángtǐwēn): 체온을 재다

| 睇 (dì) | 睇 흘끗 볼 제 |
| 睇 (디) | 睇 てい |

| 睇视(dìshì): 곁눈질하다

| 喷 (pēn) (pèn) | 喷 뿜을/재채기할 분 |
| 喷 (펀) | 喷 ふん【ふく】 |

| 喷嚏(pēntì): 재채기

| 鼎 (dǐng) | 鼎 솥 정 |
| 鼎 (덩) | 鼎 てい【かなえ】 |

| 鼎力(dǐnglì): 진력하다

| 睃 (suō) | 睃 흘겨볼 준 |
| 睃 (쒀) | 睃 しゅん |

| 흘기다, 보다

| 戢 (jí) | 戢 거둘 즙 |
| 戢 (지) | 戢 しゅう |

| 戢兵(jíbīng): 군대를 철수하다

| 暑 (shǔ) | 暑 더위 서 |
| 暑 (수) | 暑 しょ【あつい】 |

| 暑假(shǔjià): 여름휴가

| 睑 (jiǎn) | 睑 눈꺼풀/고을 검 |
| 瞼 (지엔) | 瞼 けん【まぶた】 |

| 睑炎(jiǎn yán): 안검염

| 晰 (xī) | 晰 밝을 석 |
| 晰 (시) | 晰 せき【あきらか】 |

| 睐 (lài) | 睐 곁눈질할 래 |
| 睐 (라이) | 睐 らい |

| 青睐(qīnglài): 특별한 주목

| 最 (zuì) | 最 가장 최 |
| 最 (쭈이) | 最 さい【もっとも】 |

| 最佳(zuìjiā): 최적이다

386

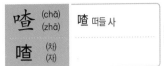

喳 (chā)(zhā) / (차)(자)

喳 떠들 사

喳咕(chāgu): 상의하다

嗒 (dā)(tà) / (다)(타)

嗒 멍할 탑

嗒丧(tàsàng): 낙망하다

遏 (è) / (어)

遏 막을 알

遏 あつ【とめる】

遏制(èzhì): 억제하다

晷 (guǐ) / (구이)

晷 그림자 귀/구

晷 き

日晷(rìguǐ): 해시계

喊 (hǎn) / (한)

喊 소리칠 함

喊 かん

喊冤(hǎnyuān): 억울함을 하소연하다

晶 (jīng) / (징)

晶 맑을 정

晶 しょう

晶莹(jīngyíng): 반짝반짝 빛나다

喹 (kuí) / (쿠이)

喹 퀴놀린 규

喹啉(kuílín): 퀴놀린

喇 (lā)(lá)(lǎ)(là) / (라)

喇 나팔 라/나

喇 らつ·ら

喇嘛(lǎma): 라마

喱 (lí) / (리)

喱 카레 리

啫喱(zhělí): 젤리

晾 (liàng) / (량)

晾 쪼일 량

晾晒(liàngshài): 햇볕에 널어 말리다

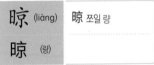

喃 (nán) / (난)

喃 재재거릴 남

喃 なん【しゃべる】

喃喃(nánnán): 웅얼웅얼

遇 (yù) / (위)

遇 만날/대접할 우

遇 ぐう【あう】

遇难(yùnàn): 재난을 만나다

跋 (bá)	跋 밟을 발	
跋 (바)	跋 ばつ【ふむ】	

跋扈(báhù): 횡포하게 굴다

景 (jǐng)	景 빛 경, 그림자 영	
景 (징)	景 けい【ひかり】 えい【かげ】	

景气(jǐngqì): 경기가 좋다

畴 (chóu)	疇 이랑 주	
疇 (처우)	疇 ちゅう【うね】	

畴昔(chóuxī): 옛날

跞 (lì) (luò)	躒 움직일 력	
躒 (리) (뤄)		

逴跞(chuōluò): 훌륭하다

跌 (diē)	跌 거꾸러질 질	
跌 (뎨)	跌 てつ	

跌价(diējià): 물가가 떨어지다

跑 (páo) (pǎo)	跑 달릴 포	
跑 (파오)		

跑步(pǎobù): 달리기

跗 (fū)	跗 발등 부	
跗 (푸)	跗 ふ	

跗蹠(fūzhí): 부척

跚 (shān)	跚 머뭇거릴 산	
跚 (산)	跚 さん	

蹒跚(pánshān): 비틀거리며 걷는 모양

践 (jiàn)	踐 밟을 천	
踐 (지엔)	践 せん【ふむ】	

践行(jiànxíng): 실행하다

跎 (tuó)	跎 헛디딜 타	
跎 (퉈)	跎 た	

蹉跎(cuōtuó): 세월을 헛되이 보내다

喈 (jiē)	喈 새소리 개	
喈 (지에)		

喈巴(jiēba): 말더듬이

跖 (zhí)	跖 밟을 척	
跖 (즈)	跖 せき【あしのうら】	

跖板(zhíbǎn): 소울판(sole plate)

跛 (bǒ)	跛 절름발이 파 비스듬히 설 피
跛 (보)	跛 は【ちんば】

| 跛脚(bǒjiǎo): 절룩거리다

蛳 (sī)	蛳 고둥 사
蛳 (쓰)	蛳 し

| 螺蛳(luósī): 우렁이

蛔 (huí)	蛔 회충 회
蛔 (후이)	蛔 かい

| 蛔虫(huíchóng): 회충

跆 (tái)	跆 밟을 태
跆 (타이)	跆 たい

| 跆拳道(táiquándào): 태권도

跏 (jiā)	跏 책상다리할 가
跏 (지아)	跏 か

| 跏趺(jiāfū): 가부좌

蛙 (wā)	蛙 개구리 와/왜 두견이 결
蛙 (와)	蛙 あ【かえる】

| 蛙泳(wāyǒng): 개구리헤엄

蛺 (jiá)	蛺 호랑나비 협
蛺 (지아)	蛺 きょう

| 蛺蝶(jiádié): 네발나비

遺 (wèi) (yí)	遺 남을/끼칠 유
遺 (웨이) (이)	遺 い·ゆい【のこす】

| 遗失(yíshī): 유실하다

蛲 (náo)	蛲 요충 요
蛲 (나오)	蛲 じょう

| 蛲虫(náochóng): 요충

蛭 (zhì)	蛭 거머리 질
蛭 (즈)	蛭 しつ【ひる】

| 水蛭(shuǐzhì): 거머리

蛐 (qū)	蛐 지렁이 곡
蛐 (취)	蛐 きょく

| 蛐蟮(qūshàn): 지렁이

蛛 (zhū)	蛛 거미 주
蛛 (주)	蛛 ちゅ【くも】

| 蛛网(zhūwǎng): 거미줄

蛤蟆(hámá): 개구리와 두꺼비의 통칭

| 蛑 | (móu) | 蛑 꽃게 모 |
| 蛑 | (머우) | 蛑 ぼう |

蟊蛑(yóumóu): 꽃게

喝醉(hēzuì): 술을 마셔 취하다

| 蠐 | (qí) | 蠐 굼벵이 제 |
| 蠐 | (치) | 蠐 せい |

蠐螬(qícáo): 풍뎅이의 유충

蛟龙(jiāolóng): 교룡

| 蜓 | (tíng) | 蜓 잠자리 정 |
| 蜓 | (팅) | 蜓 てい·てん |

蜻蜓(qīngtíng): 왕잠자리

噪鵑(zàojuān): 검은뻐꾸기

| 蜒 | (yán) | 蜒 그리마 연 |
| 蜒 | (옌) | 蜒 えん |

蜒蜒(yányán): 구불구불하다

| 畯 | (jùn) | 畯 농부 준 |
| 畯 | (쥔) | 畯 しゅん |

才畯(cáijùn): 재능이 뛰어난 사람

| 蛘 | (yáng) | 蛘 바구미 양 |
| 蛘 | (양) | 蛘 よう |

蛘子(yángzi): 쌀벌레

| 蛞 | (kuò) | 蛞 괄태충 활 |
| 蛞 | (궈) | 蛞 かつ |

蛞蝓(kuòyú): 활유

喁喁(yúyú): 속삭이다

喘 (chuǎn)	喘 숨찰 천	
喘 (천)	喘 ぜん【あえぐ】	

| 喘息(chuǎnxī): 헐떡거리다

喉 (hóu)	喉 목구멍 후	
喉 (허우)	喉 こう【のど】	

| 喉咙(hóulóng): 목구멍

喤 (huáng)	喤 울음소리 황	
喤 (황)		

| 喤喤(huánghuáng): 어린애의 큰 울음소리

斝 (jiǎ)	斝 옥잔 가	
斝 (지아)	斝 か	

嗟 (jiē)	嗟 탄식할 차	
嗟 (지에)	嗟 さ【なげく】	

| 嗟叹(jiētàn): 탄식하다

啾 (jiū)	啾 울 추	
啾 (지유)	啾 しゅう	

| 啾唧(jiūjī): 찍찍

喟 (kuì)	喟 한숨 쉴 위	
喟 (쿠이)	喟 き【ためいき】	

| 喟叹(kuìtàn): 감개가 깊어 탄식하다

嗖 (sōu)	嗖 바람 소리 수	
嗖 (써우)		

| 嗖主意(sōuzhǔyi): 유치한 계책

啼 (tí)	啼 울 제	
啼 (티)	啼 てい【なく】	

| 啼哭(tíkū): 큰 소리로 울다

喑 (yīn)	喑 벙어리 음	
喑 (인)	喑 いん	

| 喑哑(yīnyǎ): 벙어리

喻 (yù)	喻 깨우칠 유	
喻 (위)	喻 ゆ【さとす】	

| 喻示(yùshì): 암시하다

喂 (wèi)	喂 두려울 위	
喂 (웨이)		

| 喂养(wèiyǎng): 양육하다

12획

391

| 嵖 (chá) |
| 嵖 (차) | 嵖 산 이름 사/차 |

嵖岈(cháyá): 챠야[산 이름]

| 遄 (chuán) |
| 遄 (촨) | 遄 빠를 천 |
| | 遄 せん |

遄返(chuánfǎn): 서둘러 돌아가다

| 幅 (fú) |
| 幅 (푸) | 幅 너비 폭, 붙일 핍 |
| | 幅 ふく【はば】 |

幅额(fú'é): 현수막

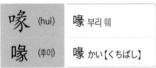

| 喙 (huì) |
| 喙 (후이) | 喙 부리 훼 |
| | 喙 かい【くちばし】 |

喙头蜥(huìtóuxī): 투아타라

| 喀 (kǎ)(kē) |
| 喀 (카)(커) | 喀 뱉을 객 |
| | 喀 かく |

喀咕(kāgū): 뻐꾸기

| 嵌 (kàn)(qiàn) |
| 嵌 (칸)(치엔) | 嵌 새겨 넣을 감 |
| | 嵌 かん【はめる】 |

嵌入(qiànrù): 상감하다

| 嘍 (lóu) |
| 嘍 (러우) | 嘍 시끄러울 루 |

喽啰(lóuluó): 도적의 부하

| 喔 (ō)(ò)(wō) |
| 喔 (오)(워) | 喔 울 악 |

喔喔(wōwō): 빵빵[의성어·의태어]

| 嵘 (róng) |
| 嵘 (룽) | 嵘 가파를 영 |

峥嵘(zhēngróng): 산세가 높고 험준한 모양

| 崴 (wǎi)(wēi) |
| 崴 (와이)(웨이) | 崴 높을 외 |

崴脚(wǎijiǎo): 발을 삐다

| 喧 (xuān) |
| 喧 (쉬안) | 喧 떠들썩할 훤 |
| | 喧 けん |

喧哗(xuānhuá): 떠들썩하다

| 嗞 (zī) |
| 嗞 (쯔) | 嗞 탄식할 자 |

嗞溜(zīliū): 스르륵[의성어·의태어]

392

嵯 (cuó)	嵯 우뚝 솟을 차	嵬 (wéi)	嵬 높을 외
嵯 (촤)	嵯 さ【けわしい】	嵬 (웨이)	嵬 かい

嵯峨(cuó'é): 산세가 높고 험하다

嵬然(wéirán): 우뚝 솟다

翙 (huì)	翙 날개 치는 소리 해	幄 (wò)	幄 장막 악
翙 (후이)	翙 かい	幄 (워)	幄 あく【とばり】

翙翙(huìhuì): 새가 나는 소리

幄舍(wòshè): 천막집

詈 (lì)	詈 꾸짖을 리	崳 (yú)	崳 산 이름 유
詈 (리)	詈 り【ののしる】	崳 (위)	

詈骂(lìmà): 책망하여 꾸짖다.

昆崳(kūnyú): 쿤위[산 이름]

嵝 (lǒu)	嵝 산봉우리 루	嵎 (yú)	嵎 산모퉁이 우
嵝 (러우)		嵎 (위)	嵎 ぐう【くま】

岣嵝(gǒulǒu): 거우러우[산 이름]

虎负嵎(hǔfùyú): 범이 산모퉁이를 등지고 서다

帽 (mào)	帽 모자 모	崽 (zǎi)	崽 새끼 자
帽 (마오)	帽 ぼう【ぼうし】	崽 (짜이)	

帽匠(màojiàng): 모자를 만드는 직공

崽猪(zǎizhū): 돼지 새끼

嶔 (qīn)	嶔 우뚝 솟을 금	嵫 (zī)	嵫 산 이름 자
嶔 (친)		嵫 (쯔)	

嶔崟(qīnyín): 높고 험하다

崦嵫(yānzī): 옌쯔[산 이름]

屃屃(bìxì): 힘을 쓰는 모양

峨嵋(éméi): 어메이[산 이름]

賜教(cìjiào): 가르침을 내려 주시다

賠款(péikuǎn): 배상하다

賭场(dǔchǎng): 도박장

鋪蓋(pūgai): 요와 이불

賦予(fùyǔ): 부여하다

贖罪(shúzuì): 속죄하다

黑市(hēishì): 암시장

錕鋙(kūnwú): 보검

鐒(láo)

로렌슘(Lr, lawrencium)

铸人(zhùrén): 인재를 양성하다

394

锄 (chú)	鋤 호미 서
鋤 (추)	鋤 じょ【すき】

鋤奸(chújiān): 배반자를 제거하다

锂 (lǐ)	鋰 리튬 리
鋰 (리)	鋰 り

锂电池(lǐdiànchí): 리튬 배터리

锇 (é)	鋨 오스뮴 아
鋨 (어)	鋨 が

锇酸(ésuān): 오스믹산(osmic acid)

链 (liàn)	鏈 쇠사슬 련
鏈 (렌)	鏈 れん【くさり】

链接(liànjiē): 서로 고리로 연결되다

锆 (gào)	鋯 지르코늄 고
鋯 (가오)	鋯 こく

锆合金(gàohéjīn): 지르코늄합금

锁 (suǒ)	鎖 자물쇠 쇄
鎖 (쒀)	鎖 さ【くさり】

锁头(suǒtou): 자물쇠

锅 (guō)	鍋 노구솥 과
鍋 (궈)	鍋 か【なべ】

锅炉(guōlú): 보일러

铽 (tè)	鋱 테르븀 특
鋱 (터)	鋱 とく

铽金属(tèjīnshǔ): 테르븀 메탈

12획

铿 (kēng)	鏗 금속 소리 갱
鏗 (컹)	鏗 こう

铿锵(kēngqiāng): 낭랑하다

销 (xiāo)	銷 녹을 소
銷 (샤오)	銷 しょう【とく】

销账(xiāozhàng): 장부에서 지워버리다

铼 (lái)	錸 레늄 래
錸 (라이)	錸 らい

锃 (zèng)	鋥 빛날 정
鋥 (정)	鋥 とう

锃亮(zèngliàng): 반짝반짝 빛나다

锉 (cuò)	銼 꺾을 좌
銼 (춰)	銼 さ

锉平(cuòpíng): 줄로 쓸어서 평평하게 하다

锋 (fēng)	鋒 칼날 봉
鋒 (펑)	鋒 ほう【ほこさき】

锋利(fēnglì): 예리하다

锏 (jiǎn) (jiàn)	鐗 수레 굴대 간
鐗 (지엔)	鐗 かん

杀手锏(shāshǒujiàn): 비장의 무기

锔 (jū) (jú)	鋦 거멀못/쿼륨 거
鋦 (쥐)	

锔齿形(jūchǐxíng): 갈지자형

锎 (kāi)	鐦 수레굴대 개
鐦 (카이)	鐦 かい

칼리포르늄(Cf, californium)

锒 (láng)	鋃 쇠사슬 랑
鋃 (랑)	鋃 ろう

锒铛(lángdāng): 쇠사슬

锊 (lüè)	鋝 무게 여섯냥 렬
鋝 (뤠)	鋝 れつ

옛날, 무게 단위. 약 6량(兩)의 무게

锓 (qīn)	鋟 새길 침
鋟 (친)	鋟 しん·せん

锓版(qīnbǎn): 조판하다

锐 (ruì)	銳 날카로울 예
銳 (루이)	銳 えい【するどい】

锐角(ruìjiǎo): 예각

锑 (tī)	銻 안티몬 제
銻 (티)	銻 てい

锑酪(tīlào): 삼염화안티몬

锌 (xīn)	鋅 아연 신
鋅 (신)	鋅 し·しん

锌皂(xīnzào): 아연 비누

锈 (xiù)	銹 녹 수
銹 (슈)	銹 しゅう【さび】

锈蚀(xiùshí): 녹이 슬어 부식되다

锕 (ā)	錒 악티늄 아
錒 (아)	錒 ぁ

| 锕铀系(āyóuxì): 악티늄 우라늄 계열

掰 (bāi)	掰 쪼갤 배
掰 (바이)	

| 掰扯(bāiche): 잡아 찢다

毳 (cuì)	毳 솜털 취
毳 (추이)	毳 ぜい【にこげ】

| 毳幕(cuìmù): 모직으로 만든 천막

矬 (cuó)	矬 작을 좌
矬 (춰)	矬 さ

| 矬人(cuórén): 키가 작은 사람

掣 (chè)	掣 끌 체
掣 (처)	掣 せい【ひく】

| 掣签(chèqiān): 제비를 뽑다

氮 (dàn)	氮 질소 담
氮 (단)	

| 氮化(dànhuà): 질화(하다)

短 (duǎn)	短 짧을 단
短 (돤)	短 たん【みじかい】

| 短促(duǎncù): 촉박하다

毽 (jiàn)	毽 제기 건
毽 (지엔)	

| 毽子(jiànzi): 제기

氰 (qíng)	氰 시안 청
氰 (칭)	

| 氰化钾(qínghuàjiǎ): 청산가리

甥 (shēng)	甥 생질 생
甥 (성)	甥 せい【おい】

| 甥女(shēngnǚ): 외손녀

毯 (tǎn)	毯 담요 담
毯 (탄)	毯 たん

| 地毯(dìtǎn): 양탄자

智 (zhì)	智 슬기 지
智 (즈)	智 ち【ちえ】

| 智商(zhìshāng): 지능 지수

12획

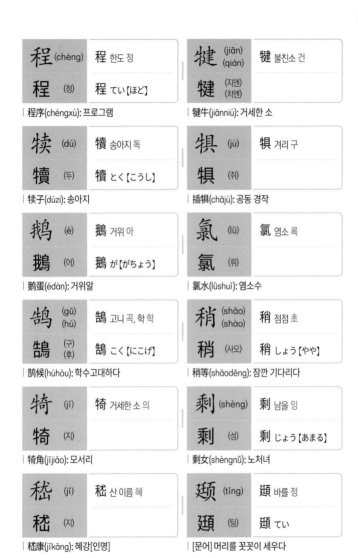

| 程 (chéng) | 程 한도 정 |
| 程 (청) | 程 てい【ほど】 |

程序(chéngxù): 프로그램

| 犊 (dú) | 犢 송아지 독 |
| 犢 (독) | 犢 とく【こうし】 |

犊子(dúzi): 송아지

| 鵝 (é) | 鵝 거위 아 |
| 鵝 (아) | 鵝 が【がちょう】 |

鵝蛋(édàn): 거위알

| 鹄 (gǔ) (hú) | 鵠 고니 곡, 학 학 |
| 鵠 (곡) (후) | 鵠 こく【にこげ】 |

鹄候(húhòu): 학수고대하다

| 犄 (jī) | 犄 거세한 소 의 |
| 犄 (지) | |

犄角(jījiǎo): 모서리

| 嵇 (jī) | 嵇 산 이름 혜 |
| 嵇 (지) | |

嵇康(jīkāng): 혜강[인명]

| 犍 (jiān) (qián) | 犍 불친소 건 |
| 犍 (지엔) (치엔) | |

犍牛(jiānniú): 거세한 소

| 犋 (jù) | 犋 겨리 구 |
| 犋 (쥐) | |

插犋(chājù): 공동 경작

| 氯 (lǜ) | 氯 염소 록 |
| 氯 (뤼) | |

氯水(lǜshuǐ): 염소수

| 稍 (shāo) (shào) | 稍 점점 초 |
| 稍 (사오) | 稍 しょう【やや】 |

稍等(shāoděng): 잠깐 기다리다

| 剩 (shèng) | 剩 남을 잉 |
| 剩 (성) | 剩 じょう【あまる】 |

剩女(shèngnǚ): 노처녀

| 頲 (tǐng) | 頲 바를 정 |
| 頲 (팅) | 頲 てい |

[문어] 머리를 꼿꼿이 세우다

篳 (bì)	篳 사립짝 필
篳 (비)	篳 ひつ【いばら】

篳门(bìmén): 사립문

策 (cè)	策 꾀 책
策 (책)	策 さく

策反(cèfǎn): 책동하여 모반하다

等 (děng)	等 등급 등
等 (등)	等 とう【ひとしい】

等待(děngdài): 기다리다

稃 (fū)	稃 껍질 부
稃 (부)	稃 ふ

外稃(wàifū): 겉껍데기

筘 (kòu)	筘 바디 구
筘 (커우)	筘

钢筘(gāngkòu): 철제 바디

筐 (kuāng)	筐 광주리 광
筐 (쾅)	筐 きょう

筐举(kuāngjǔ): 식견이 좁다

稂 (láng)	稂 강아지풀 랑
稂 (량)	稂 ろう

稂莠(lángyǒu): 곡식을 해치는 잡초

筛 (shāi)	筛 체 사
筛 (사이)	筛 し【ふるい】

筛查(shāichá): 샅샅이 검사하다

黍 (shǔ)	黍 기장 서
黍 (수)	黍 しょ【きび】

黍醅(shǔpēi): 기장으로 빚은 술

税 (shuì)	税 세금 세
税 (수이)	税 ぜい

税单(shuìdān): 납세 증명서

稀 (xī)	稀 드물 희
稀 (시)	稀 き【まれ】

稀薄(xībó): 희박하다

筑 (zhù)	築 쌓을 축
築 (주)	筑/築 ちく【きずく】

筑路(zhùlù): 도로[철도]를 건설하다

12획

傲 (ào)	傲 업신여길 오	筋 (jīn)	筋 힘줄 근
傲 (아오)	傲 ごう【おごる】	筋 (진)	筋 きん【すじ】

傲慢(àomàn): 오만하다 | 筋道(jīndao): 졸깃졸깃하다

答 (dā)	答 대답할 답	筌 (quán)	筌 통발 전
答 (다)	答 とう【こたえる】	筌 (치엔)	筌 せん【うえ】

答辩(dábiàn): 답변하다 | 忘筌(wàngquán): 통발을 잊는다

傣 (dǎi)	傣 태족 태	筒 (tǒng)	筒 통통
傣 (다이)		筒 (퉁)	筒 とう【つつ】

傣族(dǎizú): 다이족[중국의 소수민족] | 筒仓(tǒngcāng): 사일로

筜 (dāng)	筜 왕대 당	筅 (xiǎn)	筅 솔 선
筜 (당)		筅 (셴)	筅 せん【ささう】

筼筜(yúndāng): 물가에 자라는 큰 대나무 | 筅帚(xiǎnzhǒu): 대를 잘게 쪼개어 만든 솔

筏 (fá)	筏 떼 벌	筵 (yán)	筵 대자리 연
筏 (파)	筏 ばつ【いかだ】	筵 (옌)	筵 えん【むしろ】

筏渡(fádù): 뗏목으로 건넘 | 筵宴(yányàn): 연회

傅 (fù)	傅 스승 부	筝 (zhēng)	筝 쟁 쟁
傅 (푸)	傅 ふ【かしぜく】	筝 (정)	筝 そう

傅佐(fùzuǒ): 보좌하다 | 古筝(gǔzhēng): 쟁

400

傍 (bàng)	傍 곁방	集 (jí)	集 모을 집
傍 (방)	傍 ぼう【かたわら】	集 (지)	集 しゅう【あつめる】

傍晩(bàngwǎn): 저녁 무렵

集资(jízī): 자금을 모으다

堡 (bǎo)(bǔ)(pù)	堡 작은 성보	焦 (jiāo)	焦 탈초
堡 (보)(보)(부)	堡 ほう【とりで】	焦 (자오)	焦 しょう【こげる】

堡垒(bǎolěi): 견고한 구축물

焦虑(jiāolǜ): 가슴을 태우다

傧 (bīn)	儐 인도할 빈	傈 (lì)	傈 종족 이름 률
儐 (빈)		傈 (리)	

傧相(bīnxiàng): 들러리

傈傈族(lìsùzú): 리수족

储 (chǔ)	儲 쌓을 저	牌 (pái)	牌 패 패
儲 (추)	儲 ちょ【もうける】	牌 (파이)	牌 はい【ふだ】

储备(chǔbèi): 비축하다

牌价(páijià): 표시 가격

12획

牍 (dú)	牘 서찰 독	傥 (tǎng)	儻 뛰어날 당
牘 (두)	牘 とく	儻 (탕)	儻 とう

书牍(shūdú): 서신

傥荡(tǎngdàng): 방탕하다

遑 (huáng)	遑 한가할 황	舄 (xì)	舄 신 석
遑 (황)	遑 こう	舄 (시)	舄 しゃく・せき

遑急(huángjí): 황급하다

舄卤(xìlǔ): 간석지

401

奥 (ào) 奥 깊을 오
奧 (아오) 奧 おう【おく】

| 奧妙(àomiào): 오묘하다

懲 (chéng) 懲 징계할 징
懲 (청) 懲 ちょう【こらす】

| 惩戒(chéngjiè): 징계하다

遁 (dùn) 遁 달아날 둔
遁 (둔) 遁 とん【にげる】

| 遁形(dùnxíng): 형체를 감추다

徨 (huáng) 徨 배회할 황
徨 (황) 徨 こう【さまよう】

| 彷徨(pánghuáng): 방황하다

皓 (hào) 皓 밝을 호
皓 (하오) 皓 こう

| 皓月(hàoyuè): 밝은 달

街 (jiē) 街 거리 가
街 (지에) 街 がい【まち】

| 街坊(jiēfang): 이웃

儺 (nuó) 儺 푸닥거리 나
儺 (눠) 儺 だ【おにやらい】

| 傩神(nuóshén): 역귀를 쫓다

皖 (wǎn) 皖 땅 이름 환
皖 (완) 皖 かん

| 皖南(wǎnnán): 안후이성 양쯔강 이남 지역

舾 (xī) 舾 장식품 서
舾 (시)

| 舾装(xīzhuāng): 의장하다

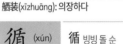

循 (xún) 循 빙빙 돌 순
循 (쉰) 循 じゅん

| 循序(xúnxù): 차례를 따르다

御 (yù) 禦 막을 어
禦 (위) 御/禦 ぎょ

| 御寒(yùhán): 추위를 막다

粤 (yuè) 粤 땅 이름 월
粵 (웨) 粤 えつ

| 粤菜(yuècài): 광둥 요리

番 (fān)(pān)	番 번 번	
番 (판)	番 ぼん【つがう】	

番茄(fānqié): 토마토

舒 (shū)	舒 펼 서	
舒 (수)	舒 じょ【のべる】	

舒缓(shūhuǎn): 완만하다

颌 (gé)(hé)	頜 아래턱 합	
頜 (거)(허)	頜 かん·こう	

颌骨(hégǔ): 턱뼈

艇 (tǐng)	艇 거룻배 정	
艇 (팅)	艇 てい	

艇身(tǐngshēn): 정신

禽 (qín)	禽 짐승 금	
禽 (친)	禽 きん	

禽兽(qínshòu): 날짐승과 길짐승

翕 (xī)	翕 합할 흡	
翕 (시)	翕 きゅう	

翕合(xīhé): 끌어 모으다

畲 (shē)	畬 새밭 여	
畬 (서)	畬 しゃ	

畲田(shētián): 화전

釉 (yòu)	釉 광택 유	
釉 (유)	釉 ゆう【つか】	

釉质(yòuzhì): 법랑질

12획

弑 (shì)	弑 죽일 시	
弑 (스)	弑 し·しい	

弑父(shìfù): 아버지를 시해하다

逾 (yú)	逾 넘을 유	
逾 (위)	逾 ゆ【こえる】	

逾期(yúqī): 기한을 넘기다

释 (shì)	釋 풀 석	
釋 (스)	釈 しゃく	

释放(shìfàng): 석방하다

鹆 (yù)	鴝 구관조 욕	
鵒 (위)		

鸲鹆(qúyù): 구관조

腌 (ā)(yān)	腌 절인 고기 엄/업
腌 (아)(옌)	腌 えん·よう

腌制(yānzhì): 소금절이

脾 (pí)	脾 지라 비
脾 (피)	脾 ひ【ひぞう】

脾气(píqi): 성격

貂 (diāo)	貂 담비 초
貂 (댜오)	貂 ちょう【てん】

貂帽(diāomào): 담비 모피로 만든 모자

舜 (shùn)	舜 순임금 순
舜 (슌)	舜 しゅん【むくげ】

舜华(shùnhuā): 무궁화

腓 (féi)	腓 장딴지 비
腓 (페이)	腓 ひ【こむら】

腓骨(féigǔ): 종아리뼈

腆 (tiǎn)	腆 두터울 전
腆 (톈)	腆 てん【あつい】

腆赠(tiǎnzèng): 극진한 선물

腑 (fǔ)	腑 오장육부 부
腑 (푸)	腑 ふ【はらわた】

腑脏(fǔzàng): 사람·동물의 내장

腋 (yè)	腋 겨드랑이 액
腋 (예)	腋 えき【わき】

腋窝(yèwō): 겨드랑이

腈 (jīng)	腈 니트릴 정
腈 (징)	

腈纶(jīnglún): 아크릴 섬유

腴 (yú)	腴 살질 유
腴 (위)	腴 ゆ【こえる】

腴田(yútián): 비옥한 밭

腊 (là)(xī)	臘 섣달 랍
臘 (라)(시)	臘 ろう【くれ】

腊月(làyuè): 음력 섣달

腙 (zōng)	腙 하이드라진 종
腙 (쭝)	

双硫腙(shuāngliúzōng): dithizone[화학]

鮁 (bā)	鮁 비늘어름치 파 헤엄칠 발
鲅 (바)	

魯 (lǔ)	魯 미련할 로
鲁 (루)	魯 ろ【おろか】

魯莽(lǔmǎng): 경솔하다

腚 (dìng)	腚 볼기 정
腚 (딩)	

光腚(guāngdìng): 엉덩이를 드러내다

腔 (qiāng)	腔 빈속 강
腔 (치앙)	腔 こう

腔调(qiāngdiào): 곡조

鲂 (fáng)	魴 방어 방
鲂 (팡)	魴 ほう【おしきうお】

鲂鱼(fángyú): 방어

鲀 (tún)	魨 복 돈
鲀 (툰)	魨 とん

鳞鲀(líntún): 쥐치

猢 (hú)	猢 원숭이 호
猢 (후)	

猢狲(húsūn): 원숭이의 한 종류

腕 (wàn)	腕 팔목 완
腕 (완)	腕 わん【うで】

腕表(wànbiǎo): 손목시계

12획

腱 (jiàn)	腱 힘줄 전
腱 (지엔)	腱 けん【すじ】

腱鞘(jiànqiào): 건초

颍 (yǐng)	潁 물 이름 영
潁 (잉)	潁 えい【かわのな】

颍上县(yǐngshàngxiàn): 잉상현[지명]

腒 (jū)	腒 날짐승 포 거
腒 (쥐)	腒 きょ

鱿 (yóu)	魷 오징어 우
鱿 (유)	魷 ゆう

鱿鱼(yóuyú): 오징어

惫 고달플 비
憊 はい【つかれる】

| 惫累(bèilèi): 피로하다

獁 몽구스 미

| 獁子(méizi): 몽구스

猹 짐승 이름 사

| 오소리와 비슷한 야수의 일종

猱 원숭이 노

| 猱犬(náoquǎn): 사나운 들개

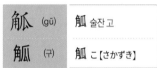

觚 술잔 고
觚 こ【さかずき】

| 觚稜(gūléng): 궁궐

觴 잔 상
觴 しょう【さかずき】

| 觴咏(shāngyǒng): 술을 마시며 시를 짓다

猾 교활할 활
猾 かつ【みだす】

| 猾伯(huábó): 교활하기 짝이 없는 인간

猥 뒤섞일 외
猥 わい【みだら】

| 猥亵(wěixiè): 외설스럽다

猴 원숭이 후
猴 こう【さる】

| 猴急(hóují): 안달하다

猬 고슴도치 위

| 猬缩(wèisuō): 고슴도치의 털이 오그라들다

颶 구풍 구
颶 ぐ

| 颶风(jùfēng): 허리케인

猩 성성이 성
猩 しょう

| 猩猩(xīngxing): 성성이

馇 (chā) 餷 (차)	餷 끓이면서 휘저을 사	

| 馇粥(chāzhōu): 죽을 쑤다

蛮 (mán) 蠻 (만)	蠻 오랑캐 만 蛮 ばん	

| 蛮横(mánhèng): 무지막지하다

馋 (chán) 饞 (찬)	饞 탐할 참 饞 さん	

| 馋嘴(chánzuǐ): 게걸들다

然 (rán) 然 (란)	然 그러할 연 然 ぜん	

| 然而(rán'ér): 그러나

馉 (gǔ) 餶 (구)	餶 고기 만두 골	

| 馉饳(gǔduò): 고기만두의 일종

馊 (sōu) 餿 (써우)	餿 밥 쉴 수 餿 そう	

| 馊腐(sōufǔ): 진부하다

就 (jiù) 就 (지유)	就 나아갈 취 就 しゅう【つく】	

| 就餐(jiùcān): 밥을 먹다

飧 (sūn) 飧 (쑨)	飧 저녁밥 손 飧 そん	

| 饔飧(yōngsūn): 아침밥과 저녁밥

12획

馈 (kuì) 饋 (쿠이)	饋 보낼 궤 饋 き【おくる】	

| 馈赠(kuìzèng): 선물하다

亵 (xiè) 褻 (셰)	褻 추잡할 설 褻 せつ【けがれる】	

| 亵慢(xièmàn): 경박하다

脔 (luán) 臠 (롼)	臠 저민고기 련 臠 れん	

| 脔割(luángē): 잘게 썰다

装 (zhuāng) 裝 (좡)	裝 차릴 장 裝 そう【よそおう】	

| 装配(zhuāngpèi): 조립하다

斌 (bīn)	斌 빛날 빈
斌 (빈)	斌 ひん

| 斌斌(bīnbīn): 문채와 바탕이 겸비되다

痢 (lì)	痢 설사리
痢 (리)	痢 り【りびょう】

| 痢疾(lìjí): 이질

痤 (cuó)	痤 부스럼 좌
痤 (취)	痤 さ

| 痤疮(cuóchuāng): 여드름

痞 (pǐ)	痞 결릴 비
痞 (피)	痞 ひ

| 痞棍(pǐgùn): 부랑자

痘 (dòu)	痘 마마 두
痘 (더우)	痘 とう

| 痘痂(dòujiā): 두창 딱지

裒 (póu)	裒 모을 부
裒 (퍼우)	裒 ほう

| 裒辑(póují): 편집하다

敦 (duì)(dūn)	敦 도타울 돈 다스릴 퇴
敦 (두이)(둔)	敦 とん

| 敦厚(dūnhòu): 돈후하다

廋 (sōu)	廋 숨길 수
廋 (써우)	

| 廋伏(sōufú): 매복하다

痪 (huàn)	痪 중풍 탄
痪 (환)	痪 かん・たん

| 瘫痪(tānhuàn): 반신불수

痦 (wù)	痦 사마귀 오
痦 (우)	

| 痦子(wùzi): 사마귀

痨 (láo)	痨 중독 로
痨 (라오)	痨 ろう

| 痨病(láobìng): 폐결핵

痣 (zhì)	痣 사마귀 지
痣 (즈)	痣 し

| 痣疣(zhìyóu): 점과 사마귀

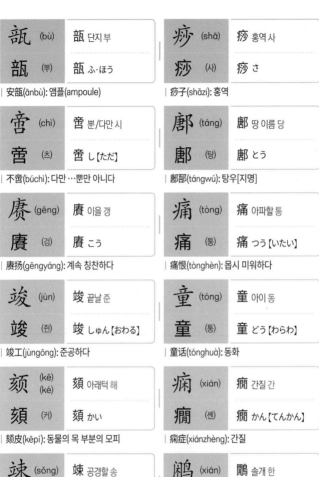

瓿 (bù)	瓿 단지 부	
瓿 (뿌)	瓿 ふ・ほう	

瓿 安瓿(ānbù): 앰플(ampoule)

啻 (chì)	啻 뿐/다만 시	
啻 (츠)	啻 し【ただ】	

啻 不啻(búchì): 다만 …뿐만 아니다

赓 (gēng)	賡 이을 갱	
賡 (겅)	賡 こう	

赓 赓扬(gēngyáng): 계속 칭찬하다

竣 (jùn)	竣 끝날 준	
竣 (쥔)	竣 しゅん【おわる】	

竣 竣工(jùngōng): 준공하다

颏 (kē)(ké)	頦 아래턱 해	
頦 (커)	頦 かい	

颏 颏皮(kēpí): 동물의 목 부분의 모피

竦 (sǒng)	竦 공경할 송	
竦 (쑹)	竦 しょう	

竦 竦敬(sǒngjìng): 경의를 표하다

痧 (shā)	痧 홍역 사	
痧 (사)	痧 さ	

痧 痧子(shāzi): 홍역

鄌 (táng)	鄌 땅 이름 당	
鄌 (탕)	鄌 とう	

鄌 鄌郚(tángwú): 탕우[지명]

痛 (tòng)	痛 아파할 통	
痛 (퉁)	痛 つう【いたい】	

痛 痛恨(tònghèn): 몹시 미워하다

童 (tóng)	童 아이 동	
童 (퉁)	童 どう【わらわ】	

童 童话(tónghuà): 동화

痫 (xián)	癇 간질 간	
癇 (셴)	癇 かん【てんかん】	

痫 痫症(xiánzhèng): 간질

鹇 (xián)	鷳 솔개 한	
鷳 (셴)	鷳 かん	

鹇 白鹇(báixián): 흰 꿩

12획

409

| 奠祭(diànjì): 제사 지내다

| 粪便(fènbiàn): 대소변

| 阔绰(kuòchuò): 사치스럽다

| 普遍(pǔbiàn): 보편적이다

| 阑珊(lánshān): 세력이 점차로 줄어지다

| 阒寂(qùjì): 고요하다

| 上阕(shàngquè): 1단락

善 (shàn)
善 착할 선

善 (산)
善 ぜん【よい】

| 善后(shànhòu): 뒤처리를 잘하다

| 豆粞(dòuxī): 부순 콩

| 妒羡(dùxiàn): 시기하면서 부러워하다

翔 (xiáng)
翔 날 상

翔 (상)
翔 しょう【かける】

| 翔贵(xiánggùi): 등귀하다

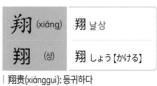

| 尊严(zūnyán): 존엄하다

焙 (bèi)	焙 찔 배	
焙 (베이)	焙 はい【あぶる】	

| 焙烧(bèishāo): 배소하다

遂 (suí) (suì)	遂 이룰 수	
遂 (쑤이)	遂 すい【ついに】	

| 遂愿(suìyuàn): 소원대로 되다

曾 (céng) (zēng)	曾 일찍 증	
曾 (청) (쩡)	曾 そう【かつて】	

| 曾任(céngrèn): 이전에 …의 직책을 역임하다

鹈 (tí)	鹈 사다새 제	
鹈 (티)	鹈 てい	

| 鹈鹕(tíhú): 펠리컨

焯 (chāo) (zhuō)	焯 밝을 작	
焯 (차오) (줘)		

| 焯著(zhuōzhù): 뚜렷하다

焰 (yàn)	焰 불꽃 염	
焰 (옌)	焰 えん【ほのお】	

| 焰火(yànhuǒ): 불꽃

道 (dào)	道 길 도	
道 (다오)	道 どう【みち】	

| 道别(dàobié): 헤어지다

焱 (yàn)	焱 불꽃 염/혁	
焱 (옌)		

12획

焜 (kūn)	焜 빛날 혼	
焜 (쿤)	焜 こん	

| 焜耀(kūnyào): 빛내다

孳 (zī)	孳 부지런할 자	
孳 (쯔)	孳 し	

| 孳生(zīshēng): 생장 번식하다

遒 (qiú)	遒 닥칠 주	
遒 (치유)	遒 しゅう	

| 遒健(qiújiàn): 강건하다

湛 (zhàn)	湛 괼 잠, 잠길 침	
湛 (잔)	湛 たん·ちん	

| 湛清(zhànqīng): 아주 맑다

411

渤(bó)
渤(보)
渤 바다 이름 발
渤 ぼつ

| 渤海(bóhǎi): 보하이(발해)

港(gǎng)
港(강)
港 항구 항, 통할 홍
港 こう【みなと】

| 港湾(gǎngwān): 항만

湖(hú)
湖(후)
湖 호수 호
湖 こ【みずうみ】

| 湖泊(húpō): 호수

湝(jiē)
湝(지에)
湝 출렁출렁 흐를 개

| 湝湝(jiējiē): 물 흐르는 모양

湨(jú)
湨(쥐)
湨 강 이름 격

| 湨水(júshuǐ): 쥐수이[하천 이름]

湜(shí)
湜(스)
湜 물 맑을 식

| 湜湜(shíshí): 물이 맑아 밑바닥이 환히 보이는 모양

湘(xiāng)
湘(상)
湘 강 이름 상
湘 しょう

| 湘妃竹(xiāngfēizhú): 반죽(斑竹)[식물]

渫(xiè)
渫(세)
渫 파낼 설
渫 せつ【さらう】

| 浚渫(jùnxiè): 준설하다

湮(yān)
湮(옌)(인)
湮(yīn)
湮 묻힐 인, 막힐 연
湮 いん【しずむ】

| 湮灭(yānmiè): 인멸하다

渣(zhā)
渣(자)
渣 찌꺼기 사
渣 さ【かす】

| 渣滓(zhāzǐ): 찌꺼기

滞(zhì)
滞(즈)
滞 막힐 체
滞 たい【とどこおる】

| 滞留(zhìliú): 체류하다

滑 (huá)	滑 미끄러울 활
滑 (활)	滑 かつ【すべる】

| 滑冰(huábīng): 스케이트를 타다

潰 (huì)(kuì)	潰 무너질 궤
潰 (후이)(쿠이)	潰 かい【ついえる】

| 潰疡(kuìyáng): 궤양

濺 (jiān)(jiàn)	濺 뿌릴 천
濺 (지엔)	濺 せん【そそぐ】

| 濺洒(jiànsǎ): 튀겨 뿌리다

湫 (jiǎo)(qiū)	湫 못 웅덩이 추
湫 (쟈오)(치유)	湫 しゅう・しょう

| 湫隘(jiǎo'ài): 지세가 낮고 좁다

渴 (kě)	渴 목마를 갈
渴 (커)	渴 かつ【かわく】

| 渴求(kěqiú): 갈구하다

渺 (miǎo)	渺 아득할 묘
渺 (먀오)	渺 びょう【はるか】

| 渺茫(miǎománg): 아득하다

湃 (pài)	湃 물결칠 배
湃 (파이)	湃 はい【なみうつ】

| 拜寿(bàishòu): 생일을 축하하다

溲 (sōu)	溲 오줌 수
溲 (써우)	溲 しゅう【ゆばり】

| 溲血(sōuxuè): 혈뇨

湿 (shī)	濕 젖을 습
濕 (스)	湿 しつ【しめる】

| 湿透(shītòu): 흠뻑 젖다

湍 (tuān)	湍 여울 단
湍 (퇀)	湍 たん【はやせ】

| 湍急(tuānjí): 물살이 세다

渭 (wèi)	渭 물 이름 위
渭 (웨이)	渭 い

| 浊泾清渭(zhuójīngqīngwèi): 흑백을 분명히 하다

温 (wēn)	溫 따뜻할 온
溫 (원)	温 おん【あたたかい】

| 温馨(wēnxīn): 온화하고 향기롭다

12획

413

 渡 (dù) / 渡 (두)

渡 건널 도

渡 と【わたる】

| 渡轮(dùlún): 나룻배

 漵 (xù) / 漵 (쉬)

漵 갯벌 서

| 漵水(xùshuǐ): 쉬수이[하천 이름]

湟 (huáng) / 湟 (황)

湟 물 이름 황

湟 こう

| 湟鱼(huángyú): 칭하이호 잉어

 游 (yóu) / 游 (유)

游 헤엄칠 유

游 ゆう【あそぶ】

| 游览(yóulǎn): 유람하다

湔 (jiān) / 湔 (지엔)

湔 씻을 전

| 湔洗(jiānxǐ): 빨아서 헹구다

渝 (yú) / 渝 (위)

渝 변할 유/투

渝 ゆ【かわる・かえる】

| 渝盟(yúméng): 서약을 저버리다

 漊 (lóu) / 漊 (러우)

漊 지적지적할 루

| 漊水(lóushuǐ): 러우수이[강 이름]

 湲 (yuán) / 湲 (위안)

湲 흐를 원/완

湲 えん【ながれる】

| 潺湲(chányuán): 물이 천천히 흐르는 모양

 湉 (tián) / 湉 (톈)

湉 고요히 흐를 첨

| 湉湉(tiántián): 고요하다

 滋 (zī) / 滋 (쯔)

滋 불을 자

滋 じ【しげる】

| 滋补(zībǔ): 자양하다

 湾 (wān) / 灣 (완)

灣 물굽이 만

湾 わん

| 湾泊(wānbó): 정박하다

  溠 (zhà) / 溠 (자)

溠 물 이름 차

| 溠水(zhàshuǐ): 자수이[하천 이름]

414

滁 (chú)	滁 강 이름 저
滁 (추)	

| 滁州(chúzhōu): 추저우[지명]

惰 (duò)	惰 게으를 타
惰 (둬)	惰 だ【おこたる】

| 惰怠(duòdài): 태만하다

愕 (è)	愕 놀랄 악
愕 (어)	愕 がく【おどろく】

| 愕视(èshì): 놀라서 보다

愤 (fèn)	愤 분할 분
愤 (펀)	憤 ふん【いきどおる】

| 愤慨(fènkǎi): 분개하다

溉 (gài)	溉 물댈 개
溉 (가이)	溉 がい【そそぐ】

| 灌溉(guàngài): 관개하다

慌 (huāng) (huang)	慌 어리둥절할 황
慌 (황)	慌 こう

| 慌张(huāngzhāng): 당황하다

愦 (kuì)	愦 심란할 궤
愦 (쿠이)	憒 かい

| 愦慢(kuìmàn): 어리석고 게으르다

湄 (méi)	湄 물가 미
湄 (메이)	

| 湄公河(méigōnghé): 메콩강[하천 이름]

渥 (wò)	渥 두터울 악
渥 (워)	渥 あく【あつい】

| 渥恩(wò'ēn): 두터운 은혜

惺 (xīng)	惺 깨달을 성
惺 (싱)	惺 せい【さとい】

| 惺悟(xīngwù): 각성하다

渲 (xuàn)	渲 작은 흐름 선
渲 (쉬안)	

| 渲染(xuànrǎn): 과장하다

愠 (yùn)	愠 성낼 온
愠 (원)	慍 おん【いかる】

| 愠怒(yùnnù): 노하다

愎拗(bì'ào): 비뚤어지다

割爱(gē'ài): 아끼고 사랑하는 것을 버리다

寒心(hánxīn): 낙심하다

惶惑(huánghuò): 두렵고 당혹해하다

愧对(kuìduì): 볼 면목이 없다

愣说(lèngshuō): 억지 말을 하다

愀然(qiǎorán): 정색하는 모양

愔愔(yīnyīn): 묵묵하다

愉快(yúkuài): 기분이 좋다

惴栗(zhuìlì): 두려워 벌벌 떨다

愧对(kuìduì): 볼 면목이 없다

慨叹(kǎitàn): 개탄하다

중국 고대 전설상의 오제(五帝) 중의 하나

遍 (biàn) / 遍 (비엔)	遍 두루 편 遍 へん【あまねく】

遍及(biànjí): 두루 미치다

窜 (cuàn) / 竄 (촨)	竄 숨을 찬 竄 ざん【かくれる】

窜改(cuàngǎi): 개찬하다

窗 (chuāng) / 窗 (촹)	窗 창 창 窓 そう【まど】

窗帘(chuānglián): 창문 커튼

扉 (fēi) / 扉 (페이)	扉 문짝 비 扉 と【とびら】

扉页(fēiyè): 속표지

富 (fù) / 富 (푸)	富 넉넉할 부 富 ふ【とむ】

富余(fùyu): 여유가 있다

窖 (jiào) / 窖 (쟈오)	窖 움 교 窖 こう【あなぐら】

窖藏(jiàocáng): 움에 저장하다

窘 (jiǒng) / 窘 (지융)	窘 막힐 군 窘 きん【たしなめる】

窘迫(jiǒngpò): 곤궁하다

寐 (mèi) / 寐 (메이)	寐 잘 매 寐 び【ねる】

寐语(mèiyǔ): 잠꼬대

谟 (mó) / 謨 (모)	謨 꾀 모 謨 ぼ·も

令谟(lìngmó): 좋은 계책

棨 (qǐ) / 棨 (치)	棨 창계 棨 けい

棨戟(qǐjǐ): 표신

窝 (wō) / 窩 (워)	窩 집 와 窩 わ【あなぐら】

窝囊(wōnang): 억울하다

寓 (yù) / 寓 (위)	寓 부칠 우 寓 ぐう【よせる】

寓言(yùyán): 우언

裸裎(luǒchéng): 벌거벗다

雇主(gùzhǔ): 고용주

옛날, 땅에 술을 부어 강신(降神)을 빌던 의식

褶裥(zhějiǎn): 바지나 치마 따위의 주름

裤衩(kùchǎ): 반바지

搭裢(dāilàn): 쇠사슬 고리

襝衽(liǎnrèn): 옛날, 부녀자가 절을 하다

[문어] 신령의 위복(威福)

祺祥(qíxiáng): 상서롭다

裙带(qúndài): 치마끈

厣厓(yǎnyí): 문빗장

裕如(yùrú): 넉넉하다

418

谤 (bàng)	謗 헐뜯을 방
謗 (방)	謗 ぼう【そしる】

| 谤毁(bànghuǐ): 헐뜯다

谧 (mì)	謐 조용할 밀
謐 (미)	謐 ひつ

| 谧静(mìjìng): 조용하고 편안하다

禅 (chán)(shàn)	禪 참선할 선
禪 (찬)(산)	禅 ぜん【ゆずる】

| 禅宗(chánzōng): 선종

谦 (qiān)	謙 겸손할 겸
謙 (치엔)	謙 けん【へりくだる】

| 谦逊(qiānxùn): 겸손하다

谠 (dǎng)	讜 곧은 말 당
讜 (당)	讜 とう

| 谠言(dǎngyán): 정직한 말

谡 (sù)	謖 일어날 속
謖 (쑤)	謖 しょく

| 谡谡(sùsù): 우뚝한 모양

塈 (jì)	塈 맥질할 기
塈 (지)	

谥 (shì)	謚 시호 시, 웃을 익
謚 (스)	謚 えきし【おくりな】

12획

| 赐谥(cìshì): 시호를 하사하다

禄 (lù)	祿 복 록
祿 (루)	禄 ろく

| 禄位(lùwèi): 봉급과 벼슬

谢 (xiè)	謝 사례할 사
謝 (셰)	謝 しゃ【あやまる】

| 谢绝(xièjué): 사절하다

幂 (mì)	幂 덮을 멱
幂 (미)	

谣 (yáo)	謠 노래할 요
謠 (야오)	謡 よう【うたい】

| 谣传(yáochuán): 헛소문을 전하다

419

弼 (bì)
弼 도울 필

弼 (비)
弼 ひつ【たすける】

| 弼匡(bìkuāng): 보좌하여 바로잡아 주다

属 (shǔ) (zhǔ)
屬 무리 속, 이을 촉

屬 (수) (주)
属 ぞく

| 属实(shǔshí): 사실과 일치하다

孱 (càn) (chán)
孱 잔약할 잔

孱 (찬)
孱 せん【よわい】

| 孱弱(chánruò): 허약하다

犀 (xī)
犀 무소 서

犀 (시)
犀 さい

| 犀角(xījiǎo): 무소뿔

隔 (gé)
隔 막을 격

隔 (거)
隔 かく【へだたる】

| 隔阂(géhé): 간격

遐 (xiá)
遐 멀 하

遐 (샤)
遐 か【とおい】

| 遐想(xiáxiǎng): 멀리 내다보는 생각

强 (jiàng) (qiáng) (qiǎng)
强 강할 강

强 (지앙) (치앙)
强 きょう【つよい】

| 强调(qiángdiào): 강조하다

巽 (xùn)
巽 부드러울 손

巽 (쉰)
巽 そん【たつみ】

| 巽言(xùnyán): 부드러운 말

屡 (lǚ)
屢 여러 루

屢 (뤼)
屢 る【しばしば】

| 屡次(lǚcì): 누차

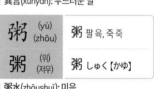

粥 (yù) (zhōu)
粥 팔 육, 죽 죽

粥 (위) (저우)
粥 しゅく【かゆ】

| 粥水(zhōushuǐ): 미음

疏 (shū)
疏 트일/나눌 소

疏 (수)
疏 そ【とおる】

| 疏忽(shūhu): 소홀히 하다

骘 (zhì)
騭 수말 즐

騭 (즈)
騭 しつ【のぼる】

| 积骘(jīzhì): 과거에 덕을 쌓다

420

隘 (ài)	隘 좁을 애, 막을 액	
隘 (아이)	隘 あい【せまい】	

隘谷(àigǔ): 험하고 좁은 골짜기

嫂 (sǎo)	嫂 형수 수	
嫂 (싸오)	嫂 そう【あによめ】	

嫂嫂(sǎosao): 형수

媼 (ǎo)	媼 할머니 오/온	
媼 (아오)	媼 おう【おうな】	

翁媼(wēngǎo): 영감과 노파

婷 (tíng)	婷 예쁠 정	
婷 (팅)		

婷婷(tíngtíng): 아름다운 모양

媒 (méi)	媒 중매 매	
媒 (메이)	媒 ばい【なかだち】	

媒人(méiren): 중매쟁이

隙 (xì)	隙 틈 극	
隙 (씨)	隙 げき【すき】	

隙缝(xìfèng): 갈라진 곳

媚 (mèi)	媚 아첨할 미	
媚 (메이)	媚 び【こびる】	

媚态(mèitài): 아양을 떠는 모습

絮 (xù)	絮 솜 서	
絮 (쒸)	絮 は【わた】	

絮烦(xùfan): 귀찮다

12획

巯 (qiú)	巯 수황기 규	
巯 (치유)		

巯基(qiújī): 메르캅토기

婿 (xù)	婿 사위 서	
婿 (쒸)	婿 せい【むこ】	

女婿(nǚxu): 사위

毵 (sān)	毵 털이 길 산/삼	
毵 (싼)		

毵毵(sānsān): 털·나뭇가지 따위가 가늘고 긴 모양

媛 (yuán)(yuàn)	媛 미녀 원	
媛 (위안)	媛 えん【ひめ】	

婵媛(chányuán): 아리땁다

421

皴 (cūn)	皴 주름 준
皴 (춘)	皴 しゅん【ひび】

| 皴裂(cūnliè): 살갗이 트다

缅 (miǎn)	緬 멀 면
緬 (미엔)	緬 めん

| 缅怀(miǎnhuái): 회고

登 (dēng)	登 오를 등
登 (덩)	登 とう【のぼる】

| 登陆(dēnglù): 상륙하다

缇 (tí)	緹 붉은 비단 제
緹 (티)	

| 缇骑(tíqí): 근위병

翚 (huī)	翬 훨훨 날 휘
翬 (후이)	翬 き

| 王翚(wánghuī): 왕휘

骛 (wù)	鶩 달릴 무
鶩 (우)	

| 驰骛(chíwù): 질주하다

缄 (jiān)	緘 봉할 함
緘 (지엔)	緘 かん【とじる】

| 缄口(jiānkǒu): 함구하다

婺 (wù)	婺 별 이름 무
婺 (우)	

| 婺女(wùnǚ): 무녀성

缂 (kè)	緙 수놓을 혁
緙 (커)	緙 かく

| 缂丝(kèsī): 자수

缃 (xiāng)	緗 담황색 상
緗 (샹)	緗 しょう

| 缃黄(xiānghuáng): 담황색

缆 (lǎn)	纜 닻줄 람
纜 (란)	纜 らん

| 缆车(lǎnchē): 케이블카

彘 (zhì)	彘 돼지 체
彘 (즈)	

| 狗彘(gǒuzhì): 개돼지

编 (biān)	編 엮을 편
編 (벤)	編 へん【あむ】

编剧(biānjù): 각본을 쓰다

缉 (jī) (qī)	緝 모을 집, 이을 즙
緝 (집) (칩)	緝 しゅう

缉毒(jīdú): 마약을 단속하다

缏 (biàn) (pián)	緶 궤맬 편
緶 (벤) (편)	緶 へん

缏子(biànzi): 밀짚으로 엮은 띠

缕 (lǚ)	縷 실루
縷 (뤼)	縷 る·ろう【いと】

缕析(lǚxī): 상세히 분석하다

缔 (dì)	締 맺을 체
締 (디)	締 てい【しまる】

缔造(dìzào): 창건하다

缈 (miǎo)	緲 아득할 묘
緲 (먀오)	緲 びょう【かすか】

缥缈(piāomiǎo): 멀고 어렴풋하다

缎 (duàn)	緞 비단 단
緞 (돤)	緞 たん·だん

缎面(duànmiàn): 단자 겉감

骗 (piàn)	騙 속일 편
騙 (피엔)	騙 へん【かたる】

骗取(piànqǔ): 편취하다

12획

缑 (gōu)	緱 칼자루 감을 구
緱 (거우)	緱 こう

缌 (sī)	緦 삼베 시
緦 (쓰)	緦 し

缓 (huǎn)	緩 느릴 완
緩 (환)	緩 かん【ゆるい】

缓和(huǎnhé): 완화시키다

缒 (zhuì)	縋 매달 추
縋 (주)	縋 つい【かける】

缒城而出(zhuìchéng'érchū): 줄에 매달려 성을 내려서 나오다

423

騤 (kuí)	騤 말 끌밋할 규
騤 (쿠이)	騤 き

| 騤騤(kuíkuí): 말의 힘이 센 모양

飨 (xiǎng)	饗 대접할 향
饗 (샹)	饗 きょう【もてなす】

| 飨宴(xiǎngyàn): 주연을 베풀어 환대하다

缗 (mín)	緡 낚싯줄 민
緡 (민)	緡 びん

| 缗钱(mínqián): 돈을 꿰다

缘 (yuán)	緣 인연 연
緣 (위안)	緣 えん

| 缘故(yuángù): 연고

骚 (sāo)	騷 떠들 소
騷 (싸오)	騷 そう【さわぐ】

| 骚动(sāodòng): 소동을 일으키다

瑟 (sè)

瑟 큰 거문고 슬

瑟 (쓰)

瑟 しつ

| 瑟缩(sèsuō): 움츠러들다

瑰 (guī)

瑰 구슬 이름 괴

瑰 (구이)

瑰 かい

| 瑰宝(guībǎo): 진귀한 보물

鹉 (wǔ)

鹉 앵무새 무

鵡 (우)

鵡 む【おうむ】

| 鹦鹉(yīngwǔ): 앵무새

瑚 (hú)

瑚 산호 호

瑚 (후)

瑚 こ【さんご】

| 珊瑚(shānhú): 산호

瑄 (xuān)

瑄 도리옥 선

瑄 (쉬안)

瑄 せん

| 고대, 하늘에 제사 지낼 때 사용한 여섯 치의 큰 옥

耢 (lào)

耢 고무래 로

耢 (라오)

耢 ろう

| 耢地(làodì): 땅을 고르다

瑜 (yú)

瑜 옥 유

瑜 (위)

瑜 ゆ【たまのひかり】

| 瑜伽(yújiā): 요가

瑁 (mào)

瑁 대모 모

瑁 (마오)

瑁 まい【たいまい】

| 玳瑁(dàimào): 대모

瑀 (yǔ)

瑀 패옥 우

瑀 (위)

瑀 う

| [문어] 옥같이 아름다운 돌

瑞 (ruì)

瑞 상서 서

瑞 (루이)

瑞 ずい【しるし】

| 瑞雪(ruìxuě): 상서로운 눈

瑗 (yuàn)

瑗 옥 원

瑗 (위안)

瑗 えん

| 인명에 쓰이는 글자

| 鰲 (áo) | 鰲 준마 오 |
| 鳌 (아오) | 鰲 ごう |

桀鰲(jié'ào): 포악하고 오만하다

| 瑙 (nǎo) | 瑙 마노 노 |
| 瑙 (나오) | 瑙 のう【めのう】 |

玛瑙(mǎnǎo): 마노

| 遨 (áo) | 遨 놀 오 |
| 遨 (아오) | 遨 ごう |

遨游(áoyóu): 유력하다

| 肆 (sì) | 肆 방자할 사 |
| 肆 (쓰) | 肆 し【ほしいまま】 |

肆意(sìyì): 멋대로하다

| 遘 (gòu) | 遘 만날 구 |
| 遘 (거우) | 遘 こう |

遘会(gòuhuì): 만나다

| 摄 (shè) | 攝 당길 섭 |
| 攝 (서) | 摂 せつ【とる】 |

摄像(shèxiàng): 촬영하다

| 魂 (hún) | 魂 넋 혼 |
| 魂 (훈) | 魂 こん【たましい】 |

魂魄(húnpò): 혼백

| 填 (tián) | 塡 메울 전 |
| 填 (텐) | 塡 てん【うずめる】 |

填写(tiánxiě): 써넣다

| 髡 (kūn) | 髡 머리깎을 곤 |
| 髡 (쿤) | |

髡刑(kūnxíng): 곤형

| 瑕 (xiá) | 瑕 허물 하 |
| 瑕 (샤) | 瑕 か【きぜ】 |

瑕疵(xiácī): 흠집

| 摸 (mō)(mó) | 摸 더듬을 모 |
| 摸 (모) | 摸 ばく【さぐる】 |

摸索(mōsuo): 더듬어 찾다

| 韫 (yùn) | 韞 감출 온 |
| 韞 (원) | 韞 うん【つつむ】 |

韫椟而藏(yùndú'ércáng): 함에 넣어 보관하다

摆 (bǎi) 擺 (바이)	擺 열파 擺 はい【ひらく】		趔 (liè) 趔 (례)	趔 자빠지려고 할 렬

摆摊(bǎitān): 노점을 펴다

趔趄(lièqie): 비틀거리다

搏 (bó) 搏 (보)	搏 잡을 박 搏 はく【うつ】		攄 (shū) 攄 (수)	攄 펼 터 攄 ちょ

搏击(bójī): 박격하다

攄诚(shūchéng): 성의를 표시하다

赪 (chēng) 赬 (정)	赬 붉을 정 赬 てい		塌 (tā) 塌 (타)	塌 떨어질 탑

赪桐(chēngtóng): 당오동

塌陷(tāxiàn): 내려앉다

摁 (èn) 摁 (언)	摁 누를은		鄢 (yān) 鄢 (옌)	鄢 고을 이름 언 鄢 えん

摁住(ènzhù): 누르다

鄢陵(yānlíng): 옌링[지명]

塥 (gé) 塥 (거)	塥 흙 덧붙일 격		塬 (yuán) 塬 (위안)	塬 높은 평지 원

주로 지명에 쓰임

중국 서북부 황토 유역의 탁상(卓狀)고원

鼓 (gǔ) 鼓 (구)	鼓 북고 鼓 こ【だいこ】		趑 (zī) 趑 (쯔)	趑 머뭇거릴 자 趑 し

鼓舞(gǔwǔ): 고무하다

趑趄(zījū): 걷기 힘들다

搬 (bān)	搬 옮길 반	
搬 (바)	搬 はん【はこぶ】	

| 搬家(bānjiā): 이사하다

搒 (bàng)(péng)	搒 배저을 방	
搒 (방)(평)	搒 ほう	

| 搒掠(bēnglüě): 매질하다

搐 (chù)	搐 경련할 축	
搐 (추)	搐 ちく	

| 搐动(chùdòng): 수축되다

搋 (chuāi)	搋 가를 체	
搋 (촤이)	搋 たい	

| 搋和(chuāihe): 반죽하다

搞 (gǎo)	搞 할 고	
搞 (가오)	搞 こう	

| 搞错(gǎocuò): 잘못하다

搛 (jiān)	搛 집을 렴	
搛 (지엔)		

| (젓가락으로) 집다

搪 (táng)	搪 막을 당	
搪 (탕)	搪 とう	

| 搪塞(tángsè): 발뺌하다

塘 (táng)	塘 둑 당	
塘 (탕)	塘 とう【つつみ】	

| 塘堰(tángyàn): 산지·구릉지에 만든 저수지

携 (xié)	携 이끌 휴	
攜 (세)	携 けい【たぜさえる】	

| 携带(xiédài): 휴대하다

塒 (xiè)	塒 거름 사	
塒 (세)		

| 猪塒(zhūxiè): 돼지우리에 까는 짚

摇 (yáo)	摇 흔들릴 요	
搖 (야오)	摇 よう【ゆれる】	

| 摇曳(yáoyè): 흔들리다

蜇 (zhē)(zhé)	蜇 쏠 철	
蜇 (저)	蜇 てつ	

| 蜇皮(zhépí): 해파리

428

摈 (bìn)	擯 물리칠 빈
擯 (빈)	擯 ひん

摈弃(bìnqì): 내버리다

彀 (gòu)	彀 당길 구
彀 (거우)	

彀中(gòuzhōng): 화살이 미치는 범위

毂 (gū)(gǔ)	轂 바퀴통 곡
轂 (구)	轂 こく

毂辘(gūlu): 수레바퀴

戡 (kān)	戡 이길 감
戡 (칸)	戡 かん【かつ】

戡乱(kānluàn): 반란을 평정하다

搦 (nuò)	搦 억누를 닉
搦 (눠)	搦 じゃく

搦笔(nuòbǐ): 펜을 잡다

聘 (pìn)	聘 찾을 빙
聘 (핀)	聘 へい

聘请(pìnqǐng): 초빙하다

蓁 (zhēn)	蓁 우거질 진
蓁 (전)	蓁 しん

蓁椒(qínjiāo): 산초

搡 (sǎng)	搡 칠 상
搡 (쌍)	

推搡(tuīsǎng): 힘껏 밀치다

搠 (shuò)	搠 찌를 삭
搠 (쉬)	搠 さく

搠包(shuòbāo): 남의 물건을 바꿔치기하다

摊 (tān)	攤 펼 탄
攤 (탄)	攤 たん【ひらく】

摊派(tānpài): 균등하게 할당하다

搌 (zhǎn)	搌 닦을 전
搌 (잔)	搌 てん

搌布(zhǎnbù): 행주

斟 (zhēn)	斟 짐작할 짐
斟 (전)	斟 しん【くむ】

斟酌(zhēnzhuó): 짐작하다

靶 (bǎ)	靶 고삐 파
靶 (바)	靶 は

靳 (jìn)	靳 아낄 근
靳 (진)	靳 きん

鞘场(bǎchǎng): 사격장

靳而不与: 아까워서 (남에게) 주지 않다

鹊 (què)	鵲 까치 작
鵲 (췌)	鵲 じゃく【かささぎ】

鹊桥(quèqiáo): 오작교

蓐 (rù)	蓐 깔개 욕
蓐 (류)	蓐 じょく【しとね】

蓐母(rùmǔ): 산파

蓝 (lán)	藍 쪽 람
藍 (란)	藍 らん【あい】

蓝莓(lánméi): 블루베리

蒜 (suàn)	蒜 마늘 산
蒜 (쏸)	蒜 さん【にんにく】

蒜泥(suànní): 다진 마늘

墓 (mù)	墓 무덤 묘
墓 (무)	墓 ぼ【はか】

墓碑(mùbēi): 묘비

蓍 (shī)	蓍 시초 시
蓍 (스)	蓍 し【のこぎりそう】

蓍草(shīcǎo): 톱풀

幕 (mù)	幕 장막 막
幕 (무)	幕 まく·ばく

幕后(mùhòu): 배후

靴 (xuē)	靴 신 화
靴 (쉐)	靴 か【くつ】

靴匠(xuējiàng): 제화공

勤 (qín)	勤 부지런할 근
勤 (친)	勤 きん【つとめる】

勤奋(qínfèn): 근면하다

鄞 (yín)	鄞 고을 이름 은
鄞 (인)	鄞 ぎん

鄞州(yínzhōu): 인저우[지명]

蓓 (bèi)	蓓 꽃망울 배
蓓 (베이)	蓓 はい

| 蓓蕾(bèilěi): 꽃봉오리

蓖 (bì)	蓖 아주까리 피
蓖 (비)	蓖 ひ【ひま】

| 蓖麻(bìmá): 아주까리

蒽 (ēn)	蒽 안트라센 은
蒽 (언)	蒽 おん

| 蒽油(ēnyóu): 안트라센유

蒿 (hāo)	蒿 쑥 호
蒿 (하오)	蒿 こう【よもぎ】

| 蒿庐(hāolú): 오막살이집

蒯 (kuǎi)	蒯 황모 괴
蒯 (콰이)	蒯 かい

| 蒯草(kuǎicǎo): 황모

蒺 (jí)	蒺 납가새 질
蒺 (지)	蒺 しつ

| 蒺藜(jílí): 납가새

薊 (jì)	薊 엉겅퀴 계
薊 (지)	薊 けい【あざみ】

| 薊马(jìmǎ): 삽주벌레

鹋 (miáo)	鹋 새 이름 묘
鹋 (먀오)	鹋 びょう

| 鸸鹋(érmiáo): 에뮤

蓦 (mò)	蓦 넘을 맥
蓦 (모)	蓦 ばく

| 蓦然(mòrán): 갑자기

蓬 (péng)	蓬 쑥 봉
蓬 (펑)	蓬 ほう【よもぎ】

| 蓬松(péngsōng): 흐트러지다

13획

蓑 (suō)	蓑 도롱이 사
蓑 (쒀)	蓑 さ【みの】

| 蓑笠(suōlì): 도롱이와 삿갓

蓊 (wěng)	蓊 우거질 옹
蓊 (웡)	蓊 おう

| 蓊勃(wěngbó): 왕성하다

蒡 (bàng) 蒡 (방)	蒡 우엉 방 蒡 ほう·ぼう	蓂 (míng) 蓂 (명)	蓂 명협 명 蓂 べき·めい

蒡葧(pángbó): 흰 쑥 · 蓂荚(míngjiá): 달력풀

蒹 (jiān) 蒹 (지엔)	蒹 물억새 겸 蒹 けん【おぎ】	蒲 (pú) 蒲 (푸)	蒲 부들 포 蒲 ぶ【かま】

蒹葭(jiānjiā): 갈대 · 蒲公英(púgōngyīng): 민들레

蒟 (jǔ) 蒟 (쥐)	蒟 구장 구 蒟 こん	蓉 (róng) 蓉 (롱)	蓉 부용 용 蓉 よう【はす】

蒟蒻(jǔruò): 구약 · 蓉草(róngcǎo): 겨풀

蒗 (làng) 蒗 (랑)	蒗 땅 이름 랑 蒗 ろう	蒴 (shuò) 蒴 (쉬)	蒴 말오줌대 삭 蒴 さく

蒗葉(làngqú): 랑취[지명] · 蒴果(shuòguǒ): 삭과

蘺 (lí) 蘺 (리)	蘺 울타리 리 蘺 り	蓄 (xù) 蓄 (쉬)	蓄 쌓을 축 蓄 ちく【たくわえる】

江蘺(jiānglí): 고서에 나오는 향초 · 蓄意(xùyì): 음모를 꾸미다

蒙 (mēng)(méng)(měng) 蒙 (몽)	蒙 입을 몽 蒙 もう【こうむる】	鎣 (yíng) 鎣 (잉)	鎣 줄 형 鎣 えい

蒙蔽(méngbì): 감추다 · 지명에 쓰이는 글자

432

楂 (chá)(zhā)	楂 떼사
楂 (차)(자)	楂 さ

山楂(shānzhā): 산사나무

楠 (nán)	楠 녹나무 남
楠 (남)	楠 なん【くすのき】

楠木(nánmù): 녹나무

楚 (chǔ)	楚 가시나무 초
楚 (초)	楚 そ

楚楚(chǔchǔ): 아름답고 부드럽다

献 (xiàn)	獻 드릴 헌
獻 (센)	献 けん【たてまつる】

献身(xiànshēn): 헌신하다

椿 (chūn)	椿 참죽나무 춘
椿 (춘)	椿 ちん

椿树(chūnshù): 참죽나무

楔 (xiē)	楔 쐐기 설
楔 (셰)	楔 や【やし】

楔入(xiērù): 쐐기를 박아 넣다

楷 (jiē)(kǎi)	楷 본보기 해
楷 (지에)(카이)	楷 かい

楷书(kǎishū): 해서

颐 (yí)	頤 턱 이
頤 (이)	頤 い【おとがい】

颐养(yíyǎng): 보양하다

禁 (jīn)(jìn)	禁 금할 금
禁 (진)	禁 きん

禁锢(jìngù): 금고하다

蓣 (yù)	蕷 마 여
蕷 (위)	蕷 よ【やまいも】

薯蓣(shǔyù): 마

楝 (liàn)	楝 소태나무 련
楝 (렌)	楝 れん【せんだん】

楝树(liànshù): 멀구슬나무

蒸 (zhēng)	蒸 찔 증
蒸 (정)	蒸 じょう【むす】

蒸笼(zhēnglóng): 찜통

433

槻 (chèn)	槻 무궁화나무 친
櫬 (천)	櫬 しん

| 灵槻(língchèn): 영구, 관

橄 (lǎn)	橄 감람나무 람
欖 (란)	欖 らん

| 橄仁(lǎnrén): 올리브 열매

槌 (chuí)	槌 망치 추/퇴
槌 (추이)	槌 つい【つち】

| 槌鲸(chuíjīng): 망치고래

楞 (léng)	楞 네모질 릉
楞 (릉)	楞 りょう【かど】

| 楞伽经(léngjiājīng): 능가경

椴 (duàn)	椴 자작나무 단
椴 (단)	椴 たん

| 椴树(duànshù): 피나무속

榀 (pǐn)	榀 집 뼈대 품
榀 (핀)	榀 ひん

| 가옥의 골조(骨組)를 세는 데 쓰는 양사

楯 (dùn)(shǔn)	楯 난간 순
楯 (둔)(순)	楯 じゅん【たて】

| 栏楯(lándùn): 난간

楸 (qiū)	楸 개오동나무 추
楸 (치유)	楸 しゅう

| 楸树(qiūshù): 가래나무

槐 (huái)	槐 홰나무 괴
槐 (화이)	槐 かい【えんじゅ】

| 槐树(huáishù): 홰나무

想 (xiǎng)	想 생각할 상
想 (상)	想 そう【おもう】

| 想念(xiǎngniàn): 그리워하다

楫 (jí)	楫 노즙/집
楫 (지)	楫 しゅう【かい】

| 舟楫(zhōují): 배와 노

榆 (yú)	榆 느릅나무 유
榆 (위)	榆 ゆ【にれ】

| 榆树(yúshù): 느릅나무

槎 (chá) 槎 뗏목 차
槎 (차) 槎 さ [いかだ]

| 槎桎(cházhì): 짐승을 잡는 덫

櫚 (lú) 櫚 종려 려
櫚 (뤼) 櫚 りょ·ろ

| 栟櫚(bīnglú): 종려나무

椽 (chuán) 椽 서까래 연
椽 (촨) 椽 てん [たるき]

| 椽架(chuánjià): 서까래

楣 (méi) 楣 문미 미
楣 (메이) 楣 び

| 楣窗(méichuāng): 채광창

概 (gài) 概 대개 개
概 (가이) 概 がい [おおむね]

| 概括(gàikuò): 대충 총괄하다

剽 (piāo) 剽 빠를 표
剽 (퍄오) 剽 ひょう

| 剽掠(piāolüè): 빼앗다

櫸 (jǔ) 櫸 느티나무 거
櫸 (쥐) 櫸 きょ

| 櫸树(jǔshù): 느티나무

裘 (qiú) 裘 갖옷 구
裘 (치유) 裘 きゅう

| 裘皮(qiúpí): 모피

赖 (lài) 賴 의뢰할 뢰
賴 (라이) 賴 らい [たのむ]

| 赖皮(làipí): 능글맞다

13획

楦 (xuàn) 楦 신골 훤
楦 (쉬안) 楦 けん

| 楦空(xuànkōng): 아치 모양의 문

楼 (lóu) 樓 다락 루
樓 (러우) 楼 ろう [たかどの]

| 楼盘(lóupán): 분양 단지의 매물

楹 (yíng) 楹 기둥 영
楹 (잉) 楹 えい [はしら]

| 楹联(yínglián): 기둥 위의 대련

435

碍 (ài) — 礙 막을 애
礙 (아이) — 碍/礙 がい

| 碍眼(àiyǎn): 눈에 거슬리다

碛 (qì) — 碛 자갈밭 적
碛 (치) — 碛 せき

| 碛卤(qìlǔ): 불모지

酬 (chóu) — 酬 갚을 수
酬 (처우) — 酬 しゅう【むくいる】

| 酬劳(chóuláo): 노고에 보답하다

蜃 (shèn) — 蜃 대합조개 신
蜃 (선) — 蜃 しん

| 蜃楼(shènlóu): 신기루

碘 (diǎn) — 碘 요오드 전
碘 (뎬) — 碘 てん

| 碘酒(diǎnjiǔ): 옥도정기

酮 (tóng) — 酮 케톤 동
酮 (통) — 酮 とう

| 酮糖(tóngtáng): 케토오스

感 (gǎn) — 感 감동할 감
感 (간) — 感 かん【かんぜる】

| 感激(gǎnjī): 감격

酰 (xiān) — 酰 아실기 선
酰 (셴)

| 酰基(xiānjī): 아실기

酪 (lào) — 酪 진한 유즙 락
酪 (라오) — 酪 らく

| 酪乳(làorǔ): 버터밀크

甄 (zhēn) — 甄 질그릇 장인 진 질그릇 견
甄 (전) — 甄 けん

| 甄别(zhēnbié): 선별하다

酩 (mǐng) — 酩 숙취할 명
酩 (밍) — 酩 めい

酯 (zhǐ) — 酯 에스테르 지
酯 (즈)

| 에스테르(ester)

鵪 (ān)	鵪 메추라기 암	碓 (duì)	碓 방아 대
鵪 (안)	鵪 あん	碓 (두이)	碓 たい

鵪鶉(ānchún): 메추라기

碓房(duìfáng): 방앗간

碑 (bēi)	碑 비석 비	碌 (liù) (lù)	碌 푸른 돌 록 자갈땅 락
碑 (베이)	碑 ひ	碌 (류) (루)	碌 ろく

碑刻(bēikè): 비석에 새긴 글자나 그림

碌碌(lùlù): 평범한 모양

碚 (bèi)	碚 땅 이름 배	硼 (péng)	硼 붕사 붕, 돌소리 평
碚 (베이)	碚 はい	硼 (펑)	硼 ほう

北碚(běibèi): 베이베이[지명]

硼酸(péngsuān): 붕산

碜 (chěn)	碜 모래 섞일 참	碰 (pèng)	碰 부딪힐 팽
碜 (천)		碰 (펑)	

碜人(chěnrén): 부끄럽다

碰撞(pèngzhuàng): 충돌하다

13획

碉 (diāo)	碉 돌집 조	碎 (suì)	碎 부술 쇄
碉 (댜오)	碉	碎 (쑤이)	碎 さい【くだく】

碉堡(diāobǎo): 토치카

碎屑(suìxiè): 부스러기

碇 (dìng)	碇 닻 정	碗 (wǎn)	碗 주발 완
碇 (딩)	碇 てい【いかり】	碗 (완)	碗 わん【はち】

碇泊(dìngbó): 정박하다

碗柜(wǎnguì): 찬장

雹 (báo) / (바오)

雹 우박 박

雹 はく【ひょう】

| 雹暴(báobào): 우박 폭풍

辑 (jí) / (지)

輯 모을 집

輯 しゅう

| 辑睦(jímù): 화목하다

辏 (còu) / (처우)

輳 몰려들 주

輳 そう

| 辏集(còují): 집중되다

零 (lián)(líng) / (롄)(링)

零 떨어질 령
종족 이름 련

零 れい

| 零售(língshòu): 소매하다

督 (dū) / (두)

督 살필 독

督 とく

| 督察(dūchá): 감독하다

频 (pín) / (핀)

頻 자주 빈

頻 ひん【しきりに】

| 频发(pínfā): 빈발하다

辐 (fú) / (푸)

輻 바퀴살 복

輻 ふく【や】

| 辐射(fúshè): 방사

输 (shū) / (수)

輸 보낼 수

輸 ゆ

| 输液(shūyè): 정맥주사하다

尴 (gān) / (간)

尷 절뚝거릴 감

| 尴尬(gāngà): 난처하다

辒 (wēn) / (원)

輼 수레 온

輼 おん

| 辒辌(wēnliáng): 옛날, 누워서 탈 수 있는 수레

雷 (léi) / (레이)

雷 천둥 뢰

雷 らい【かみなり】

| 雷霹(léipī): 낙뢰하다

雾 (wù) / (우)

霧 안개 무

霧 む【きり】

| 雾霾(wùmái): 스모그

粲 (càn) / 粲 (찬)
粲 고울 찬
粲 さん
| 粲然(cànrán): 선명하고 빛나다

齝 (líng) / 齝 (령)
齝 나이 령
齝 れい
| 齝差(língchā): 연령 차이

龅 (bāo) / 龅 (바오)
龅 엄니 포
| 龅牙(bāoyá): 뻐드렁니

睦 (mù) / 睦 (무)
睦 화목할 목
睦 ほく【むつまじい】
| 睦邦(mùbāng): 우방, 우호국

睹 (dǔ) / 睹 (두)
睹 볼 도
睹 と【みる】
| 目睹(mùdǔ): 목도하다

齠 (tiáo) / 齠 (탸오)
齠 이 갈 초
齠 ちょう【みそっぱ】
| 齠容(tiáoróng): 미소년

鉴 (jiàn) / 鉴 (지엔)
鑑/鑒 거울 감
鑑 かん【かんがみる】
| 鉴赏(jiànshǎng): 감상하다

虞 (yú) / 虞 (위)
虞 염려할 우
虞 ぐ
| 虞美人(yúměirén): 개양귀비

睛 (jīng) / 睛 (징)
睛 눈알 정
睛 せい【めだま】
| 睛朗(jīnglǎng): 눈동자가 밝게 빛나다

觜 (zī)(zuǐ) / 觜 (쭈이)
觜 털뿔 자
觜 し【うみがめ】
| 觜宿(zuǐsù): 자수

龃 (jǔ) / 龃 (쥐)
齟 어긋날 저
齟 そ
| 龃龉(jǔyǔ): 의견이 맞지 않다

訾 (zī)(zǐ) / 訾 (쯔)
訾 헤아릴/헐뜯을 자
訾 し
| 訾诋(zǐdǐ): 헐뜯다

嗷 (áo)	嗷 시끄러울 오
嗷 (아오)	嗷 ごう

| 嗷嗷(áo'áo): 아이고 아이고[의성어]

嗪 (qín)	嗪 음역자 진
嗪 (친)	

| 哌嗪(pàiqín): 피페라진

睫 (jié)	睫 속눈썹 첩
睫 (지에)	睫 しょう【まつげ】

| 睫毛(jiémáo): 속눈썹

嗉 (sù)	嗉 모이주머니 소
嗉 (쑤)	

| 嗉囊(sùnáng): 소낭

雎 (jū)	雎 물수리 저
雎 (쥐)	雎 すい・き

| 雎鸠(jūjiū): 물수리

睢 (suī)	睢 강 이름 수 부릅떠 볼 휴
睢 (쑤이)	睢 き・すい

| 睢盱(suīxū): 우러러보다

瞄 (miáo)	瞄 겨눌 묘
瞄 (먀오)	瞄 びょう

| 瞄靶(miáobǎ): 표적에 조준하다

睡 (shuì)	睡 잘 수
睡 (수이)	睡 すい【ねむる】

| 睡衣(shuìyī): 잠옷

睨 (ni)	睨 흘겨볼 예
睨 (니)	睨 げい【にらむ】

| 睥睨(pìni): 흘겨보다

韪 (wěi)	韪 옳을 위
韙 (웨이)	韙 い

| 冒不韪(màobùwěi): 나쁜 일을 저지르다

睥 (pì)	睥 흘겨볼 비
睥 (피)	睥 へい【にらむ】

| 睥睨(pìni): 흘겨보다

睚 (yá)	睚 눈초리 애
睚 (야)	睚 かい【まなじり】

| 睚眦(yázì): 사소한 원한

440

鄙 (bǐ)	鄙 천할 비	嗬 (hē)	嗬 놀랄 하
鄙 (비)	鄙 ひ【いなか】	嗬 (허)	

鄙视(bǐshì): 경멸하다

哟嗬(yōhē): 앗![감탄사]

睬 (cǎi)	睬 주목할 채	嗑 (kē)(kè)	嗑 말 많을 합
睬 (차이)	睬 さい	嗑 (커)	

不睬(bùcǎi): 거들떠보지도 않다

唠嗑(làokē): 한담을 하다

嗔 (chēn)	嗔 성낼 진	嗫 (niè)	嗫 소곤거릴 섭
嗔 (천)	嗔 しん【いかる】	嗫 (녜)	

嗔喝(chēnhè): 성내어 꾸짖다

嗫嚅(nièrú): 떠듬거리다

戥 (děng)	戥 저울 등	嗦 (suō)	嗦 떨 색
戥 (덩)		嗦 (쒀)	

戥盘(děngpán): 천칭 저울판

哆嗦(duōsuō): 부들부들 떨다

13획

嘟 (dū)	嘟 불평할 도	嗜 (shì)	嗜 즐길 기
嘟 (두)		嗜 (스)	嗜 し【たしなむ】

嘟囔(dūnang): 중얼거리다

嗜酒(shìjiǔ): 술을 애호하다

嗝 (gé)(gè)	嗝 딸꾹질할 격	愚 (yú)	愚 어리석을 우
嗝 (거)		愚 (위)	愚 ぐ【おろか】

打嗝(dǎgé): 딸꾹질하다

愚笨(yúbèn): 어리석다

441

| 嗄 | (á)(shà) | 嗄 목쉴 사 |
| 嗄 | (아)(사) | 嗄 さ |

| 做嗄(zuòshà): 무엇을 하다

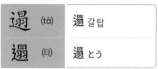

| 遢 | (tā) | 遢 갈탑 |
| 遢 | (타) | 遢 とう |

| 邋遢(lāta): 칠칠치 못하다

| 暗 | (àn) | 暗 어두울 암 |
| 暗 | (안) | 暗 あん【くらい】 |

| 暗恋(ànliàn): 짝사랑하다

| 暇 | (xiá) | 暇 겨를 가 |
| 暇 | (샤) | 暇 か【いとま】 |

| 得暇(dé xiá): 틈을 얻다

| 暅 | (gèng) | 暅 찔긍 |
| 暅 | (겅) | |

| [문어] 햇볕에 쬐다

| 歇 | (xiē) | 歇 쉴 헐 |
| 歇 | (셰) | 歇 けつ |

| 歇脚(xiējiǎo): 잠시 머무르다

| 暌 | (kuí) | 暌 어길 규 |
| 暌 | (쿠이) | |

| 暌离(kuílí): 이별하다

| 煦 | (xù) | 煦 따뜻하게 할 후 |
| 煦 | (쉬) | 煦 く |

| 煦暖(xùnuǎn): 따뜻하다

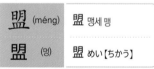

| 盟 | (méng) | 盟 맹세 맹 |
| 盟 | (멍) | 盟 めい【ちかう】 |

| 盟誓(méngshì): 맹세하다

| 暄 | (xuān) | 暄 따뜻할 훤 |
| 暄 | (쉬안) | 暄 けん【あたたかい】 |

| 暄暖(xuānnuǎn): 따뜻하다

| 暖 | (nuǎn) | 暖 따뜻할 난 |
| 暖 | (놘) | 暖 だん【あたたかい】 |

| 暖和(nuǎnhuo): 따뜻하다

| 照 | (zhào) | 照 비칠 조 |
| 照 | (자오) | 照 しょう【てる】 |

| 照耀(zhàoyào): 눈부시게 비치다

跸 (bì)	蹕 길 치울 필	
蹕 (비)	蹕 ひつ・ひ	

跸路(bìlù): 경필하다

跐 (cī)(cǐ)	跐 미끄러질 자	
跐 (츠)		

跐溜(cīliū): 미끄러지다

跶 (da)	躂 발끝 채일 달	
躂 (다)		

蹓跶(liūda): 어슬렁거리다

跥 (duò)	跥 머뭇거릴 타	
跥 (둬)		

跥脚(duòjiǎo): 발을 동동 구르다

跪 (guì)	跪 꿇어앉을 궤	
跪 (구이)	跪 き【ひざまぜく】	

跪拜(guìbài): 무릎을 꿇고 엎드려 절하다

畸 (jī)	畸 뙈기밭 기	
畸 (지)	畸 き	

畸变(jībiàn): 기형적 변화

跨 (kuà)	跨 넘을 과	
跨 (콰)	跨 こ【またぐ】	

跨境(kuàjìng): 국경을 넘다

跬 (kuǐ)	跬 발걸음 규	
跬 (쿠이)	跬 き	

跬誉(kuǐyù): 일시적인 명예

蹺 (qiāo)	蹺 발돋움할 교	
蹺 (챠오)	蹺 きょう	

蹺腿(qiāotuǐ): 다리를 들다

跳 (tiào)	跳 뛸 도	
跳 (탸오)	跳 ちょう	

跳跃(tiàoyuè): 도약하다

跹 (xiān)	躚 춤출 선	
躚 (셴)	躚 せん	

跹跹(xiānxiān): 너울너울

跣 (xiǎn)	跣 맨발 선	
跣 (셴)	跣 せん【はだし】	

跣足(xiǎnzú): 맨발

13획

443

蜍 (chú)	蜍 두꺼비 서/여	
蜍 (추)	蜍 しょ	

蟾蜍(chánchú): 두꺼비

路 (lù)	路 길 로	
路 (루)	路 ろ	

路过(lùguò): 경유하다

蛾 (é)(yǐ)	蛾 나방 아	
蛾 (어)(이)	蛾 が【が】	

蛾妆(ézhuāng): 아름다운 몸치장

蜎 (yuān)	蜎 장구벌레 연	
蜎 (위안)	蜎 えん・けん	

蜎蜎(yuānyuān): 곤충이 기어가는 모양

跟 (gēn)	跟 발꿈치 근	
跟 (건)	跟 こん【かかと】	

跟随(gēnsuí): 뒤따르다

遣 (qiǎn)	遣 보낼 견	
遣 (치엔)	遣 けん【つかわす】	

遣返(qiǎnfǎn): 송환하다

跻 (jī)	躋 오를 제	
躋 (지)	躋 せい【のぼる】	

跻攀(jīpān): 등반하다

蛸 (shāo)(xiāo)	蛸 사마귀 알 소	
蛸 (사오)(사오)	蛸 しょう	

蛸枕(xiāozhěn): 섬게의 한 가지

跤 (jiāo)	跤 종아리 교	
跤 (쟈오)	跤 こう	

跤场(jiāochǎng): 씨름판

蜗 (wō)	蝸 달팽이 와	
蝸 (워)	蝸 か【かたつむり】	

蜗牛(wōniú): 달팽이

蜊 (lí)	蜊 참조개 리	
蜊 (리)	蜊 り【あさり】	

蛤蜊(géli): 동죽조개

蜈 (wú)	蜈 지네 오	
蜈 (우)	蜈 ご	

蜈蚣(wúgōng): 지네

	嗳 숨 애			蜣 쇠똥구리 강
	嗳 あい			蜣 きょう

| 嗳气(ǎiqì): 트림 | | 蜣螂(qiānglág): 말똥구리 |

嗲 (diǎ)	嗲 아양 떨 다		嗣 (sì)	嗣 이을 사
嗲 (댜)			嗣 (쓰)	嗣 し【つぐ】

| 嗲声嗲气(diǎshēngdiǎqì): 응석부리다 | | 嗣位(sìwèi): 왕위를 계승하다 |

蜂 (fēng)	蜂 벌 봉		蜕 (tuì)	蜕 허물 세/태
蜂 (펑)	蜂 ほう【はち】		蜕 (투이)	蜕 せい・たい

| 蜂巢(fēngcháo): 벌집 | | 蜕皮(tuìpí): 허물을 벗다 |

蜉 (fú)	蜉 하루살이 부		畹 (wǎn)	畹 밭 면적 단위 원
蜉 (푸)	蜉 ふ		畹 (완)	畹 えん

| 蜉蝣(fúyóu): 하루살이 | | 戚畹(qīwǎn): 제왕의 외가 친척 |

嗥 (háo)	嗥 짖을 호		嗅 (xiù)	嗅 맡을 후
嗥 (하오)			嗅 (슈)	嗅 きゅう【かぐ】

| 嗥叫(háojiào): 큰소리로 으르렁거리다 | | 嗅闻(xiùwén): 냄새 맡다 |

	嗯 대답할 은		蛹 (yǒng)	蛹 뜀 용
嗯 (엉/언)			蛹 (용)	蛹 よう【さなぎ】

| [구어] 응, 그래[허락이나 대답을 나타냄] | | 蛹卧(yǒngwò): 은둔하여 칩거하다 |

445

| 嗌 | (ài) (yì) | 嗌 목구멍 익 |
| 嗌 | (아이) (이) | |

| [문어] 목메다, 목이 막히다

| 嗵 | (tōng) | 嗵 뛰는 소리 통 |
| 嗵 | (퉁) | |

| 嗵嗵(tōngtōng): 쿵쾅

| 嗤 | (chī) | 嗤 비웃을 치 |
| 嗤 | (츠) | 嗤 し【わらう】 |

| 嗤笑(chīxiào): 비웃다

| 嗡 | (wēng) | 嗡 날개 소리 옹 |
| 嗡 | (윙) | |

| 嗡嗡叫(wēngwēngjiào): 윙윙거리다

| 嗨 | (hāi) (hēi) | 嗨 웃음 소리 해 |
| 嗨 | (하이) (헤이) | |

| 嗨呀(hāiya): 아이고

| 罨 | (yǎn) | 罨 그물 엄/압 |
| 罨 | (옌) | 罨 あん |

| 罨法(yǎnfǎ): 엄법

| 嗓 | (sǎng) | 嗓 목구멍 상 |
| 嗓 | (쌍) | |

| 嗓音(sǎngyīn): 목소리

| 罪 | (zuì) | 罪 허물 죄 |
| 罪 | (쭈이) | 罪 ざい【つみ】 |

| 罪恶(zuì'è): 죄악

| 嗍 | (suō) | 嗍 빨 삭 |
| 嗍 | (쒀) | |

| (입으로) 빨다

| 罩 | (zhào) | 罩 가릴 조 |
| 罩 | (자오) | 罩 とう【かご】 |

| 罩单(zhàodān): 이불보

| 署 | (shǔ) | 署 마을 서 |
| 署 | (수) | 署 しょ |

| 署名(shǔmíng): 서명하다

| 置 | (zhì) | 置 둘 치 |
| 置 | (즈) | 置 ち【おく】 |

| 置身(zhìshēn): 몸을 두다

锛 (bēn)	錛 자귀 분
錛 (번)	錛

锛口(bēnkǒu): 날이 빠지다

锖 (qiāng)	錆 자세할 창
錆 (치앙)	錆 しょう

锖色(qiāngsè): 녹빛

错 (cuò)	錯 꾸밀 착
錯 (춰)	錯 さく【まじる】

错觉(cuòjué): 착각

嵩 (sōng)	嵩 높은산 숭
嵩 (쑹)	嵩 すう【たかい】

嵩峦(sōngluán): 높고 큰 산

幌 (huǎng)	幌 휘장 황
幌 (황)	幌 こう

幌子(huǎngzi): 실물 간판

嵊 (shèng)	嵊 산 이름 승
嵊 (성)	

嵊州(shèngzhōu): 성저우[지명]

嵴 (jí)	嵴 산등성이 척
嵴 (지)	

嵴数(jíshù): 능선 계산의

蜀 (shǔ)	蜀 나라 이름 촉
蜀 (수)	蜀 しょく

蜀葵(shǔkuí): 접시꽃

锚 (máo)	錨 닻 묘
錨 (마오)	錨 びょう【いかり】

锚泊(máobó): 정박하다

骰 (tóu)	骰 주사위 투
骰 (터우)	骰 とう

骰子(tóuzi): 주사위

13획

锘 (nuò)	鍩 취할 첨
鍩 (눠)	鍩 てん

노벨륨(No, nobelium)

锗 (zhě)	鍺 게르마늄 저
鍺 (저)	鍺 た

锗石(zhěshí): 게르마늄석

447

錘 저울추 추
錘 すい【おもり】

錘炼(chuíliàn): 갈고닦다

鑼 징 라
鑼 ら【どら】

锣鼓(luógǔ): 징과 북

鍀 테크네튬 득

鍀星(déxīng): 테크네튬 별

錡 (qí) 錡 가마솥 기
錡 (치) 錡 き·ぎ

(고대에 취사용으로 쓰이던) 솥, 가마

锢 (gù) 錮 막을 고
錮 (구) 錮 こ【ふさぐ】

锢露(gùlòu): 땜질하다

锡 (xī) 錫 주석 석
錫 (시) 錫 しゃく【すず】

锡焊(xīhàn): 납땜

锦 (jǐn) 錦 비단 금
錦 (진) 錦 きん【にしき】

锦标赛(jǐnbiāosài): 선수권 대회

锨 (xiān) 鍬 삽 흔
鍬 (셴)

锨头(xiāntou): 가래

锞 (kè) 錁 덩어리 과
錁 (커) 錁 か

锞子(kèzi): 옛날, 화폐로 쓰이던 금·은괴

锧 (zhì) 鑕 모두 질
鑕 (즈) 鑕 しつ

斧锧(fǔzhì): 도끼와 모탕

錕 곤어 곤
錕 こん

锟铻(kūnwú): 보검

錐 송곳 추
錐 すい【きり】

锥形(zhuīxíng): 원추형

矮 (ǎi)	矮 작을 왜	
矮 (아이)	矮 わい	

矮小(ǎixiǎo): 왜소하다

锫 (péi)	锫 대못 부	
錇 (페이)	錇 ほう	

锫病毒(péibìngdú): BK바이러스

锭 (dìng)	锭 제기 이름 정	
錠 (딩)	錠 じょう【たかつき】	

锭块(dìngkuài): 주괴

犏 (piān)	犏 소 이름 편	
犏 (피엔)		

犏牛(piānniú): 황소와 야크의 잡종

键 (jiàn)	鍵 열쇠 건	
鍵 (지엔)	鍵 けん	

键盘(jiànpán): 키보드

锬 (tán)	錟 창 담	
錟 (탄)	錟 せん・たん	

[문어] 날카롭다, 예리하다

锯 (jū) (jù)	鋸 톱 거	
鋸 (쥐)	鋸 きょ【のこぎり】	

锯齿(jùchǐ): 톱니

氲 (yūn)	氲 기운 어릴 온	
氳 (윈)		

氤氲(yīnyūn): 자욱하다

锩 (juǎn)	錈 쇠 굽을 권	
錈 (쥐안)	錈 けん	

[문어] 도검 따위의 날이 구부러지다

锱 (zī)	錙 저울눈 치	
錙 (쯔)	錙 し【はかりのな】	

锱铢(zīzhū): 극히 미세한 것

13획

锰 (měng)	錳 망간 맹	
錳 (멍)	錳 もう	

锰钢(měnggāng): 망간강

雉 (zhì)	雉 꿩 치	
雉 (즈)	雉 ち【きじ】	

雉鸡(zhìjī): 꿩

449

稗 (bài) / 稗 (바이) 　稗 피 패　稗 はい〔ひえ〕

| 稗草(bàicǎo): 돌피

稞 (kē) / 稞 (커) 　稞 쌀보리 과　稞 か

| 稞麦(kēmài): 쌀보리

辞 (cí) / 辭 (츠) 　辭 말씀 사　辞 じ〔ことば〕

| 辞职(cízhí): 사직하다

筢 (pá) / 筢 (파) 　筢 갈퀴 파　筢 は

| 筢子(pázi): 갈퀴

筹 (chóu) / 籌 (처우) 　籌 살 주　籌 ちゅう

| 筹集(chóují): 조달하다

稔 (rěn) / 稔 (런) 　稔 여물 임　稔 じん〔みのる〕

| 稔岁(rěnsuì): 풍년

稠 (chóu) / 稠 (처우) 　稠 빽빽할 조　稠 ちゅう

| 稠密(chóumì): 많고 빽빽하다

歃 (shà) / 歃 (사) 　歃 마실 삽　歃 そう〔すする〕

| 歃血(shàxuè): 삽혈하다

愁 (chóu) / 愁 (처우) 　愁 근심할 수　愁 しゅう〔うれえる〕

| 愁烦(chóufán): 근심하며 고민하다

頹 (tuí) / 頹 (투이) 　頹 질풍 퇴　頹 たい

| 頹堕(tuíduò): 타락하다

筠 (jūn)(yún) / 筠 (쥔)(윈) 　筠 대 균　筠 いん

| 筠笼(yúnlóng): 대바구니

稚 (zhì) / 稚 (즈) 　稚 어릴 치　稚 ち

| 稚朴(zhìpǔ): 유치하면서도 소박하다

煲 (bāo)	煲 삶을 보	
煲 (바오)		

| 煲汤(bāotāng): 국을 끓이다

牒 (dié)	牒 서찰 첩	
牒 (뎨)	牒 ちょう	

| 牒报(diébào): 문서로 보고하다

筻 (gàng)	筻 땅 이름 강	
筻 (강)		

| 筻口(gàngkǒu): 강커우[지명]

毁 (huǐ)	毁 헐 훼	
毁 (후이)	毁 き【やぶれる】	

| 毁谤(huǐbàng): 비방하다

简 (jiǎn)	简 대쪽 간	
簡 (지엔)	簡 かん	

| 简陋(jiǎnlòu): 초라하다

舅 (jiù)	舅 외숙 구	
舅 (지유)	舅 きゅう【しゅうと】	

| 舅母(jiùmǔ): 외숙모

筷 (kuài)	筷 젓가락 쾌	
筷 (콰이)	筷 かい	

| 筷筒(kuàitǒng): 젓가락 통

签 (qiān)	簽/籤 제비 첨	
簽/籤 (치엔)	簽/籤 せん	

| 签订(qiāndìng): 체결하다

筲 (shāo)	筲 대그릇 소	
筲 (사오)	筲 そう	

| 筲箕(shāojī): 키처럼 생긴 대소쿠리

筮 (shì)	筮 점서	
筮 (스)	筮 せい	

| 筮人(shìrén): 점쟁이

鼠 (shǔ)	鼠 쥐 서	
鼠 (수)	鼠 そ【ねずみ】	

| 鼠疫(shǔyì): 흑사병

筱 (xiǎo)	筱 조릿대 소	
筱 (샤오)	筱 しょう	

| 筱山市(xiǎoshānshì): 사사야마 시[지명]

白头鹎(báitóubēi): 알락할미새

催逼(cuībī): 재촉하고 다그치다

躲开(duǒkāi): 비키다

敫 (jiǎo)
敫 (자오)
敫 성씨 교
敫 きょう·やく

성(姓)

魁梧(kuíwú): 체구가 크고 훤칠하다

僇 (lù)
僇 (루)
僇 욕보일 륙

僇民(lùmín): 사형수

愆 (qiān)
愆 (치엔)
愆 허물 건
愆 けん【あやまる】

愆义(qiānyì): 정도에 어긋나다

傻 (shǎ)
傻 (사)
傻 어리석을 사

傻瓜(shǎguā): 바보

微笑(wēixiào): 미소

像 (xiàng)
像 (샹)
像 모양 상
像 ぞう【かたち】

像样(xiàngyàng): 그럴듯하다

衙门(yámen): 관아

徭 (yáo)
徭 (야오)
徭 구실 요
徭 よう

徭役(yáoyì): 요역

腠理(còulǐ): 살결

腠 (còu)	腠 살결 주
腠 (처우)	腠 そう

頷首(hànshǒu): 고개를 끄덕이다

頷 (hàn)	頷 턱 함
頷 (한)	頷 かん【あご】

貉绒(háoróng): 담비의 모피

貉 (háo)(hé)	貉 담비 학
貉 (하오)(허)	貉 かく·ばく

濊貊(huìmò): 예맥

貊 (mò)	貊 오랑캐 맥
貊 (모)	貊 ばく

牛腩(niúnǎn): 소의 갈비나 배의 연한 고기

腩 (nǎn)	腩 삶은 고기 남
腩 (난)	腩 だん

膩烦(nìfan): 싫증나다

膩 (nì)	膩 기름질 니/이
膩 (니)	膩 じ

艄公(shāogōng): 뱃사공

艄 (shāo)	艄 고물 소
艄 (사오)	艄

毹毹(qúshū): 털로 짠 융단

毹 (shū)	毹 담요 유
毹 (수)	毹

貔貅(píxiū): 고서에 나오는 맹수의 이름

貅 (xiū)	貅 맹수 이름 휴
貅 (슈)	貅 きゅう

遥感(yáogǎn): 원격 탐지

遥 (yáo)	遥 멀 요
遥 (야오)	遥 よう【はるか】

觎觎(jìyú): 노리다

觎 (yú)	觎 넘겨다볼 유
觎 (위)	觎 ゆ

愈加(yùjiā): 더욱더

愈 (yù)	愈 나을 유
愈 (위)	愈 ゆ【いよいよ】

| 塍 (chéng) | 塍 밭두둑 승 |
| 塍 (청) | |

| 田塍(tiánchéng): 밭두렁 |

| 腭 (è) | 腭 잇몸 악 |
| 腭 (어) | 腭 がく |

| 腭裂(èliè): 구개열 |

| 腹 (fù) | 腹 배 복 |
| 腹 (푸) | 腹 ふく【はら】 |

| 腹痛(fùtòng): 복통 |

| 腼 (miǎn) | 腼 수줍어할 면 |
| 腼 (미엔) | |

| 腼腆(miǎntian): 부끄러워하다 |

| 鵬 (péng) | 鵬 붕새 붕 |
| 鵬 (펑) | 鵬 ほう【おおとり】 |

| 鵬图(péngtú): 웅지 |

| 腮 (sāi) | 腮 뺨 시 |
| 腮 (싸이) | 腮 さい |

| 腮帮(sāibāng): 뺨 |

| 腧 (shù) | 腧 경혈 수 |
| 腧 (수) | 腧 しゅ·ゆ |

| 腧穴(shùxué): 경혈 |

| 膃 (wà) | 膃 살질 올 |
| 膃 (와) | 膃 おつ |

| 膃肭(wànà): 뚱뚱하다 |

| 腺 (xiàn) | 腺 샘 선 |
| 腺 (셴) | 腺 せん |

| 腺毛(xiànmáo): 선모 |

| 腥 (xīng) | 腥 날고기 성 |
| 腥 (싱) | 腥 せい【なまぐさい】 |

| 腥臭(xīngchòu): 비리고 퀴퀴하다 |

| 腰 (yāo) | 腰 허리 요 |
| 腰 (야오) | 腰 よう【こし】 |

| 腰疼(yāoténg): 요통 |

| 媵 (yìng) | 媵 따라보낼 잉 |
| 媵 (잉) | |

| 媵婢(yìngbì): 시집 갈 때 따라가는 몸종 |

鲅 (bà) 鮁 (바)	鮁 물고기 뛸 발	

鲅鱼(bàyú): 삼치

稣 (sū) 穌 (쑤)	稣 소생할 소 穌 そ	

耶稣(yēsū): 예수

鲌 (bó) 鮊 (보)	鮊 강준치 백 鮊 は·はく	

'鲅'와 같음

腾 (téng) 騰 (텅)	騰 오를 등 騰 とう【あがる】	

腾飞(téngfēi): 비약하다

鲋 (fù) 鮒 (뿌)	鮒 붕어 부 鮒 ふ【ふな】	

辙鲋(zhéfù): 철부

腿 (tuǐ) 腿 (투이)	腿 다리살 퇴 腿 たい【もも】	

腿酸(tuǐsuān): 다리가 쑤시다

鲈 (lú) 鱸 (루)	鱸 농어 로 鱸 ろ	

鲈鱼(lúyú): 농어

鲉 (yóu) 鮋 (유)	鮋 피라미 유 鮋 ちゅう·ゆう	

鲉鱼(yóuyú): 쏨뱅이

鲇 (nián) 鮎 (녠)	鮎 메기 점 鮎 でん·ねん【あゆ】	

鲇鱼(niányú): 메기

鲊 (zhǎ) 鮓 (자)	鮓 생선젓 자 鮓 さ	

鲊鱼(zhǎyú): 생선식해

鲆 (píng) 鮃 (핑)	鮃 넙치 평 鮃 へい【ひらめ】	

牙鲆(yápíng): 넙치

詹 (zhān) 詹 (잔)	詹 이를 첨 詹 せん	

詹纳(zhānnà): 제너

| 鮑 (bào) | 鮑 절인 어물 포 |
| 鮑 (바오) | 鮑 ほう【しおうお】 |

| 鮑鱼(bàoyú): 전복

| 触 (chù) | 觸 닿을 촉 |
| 觸 (추) | 触 しょく【ふれる】 |

| 触发(chùfā): 촉발하다

| 觥 (gōng) | 觥 뿔잔 굉 |
| 觥 (궁) | 觥 こう |

| 觥觥(gōnggōng): 강직하다

| 解 (jiě) (jiè) (xiè) | 解 풀 해 |
| 解 (지에) (셰) | 解 かい【とく】 |

| 解雇(jiěgù): 해고하다

| 鲅 (pí) | 鮍 납줄개 피 |
| 鮍 (피) | 鮍 ひ |

| 鳑鲅(pángpí): 납줄개

| 颸 (sī) | 颸 선선한 바람 시 |
| 颸 (쓰) | |

| 微颸(wēisī): 산들바람

| 飕 (sōu) | 颼 바람 소리 수 |
| 颼 (써우) | |

| 飕飕(sōuliú): 쏴쏴

| 鲐 (tái) | 鮐 복 태 |
| 鮐 (타이) | 鮐 たい |

| 鲐鱼(táiyú): 고등어

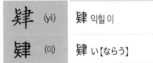

| 肄 (yì) | 肄 익힐 이 |
| 肄 (이) | 肄 い【ならう】 |

| 肄业(yìyè): 이수하다

| 颖 (yǐng) | 穎 이삭 영 |
| 穎 (잉) | 穎 えい |

| 颖悟(yǐngwù): 총명하다

| 鹐 (qiān) | 鵮 쪼을 감 |
| 鵮 (치엔) | |

| (새가 뾰족한 부리로) 쪼다

| 猿 (yuán) | 猿 원숭이 원 |
| 猿 (위안) | 猿 えん【さる】 |

| 猿猴(yuánhóu): 유인원과 원숭이

廒 (áo) 廒 (아오)	廒 곳집 오	
廒房(áofáng): 곡물 창고		

餾 (liú) (liù) 餾 (류)	餾 찔 류 餾 りゅう	
餾份(liúfèn): 분별 증류		

稟 (bǐng) 稟 (빙)	稟 곳집 름, 받을 품 稟 ひん	
告稟(gàobǐng): 말씀 드리다		

遛 (liú) (liù) 遛 (류)	遛 머무를 류 遛 りゅう	
遛狗(liùgǒu): 개를 슬슬 산책시키다		

雛 (chú) 雛 (추)	雛 병아리 추 雛 すう【ひな】	
雛鸡(chújī): 병아리		

饃 (mó) 饃 (모)	饃 찐빵 모	
饃饃(mómo): 찐빵		

鹑 (chún) 鶉 (춘)	鶉 메추라기 순 鶉 じゅん【うぜら】	
鹑衣(chúnyī): 더덕더덕 기운 옷		

煞 (shā) (shà) 煞 (사)	煞 죽일 살	
煞气(shàqì): 살기		

亶 (dǎn) (dàn) 亶 (단)	亶 진실로/다만 단 亶 たん【まこと】	
[문어] 진실하다		

饈 (xiū) 饈 (슈)	饈 드릴 수 饈 しゅう	
饈善嘉肴(xiūshànjiāyáo): 맛있는 음식		

醬 (jiàng) 醬 (지앙)	醬 장 장 醬 しょう【ひしお】	
酱油(jiàngyóu): 간장		

饁 (yè) 饁 (예)	饁 들밥 엽 饁 よう	
[문어] 밭으로 밥을 가져가다		

457

痹 (bì)	痹 저릴 비
痹 (비)	痹 ひ【しびれる】

痹症(bizhèng): 습비·풍비 등의 통칭

廓 (kuò)	廓 넓을 확
廓 (궈)	廓 かく【くるわ】

廓张(kuòzhāng): 확장하다

瘁 (cuì)	瘁 병들 췌
瘁 (추이)	瘁 すい

劳瘁(láocuì): 피로하다

瘆 (shèn)	瘆 무서울 삼
瘆 (선)	瘆 しん

瘆人(shènrén): 소름 끼치게 하다

痴 (chī)	痴 어리석을 치
痴 (츠)	痴 ち【おろか】

痴呆(chīdāi): 치매

痰 (tán)	痰 가래 담
痰 (탄)	痰 たん

痰喘(tánchuǎn): 기관지 천식

瘅 (dān)(dàn)	瘅 잃을 단
瘅 (단)	瘅 たん

瘅疟(dānnüè): 열이 몹시 나는 학질

痿 (wěi)	痿 바람 맞을 위
痿 (웨이)	痿 い【しびれる】

痿痹(wěibì): 마비되다

痱 (fèi)	痱 땀띠 비
痱 (페이)	痱 はい・ひ

痱子(fèizi): 땀띠

瘐 (yǔ)	瘐 병들 유
瘐 (위)	瘐 ゆ

瘐死(yǔsǐ): 죄인이 옥중에서 병사하다

痼 (gù)	痼 고질 고
痼 (구)	痼 こ

痼疾(gùjí): 고질

瘃 (zhú)	瘃 동상 촉
瘃 (주)	瘃 ちょく

冻瘃(dòngzhú): 동상

458

麂 (jī)	麂 노루 궤
麂 (지)	麂 き

| 麂羚(jǐlíng): 다이커영양[동물]

靖 (jìng)	靖 편안할 정
靖 (찡)	靖 せい【やすい】

| 靖边(jìngbiān): 변경을 평정하다

廉 (lián)	廉 청렴할 렴
廉 (롄)	廉 れん【いさぎよい】

| 廉耻(liánchǐ): 염치

旒 (liú)	旒 깃발 류
旒 (류)	旒 りゅう【はたあし】

| 冕旒(miǎnliú): 면류관

歆 (xīn)	歆 부러워할 흠
歆 (신)	

| 歆慕(xīnmù): 부러워하다

新 (xīn)	新 새 신
新 (신)	新 しん【あたらしい】

| 新鲜(xīnxiān): 신선하다

裔 (yì)	裔 후예 예
裔 (이)	裔 えい

| 裔孙(yìsūn): 먼 후손

意 (yì)	意 뜻 의
意 (이)	意 い

| 意外(yìwài): 뜻밖이다

雍 (yōng)	雍 화목할 옹
雍 (융)	雍 よう【やわらぐ】

| 雍容(yōngróng): 온화하고 점잖다

鄘 (yōng)	鄘 땅 이름 용
鄘 (융)	鄘 よう

| 주대(周代)의 제후국

韵 (yùn)	韻 울림 운
韻 (윈)	韻 いん

| 韵味(yùnwèi): 풍아한 맛

鄣 (zhāng)	鄣 나라 이름 장
鄣 (장)	鄣 しょう

| 鄣山(zhāngshān): 장산[산 이름]

13획

闒 (dá)(tà) / (다)(타)
闒 다락문 탑
闒 とう

| 闒茸(tàrǒng): 졸렬하다

阙 (quē)(què) / (췌)
阙 대궐문 궐
闕 けつ

| 阙失(quēshī): 과실

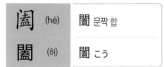

阖 (hé) / (허)
闔 문짝 합
闔 こう

| 阖家(héjiā): 온 집안

羧 (suō) / (쐐)
羧 양의 병 최
羧 さい

| 羧酸(suōsuān): 카르복실산

豢 (huàn) / (환)
豢 기를 환
豢 けん【やしなう】

| 豢养(huànyǎng): 사육하다

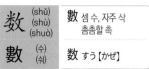

数 (shǔ)(shù)(shuò) / (수)(쉭)
數 셈 수, 자주 삭
촘촘할 촉
數 すう【かぜ】

| 数据(shùjù): 데이터

煎 (jiān) / (지엔)
煎 달일 전
煎 せん【にる】

| 煎熬(jiān'áo): 바싹 졸이다

誊 (téng) / (텅)
謄 베낄 등
謄 とう

| 誊写(téngxiě): 베끼다

粳 (jīng) / (징)
粳 메벼 갱
粳 こう

| 粳米(jīngmǐ): 멥쌀

阗 (tián) / (톈)
闐 성할 전
闐 てん

| 阗咽(tiányè): 한데 모여 떠들다

猷 (yóu) / (유)
猷 꾀 유
猷 ゆう【はかりごと】

| 令猷(lìngyóu): 좋은 계책

粮 (liáng) / (량)
粮 양식 량
糧 りょう【かて】

| 粮仓(liángcāng): 곡물 창고

煸 (biān) 煸 (벤)	煸 볶을 편

干煸(gānbiān): 기름으로만 볶는 조리 방법

塑 (sù) 塑 (쑤)	塑 토우 소 塑 そ【でく】

塑造(sùzào): 빚어서 만들다

慈 (cí) 慈 (츠)	慈 사랑할 자 慈 じ【いつくしむ】

慈祥(cíxiáng): 자상하다

煺 (tuì) 煺 (투이)	煺 취할 퇴

煺猪(tuìzhū): 돼지를 튀하다

煅 (duàn) 煅 (뒨)	煅 달일 단

煅烧(duànshāo): 구워 말리다

煨 (wēi) 煨 (웨이)	煨 불씨 외

煨烤(wēikǎo): 잿불에 굽다

煳 (hú) 煳 (후)	煳 탈 호

烤煳(kǎohú): 까맣게 눋다

煊 (xuān) 煊 (쉬안)	煊 따뜻할 훤

煊赫(xuānhè): 훤혁하다

煌 (huáng) 煌 (황)	煌 빛날 황 煌 こう

煌煌(huánghuáng): 밝은 모양

滟 (yàn) 灩 (옌)	灩 물결 출렁거릴 염

滟滟(yànyàn): 물결이 반짝거리다

煤 (méi) 煤 (메이)	煤 그을음 매 煤 ばい【すす】

煤炭(méitàn): 석탄

煜 (yù) 煜 (위)	煜 비칠 욱

煜煜(yùyù): 반짝이다

461

| 滇 (diān) | 滇 성할 전 |
| 滇 (뎬) | |

滇红(diānhóng): 뎬훙[윈난성산 홍차]

| 溘 (kè) | 溘 갑자기 합 |
| 溘 (커) | 溘 こう |

溘然(kèrán): 갑자기

| 滿 (mǎn) | 滿 찰 만 |
| 满 (만) | 满 まん【みちる】 |

满怀(mǎnhuái): 가슴에 꽉 차다

| 漭 (mǎng) | 漭 넓을 망 |
| 漭 (망) | |

漭沆(mǎnghàng): 물이 넓게 퍼져 있다

| 漠 (mò) | 漠 사막 막 |
| 漠 (모) | 漠 ばく |

漠视(mòshì): 냉담하게 대하다

| 溧 (lì) | 溧 물 이름 률 |
| 溧 (리) | |

溧阳(lìyáng): 리양[지명]

| 溥 (pǔ) | 溥 넓을 부 |
| 溥 (푸) | 溥 ふ |

溥原(pǔyuán): 광대한 평원

| 溱 (qín) (zhēn) | 溱 물 이름 진 |
| 溱 (친) (전) | |

溱潼(qíntóng): 친퉁[지명]

| 溽 (rù) | 溽 젖을 욕 |
| 溽 (류) | 溽 じょく |

溽润(rùrùn): 축축하다

| 滠 (shè) | 灄 물 이름 섭 |
| 灄 (서) | |

滠口(shèkǒu): 서커우[지명]

| 滢 (yíng) | 瀅 물 맑을 형 |
| 瀅 (잉) | |

汀滢(tīngyíng): 물이 맑은 모양

| 源 (yuán) | 源 수원 원 |
| 源 (위안) | 源 げん【みなもと】 |

源头(yuántóu): 발원지

滗 (bì)	潷 거를 필
潷 (비)	

(건더기는 남겨두고 즙을) 부어 내다

溻 (tā)	溻 습기 찰 탑
溻 (타)	

[방언] (옷·이불 따위에) 땀이 배다

滏 (fǔ)	滏 강 이름 부
滏 (푸)	

滏阳(fǔyáng): 푸양[지명]

滔 (tāo)	滔 창일할 도
滔 (타오)	滔 とう【はびこる】

滔天(tāotiān): 하늘까지 닿다

溷 (hùn)	溷 어지러울 혼
溷 (훈)	溷 こん【みだれる】

溷厕(hùncè): 변소

微 (wēi)	微 가랑비 미
溦 (웨이)	

[문어] 이슬비, 가랑비, 보슬비

滥 (làn)	濫 넘칠 람, 샘 함
濫 (란)	濫 らん【みだり】

滥用(lànyòng): 남용하다

溪 (xī)	溪 시내 계
溪 (시)	渓 けい

溪水(xīshuǐ): 개울물

滤 (lǜ)	濾 거를 여
濾 (뤼)	濾 りょ【こす】

滤网(lǜwǎng): 여과망

溴 (xiù)	溴 브롬 취
溴 (슈)	

溴酸(xiùsuān): 브롬산

裟 (shā)	裟 가사 사
裟 (사)	裟 さ

袈裟(jiāshā): 가사

滫 (xiǔ)	滫 뜨물 수
滫 (슈)	

滫瀡(xiǔsuǐ): 쌀뜨물

滨 (bīn)	濱 물가 빈
濱 (빈)	濱 ひん【はま】

| 滨江(bīnjiāng): 강을 접하다

溶 (róng)	溶 녹을 용
溶 (룡)	溶 よう【とける】

| 溶媒(róngméi): 용매

滚 (gǔn)	滾 흐를 곤
滚 (곤)	滾 こん

| 滚开(gǔnkāi): 꺼져

溯 (sù)	溯 거슬러 올라갈 소
溯 (쑤)	溯 そ【さかのぼる】

| 溯洄(sùhuí): 거슬러 올라가다

漓 (lí)	漓 스며들 리
灘 (리)	漓 り【したたる】

| 淋漓(línlí): 뚝뚝 떨어지다

溏 (táng)	溏 못 당
溏 (탕)	溏 とう

| 溏便(tángbiàn): 묽은 똥

溜 (liū) (liù)	溜 떨어질 류
溜 (류)	溜 りゅう【しぜく】

| 溜达(liūda): 어슬렁거리다

滃 (wēng) (wěng)	滃 용솟음할 옹
滃 (웡)	

| 滃江(wēngjiāng): 웡장[하천 이름]

灤 (luán)	灤 물 이름 란
灤 (롼)	

| 滦州(luánzhōu): 롼저우[지명]

溢 (yì)	溢 찰 일
溢 (이)	溢 いつ【あふれる】

| 溢满(yìmǎn): 가득차다

滂 (pāng)	滂 비 퍼부을 방
滂 (팡)	滂 ほう

| 滂沱(pāngtuó): 세차게 내리는 모양

滓 (zǐ)	滓 찌끼 재
滓 (쯔)	滓 さい【かす】

| 滓秽(zǐhuì): 더러움

滘 (jiào)	滘 물 갈라질 교
滘 (자오)	

涌滘(chōngjiào): 큰 강의 지류

慑 (shè)	懾 두려워할 섭
懾 (서)	懾 しょう【おそれる】

慑服(shèfú): 두려워서 순종하다

梁 (liáng)	梁 조량
梁 (량)	梁 りょう

梁柱(liángzhù): 대들보를 받치는 기둥

慎 (shèn)	愼 삼갈 신
愼 (신)	愼 しん【つつしむ】

慎重(shènzhòng): 신중하다

溟 (míng)	溟 어두울 명
溟 (밍)	溟 めい【うみ】

溟濛(míngmǎng): 광대무변하다

滩 (tān)	灘 여울 탄
灘 (탄)	灘 たん

滩涂(tāntú): 간석지

溺 (nì)	溺 빠질 닉
溺 (니)	溺 でき【おぼれる】

溺水(nìshuǐ): 물에 빠지다

誉 (yù)	譽 명예 예
譽 (위)	誉 よ【ほまれ】

誉写(yùxiě): 베끼다

慊 (qiàn)(qiè)	慊 양심 품을 겸
慊 (치엔)(치에)	慊 けん

慊慊(qièqiè): 겸허하다

慥 (zào)	慥 진실할 조
慥 (짜오)	慥 ぞう

慥慥(zàozào): 언행이 독실한 모양

愫 (sù)	愫 정성 소
愫 (쑤)	愫 そ

情愫(qíngsù): 진심

滍 (zhì)	滍 강 이름 치
滍 (즈)	

滍阳(zhìyáng): 즈양[지명]

裱画(biǎohuà): 그림을 표구하다

疑窦(yídòu): 의심쩍다

鲎虫(hòuchóng): 갑옷새우

谨防(jǐnfáng): 주의하다

窠巢(kēcháo): 보금자리

窟穴(kūxué): 동굴

窥看(kuīkàn): 엿보다

寂寞(jìmò): 적적하다

骞骞(qiānqiān): 비상하는 모양

寝室(qǐnshì): 침실

堵塞(dǔsè): 막히다

窣磕(sūkē): 딸그락

裨 (bì)(pí)	裨 도울 비
(비)(피)	裨 ひ

裨补(bǐbǔ): 보충하다

褚 (chǔ)(zhǔ)	褚 성/솜옷 저
(추)(주)	褚 ちょ

褚囊(chǔnáng): 책을 담은 호주머니

裰 (duō)	裰 꿰맬 철
(둬)	裰 たつ

直裰(zhíduō): 직철

福 (fú)	福 복 복
(푸)	福 ふく

福分(fúfen): 타고난 복

褂 (guò)	褂 마고자 괘
(궈)	褂 かい

褂子(guàzi): 중국식의 홑저고리

谫 (jiǎn)	謭 얕을 전
(지엔)	謭 せん

谫陋(jiǎnlòu): 천박하고 고루하다

裾 (jū)	裾 자락 거
(쥐)	裾 きょ【すそ】

裾礁(jūjiāo): 해안의 암초

裸 (luǒ)	裸 벌거숭이 라
(뤄)	裸 ら【はだか】

裸奔(luǒbēn): 벌거벗고 달리다

谩 (mán)(màn)	謾 속일 만
(만)	謾 まん【あなどる】

谩骂(mànmà): 매도하다

裼 (tì)(xī)	裼 포대기 체
(티)(시)	裼 てい

裼皮斜蛛(xīpíxiézhū): 갈색은둔거미

禊 (xì)	禊 계제사 계
(시)	禊 けい【みそぎ】

禊饮(xìyǐn): 옛날, 청명절의 연회

谪 (zhé)	謫 꾸짖을 적
(저)	謫 たく・てき

谪迁(zhéqiān): 좌천하다

| 嫒 (ài) | 嫒 계집 애 | 嫫 (mó) | 嫫 추녀 모 |
| 嫒 (아이) | | 嫫 (모) | |

令嫒(lìng'ài): 따님 | 嫫母(mómǔ): 모모[황제의 넷째 부인]

| 辟/闢 (bì)(pī)(pì) | 辟/闢 피할 피, 열 벽 | 媲 (pì) | 媲 결혼할 비 |
| 辟/闢 (비)(피) | 辟/闢 へき | 媲 (피) | |

辟谣(pìyáo): 요언을 물리치다 | 媲美(pìměi): 아름다움을 겨루다

| 殿 (diàn) | 殿 큰집 전 | 群 (qún) | 群 무리 군 |
| 殿 (뎬) | 殿 でん | 群 (췬) | 群 ぐん |

殿阁(diàngé): 궁전과 누각 | 群居(qúnjū): 떼지어 살다

| 媾 (gòu) | 媾 화친할 구 | 媳 (xí) | 媳 며느리 식 |
| 媾 (거우) | 媾 こう | 媳 (시) | |

媾和(gòuhé): 강화(講和)하다 | 媳妇(xífù): 며느리

| 嫉 (jí) | 嫉 시새움할 질 | 嫌 (xián) | 嫌 싫어할 혐 |
| 嫉 (지) | 嫉 しつ【ねたむ】 | 嫌 (셴) | 嫌 けん【きらう】 |

嫉恨(jíhèn): 질투하여 미워하다 | 嫌弃(xiánqì): 싫어하다

| 谬 (miù) | 謬 그르칠 류 | 障 (zhàng) | 障 막을 장 |
| 謬 (미우) | 謬 びゅう【あやまる】 | 障 (장) | 障 しょう |

谬赞(miùzàn): 거짓으로 칭찬하다 | 障眼法(zhàngyǎnfǎ): 속임수

媸 (chī)	媸 추할 치	
媸 (츠)		

妍媸(yánchī): 미와 추

縉 (jìn)	縉 분홍빛 진	
縉 (진)	縉 しん	

縉绅(jìnshēn): 벼슬아치의 총칭

叠 (dié)	疊 겹쳐질 첩	
疊 (뎨)	疊 じょう【たたむ】	

叠放(diéfàng): 포개어 놓다

骝 (liú)	騮 준마 류	
騮 (류)	騮 りゅう	

骅骝(huáliú): 적색의 준마

缝 (féng) (fèng)	縫 꿰맬 봉	
縫 (펑)	縫 ほう【ぬう】	

縫隙(fèngxì): 틈

辔 (pèi)	轡 고삐 비	
轡 (페이)	轡 ひ【たづな】	

辔头(pèitóu): 고삐와 재갈

缚 (fù)	縛 묶을 박	
縛 (무)	縛 ばく【しばる】	

缚解(fùjiè): 체포하여 호송하다

嫔 (pín)	嬪 아내 빈	
嬪 (핀)	嬪 ひん【ひめ】	

嫔妃(pínfēi): 황제의 첩

缟 (gǎo)	縞 명주 호	
縞 (가오)	縞 こう	

缟衣(gǎoyī): 흰 명주옷

13획

缛 (rù)	縟 꾸밀 욕	
縟 (루)	縟 じょく	

缛节(rùjié): 번다한 예절

嫁 (jià)	嫁 시집갈 가	
嫁 (지아)	嫁 か【よめ】	

嫁人(jiàrén): 시집가다

缜 (zhěn)	縝 고울 진	
縝 (전)	縝 しん	

缜密(zhěnmì): 치밀하다

缤 (bīn)	繽 어지러울 빈
繽 (빈)	繽 ひん

| 缤纷(bīnfēn): 화려하다

缡 (lí)	縭 끈 리
縭 (리)	縭 り

| 结缡(jiélí): 결혼하다

缠 (chán)	纏 얽을 전
纏 (찬)	纏 てん【まとう】

| 缠住(chánzhu): 달라붙다

骟 (shàn)	騸 불깔 선
騸 (산)	

| 骟猪(shànzhū): 돼지를 거세하다

剿 (chāo)(jiǎo)	剿 끊을 초
剿 (차오)(자오)	剿 しょう【ころす】

| 剿毒(jiǎodú): 마약을 단속하다

缢 (yì)	縊 목맬 액
縊 (이)	縊 えい【くびる】

| 缢蛏(yìchēng): 가리맛조개

缣 (jiān)	縑 비단 겸
縑 (지엔)	

| 缣帛(jiānbó): 합사로 짠 비단

14획

熬 (āo)
熬 (áo)
熬 (아오)

熬 볶을 오
熬 ごう

熬夜(áoyè): 밤을 새다

獒 (áo)
獒 (아오)

獒 개 오

獒犬(áoquǎn): 마스티프

璈 (áo)
璈 (아오)

璈 악기 이름 오

琅璈(láng'áo): 옛 악기의 한 가지

碧 (bì)
碧 (비)

碧 옥돌 벽
碧 へき

碧波(bìbō): 푸른 물결

静 (jìng)
靜 (정)

靜 조용할 정
静 せい·じょう

静心(jìngxīn): 마음을 가라앉히다

璃 (lí)
璃 (리)

璃 유리 리
璃 り

玻璃(bōli): 유리

瑢 (róng)
瑢 (룡)

瑢 패옥 소리 용

璁瑢(cōngróng): 짤랑짤랑

耥 (tāng)
耥 (탕)

耥 써레 당

耥稻(tāngdào): 김을 매다

瑭 (táng)
瑭 (탕)

瑭 당무옥 당

[문어] 옥(玉)의 일종

瑤 (yáo)
瑤 (야오)

瑤 옥돌 요
瑤 よう

瑤池(yáochí): 고대의 지명

14획

贅 (zhuì)
贅 (주이)

贅 군더더기 췌
贅 ぜい

贅婿(zhuìxù): 데릴사위

471

摽 (biāo)(biào)	摽 손짓할 표
摽 (뱌오)	

摽劲儿(biàojìnr): 승벽을 부리다

髦 (máo)	髦 다팔머리 모
髦 (마오)	髦 ぼう【たれがみ】

髦士(máoshi): 준수한 선비

觏 (gòu)	觏 만날 구
觏 (거우)	觏 こう【あう】

稀觏(xīgòu): 희귀하다

撇 (piē)(piě)	撇 닦을 별
撇 (폐)	

撇开(piēkāi): 던져 버리다

嫠 (lí)	嫠 과부 리
嫠 (리)	

嫠妇(lífù): 과부

墙 (qiáng)	墙 담 장
墙 (창)	牆 しょう【かき】

墙角(qiángjiǎo): 담의 구석

撂 (liào)	撂 던질 략
撂 (랴오)	

撂跤(liàojiāo): 씨름하다

慝 (tè)	慝 사특할 특
慝 (터)	慝 とく【わるい】

奸慝(jiāntè): 간악한 자

墈 (kàn)	墈 언덕 감
墈 (칸)	

井墈(jǐngkàn): 우물가

韜 (tāo)	韜 감출 도
韜 (타오)	韜 とう【ゆみぶくろ】

韜光(tāoguāng): 광채를 감추다

墁 (màn)	墁 흙손 만
墁 (만)	

铺墁(pūmàn): 바닥을 깔다

墟 (xū)	墟 터 허
墟 (쉬)	墟 きょ【あと】

墟墓(xūmù): 황폐한 묘지

摧 (cuī)	摧 꺾을 최	
摧 (추이)	摧 さい【くだく】	

| 摧垮(cuīkuǎ): 무너뜨리다

赫 (hè)	赫 빛날 혁	
赫 (허)	赫 かく【あかい】	

| 赫赫(hèhè): 혁혁하다

嘉 (jiā)	嘉 아름다울 가	
嘉 (지아)	嘉 か【よみする】	

| 嘉宾(jiābīn): 귀한 손님

截 (jié)	截 끊을 절	
截 (지에)	截 せつ【たつ】	

| 截止(jiézhǐ): 마감하다

摞 (luò)	摞 정돈할 라	
摞 (뤄)		

| 堆摞(duīluò): 쌓다

銎 (qióng)	銎 도끼 구멍 공	
銎 (치웅)		

| 圆銎(yuánqióng): 둥근 괴구멍

誓 (shì)	誓 맹세할 서	
誓 (스)	誓 せい【ちかう】	

| 誓言(shìyán): 맹세하는 말

嶭 (xué)	嶭 건너지를 예	
嶭 (쉐)		

| 嶭探(xuétàn): 정탐하다

攖 (yīng)	攖 가까이할 영	
攖 (잉)		

| 攖怒(yīngnù): 노하게 하다

墉 (yōng)	墉 담 용	
墉 (융)		

| 崇墉(chóngyōng): 높은 담벽

摭 (zhí)	摭 주울 척	
摭 (즈)		

| 摭拾(zhíshí): 줍다

14획

翥 (zhù)	翥 날아오를 저	
翥 (주)		

| [문어] 인명(人名)에 많이 쓰임

473

穀 (gǔ) 穀 (구)	穀 곡식 곡	

穀旦(gǔdàn): 길일(吉日)

綦 (qí) 綦 (치)	綦 연두빛 비단 기	
	綦 き【あやぎぬ】	

綦切(qíqiè): 간절하다

撖 (hàn) 撖 (한)	撖 성 함	

[문어] 성(姓)에 쓰이는 글자

薔 (qiáng) 薔 (치앙)	薔 물여뀌색, 장미 장	
	薔 しょう【ばら】	

薔薇(qiángwēi): 장미

境 (jìng) 境 (징)	境 경계 경	
	境 きょう【さかい】	

境況(jìngkuàng): 형편

墒 (shāng) 墒 (상)	墒 땅 물기상	

墒情(shāngqíng): 토양의 습도 상태

聚 (jù) 聚 (쥐)	聚 모일 취	
	聚 じゅ·しゅう	

聚餐(jùcān): 회식하다

摔 (shuāi) 摔 (솨이)	摔 땅에 버릴 솔	

摔倒(shuāidǎo): 자빠지다

靺 (mò) 靺 (모)	靺 오랑캐 이름 말	
	靺 まつ	

靺鞨(mòhé): 말갈(족)

摘 (zhāi) 摘 (자이)	摘 딸 적	
	摘 てき【つむ】	

摘录(zhāilù): 적록하다

蔫 (niān) 蔫 (녠)	蔫 시들 언	

蔫不声(niānbushēng): 살그머니

摺 (zhé) 摺 (저)	摺 접을 접	
	摺 しゅう【ひだ】	

摺门(zhémén): 접문(摺門)

靽 (bàn) 靽 (반)	靽 밀치끈 반	摹 (mó) 摹 (모)	摹 본뜰 모

| (마차를 맬 때 가축의 엉덩이에 걸치는) 밀치끈 | 摹写(móxiě): 모사하다

| 鞁 (bèi)
鞁 (베이) | 鞁 가슴걸이 피
鞁 ひ【むながい】 | 慕 (mù)
慕 (무) | 慕 사모할 모
慕 ぼ【したう】 |

| [문어] 마구(馬具)의 총칭 | 慕名(mùmíng): 명성을 선모하다

| 蔽 (bì)
蔽 (비) | 蔽 가릴 폐, 닦을 별
蔽 へい【おおう】 | 暮 (mù)
暮 (무) | 暮 저물 모
暮 ぼ【くれる】 |

| 蔽护(bìhù): 보호하다 | 暮色(mùsè): 황혼

| 鞑 (dá)
鞑 (다) | 鞑 다룸가죽 달/단
鞑 たん | 蔌 (sù)
蔌 (쑤) | 蔌 푸성귀 속 |

| 熟鞑(shúdá): 무두질한 부드러운 가죽 | 秃蔌(tūsù): 시들고 상한 야채

| 蔓 (mán)
(màn)
(wàn)
蔓 (만)
(완) | 蔓 덩굴 만
蔓 まん【つる】 | 鞅 (yāng)
(yàng)
鞅 (앙) | 鞅 가슴걸이 앙
鞅 おう【むながい】 |

| 蔓延(mànyán): 만연하다 | 牛鞅(niúyàng): 멍에

| 蔑 (miè)
蟻 (몌) | 蟻 업신여길 멸
蔑/蟻 べつ | 鞋 (yào)
鞋 (야오) | 鞋 가죽신 요 |

| 蔑视(mièshì): 멸시하다 | 靴鞋(xuēyào): 장화의 몸

14획

475

蔡 (cài)	蔡 풀 채
蔡 (차이)	蔡 さい【くさむら】

| 大蔡(dàcài): 큰 거북

藺 (lìn)	藺 골풀 린
藺 (린)	藺 りん【い】

| 藺席(lìnxí): 돗자리

蔟 (cù)	蔟 섶 족
蔟 (추)	蔟 ぞう【まぶし】

| 上蔟(shàngcù): 누에가 섶에 오르다

甍 (méng)	甍 용마루 맹
甍 (멍)	甍 ぼう【いらか】

| 朱甍(zhūméng): 붉은 용마루

蔸 (dōu)	蔸 그루터기 두
蔸 (더우)	

| 蔸距(dōujù): 포기 간격

蕖 (qú)	蕖 연꽃 거
蕖 (취)	

| 芙蕖(fúqú): 연꽃

戩 (jiǎn)	戩 멸할 전
戩 (지엔)	

| 杨戩(yángjiǎn): 이랑신의 다른 이름

蓰 (xǐ)	蓰 다섯곱 사
蓰 (시)	

| 倍蓰(bèixǐ): 값이 비싸다

蔻 (kòu)	蔻 육두구 구
蔻 (커우)	

| 蔻喀因(kòukāyīn): 코카인

蓿 (xū)	蓿 거여목 숙
蓿 (쉬)	蓿 しゅく

| 苜蓿(mùxu): 거여목

蔹 (liǎn)	蔹 덩굴 렴
蔹 (롄)	

| 白蔹(báiliǎn): 백렴

蔗 (zhè)	蔗 사탕수수 자
蔗 (저)	蔗 しゃ【さとうきび】

| 蔗浆(zhèjiāng): 사탕수수 즙

藹 (ǎi)	藹 우거질 애	
藹 (아이)	藹 あい【おだやか】	

藹然(ǎirán): 온화하다

蓼 (liǎo)(lù)	蓼 여뀌료	
蓼 (랴오)(루)	蓼 りょう【たで】	

蓼蓝(liǎolán): 쪽요람

榧 (fěi)	榧 비자나무 비	
榧 (페이)	榧 ひ【かや】	

榧木(fěimù): 아노트

模 (mó)(mú)	模 본뜰 모	
模 (모)(무)	模 も·ぼ	

模拟(mónǐ): 모방하다

嘏 (gǔ)(jiǎ)	嘏 클 하/가	
嘏 (구)(지아)		

祝嘏(zhùgǔ): 생일을 축하하다

蔚 (wèi)(yù)	蔚 제비쑥 위 고을 이름 울	
蔚 (웨이)(위)	蔚 うつ·い	

蔚然(wèirán): 무성한 모양

鹕 (hú)	鹕 사다새 호	
鹕 (후)		

鹈鹕(tíhú): 펠리컨

斡 (wò)	斡 돌 알	
斡 (워)	斡 あつ【めぐる】	

斡旋(wòxuán): 알선하다

槚 (jiǎ)	槚 개오동나무 가	
槚 (지아)		

梧槚(wújiǎ): 벽오동과 가래나무

熙 (xī)	熙 빛날 희	
熙 (시)	熙 き【ひかる】	

熙攘(xīrǎng): 왕래가 빈번하다

兢 (jīng)	兢 떨릴 긍	
兢 (징)	兢 きょう【つつしむ】	

兢业(jīngyè): 부지런하고 성실하다

榛 (zhēn)	榛 개암나무 진	
榛 (전)	榛 しん【はしばみ】	

榛仁(zhēnrén): 개암의 속살

榜 (bǎng)(bàng)(péng) 榜 (방)(평)	榜 방붙일 방 榜 ほう【ふだ】

| 榜样(bǎngyàng): 본보기

榕 (róng) 榕 (룡)	榕 용나무 용 榕 よう【あこう】

| 榕树(róngshù): 바니안나무

檳 (bīn)(bīng) 檳 (빈)(빙)	檳 빈랑나무 빈 檳 びん

| 槟榔(bīnglang): 빈랑나무

榫 (sǔn) 榫 (쑨)	榫 장부 순

| 榫卯(sǔnmǎo): 장부를 끼워 맞추다

槔 (gāo) 槔 (가오)	槔 두레박 고 槔 こう【はねつるべ】

| 桔槔(jiégāo): 두레박틀

榻 (tà) 榻 (타)	榻 걸상 탑 榻 とう【こしかけ】

| 榻垫(tàdiàn): 침대 깔개

槁 (gǎo) 槁 (가오)	槁 마를 고 槁 こう【かれる】

| 槁枯(gǎokū): 마르고 시들다

榭 (xiè) 榭 (세)	榭 정자 사

| 台榭(táixiè): 누각과 정자

槛 (jiàn)(kǎn) 檻 (지엔)(칸)	檻 난간 함 檻 かん【おり】

| 槛窗(jiànchuāng): 감창

槜 (zuì) 槜 (쭈이)	槜 과실나무 취

| 槜李(zuìlǐ): 자두

榴 (liú) 榴 (류)	榴 석류나무 류 榴 りゅう【ざくろ】

| 榴莲(liúlián): 두리언

榨 (zhà) 榨 (자)	榨 짤 자/착

| 榨油(zhàyóu): 기름을 짜다

僰 (bó) 僰 (보)	僰 오랑캐 북	

僰人(bórén): 중국고대 소수민족 중의 하나

榷 (què) 榷 (췌)	榷 외나무다리 각/교	

榷利(quèlì): 전매 이익

醒 (chéng) 醒 (청)	醒 숙취정 醒 てい【よう】	

解醒(jiěchéng): 숙취를 풀다

釃 (shī) 釃 (스)	釃 거를 시	

釃酒(shījiǔ): 술을 거르다

歌 (gē) 歌 (거)	歌 노래 가 歌 か【うた】	

歌厅(gētīng): 노래방

楔 (xiè) 楔 (셰)	楔 문설주 설	

楔石(xièshí): 티타나이트

酵 (jiào) 酵 (쟈오)	酵 삭힐 효 酵 こう【もと】	

酵母(jiàomǔ): 효모

釅 (yàn) 釅 (옌)	釅 술맛 텁텁할 염 초 엄	

釅茶(yànchá): 진한 차

酷 (kù) 酷 (쿠)	酷 독할 혹 酷 こく【きびしい】	

酷似(kùsì): 몹시 닮다

遭 (zāo) 遭 (짜오)	遭 만날 조 遭 そう【あう】	

14획

遭殃(zāoyāng): 재난을 만나다

酶 (méi) 酶 (메이)	酶 술밑 매	

酶制剂(méizhìjì): 효소제

櫧 (zhū) 櫧 (주)	櫧 종가시나무 저	

石櫧(shízhū): 돌가시나무

479

磋 (chā)
磋 (chá)
磋 (차)

磋 깨질 사/차

| 磋口(chákǒu): 끊어지거나 깨진 곳

禊 (qì)
禊 (치)

禊 땅 이름 계

| 지명에 쓰이는 글자

碟 (dié)
碟 (뎨)

碟 접시 접

| 碟子(diézi): 접시

厮 (sī)
厮 (쓰)

厮 종 시
厮 し【めしつかい】

| 厮守(sīshǒu): 서로 의지하다

碱 (jiǎn)
碱 (지엔)

碱 소금물 감

| 碱性(jiǎnxìng): 알칼리성

酸 (suān)
酸 (쑤안)

酸 초 산
酸 さん【すい】

| 酸奶(suānnǎi): 플레인 요구르트

碣 (jié)
碣 (지에)

碣 비 갈
碣 けつ【いしぶみ】

| 碣石(jiéshí): 둥근 비석

碳 (tàn)
碳 (탄)

碳 탄소 탄

| 碳酸(tànsuān): 탄산

酹 (lèi)
酹 (레이)

酹 부을 뢰

| 酹祝(lèizhù): 술을 땅에 뿌리고 축복의 말을 하다

酴 (tú)
酴 (투)

酴 술밑 도

| 酴醾(túmí): 잘 익은 술

酿 (niáng)
酿 (niàng)
釀 (냥)

釀 술 빚을 양
釀 じょう【かもす】

| 酿酒(niàngjiǔ): 술을 빚다

碡 (zhóu)
碡 (저우)

碡 돌 고무래 독

| 碌碡(liùzhóu): 굴레

碥 (biǎn)	碥 디딤돌 편
碥 (볜)	

| 지명에 쓰이는 글자

霆 (tíng)	霆 천둥 소리 정
霆 (팅)	霆 てい【いかずち】

| 雷霆(léitíng): 세찬 천둥소리

殯 (bìn)	殯 빈소 빈
殯 (빈)	殯 ひん【かりもがり】

| 殯葬(bìnzàng): 출관과 매장

豨 (xī)	豨 돼지 희
豨 (시)	

| 豨苓(xīlíng): 저령

磁 (cí)	磁 지남석 자
磁 (츠)	磁 じ【やきもの】

| 磁铁(cítiě): 자석

需 (xū)	需 구할 수
需 (쒸)	需 じゅ【もとめる】

| 需求(xūqiú): 요구되다

磋 (cuō)	磋 갈 차
磋 (춰)	磋 さ【みがく】

| 磋商(cuōshāng): 협의

碹 (xuàn)	碹 둥글게 싼 벽 선
碹 (쉬안)	

| 碹窑(xuànyáo): 가마를 축성하다

碲 (dì)	碲 텔루륨 제
碲 (디)	

| 碲酸盐(dìsuānyán): 텔루르산염

愿 (yuàn)	愿 성실할 원
愿 (위안)	愿 げん【つつしむ】

| 愿景(yuànjǐng): 청사진

劂 (jué)	劂 새김칼 궐
劂 (줴)	

| 剞劂(jījué): 끝이 구부러진 조각칼

臧 (zāng)	臧 착할 장
臧 (짱)	臧 ぞう【よい】

| 臧善(zāngshàn): 선량

481

弊 (bì)　弊 폐단 폐

弊 (비)　弊 へい【やぶれる】

| 弊端(bìduān): 폐단

睿 (ruì)　睿 밝을 예

睿 (루이)

| 睿智(ruìzhì): 예지

雌 (cí)　雌 암컷 자

雌 (츠)　雌 し【めす】

| 雌雄(cíxióng): 암컷과 수컷

轄 (xiá)　轄 다스릴/비녀장 할

轄 (샤)　轄 かつ【くさび】

| 辖治(xiázhì): 관할하다

蜚 (fēi)　蜚 날/바퀴 비

蜚 (페이)　蜚 ひ【あぶらむし】

| 蜚声(fēishēng): 이름을 날리다

龈 (yín)　龈 물 간, 잇몸 은

龈 (인)　龈 ぎん【はぐき】

| 龈口炎(yínkǒuyán): 치은구내염

翡 (fěi)　翡 물총새 비

翡 (페이)　翡 ひ【かわせみ】

| 翡翠(fěicuì): 물총새

辕 (yuán)　辕 끌채 원

辕 (위안)　辕 えん【ながえ】

| 辕牛(yuánniú): 수레를 끄는 소

霁 (jì)　霁 비 그칠 제

霁 (지)　霁 せい【はれる】

| 霁威(jìwēi): 노여움을 거두다

龇 (zī)　龇 이갈림 재

龇 (쯔)

| 龇牙(zīyá): 이를 드러내다

裴 (péi)　裴 옷 치렁치렁할 배

裴 (페이)　裴 はい

| 성(姓)에 쓰이는 글자

辗 (zhǎn)　辗 돌아누울 전

辗 (잔)　辗 てん【めぐる】

| 辗转(zhǎnzhuǎn): 뒤척이다

嘈 (cáo) 嘈 (차오)	嘈 시끄러울 조

嘈杂(cáozá): 떠들썩하다

嘞 (lē) (lei) 嘞 (리) (레이)	嘞 어조사 륵

嘞嘞(lēle): 말을 많이 하다

裳 (cháng) (shang) 裳 (창) (상)	裳 치마 상 裳 しょう【もすそ】

衣裳(yīshang): 옷

嘌 (piào) 嘌 (퍄오)	嘌 빠를 표

嘌呤(piàolìng): 푸린

瞅 (chǒu) 瞅 (처우)	瞅 노려볼 추

瞅准(chǒuzhǔn): 똑바로 보다

嘁 (qī) 嘁 (치)	嘁 부끄러울 잡

嘁嘁喳喳(qīqīchāchā): 재잘재잘

夥 (huǒ) 夥 (훠)	夥 많을 과/화 夥 か【おびただしい】

夥计(huǒji): 옛날의 점원

瞍 (sǒu) 瞍 (써우)	瞍 소경 수

矇瞍(méngsǒu): 장님

颗 (kē) 顆 (커)	顆 낟알 과 顆 か【つぶ】

颗粒(kēlì): 낟알

嗽 (sòu) 嗽 (써우)	嗽 기침할 수, 빨 삭 嗽 そう【くちすすぐ】

咳嗽(késou): 기침하다

暌 (kuí) 暌 (쿠이)	暌 사팔눈 규

暌异(kuíyì): 의견이 맞지 않다

墅 (shù) 墅 (수)	墅 농막 서 墅 しょ【なや】

别墅(biéshù): 별장

14획

483

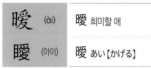

曖昧(àimèi): 애매모호하다

踌躇(chóuchú): 주저하다

嘎吱(gāzhī): 삐걱삐걱

跽坐(jìzuò): 꿇어앉다

蜡烛(làzhú): 양초

踉跄(liàngqiàng): 비틀거리다

缫丝(sāosī): 고치를 켜 실을 뽑다

螃蜞(pángqí): 방게

蜻蜓(qīngtíng): 왕잠자리

蜥蜴(xīyì): 도마뱀

踊购(yǒnggòu): 활발히 구매하다

虺蜮(huǐyù): 살무사와 물여우

484

| 蟬 (chán) | 蟬 매미 선 |
| 蟬 (찬) | 蝉 せん【せみ】 |

蟬蛻(chántuì): 매미의 허물

| 蜷 (quán) | 蜷 굽을 권 |
| 蜷 (취안) | 蜷 けん【にな】 |

蜷曲(quánqū): 웅크리다

| 蟈 (guō) | 蟈 청개구리 괵 |
| 蟈 (궈) | |

蟈蟈(guōguo): 여치

| 蜩 (tiáo) | 蜩 쓰르라미 조 |
| 蜩 (탸오) | 蜩 ちょう【せみ】 |

蜩螗(tiáotáng): 소란스럽다

| 蜾 (guǒ) | 蜾 나나니벌 과 |
| 蜾 (궈) | |

蜾蠃(guǒluǒ): 나나니벌

| 蜿 (wān) | 蜿 굼틀거릴 원/완 |
| 蜿 (완) | 蜿 えん |

蜿蜒(wānyán): 구불구불하다

| 螂 (láng) | 螂 사마귀 랑 |
| 螂 (랑) | 螂 ろう |

蟑螂(zhāngláng): 바퀴

| 蜴 (yì) | 蜴 도마뱀 척 |
| 蜴 (이) | 蜴 えき |

蜥蜴(xīyì): 도마뱀

| 蜢 (měng) | 蜢 벼메뚜기 맹 |
| 蜢 (멍) | |

蚱蜢(zhàměng): 메뚜기

14획

| 蠅 (yíng) | 蠅 파리 승 |
| 蠅 (잉) | 蝿 よう【はえ】 |

蝇头(yíngtóu): 사소한 것

| 蜱 (pí) | 蜱 사마귀알 비 |
| 蜱 (피) | |

蜱蛸(píxiāo): 버마재비의 알

| 蜘 (zhī) | 蜘 거미 지 |
| 蜘 (즈) | 蜘 ち【くも】 |

蜘网(zhīwǎng): 거미줄

485

嘣嘣车(bēngbēngchē): 모터를 단 삼륜차

嘚瑟(dèse): 과시하다

嘀咕(dígu): 속닥거리다

鹗荐(èjiàn): 인품을 보증하여 추천하다

罱泥船(lǎnníchuán): 준설선

嘛儿(már): 어떤 것

嘧啶(mìdìng): 피리미딘

熊罴(xióngpí): 곰과 큰 곰

嗾使(sǒushǐ): 부추기다

嘘唏(xūxī): 탄식하다

嘡啷(tānglāng): 댕그랑

嘤泣(yīngqì): 낮은 소리로 흐느끼다

486

骶 (dǐ)	骶 궁둥이 저	鍥 (qiè)	鍥 새길 계/결
骶 (띠)		鍥 (치에)	
骶骨(dǐgǔ): 꽁무니뼈		鍥薄(qièbó): 냉정하다	

賻 (fù)	賻 부의 부	鍶 (sī)	鍶 스트론튬 송
賻 (푸)	賻 ふ	鍶 (쓰)	
賻仪(fùyí): 부의금		鍶90(sījiǔlíng): 스트론튬90	

鶻 (gǔ)(hú)	鶻 송골매 골	罌 (yīng)	罌 항아리 앵
鶻 (구)(후)	鶻 こつ【はやぶさ】	罌 (잉)	罌 えい【もたり】
鶻鵃(gǔzhōu): 산비둘기		罌粟(yīngsù): 양귀비	

鍇 (kǎi)	鍇 좋은 쇠 개	幛 (zhàng)	幛 포백 장
鍇 (카이)		幛 (장)	
[문어]인명(人名)에 쓰임		挽幛(wǎnzhàng): 만장	

骷 (kū)	骷 해골 고	嶂 (zhàng)	嶂 산봉우리 장
骷 (쿠)		嶂 (장)	嶂 しょう【みね】
骷髅(kūlóu): 해골		叠嶂(diézhàng): 첩첩한 산봉우리	

幔 (màn)	幔 막 만	赚 (zhuàn)(zuàn)	赚 속일 잠, 팔 렴
幔 (만)	幔 まん	赚 (주완)(쭈완)	赚 ざん
幔帷(mànwéi): 장막		赚钱(zhuànqián): 돈을 벌다	

14획

鎄 (āi)
鎄 (아이)
鎄 아인시타이늄 애

| [화학] 인공 합성 원소의 일종

鍠 (huáng)
鍠 (황)
鍠 도끼 굉/횡
鍠 こう【かねのね】

| 鍠鍠(huánghuáng): 땡땡

錆 (chā)
鍤 (차)
錆 가래 삽

| 钢锸(gāngchā): 강철 삽

镂 (lòu)
鏤 (러우)
鏤 새길 루
鏤 ろう【ちりばめる】

| 镂空(lòukōng): 투각하다

镀 (dù)
鍍 (두)
鍍 도금할 도
鍍 と【めつき】

| 镀铬(dùgè): 크롬 도금

镁 (měi)
鎂 (메이)
鎂 마그네슘 미

| 镁肥(měiféi): 마그네슘 비료

锻 (duàn)
鍛 (단)
鍛 쇠 불릴 단
鍛 たん【きたえる】

| 锻压(duànyā): 단조와 압연

锖 (qiāng)
鏘 (치양)
鏘 울리는 소리 장
鏘 しょう

| 锵锵(qiāngqiāng): 댕그랑

锷 (è)
鍔 (어)
鍔 칼날 악
鍔 がく【は】

| 锋锷(fēng'è): 창끝과 칼등

锹 (qiāo)
鍬 (챠오)
鍬 가래 초
鍬 しゅう【すき】

| 锹形虫(qiāoxíngchóng): 사슴벌레과

锾 (huán)
鍰 (환)
鍰 무게 단위 환

| [옛날 중량단위] '1锾'은 여섯 냥

镃 (zī)
鎡 (쯔)
鎡 호미 자

| 镃基(zījī): 큰 호미 또는 괭이

488

镄 (fèi) 鐨 (페이)	鐨 페르뮴 비	

[화학] 인공 합성 원소의 일종

箍 (gū) 箍 (구)	箍 테 고 箍 こ	

箍紧(gūjǐn): 꽉 죄다

犒 (kào) 犒 (카오)	犒 호궤할 호 犒 こう【ねぎらう】	

犒劳(kàoláo): 위로하다

箧 (qiè) 箧 (치에)	篋 상자 협 篋 きょう【はこ】	

箧衍(qièyǎn): 대나무·갈대로 짠 바구니

箐 (qìng) 箐 (칭)	箐 작은 바구니 정	

山箐(shānqìng): 나무가 우거진 산골짜기

舔 (tiǎn) 舔 (톈)	舔 묻힐 첨	

舔嘴(tiǎnzuǐ): 입맛을 다시다

箨 (tuò) 籜 (퉈)	籜 대껍질 탁	

竹箨(zhútuò): 죽순 껍질

稳 (wěn) 穩 (원)	穩 안온할 온 穩 おん【おだやか】	

稳固(wěngù): 튼튼하다

舞 (wǔ) 舞 (우)	舞 춤출 무 舞 ぶ【まう】	

舞弊(wǔbì): 부정행위

熏 (xūn) (xùn) 熏 (쉰)	熏 연기낄 훈 熏 くん【くすぶる】	

熏陶(xūntáo): 훈도하다

箦 (zé) 簀 (저)	簀 살평상 책 簀 さく【すのこ】	

箦床(zéchuáng): 살평상

箸 (zhù) 箸 (주)	箸 젓가락 저 箸 ちょ【はし】	

箸匙(zhùchí): 수저

14획

箅 (bì)	箅 가릴 폐
箅 (비)	

炉箅(lúbì): 불받이

簏 (lù)	簏 책상자 록
簏 (루)	

符簏(fúlù): 부적

箔 (bó)	箔 발 박
箔 (보)	箔 はく

箔帘(bólián): 통발

箩 (luó)	籮 키/광주리 라
籮 (뤄)	

箩筐(luókuāng): 광주리

箪 (dān)	箪 밥그릇 단
簞 (단)	簞 たん

箪笥(dānsì): 대나무로 만든 상자

箬 (ruò)	箬 대껍질 약
箬 (러오)	

箬帽(ruòmào): 삿갓

管 (guǎn)	管 관 관
管 (관)	管 かん【くだ】

管辖(guǎnxiá): 관할

算 (suàn)	算 셈 산
算 (쏸)	算 さん【かぞえる】

算命(suànmìng): 점치다

箕 (jī)	箕 키 기
箕 (지)	箕 き【み】

箕帚(jīzhǒu): 쓰레받기와 비

箫 (xiāo)	簫 퉁소 소
簫 (샤오)	簫 しょう【ふえ】

簫管(xiāoguǎn): 퉁소

箜 (kōng)	箜 공후 공
箜 (쿵)	箜 こう

箜篌(kōnghóu): 옛날 현악기의 하나

箢 (yuān)	箢 대그릇 원
箢 (위앤)	

箢箕(yuānjī): 대쪽을 엮어 만든 광주리

僭 (jiàn)	僭 주제넘을 참
僭 (지엔)	僭 せん

| 僭越(jiànyuè): 분수에 지나치는 행동을 하다

僧 (sēng)	僧 중승
僧 (썽)	僧 そう

| 僧侶(sēnglǚ): 승려

僬 (jiāo)	僬 난쟁이 초
僬 (쟈오)	

| 僬侥(jiāoyáo): 고대 전설에 나오는 난쟁이

僳 (sù)	僳 리수족 속
僳 (쑤)	

| 傈僳族(lìsùzú): 리수족[중국 소수민족]

儆 (jǐng)	儆 경계할 경
儆 (징)	

| 儆戒(jǐngjiè): 경계하다

僮 (tóng)(zhuàng)	僮 아이 동
僮 (통)(좡)	僮 とう·どう【わらべ】

| 侍僮(shìtóng): 옆에서 시중드는 소년

僦 (jiù)	僦 세낼 추
僦 (지유)	

| 僦钱(jiùqián): 고용금

僖 (xī)	僖 기쁠 희
僖 (시)	僖 き【たのしむ】

| 僖康王(xīkāngwáng): 희강왕

僚 (liáo)	僚 동료 료
僚 (랴오)	僚 りょう【とも】

| 僚友(liáoyǒu): 동료

輿 (yú)	輿 수레 여
輿 (위)	輿 よ【こし】

| 輿情(yúqíng): 대중의 의향

14획

劁 (qiāo)	劁 끊을 초
劁 (챠오)	

| 劁猪(qiāozhū): 돼지를 거세하는 수술

毓 (yù)	毓 기를 육
毓 (위)	

| 毓嵒(yùyán): 애신각라 육암

| 魃 (bá) | 魃 가물 발 |
| 魃 (비) | 魃 ばつ |

| 旱魃(hànbá): 한발

| 貌 (mào) | 貌 모양 모, 모사할 막 |
| 貌 (마오) | 貌 ぼう【かたち】 |

| 貌似(màosì): 보기엔 …인 듯하다

| 鼻 (bí) | 鼻 코 비 |
| 鼻 (비) | 鼻 じ【はな】 |

| 鼻屎(bíshǐ): 코딱지

| 魅 (mèi) | 魅 매혹할 매 |
| 魅 (메이) | 魅 み |

| 魅惑(mèihuò): 유혹하다

| 魄 (bó)(pò)(tuò) | 魄 재강 박, 넋 백 영락할 탁 |
| 魄 (보)(포)(튁) | 魄 はく【たましい】 |

| 魄力(pòlì): 패기

| 艋 (měng) | 艋 작은 배 맹 |
| 艋 (멍) | |

| 舴艋(zéměng): 거룻배

| 膊 (bó) | 膊 팔뚝 박 |
| 膊 (보) | 膊 はく |

| 赤膊(chìbó): 웃통을 벗다

| 膜 (mó) | 膜 꺼풀 막 |
| 膜 (모) | 膜 まく |

| 膜拜(móbài): 엎드려 절하다

| 睪 (gāo) | 睪 불알 고 |
| 睪 (가오) | 睪 こう【きんたま】 |

| 睪酮(gāotóng): 테스토스테론

| 鄱 (pó) | 鄱 고을 이름 파 |
| 鄱 (포) | |

| 鄱阳湖(póyánghú): 포양후[호수 이름]

| 膈 (gé) | 膈 흉격 격 |
| 膈 (거) | 膈 かく |

| 膈应(gèyīng): 혐오하다

| 魆 (xū) | 魆 갑자기 훌 |
| 魆 (쉬) | |

| 青魆魆(qīngxūxū): 검실검실하다

膀 (bǎng)(pāng) 膀 (방)(팽)	膀 오줌통 방 膀 ぼう
膀胱(pángguāng): 방광	

脍 (kuài) 膾 (쾌이)	膾 회 회 膾 かい
脍鱼(kuàiyú): 준치	

膑 (bìn) 臏 (빈)	臏 종지뼈 빈
膑反射(bìnfǎnshè): 슬개(근) 반사	

鲔 (wěi) 鮪 (웨이)	鮪 다랑어 유 鮪 しび・まぐろ
鲔鱼(wěiyú): 다랑어	

鲑 (guī)(xié) 鮭 (구이)(셰)	鮭 복어 규, 어채 해 鮭 けい・かい
鲑珍(guīzhēn): 진귀한 물고기 요리	

鲜 (xiān)(xiǎn) 鮮 (셴)	鮮 고울 선 鮮 せん【あざやか】
鲜美(xiānměi): 맛이 대단히 좋다	

鲚 (jì) 鱭 (지)	鱭 갈치 제
凤鲚(fèngjì): 싱어	

鲟 (xún) 鱘 (쉰)	鱘 칼철갑상어 심
鲟鱼(xúnyú): 철갑상어	

鲛 (jiāo) 鮫 (자오)	鮫 상어 교 鮫 こう【さめ】
银鲛(yínjiāo): 은상어	

疑 (yí) 疑 (이)	疑 의심할 의, 안정할 응 疑 ぎ【うたがう】
疑心(yíxīn): 의심하다	

獍 (jìng) 獍 (징)	獍 맹수 이름 경
枭獍(xiāojìng): 배은망덕한 놈	

獐 (zhāng) 獐 (장)	獐 노루 장
香獐(xiāngzhāng): 사향노루	

孵坊(fūfáng): 부화장

膏药(gāoyao): 고약

裹脚(guǒjiǎo): 전족(纏足)하다

豪放(háofàng): 호방하다

饥馑(jījǐn): 기근

飗飗(liúliú): 미풍이 부는 모양

鸾舆(luányú): 천자의 수레

雒诵(luòsòng): (소리를 내서) 읽다

馒头(mántou): 찐빵

敲诈(qiāozhà): 사기쳐서 빼앗다

觳觫(húsù): 무서워 벌벌 떨다

夤缘(yínyuán): 달라붙다

494

|  | 瘥 나을 채, 앓을 차 |  | 瘦 파리할 수 |
| 瘥 (차이)(췌) | | 瘦 (서우) | 瘦 しゅう【やせる】 |

| 初瘥(chūchài): 병이 갓 치유되다

| 瘦弱(shòuruò): 여위고 허약하다

|  | 瘩 부스럼 탑/답 | 塾 (shú) | 塾 문옆방 숙 |
| 瘩 (다) | | 塾 (수) | 塾 じゅく【まなびや】 |

| 疙瘩(gēda): 뽀두라지

| 塾师(shúshī): 서당 선생

| 腐 (fǔ) | 腐 썩을 부 | 瘟 (wēn) | 瘟 염병 온 |
| 腐 (뚜) | 腐 ふ【くさる】 | 瘟 (원) | 瘟 おん【えやみ】 |

| 腐败(fǔbài): 부패하다

| 瘟疫(wēnyì): 돌림병

|  | 瘊 무사마귀 후 | 瘞 (yì) | 瘞 묻을 예 |
| 瘊 (허우) | | 瘞 (이) | |

| 瘊子(hóuzi): 사마귀

| 瘞埋(yìmái): 매장하다

|  | 瘌 앓을 랄 | 廙 (yì) | 廙 공경할 이 |
| 瘌 (라) | | 廙 (이) | |

| 瘌痢(làlì): 독창

| 王廙(wángyì): 왕이(王廙)

14획

| 麼 (me) | 麼 어조사 마 |  | 遮 막을 차, 이 저 |
| 麼 (머) | | 遮 (저) | 遮 しゃ【さえぎる】 |

| 麼小丑(móxiǎochǒu): 쓸모없는 놈

| 遮蔽(zhēbì): 가리다

端 (duān)	端 끝 단
端 (단)	端 たん【はし】

| 端倪(duānní): 단서

臀 (lǚ)	膂 등골뼈 려
膂 (뤼)	膂 りょ

| 膂力(lǚlì): 체력

竭 (jié)	竭 다할 갈
竭 (지에)	竭 げつ【つくす】

| 竭诚(jiéchéng): 성의를 다하다

旗 (qí)	旗 기 기
旗 (치)	旗 き【はた】

| 旗舰店(qíjiàndiàn): 플래그 숍

阚 (kàn)	闞 바라볼 감
闞 (칸)	

| 哮阚(xiàokàn): 맹수가 으르렁거리는 모양

瘙 (sào)	瘙 피부병 소
瘙 (싸오)	

| 瘙痒(sàoyǎng): 가렵다

辣 (là)	辣 매울 랄
辣 (라)	辣 らつ

| 辣椒(làjiāo): 고추

韶 (sháo)	韶 풍류 이름 소
韶 (사오)	韶 しょう

| 韶和(sháohé): 아름답고 온화하다

廖 (liào)	廖 텅 빌 료
廖 (랴오)	廖 りょう

| 廖内群岛(liàonèiqúndǎo): 랴오 제도

旖 (yǐ)	旖 깃발 펄럭일 의
旖 (이)	

| 旖旎(yǐnǐ): 바람에 나부끼는 모양

瘘 (lòu)	瘻 부스럼 루
瘻 (러우)	瘻 ろう

| 瘘疮(lòuchuāng): 치루

彰 (zhāng)	彰 밝을 창
彰 (장)	彰 しょう【あきらか】

| 彰显(zhāngxiǎn): 선명하게

鶿 (cí)	鶿 가마우지 자	糝 (sǎn)(shēn)	糝 밥알 삼
鶿 (츠)		糝 (쌴)(션)	

| 鸕鶿(lúcí): 갯가마우지

| 米糝(mǐsǎn): 밥알

粹 (cuì)	粹 순수할 수, 부술 쇄	鄯 (shàn)	鄯 나라 이름 선
粹 (추이)	粹 すい	鄯 (산)	

| 粹美(cuìměi): 순수하고 아름답다

| 鄯善(shànshàn): 산산[지명]

精 (jīng)	精 정할 정	槊 (shuó)	槊 창삭
精 (징)	精 せい【くわしい】	槊 (쉬)	槊 さく【ほこ】

| 精彩(jīngcǎi): 뛰어나다

| 槊毛(shuòmáo): 상모

粼 (lǐn)	粼 물 맑을 린	熄 (xī)	熄 불꺼질 식
粼 (린)		熄 (시)	熄 そく

| 粼粼(línlín): 맑고 깨끗하다

| 熄灯(xīdēng): 소등하다

熘 (liū)	熘 볶을 류	鲞 (xiǎng)	鲞 건어 상
熘 (류)		鲞 (상)	

| 熘肝尖(liūgānjiān): 돼지간볶음

| 鲞鱼(xiǎngyú): 말린 물고기

歉 (qiàn)	歉 흉년 들 겸	粽 (zòng)	粽 각서 종
歉 (치엔)	歉 けん	粽 (쭝)	粽 そう【ちまき】

| 歉仄(qiànzè): 송구스럽다

| 粽子(zòngzi): 쭝쯔[단오절에 먹는 음식]

漕运(cáoyùn): 운송하다

滹沱(hūtuó): 후투오[하천 이름]

潢池(huángchí): 물이 괸 곳

漤柿子(lǎnshìzi): 감을 우리다

煽情(shānqíng): 선동적이다

漱口(shùkǒu): 양치질하다

熥熥(tēngtēng): 다시 데우다

熔融(róngróng): 용해하다

| 漂 | (piāo) (piǎo) (piào) | 漂 떠다닐 표 |
| 漂 | (파오) | 漂 ひょう【ただよう】 |

漂泊(piāobó): 표박하다

| 漆 | (qī) | 漆 옻나무 칠 |
| 漆 | (치) | 漆 しつ【うるし】 |

漆树(qīshù): 옻나무

| 瀟 | (xiāo) | 瀟 물 이름 소 |
| 瀟 | (샤오) | 瀟 しょう |

瀟洒(xiāosǎ): 소탈하다

| 潆 | (yíng) | 潆 돌아 흐를 형
물소리 영 |
| 瀠 | (잉) | |

潆绕(yíngrào): 물이 맴돌다

滴 (dī)	滴 물방울 적
滴 (디)	滴 てき【したたる】

| 滴水(dīshuǐ): 물방울

漩 (xuán)	漩 소용돌이 선
漩 (쉬안)	

| 漩涡(xuánwō): 소용돌이

漶 (huàn)	漶 분간하지 못할 환
漶 (환)	

| 漫漶(mànhuàn): 어슴푸레하다

演 (yǎn)	演 펼 연
演 (옌)	演 えん【のべる】

| 演变(yǎnbiàn): 변화 발전

潋 (liàn)	潋 넘칠 렴
潋 (롄)	潋 れん【あふれる】

| 潋滟(liànyàn): 물살이 센 모양

漾 (yàng)	漾 출렁거릴 양
漾 (양)	漾 よう【ただよう】

| 漾溢(yàngyì): 넘쳐 흐르다

漉 (lù)	漉 거를 록
漉 (루)	漉 ろく【こす】

| 漉酒(lùjiǔ): 술을 거르다

漪 (yī)	漪 잔물결 의
漪 (이)	

| 漪涟(yīlián): 잔잔한 물결

漯 (luò) (tà)	漯 물 이름 루 모이는 모양 탑
漯 (뤄) (타)	

| 漯河(luòhé): 뤄허[지명]

漳 (zhāng)	漳 물 이름 장
漳 (장)	

| 漳州(zhāngzhōu): 장저우[지명]

14획

漫 (màn)	漫 질펀할 만
漫 (만)	漫 まん【そぞろ】

| 漫天(màntiān): 온 하늘에 가득차다

潴 (zhū)	潴 웅덩이 저
潴 (주)	潴 ちょ【ぬま】

| 潴积(zhūjī): 웅덩이

499

澉 (gǎn) 澉 (간)	澉 싱거울 감, 씻을 함

澉浦(gǎnpǔ): 간푸[지명]

賽 (sài) 賽 (싸이)	賽 굿새 賽 さい

賽跑(sàipǎo): 경주하다

寡 (guǎ) 寡 (과)	寡 적을 과 寡 か【すくない】

寡断(guǎduàn): 우유부단하다

潍 (wéi) 潍 (웨이)	潍 강 이름 유

潍坊(wéifāng): 웨이팡[지명]

慷 (kāng) 慷 (킹)	慷 강개할 강 慷 こう【なげく】

慷慨(kāngkǎi): 아끼지 않다

窨 (xūn) (yìn) 窨 (쉰) (인)	窨 움음

窨井(yìnjǐng): 맨홀

漏 (lòu) 漏 (러우)	漏 샐 루 漏 ろう【もる】

漏电(lòudiàn): 누전되다

慵 (yōng) 慵 (용)	慵 게으를 용 慵 よう【ものうい】

慵惰(yōngduò): 게으르다

慢 (màn) 慢 (만)	慢 게으를 만 慢 まん【あなどる】

慢用(mànyòng): 천천히 많이 드세요

窬 (yú) 窬 (위)	窬 담 넘을 유

窥窬(kuīyú): 틈을 엿보다

搴 (qiān) 搴 (치엔)	搴 빼낼 건 搴 けん【とる】

搴旗(qiānqí): 적의 군기를 빼앗다

寨 (zhài) 寨 (자이)	寨 목책 채 寨 さい【とりで】

寨主(zhàizhǔ): 산적 두목

褙 (bèi) 褙 (베이)	褙 속적삼 배

裱褙(biǎobèi): 표구하다

蜜 (mì) 蜜 (미)	蜜 꿀 밀
	蜜 みつ

蜜月(mìyuè): 허니문

察 (chá) 察 (차)	察 살필 찰
	察 さつ

察看(chákàn): 살피다

綮 (qǐ) (qìng) 綮 (치) (칭)	綮 창집 계, 힘줄 경
	綮 けい

肯綮(kěnqìng): 뼈와 살이 접한 곳

褡 (dā) 褡 (다)	褡 옷 해질 답

褡褳(dālián): 도복의 상의

譚 (tán) 譚 (탄)	譚 편안할 담
	譚 だん【はなし】

譚基病(tánjībìng): 탄지에르질환

褐 (hè) 褐 (허)	褐 털옷 갈
	褐 かつ

褐变(hèbiàn): 갈색 변화

寤 (wù) 寤 (우)	寤 깰 오
	寤 ご【さめる】

寤寐(wùmèi): 자나깨나

窶 (jù) 窶 (쥐)	窶 가난할 구
	窶 く·ろう【まぜしい】

贫窶(pínjù): 가난하다

譖 (zèn) 譖 (쩐)	譖 하소연 할 참
	譖 しん【そしる】

譖言(zènyán): 남을 헐뜯는 말

14획

寥 (liáo) 寥 (랴오)	寥 쓸쓸할 료
	寥 りょう【さびしい】

寥落(liáoluò): 쓸쓸하다

肇 (zhào) 肇 (자오)	肇 비롯할 조
	肇 ちょう【はじめ】

肇事(zhàoshì): 사고를 일으키다

褓 (bǎo) / 褓 (바오)
褓 포대기 보
褓 ほう

褓褓(qiǎngbǎo): 강보

鶥 (méi) / 鶥 (메이)
鶥 왜가리 미
鶥

噪鶥(zàoméi): 웃음지빠귀꼬리치레

褊 (biǎn) / 褊 (볜)
褊 좁을 편
褊 へん

褊急(biǎnjí): 도량이 좁고 성급하다

谱 (pǔ) / 譜 (푸)
譜 족보 보
譜 ふ

谱曲(pǔqǔ): 작곡하다

暨 (jì) / 暨 (지)
暨 미칠 기

暨南大学(jìnándàxué): 기남대

谯 (qiáo) / 譙 (챠오)
譙 꾸짖을 초
譙

谯楼(qiáolóu): 초루

谲 (jué) / 譎 (줴)
譎 속일 휼
譎 けつ【いつわる】

谲诡(juéguǐ): 간교하다

褪 (tui) / 褪 (투이) (튄)
褪 벗을 퇴
褪 たい・とん

褪色(tuishǎi): 퇴색하다

谰 (lán) / 讕 (란)
讕 헐뜯을 란

谰言(lányán): 중상모략의 말

屣 (xǐ) / 屣 (시)
屣 신사

屣履(xǐlǚ): 신을 끌다

褛 (lǚ) / 褸 (뤼)
褸 헌 누더기 루
褸 る【ぼろ】

褴褛(lánlǚ): 남루하다

禚 (zhuó) / 禚 (줘)
禚 땅 이름 작

성(姓)에 쓰이는 글자

502

嫦 (cháng)	嫦 항아 항	嫩 (nèn)	嫩 어릴 눈
嫦 (창)	嫦 こう	嫩 (넌)	嫩 どん【わかい】

| 嫦娥(cháng'é): 상아[고대 전설상의 선녀] | 嫩滑(nènhuá): 부드럽고 매끄럽다 |

嫡 (dí)	嫡 정실 적	嫖 (piáo)	嫖 날랠 표
嫡 (디)	嫡 てき·ちゃく	嫖 (퍄오)	嫖 ひょう【かるい】

| 嫡派(dípài): 직계 | 嫖賭(piáodǔ): 오입질과 도박 |

嫪 (lào)	嫪 사모할 로	嫱 (qiáng)	嫱 궁녀 장
嫪 (라오)		嫱 (치앙)	

| 嫪毐(làoǎi): 노애, 진나라의 가짜 환관 | 嫱媛(qiángyuán): 궁빈 |

嫘 (léi)	嫘 사람 이름 루	隧 (suì)	隧 굴 수, 떨어질 추
嫘 (레이)		隧 (쑤이)	隧 すい

| 嫘縈(léiyíng): 인조 견사 | 隧道(suìdào): 터널 |

嫚 (mān) (màn)	嫚 업신여길 만	嫣 (yān)	嫣 싱긋 웃을 언
嫚 (만)		嫣 (옌)	嫣 えん

| 嫚骂(mànmà): 깔보고 욕하다 | 嫣然(yānrán): 아름다운 모양 |

14획

鼐 (nài)	鼐 가마솥 내	嫜 (zhāng)	嫜 시부모 장
鼐 (나이)		嫜 (장)	

| 鼐鼎及鼒: 큰 솥과 작은 솥 | 姑嫜(gūzhāng): 시부모 |

503

驃 (biāo) (piào)	驃 빠를 표
驃 (뱌오) (퍄오)	驃 ひょう

| 骠勇(piàoyǒng): 용맹스럽다

缦 (màn)	縵 무늬 없는 비단 만
縵 (만)	縵 まん

| 缦立(mànlì): 오랫동안 가만히 멈춰 서다

骢 (cōng)	驄 총이말 총
驄 (총)	

| 铁骢(tiěcōng): 검푸른 빛깔의 말

瞀 (mào)	瞀 흐릴 무
瞀 (마오)	

| 瞀惑(màohuò): 어리둥절하다

翠 (cuì)	翠 푸를/물총새 취
翠 (추이)	翠 すい【みどり】

| 翠柏(cuìbǎi): 푸른 측백나무

縹 (piāo) (piǎo)	縹 옥색 표
縹 (퍄오)	縹 ひょう

| 缥缈(piāomiǎo): 멀고 어렴풋하다

凳 (dèng)	凳 걸상 등
凳 (덩)	

| 凳子(dèngzi): 걸상

骛 (wù)	騖 달릴 무
騖 (우)	

| 驰骛(chíwù): 질주하다

翟 (dí) (zhái)	翟 꿩 적, 고을 이름 책
翟 (디) (자이)	

| 翟麦(zháimài): 술패랭이꽃

熊 (xióng)	熊 곰 웅
熊 (슝)	熊 ゆう【くま】

| 熊市(xióngshì): 가격 하락 국면

缧 (léi)	縲 포승 류, 밧줄 라
縲 (레이)	縲 るい

| 缧绁(léixiè): 감옥

缨 (yīng)	纓 갓끈 영
纓 (잉)	纓 えい

| 缨索(yīngsuǒ): 갓끈

504

| 繆
 繆 | (miào)
 (miù)
 (móu)
 (먀오)
 (뮤)
 (머우) | 繆 성씨/잘못/얽을 무
 繆 びゅう【まとう】 |

綢繆(chóumóu): 사전에 준비하다

| 缩
 縮 | (sù)
 (suō)
 (쑤)
 (쒸) | 縮 줄일 축
 縮 しゅく【ちぢむ】 |

縮减(suōjiǎn): 감축하다

15획

耬 (lóu)	耬 씨 뿌리는 기구 루
耬 (러우)	

| 密植耬(mìzhílóu): 밀식용 파종기

璁 (cōng)	璁 옥돌 총
璁 (충)	

| 璁珑(cōnglóng): 밝고 반들반들하다

耦 (ǒu)	耦 나란히 갈 우
耦 (어우)	耦 ぐう

| 耦合(ǒuhé): 결합

璀 (cuǐ)	璀 빛날 최
璀 (추이)	

| 璀璨(cuǐcàn): 구슬·옥의 광채가 찬란한 모양

璆 (qiú)	璆 아름다운 옥 구
璆 (치유)	

| 璆然(qiúrán): 구슬이 부딪쳐 내는 소리

璜 (huáng)	璜 패옥 황
璜 (황)	

| 装璜(zhuānghuáng): 장식하다

璇 (xuán)	璇 옥/별 이름 선
璇 (쉬안)	

| 璇玑(xuánjī): 옛날, 천체를 관측하던 기계

慧 (huì)	慧 슬기로울 혜
慧 (후이)	慧 けい·え[さとい]

| 慧根(huìgēn): 천부적으로 총명한 자질

瓔 (yīng)	瓔 옥돌 영
瓔 (잉)	瓔 えい

| 瓔珞木(yīngluòmù): 영락목

瑾 (jǐn)	瑾 옥 근
瑾 (진)	瑾 きん

| 瑾瑕(jǐnxiá): 미추와 우열을 비유한다

璋 (zhāng)	璋 홀(笏) 장
璋 (장)	璋 しょう

| 圭璋(guīzhāng): 고귀한 인품

撑 (chēng)	撑 버틸 탱
撑 (쳉)	

撑腰(chēngyāo): 지지해 주다

撅 (juē)	撅 칠 궐, 걷을 궤
撅 (줴)	

撅人(juērén): 남의 체면을 깎다

撩 (liāo) (liáo)	撩 다스릴/돋울 료
撩 (랴오)	撩 りょう【おさめる】

撩拨(liáobō): 희롱하다

撵 (niǎn)	撵 쫓을 련
撵 (녠)	

撵走(niǎnzǒu): 쫓아내다

趣 (qù)	趣 뜻 취
趣 (취)	趣 しゅ【おもむき】

趣闻(qùwén): 재미있는 소식

髯 (rán)	髯 구레나룻 염
髯 (란)	髯 ぜん【ひげ】

髯口(ránkǒu): 가짜 수염

撒 (sā) (sǎ)	撒 뿌릴 살
撒 (싸)	撒 さん【まく】

撒谎(sāhuǎng): 거짓말을 하다

撕 (sī)	撕 훈계할 서
撕 (쓰)	撕 せい【ひっさげる】

撕毁(sīhuǐ): 찢어 버리다

奭 (shì)	奭 클 석
奭 (스)	

인명에 많이 쓰임

趟 (tāng) (tàng)	趟 뛸 창, 건널 당
趟 (탕)	

趟一水(tāngyīshuǐ): 시험 삼아 한번 해보다

髫 (tiáo)	髫 다박머리 초
髫 (탸오)	髫 ちょう【たれがみ】

髫龀(tiáochèn): 유년

擷 (xié)	擷 뽑을 힐
擷 (셰)	

擷选(xiéxuǎn): 채택하다

播 (bō) (보)	播 뿌릴 파 / 播 は【まく】		擒 (qín) (친)	擒 사로잡을 금 / 擒 きん【とらえる】
	播种(bōzhǒng): 파종하다			擒拿(qínná): 체포하다

播 (bō)
(보)

播 뿌릴 파

播 は【まく】

| 播种(bōzhǒng): 파종하다

擒 (qín)
(친)

擒 사로잡을 금

擒 きん【とらえる】

| 擒拿(qínná): 체포하다

撮 (cuō) (zuō)
(쵤) (쭤)

撮 사진 찍을/집을 촬

撮 さつ【とる】

| 撮合(cuōhé): 관계를 맺어 주다

鋆 (yún)
(윈)

鋆 금 윤

| 인명에 많이 쓰임

撤 (chè)
(처)

撤 거둘 철

撤 てつ【すてる】

| 撤资(chèzī): 투자를 취소하다

撙 (zǔn)
(쭌)

撙 누를 준

| 撙省(zǔnsheng): 절약하다

墩 (dūn)
(둔)

墩 돈대 돈

| 墩堡(dūnbǎo): 흙으로 쌓아 올린 보루

赭 (zhě)
(저)

赭 붉은 흙 자

赭 しゃ【あかつち】

| 赭黄(zhěhuáng): 진흙이 섞인 갈청광

墦 (fán)
(판)

墦 무덤 번

| 墦肉(fánròu): 무덤 제상의 고기

撞 (zhuàng)
(쵱)

撞 부딪칠 당

撞 どう【つく】

| 撞倒(zhuàngdǎo): 부딪쳐 넘어뜨리다

撸 (lū)
(루)

撸 움직일 로

| 撸子(lūzi): 작은 권총

缯 (zēng) (zèng)
(쩡)

缯 명주 증

| 缯绷(zèngbeng): 팽팽하다

鞍 (ān)	鞍 안장안
鞍 (안)	鞍 あん【くら】

| 鞍马(ānmǎ): 안장과 말

聡 (cōng)	聰 귀밝을총
聰 (총)	聰 そう【さとい】

| 聪慧(cōnghuì): 총명하다

撺 (cuān)	攛 던질찬
攛 (찬)	

| 撺掇(cuānduo): 부추기다

墀 (chí)	墀 지대/뜰지
墀 (츠)	

| 丹墀(dānchí): 붉은 칠을 한 궁전 앞의 섬돌

鞑 (dá)	韃 오랑캐 이름 달
韃 (다)	韃 たつ・だつ

| 鞑靼(dádá): 달단

蕙 (huì)	蕙 풀 이름 혜
蕙 (후이)	

| 蕙心(huìxīn): 미인의 고운 마음씨

觐 (jìn)	覲 뵐근
覲 (진)	覲 きん【まみえる】

| 觐见(jìnjiàn): 알현하다

聩 (kuì)	聵 귀머거리 외/회
聵 (쿠이)	

| 聩聩(kuìkuì): 우매하고 무지한 모양

鞒 (qiáo)	鞽 신교
鞽 (챠오)	

| 鞍鞒(ānqiáo): 말 안장

鞋 (xié)	鞋 신혜
鞋 (세)	鞋 あい【わらじ】

| 鞋柜(xiéguì): 신발장

增 (zēng)	增 더할증
增 (쩡)	增 ぞう【ます】

| 增强(zēngqiáng): 강화하다

15획

撰 (zhuàn)	撰 지을찬, 가릴 선
撰 (주완)	撰 せん・さん【えらぶ】

| 撰稿(zhuàngǎo): 기고하다

509

蕃息(fánxī): 번식하다

躐劐(liàngqiàng): 비틀거리다

蕺菜(jícài): 즙채

蕉农(jiāonóng): 바나나 재배농

蕨菜(juécài): 고사리

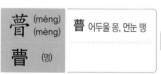

瞢眩(méngxuàn): 어지럽다

蕲求(qíqiú): 기구(祈求)하다

蕤宾节(ruíbīnjié): 단오절

蕊珠经(ruǐzhūjīng): 예주경

蕰草(wēncǎo): 붕어마름

松蕈(sōngxùn): 송이 버섯

蕞芮(zuìruì): 모여드는 모양

槽 (cáo)	槽 구유 조	蔬 (shū)	蔬 푸성귀 소
槽 (챠오)	槽 そう【かいばおけ】	蔬 (수)	蔬 そ

| 槽枥(cáolì): 마구간

| 蔬菜(shūcài): 채소

樗 (chū)	樗 가죽나무 저	樘 (táng)	樘 기둥 탱
樗 (츠)	樗 ちょ【ぬるで】	樘 (탕)	

| 樗蚕(chūcán): 가죽나무누에

| 窗樘(chuāngtáng): 창틀

横 (héng) (hèng)	横 가로/방자할 횡	樱 (yīng)	樱 앵두나무 앵
横 (헝)	横 おう【よこ】	櫻 (잉)	桜 おう【さくら】

| 横跨(héngkuà): 가로걸쳐 있다

| 樱桃(yīngtáo): 앵두나무

槿 (jǐn)	槿 무궁화 근	蘊 (yùn)	蘊 쌓을 온
槿 (진)	槿 きん【むくげ】	蘊 (원)	蘊 うん

| 槿花(jǐnhuā): 무궁화

| 蕴藉(yùnjiè): 함축성이 있다

槭 (qì)	槭 단풍나무 척	賾 (zé)	賾 깊숙할 색
槭 (치)	槭 しょく	賾 (쩌)	

| 槭树(qìshù): 단풍나무

| 探赜(tànzé): 신비를 탐구하다

15획

檣 (qiáng)	檣 돛대 장	鼒 (zī)	鼒 옹달솥 자
檣 (치앙)	檣 しょう【ほばしら】	鼒 (쯔)	

| 危檣(wēiqiáng): 높은 돛대

| 인명에 쓰임

511

醋 초 초, 잔 돌릴 작
醋 そ·さく

| 醋意(cùyì): 질투심

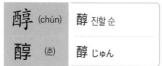
醇 진할 순
醇 じゅん

| 醇和(chúnhé): 순정하고 온화하다

樊 울타리 번
樊 はん

| 樊笼(fánlóng): 자유롭지 못한 처지

敷 펼 부
敷 ふ【しく】

| 敷衍(fūyǎn): 부연하다

橄 감람나무 감
橄 かん

| 橄榄(gǎnlǎn): 올리브

槲 떡갈나무 곡
槲 こく

| 石斛(shíhú): 석골풀

醌 퀴논 곤

| 醌型(kūnxíng): 퀴논형

飘 회오리바람 표
飘 ひょう

| 飘落(piāoluò): 가볍게 떨어지다

豌 완두 완
豌 えん【えんどう】

| 豌豆(wāndòu): 완두

橡 상수리나무 상
橡 しょう【くぬぎ】

| 橡胶(xiàngjiāo): 고무

鹢 칠면조 역

| [동물] 중국 원산의 칠면조

樟 녹나무 장
樟 しょう【くす】

| 樟脑(zhāngnǎo): 장뇌

512

磅 (bàng)(pāng) 磅 (방)(팡)	磅 돌 떨어지는 소리 방 磅 ほう

| 磅礴(pángbó): 드높다

磉 (sǎng) 磉 (쌍)	磉 주춧돌 상

| 磉磴(sǎngdūn): 주춧돌

磙 (gǔn) 磙 (곤)	磙 롤러 곤

| 场磙(chánggǔn): 탈곡용의 롤러

魇 (yǎn) 魇 (옌)	魇 가위눌릴 염 魇 えん·よう

| 魇魅(yǎnmèi): 주술로 사람을 죽이다

磕 (kē) 磕 (커)	磕 돌 부딪치는 소리 개

| 磕头(kētóu): 절하다

餍 (yàn) 餍 (옌)	餍 포식할 염

| 餍足(yànzú): 포식하다

磊 (lěi) 磊 (레이)	磊 돌 무더기 뢰 磊 ちい

| 磊磊(lěilěi): 많은 돌이 쌓여 있는 모양

靥 (yè) 靥 (예)	靥 보조개 엽 靥 よう【えくぼ】

| 靥笑(yèxiào): 보조개가 진 웃음

碾 (niǎn) 碾 (녠)	碾 맷돌 년 碾 てん

| 碾压(niǎnyā): 지면을 누르고 지나가다

醉 (zuì) 醉 (쭈이)	醉 취할 취 醉 すい【よう】

| 醉心(zuìxīn): 심취하다

15획

醅 (pēi) 醅 (페이)	醅 빚을 배

| 酸醅(pōpēi): 술을 양조하다

磔 (zhé) 磔 (저)	磔 찢을 책 磔 たく【はりつけ】

| 磔磔(zhézhé): 짝짝[새 지저귀는 소리]

 憋 (biē) 憋 (별)	憋 모질 별

憋闷(biēmen): 우울하다

 霈 (pèi) 霈 (페이)	霈 비 쏟아질 패

雨霈(yǔpèi): 비가 쏟아지다

 齪 (chuò) 齪 (취)	齪 악착할 착 齪 さく

龌齪(wòchuò): 더럽다

覷 (qū) (qù) 覷 (취)	覷 엿볼 처

覷空(qùkòng): 기회를 엿보다

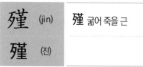 殣 (jìn) 殣 (진)	殣 굶어 죽을 근

道殣(dàojìn): 길가에서 굶어 죽은 사람

霄 (xiāo) 霄 (샤오)	霄 하늘 소, 닮을 초 霄 しょう【そら】

霄雪(xiāoxuě): 진눈깨비

瞌 (kē) 瞌 (커)	瞌 졸음 올 갑

瞌睡(kēshuì): 말뚝잠을 자다

 慭 (yìn) 慭 (인)	慭 원할 은 慭 ぎん【なまじいに】

慭慭(yìnyìn): 삼가는 모양

辘 (lù) 辘 (루)	辘 도르래 록 辘 ろく

辘轳(lùlú): 활차

 齬 (yǔ) 齬 (위)	齬 맞지 않을 어 齬 ご

龃齬(jǔyǔ): 상하 치아가 가지런하지 않다

 霉 (méi) 黴 (메이)	黴 곰팡이 미 黴 ばい【かび】

霉变(méibiàn): 곰팡이 끼다

震 (zhèn) 震 (전)	震 천둥소리 진 震 しん【ふるう】

震惊(zhènjīng): 몹시 놀라다

| 暴 (bào) | 暴 사나울 포/폭 |
| 暴 (바오) | 暴 ぼう·ばく |

| 暴跌(bàodiē): 폭락하다

| 嘭 (pēng) | 嘭 소리 팽 |
| 嘭 (펑) | |

| 嘭嘭(pēngpēng): 쾅쾅

| 嘲 (cháo)(zhāo) | 嘲 비웃을 조 |
| 嘲 (차오)(자오) | 嘲 ちょう【あざける】 |

| 嘲弄(cháonòng): 조롱하다

| 嘶 (sī) | 嘶 울 시 |
| 嘶 (쓰) | 嘶 せい【いななく】 |

| 嘶哑(sīyǎ): 목이 쉬다

| 噶 (gá) | 噶 음역자 갈 |
| 噶 (가) | |

| 噶点儿(gádiǎnr): 도박하다

| 题 (tí) | 题 표제 제 |
| 题 (티) | 题 だい |

| 题词(tící): 머리말

| 颗 (kē) | 颗 낱알 과 |
| 颗 (커) | |

| 颗粒(kēlì): 과립

| 嘻 (xī) | 嘻 웃을 희 |
| 嘻 (시) | |

| 嘻闹(xīnào): 떠들어 대다

| 瞒 (mán) | 瞒 흐릴 만 |
| 瞒 (만) | 瞒 まん·もん |

| 瞒不住(mánbuzhù): 속일 수 없다

| 瞎 (xiā) | 瞎 애꾸눈 할 |
| 瞎 (샤) | 瞎 かつ |

| 瞎忙(xiāmáng): 헛수고하다

15획

| 瞑 (míng) | 瞑 눈 감을 명, 잘 면 |
| 瞑 (밍) | 瞑 めい |

| 瞑目(míngmù): 명목하다

| 噎 (yē) | 噎 목멜 열 |
| 噎 (예) | 噎 いつ【むせぶ】 |

| 噎喉(yēhóu): 목구멍이 메다

515

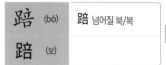

踣 (bó) / 踣 (보)
踣 넘어질 북/복

| 顿踣(dùnbó): 쓰러지다

嘹 (liáo) / 嘹 (랴오)
嘹 소리 멀리 들릴 료

| 嘹喨(liáoliàng): 맑게 울리다

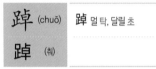

踩 (cǎi) / 踩 (차이)
踩 밟을 채

| 踩道(cǎidào): 사전 답사하다

踏 (tā) (tà) / 踏 (타)
踏 밟을/디딜 답
踏 とう【ふむ】

| 踏实(tāshí): 안정되다

踔 (chuō) / 踔 (춰)
踔 멀 탁, 달릴 초

| 踔绝(chuōjué): 탁월하다

踢 (tī) / 踢 (티)
踢 찰 척

| 踢开(tīkāi): 차버리다

踮 (diǎn) / 踮 (몐)
踮 밟을 점

| 踮脚(diǎnjiǎo): 절름거리다

暹 (xiān) / 暹 (셴)
暹 햇살 치밀 섬
暹 せん

| 暹罗(xiānluó): '泰国'의 옛 이름

踟 (chí) / 踟 (츠)
踟 머뭇거릴 지
踟 ち

| 踟蹰(chíchú): 머뭇거리다

影 (yǐng) / 影 (잉)
影 그림자 영
影 えい【かげ】

| 影响(yǐngxiǎng): 영향을 주다

踝 (huái) / 踝 (화이)
踝 복사뼈 과
踝 か

| 踝骨(huáigǔ): 복숭아뼈

蹢 (zhì) / 蹢 (즈)
蹢 넘어질 지/질
蹢 ち・しつ【つまぜく】

| 跌蹢(diēzhì): 넘어지다

蠢 (chūn)
蠢 (춘)
蠢 섞일 춘
| 长蠢(chángchūn): 긴노린재

蝰 (kuí)
蝰 (쿠이)
蝰 번데기 규
| 蝰蛇(kuíshé): 살무사

蝶 (dié)
蝶 (데)
蝶 나비 접
蝶 ちょう
| 蝶泳(diéyǒng): 접영

蝻 (nǎn)
蝻 (난)
蝻 곡식 벌레 남
| 蝗蝻(huángnǎn): 누리의 애벌레

蝠 (fú)
蝠 (푸)
蝠 박쥐 복
蝠 ふく【こうむり】
| 蝠䲨(fúfèn): 쥐가오리

蝾 (róng)
蝾 (룽)
蝾 영원 영
蝾 えい【いもり】
| 蝾螈(róngyuán): 도롱뇽류의 총칭

蝴 (hú)
蝴 (후)
蝴 나비 호
蝴 こ
| 蝴蝶(húdié): 나비

蝎 (xiē)
蝎 (셰)
蝎 전갈 갈
蝎 かつ【さそり】
| 蝎毒(xiēdú): 전갈의 독

踺 (jiàn)
踺 (지엔)
踺 가는 모양 건
| 踺子(jiànzi): 체조의 회전 동작의 하나

踪 (zōng)
踪 (쭝)
踪 발자취 종
踪 そう【あしあと】
| 踪迹(zōngjì): 발자취

踞 (jù)
踞 (쥐)
踞 쭈그리고 앉을 거
踞 きょ【うずくまる】
| 踞坐(jùzuò): 쭈그리고 앉다

踯 (zhí)
踯 (즈)
踯 머뭇거릴 척
踯 てき
| 踯躅(zhízhú): 배회하다

15획

517

蝙蝠(biānfú): 박쥐

嘬嘴(zuōzuǐ): 입을 오므리다

顎骨(ègǔ): 턱뼈

蝮蛇(fùshé): 살무사

蝗虫(huángchóng): 누리

蝌蚪(kēdǒu): 올챙이

螻蛄(lóugū): 땅강아지

噗通(pūtōng): 풍덩

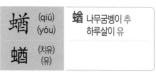

蝤蛑(yóumóu): 꽃게

蠷螋(qúsōu): 집게벌레

蜉蝣(fúyóu): 하루살이

蛞蝓(kuòyú): 활유

噌 (cēng) (chéng) 噌 (청)	噌 시끄러울 증 왁자지껄할 쟁 噌 そう	嚕 (lū) 嚕 (루)	嚕 아까워할 로

噌吰(chēnghóng): 땡땡

嚕苏(lūsū): 구시렁거리다

噔 (dēng) 噔 (덩)	噔 부딪치는 소리 등	噢 (ō) 噢 (오)	噢 앓는 소리 오

噔愣(dēngleng): 둥당둥당

噢! 是了!: 아! 그렇다

幡 (fān) 幡 (판)	幡 깃발 번 幡 はん【はた】	噙 (qín) 噙 (친)	噙 머금을 금

幡然(fānrán): 철저히

噙化(qínhuà): 입에 넣고 녹이다

幞 (fú) 幞 (무)	幞 두건 복	噀 (xùn) 噀 (쉰)	噀 물 뿜을 손

幞头(fútóu): 옛날에 남자가 쓰던 두건의 일종

噀酒(xùnjiǔ): 술을 뱉다

嘿 (hēi) (mò) 嘿 (헤이) (모)	嘿 고요할 묵	嘱 (zhǔ) 嘱 (주)	嘱 부탁할 촉 嘱 しょく

嘿嘿(hēihēi): 헤헤

嘱咐(zhǔfù): 분부하다

噍 (jiāo) (jiào) (jiū) 噍 (자오) (지유)	噍 지저귈 초	颛 (zhuān) 颛 (주완)	颛 오지 전

啁噍(zhōujiào): 짹짹, 새 우는 소리

颛庸(zhuānyōng): 어리석다

嶓 (bō) / 嶓 (보)	嶓 산 이름 파

| 嶓冢(bōzhǒng): 보중[산 이름]

髐 (hóu) / 髐 (허우)	髐 뼈끝 후

| 髐板(hóubǎn): 골단판

镈 (bó) / 鎛 (보)	鎛 종박

| 钟镈(zhōngbó): 형상, 구조가 종에 가까운 악기

嶙 (lín) / 嶙 (린)	嶙 가파를 린

| 嶙峋(línxún): 겹겹이 우뚝하다

幢 (chuáng)(zhuàng) / 幢 (춍)(장)	幢 기 당 / 幢 とう【はた】

| 幢幡(chuángfān): 부처 앞에 세우는 깃발

墨 (mò) / 墨 (모)	墨 먹 묵 / 墨 ぼく【すみ】

| 墨镜(mòjìng): 선글라스

嶝 (dèng) / 嶝 (덩)	嶝 고개 등 / 嶝 とう

| 嶝道(dèngdào): 등산길

镆 (mò) / 鏌 (모)	鏌 칼 이름 막

| 镆铘(mòyé): 고대 보검(寶劍)의 이름

骼 (gé) / 骼 (거)	骼 뼈 격/가 / 骼 かく【ほね】

| 骨骼(gǔgé): 골격

镊 (niè) / 鑷 (녜)	鑷 족집게 섭 / 鑷 しょう【くめかみ】

| 镊子(nièzi): 족집게

骸 (hái) / 骸 (하이)	骸 뼈 해 / 骸 がい

| 骸骨(háigǔ): 해골

镇 (zhèn) / 鎭 (전)	鎭 누를 진, 메울 전 / 鎭 ちん【しずめる】

| 镇痛(zhèntòng): 진통하다

镑 (bàng) (방)	鎊 깎을/파운드 방

英镑(yīngbàng): 파운드

镔 (bīn) (빈)	鑌 강철 빈

镔铁(bīntiě): 단철(鍛鐵)

镐 (gǎo) (hào) (가오) (하오)	鎬 곡괭이/빛날 호
	鎬 こう【なべ】

镐头(gǎotou): 곡괭이

镉 (gé) (lì) (거) (리)	鎘 카드뮴 가 세 발 가마솥 역

镉电池(gédiànchí): 카드뮴 전지

镓 (jiā) (지아)	鎵 갈륨 가

砷化镓(shēnhuàjiā): 갈륨비소

镌 (juān) (쥐안)	鐫 새길 전
	鐫 かく【かなえ】

镌刻(juānkè): 조각하다

靠 (kào) (카오)	靠 기댈 고
	靠 こう【よる】

靠拢(kàolǒng): 가까이 다가서다

镏 (liú) (liù) (류)	鎦 도금 유

镏金(liújīn): 금도금

镎 (ná) (나)	鎿 넵투늄 나

镎酰(náxiān): 넵투닐

镍 (niè) (녜)	鎳 니켈 얼

镍钢(niègāng): 니켈강

镋 (tǎng) (탕)	钂 당파창 당

镋镰(tǎnglián): 네 마디로 구성된 무술병기

镒 (yì) (이)	鎰 중량 단위 일
	鎰 いつ

인명에 많이 쓰임

15획

521

稻 (dào)	稻 벼 도
稻 (다오)	稻 とう【いね】

稻田(dàotián): 논

稾 (gǎo)	稾 볏짚/원고 고
稿 (가오)	稾 こう【わら】

稿酬(gǎochóu): 원고료

篌 (hóu)	篌 공후 후
篌 (허우)	篌 こう

箜篌(kōnghóu): 공후[옛날 현악기의 하나]

篁 (huáng)	篁 대숲 황
篁 (황)	篁 こう【たかむら】

幽篁(yōuhuáng): 깊고 고요한 죽림

稽 (jī)(qǐ)	稽 조아릴 계
稽 (지)(치)	稽 けい

稽查(jīchá): 검사하다

稷 (jì)	稷 기장 직
稷 (지)	稷 しょく【きび】

社稷(shèjì): 사직

稼 (jià)	稼 심을 가
稼 (지아)	稼 か

稼穡(jiàsè): 파종과 수확

簣 (kuì)	簣 삼태기 궤
簣 (쿠이)	簣 き【あじか】

一簣(yíkuì): 한 바구니(대나무로 만듦)

黎 (lí)	黎 많을 려
黎 (리)	黎 れい

黎明(límíng): 동틀 무렵

簍 (lǒu)	簍 대 채롱 루
簍 (러우)	簍 ろう·る

纸簍(zhǐlǒu): 종이 휴지통

箱 (xiāng)	箱 상자 상
箱 (샹)	箱 しょう【はこ】

箱包(xiāngbāo): 트렁크

箴 (zhēn)	箴 경계 잠
箴 (전)	箴 しん【はり】

箴诫(zhēnjiè): 잠계하다

522

 儋 (dān)	儋 항아리 담
儋 (단)	

| 儋石之禄(dānshízhīlù): 담석지록

德 (dé)	德 덕 덕
德 (더)	德 とく

| 德行(déxíng): 덕행

 箭 (jiàn)	箭 화살 전
箭 (지엔)	箭 せん【や】

| 箭头(jiàntóu): 화살촉

僵 (jiāng)	僵 넘어질 강
僵 (지앙)	僵 きょう【たおれる】

| 僵持(jiāngchí): 대치하다

僻 (pì)	僻 후미질 벽, 피할 피
僻 (피)	僻 へき【かたよる】

| 僻乡(pìxiāng): 산간 벽지

篇 (piān)	篇 책 편
篇 (피엔)	篇 へん

| 篇章(piānzhāng): 편장

 艘 (sōu)	艘 척 소
艘 (써우)	艘 そう

| 艘次(sōucì): 선박의 연척수

躺 (tǎng)	躺 누울 당
躺 (탕)	

| 躺倒(tǎngdǎo): 드러눕다

 儇 (xuān)	儇 빠를 현
儇 (쉬안)	

| 儇薄(xuānbó): 경박하다

牖 (yǒu)	牖 들창 유
牖 (유)	

| 牖民(yǒumín): 백성을 교화하다

徵 (zhǐ)	徵 부를 징 음률 이름 치
徵 (즈)	

| 象徵(xiàngzhēng): 상징

篆 (zhuàn)	篆 전자체 전
篆 (주완)	篆 てん

| 篆刻(zhuànkè): 전각하다

膘 (biāo) 膘 (뱌오)	膘 소 옆구리 표	

膘肥(biāoféi): 비만하다

鯁 (gěng) 鯁 (겅)	鯁 생선 뼈 경	

鯁直(gěngzhí): 정직하고 솔직하다

虢 (guó) 虢 (궈)	虢 범 발톱 자국 괵	

假途灭虢(jiǎtúmièguó): 가도멸괵

鰹 (jiān) 鰹 (지엔)	鰹 가물치 견 鰹 けん【かつお】	

鰹鱼(jiānyú): 가다랑어

鰤 (lí) 鱺 (리)	鱺 뱀장어 리/려	

鳗鱺(mánlí): 뱀장어

鲢 (lián) 鰱 (렌)	鰱 연어 련	

鲢鱼(liányú): 연어

磐 (pán) 磐 (판)	磐 너럭바위 반 磐 ばん	

磐石(pánshí): 아주 튼튼함

膛 (táng) 膛 (탕)	膛 뚱뚱할 당	

膛堂(tángtáng): 우렁찬 목소리

滕 (téng) 滕 (텅)	滕 물 솟을 등 滕 とう【あがる】	

滕州(téngzhōu): 텅저우시[지명]

鶲 (wēng) 鶲 (웡)	鶲 물새 역, 새 이름 옹 鶲 おう【ひたき】	

斑鶲(bānwēng): 솔딱새

膝 (xī) 膝 (시)	膝 무릎 슬 膝 しつ【ひざ】	

膝盖(xīgài): 무릎

鹞 (yào) 鷂 (야오)	鷂 익더귀 요 鷂 よう【はいたか】	

鹞鹰(yàoyīng): 새매의 통칭

鯀 (gǔn) 鯀 (군)	鯀 곤어 곤 鯀 こん【おおうお】	**獠** (liáo) 獠 (랴오)	獠 밤 사냥 료

| [동물] 고서에서 말한 큰 고기 | | 獠牙(liáoyá): 입술 밖으로 나온 긴 이 | |

| **鯇** (huàn) 鯇 (환) | 鯇 잉어 환, 산천어 혼 | **鲥** (shí) 鰣 (스) | 鰣 준치 시 |

| 鲩鱼(huànyú): 초어 | | 鲥鱼(shíyú): 준치 | |

| **鲫** (jì) 鯽 (지) | 鯽 붕어 즉, 오징어 적 | **鲦** (tiáo) 鰷 (탸오) | 鰷 피라미 조 |

| 鲫鱼(jìyú): 붕어 | | 鲦鱼(tiáoyú): 살치의 구성자 | |

| **獗** (jué) 獗 (줴) | 獗 날뛸 궐
 獗 けつ | **鲬** (yǒng) 鯒 (융) | 鯒 양태 용 |

| 猖獗(chāngjué): 창궐하다 | | 鲬科(yǒngkē): 양태과 | |

| **鮶** (jūn) 鮶 (쥔) | 鮶 우럭바리 군 | **觶** (zhì) 觶 (즈) | 觶 잔치 |

| 斑鮶(bānjūn): 장문볼락 | | 尊觶(zūnzhì): 술그릇을 통틀어 이르는 말 | |

| **鲤** (lǐ) 鯉 (리) | 鯉 잉어 리
 鯉 り【こい】 | **橥** (zhū) 橥 (주) | 橥 말뚝 저 |

| 鲤鱼(lǐyú): 잉어 | | 揭橥(jiēzhū): 표시하다 | |

褒 (bāo)
褒 (바오)
褒 기릴 포, 모을 부
褒 ほう【ほめる】

| 褒贬(bāobian): 비난하다

鹠 (liú)
鹠 (류)
鹠 올빼미 류

| 鸺鹠(xiūliú): 올빼미과의 총칭

瘪 (biē)
瘪 (biě)
瘪 (볘)
瘪 날지 못할 별

| 瘪嘴(biězuǐ): 합죽한 입

摩 (mā)
摩 (mó)
摩 (마)
摩 (모)
摩 만질 마
摩 ま【する】

| 摩托车(mótuōchē): 오토바이

廛 (chán)
廛 (찬)
廛 가게 전
廛 てん【みせ】

| 廛肆(chánsì): 가게

瘼 (mò)
瘼 (모)
瘼 병들 막

| 民瘼(mínmò): 백성의 고통

瘛 (chì)
瘛 (츠)
瘛 경풍 계

| 瘛疭(chìzòng): 계종

馓 (sǎn)
馓 (싼)
馓 산자 산

| 馓子(sǎnzi): 꽈배기

麾 (huī)
麾 (후이)
麾 대장기 휘
麾 き

| 麾下(huīxià): 휘하

熟 (shóu)
熟 (shú)
熟 (서우)
熟 (수)
熟 익을 숙
熟 じゅく

| 熟练(shúliàn): 숙련되어 있다

鹡 (jí)
鹡 (지)
鹡 할미새 척
鹡 せき

| 鹡鸰(jílíng): 할미새

馔 (zhuàn)
馔 (주완)
馔 반찬 찬
馔 せん

| 馔房(zhuànfáng): 찻방

| 瘢 (bān) | 瘢 흉터 반 |
| 瘢 (반) | 瘢 はん【きずあと】 |

| 瘢痕(bānhén): 허물

| 凛 (lǐn) | 凛 늠름할 름 |
| 凛 (린) | 凛 りん |

| 凛冽(lǐnliè): 매섭게 춥다

| 糇 (hóu) | 糇 말린 밥 후 |
| 糇 (허우) | |

| 糇粮(hóuliáng): 건량

| 瘤 (liú) | 瘤 혹 류 |
| 瘤 (류) | 瘤 りゅう【こぶ】 |

| 肿瘤(zhǒngliú): 종양

| 糊 (hū)(hú)(hù) | 糊 바를/풀 호 |
| 糊 (후) | 糊 こ【のり】 |

| 糊涂(hútú): 어리석다

| 瘫 (tān) | 瘫 사지 틀릴 탄 |
| 瘫 (탄) | |

| 瘫痪(tānhuàn): 반신불수

| 齑 (jī) | 齑 회 제 |
| 齑 (지) | 齑 せい【なます】 |

| 齑粉(jīfěn): 가루

| 羰 (tāng) | 羰 카르보닐 탄 |
| 羰 (탕) | |

| 羰基(tāngjī): 카르보닐기

| 瘠 (jí) | 瘠 파리할 척 |
| 瘠 (지) | 瘠 せき【やせる】 |

| 瘠瘦(jíshòu): 수척하다

| 颜 (yán) | 颜 얼굴 안 |
| 颜 (옌) | 颜 がん【かお】 |

| 颜色(yánsè): 안색

15획

| 羯 (jié) | 羯 오랑캐 갈 |
| 羯 (지에) | 羯 かつ |

| 羯羊(jiéyáng): 불깐 양

| 毅 (yì) | 毅 굳셀 의 |
| 毅 (이) | 毅 き |

| 毅勇(yìyǒng): 의지가 강하고 용감하다

糍 (cí)
糍 (츠)
糍 인절미 자
糍饭(cífàn): 찹쌀을 찐 것

糅 (róu)
糅 (러우)
糅 섞을 유
糅 じゅう【まじる】
糅合(róuhé): 혼합하다

熜 (cōng)
熜 (충)
熜 열기 총
[문어] 약한 불, 热气

熵 (shāng)
熵 (상)
熵 열기 적
熵参数(shāngcānshù): 엔트로피 매개 변수

鹣 (jiān)
鹣 (지엔)
鹣 새 이름 겸
鹣鲽(jiāndié): 비익조와 비목어

糈 (xǔ)
糈 (쉬)
糈 쌀 서
饷糈(xiǎngxǔ): 군량 급양

翦 (jiǎn)
翦 (지엔)
翦 자를 전
翦 せん
攘翦(rǎngjiǎn): 근절하다

熠 (yì)
熠 (이)
熠 빛날 습
熠熠(yìyì): 밝게 빛나다

遴 (lín)(lìn)
遴 (린)
遴 어려워할 린
遴选(línxuǎn): 선발하다

糌 (zān)
糌 (짠)
糌 음식 이름 찰/찬
糌粑(zānba): 짠바[티베트 족의 주식]

潜 (qián)
潜 (치엔)
潜 자맥질할 잠
潜 せん【ひそむ】
潜伏(qiánfú): 잠복하다

遵 (zūn)
遵 (쭌)
遵 따라갈 준
遵 じゅん【したがう】
遵循(zūnxún): 따르다

潮 (cháo)	潮 조수 조	潸 (shān)	潸 눈물 흐를 산
潮 (챠오)	潮 ちょう【しお】	潸 (산)	潸 さん

| 潮汐(cháoxī): 조수와 석수

| 潸然(shānrán): 눈물을 흘리는 모양

潦 (lǎo)(liǎo)	潦 큰비 료	潲 (shào)	潲 비 뿌릴 소
潦 (라오)(랴오)	潦 ろう	潲 (사오)	

| 潦倒(liáodǎo): 초라하게 되다

| 潲桶(shàotǒng): 개수통

澎 (péng)	澎 물 소리 팽	澍 (shù)	澍 적실 주
澎 (펑)	澎 ほう	澍 (수)	

| 澎湃(péngbài): 철썩철썩

| 澍濡(shùrú): 단비에 젖다

澈 (sǎ)	澈 물 흘러져 떨어질 산	潭 (tán)	潭 깊을 담
澈 (싸)		潭 (탄)	潭 たん【ふち】

| 澈河(sǎhé): 싸허[하천 이름]

| 潭恩(tán'ēn): 큰 은혜

澌 (sī)	澌 다할 시	鋈 (wù)	鋈 도금 옥
澌 (쓰)		鋈 (우)	

| 澌灭(sīmiè): 소멸하다

| 鋈器(wùqì): 도금한 그릇

15획

鲨 (shā)	鯊 문절망둑 사	潟 (xì)	潟 개펄 석
鲨 (사)	鯊 さ	潟 (시)	潟 せき【かた】

| 鲨翅(shāchì): 상어 지느러미

| 潟卤(xìlǔ): 간석지

529

澳 (ào)
澳 (아오)

澳 깊을 오
澳 おう【くま】

| 澳门(àomén): 마카오

瀾 (lán)
瀾 (란)

瀾 물결 란
瀾 らん【なみ】

| 波澜(bōlán): 물결

潺 (chán)
潺 (찬)

潺 졸졸 흐를 잔
潺 せん

| 潺潺(chánchán): 졸졸

潘 (pān)
潘 (판)

潘 뜨물 반
潘 はん

| 潘多拉(pānduōlā): 판도라

澈 (chè)
澈 (처)

澈 물 맑을 철

| 澈底(chèdǐ): 철저하다

潽 (pū)
潽 (푸)

潽 물 이름 보

| 潽了(pūle): 끓어 넘쳤다

澄 (chéng) (dèng)
澄 (청) (덩)

澄 맑을 징
澄 ちょう【すむ】

| 澄彻(chéngchè): 맑고 투명하다

憔 (qiáo)
憔 (챠오)

憔 파리할 초
憔 しょう【やつれる】

| 憔悴(qiáocuì): 초췌하다

懂 (dǒng)
懂 (둥)

懂 심란할 동

| 懂个屁(dǒnggepi): 쥐뿔도 모르다

潼 (tóng)
潼 (퉁)

潼 물 이름 동
潼 とう

| 潼关之战(tóngguānzhīzhàn): 동관 전투

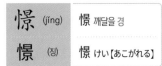

憬 (jǐng)
憬 (징)

憬 깨달을 경
憬 けい【あこがれる】

| 憬悟(jǐngwù): 깨닫다

潏 (yù)
潏 (위)

潏 사주 율, 샘솟을 휼

| 荡潏(dàngjué): 콸콸 솟다

| 懊 (ào) | 懊 괴로워할 오 |
| 懊 (아오) | 懊 おう【なやむ】 |

| 懊悔(àohuǐ): 후회하다

| 翩 (piān) | 翩 훌쩍날 편 |
| 翩 (피엔) | 翩 へん |

| 翩翩(piānpiān): 훨훨 나는 모양

| 褫 (chǐ) | 褫 빼앗을 치 |
| 褫 (츠) | 褫 ち |

| 褫夺(chǐduó): 박탈하다

| 褥 (rù) | 褥 요욕 |
| 褥 (루) | 褥 じょく【しとね】 |

| 褥疮(rùchuāng): 욕창

| 憧 (chōng) | 憧 그리워할 동 |
| 憧 (충) | 憧 どう【あこがれる】 |

| 憧憬(chōngjǐng): 동경

| 禤 (xuān) | 禤 성씨 훤 |
| 禤 (쉬안) | |

| 성(姓)에 쓰이는 글자

| 额 (é) | 額 이마 액 |
| 額 (어) | 額 がく【ひたい】 |

| 额满(émǎn): 정원이 차다

| 谳 (yàn) | 讞 죄 의논할 언/얼 |
| 讞 (옌) | |

| 谳官(yànguān): 재판관

| 褴 (lán) | 襤 헌 누더기 람 |
| 襤 (란) | 襤 らん【ぼろ】 |

| 褴褛(lánlǚ): 남루하다

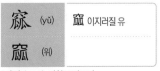

| 窳 (yǔ) | 窳 이지러질 유 |
| 窳 (위) | |

| 窳劣(yǔliè): 거칠고 나쁘다

15획

| 寮 (liáo) | 寮 벼슬아치 료 |
| 寮 (랴오) | 寮 りょう【つかさ】 |

| 寮棚(liáopéng): 오두막집

| 憎 (zēng) | 憎 미워할 증 |
| 憎 (쩡) | 憎 ぞう【にくむ】 |

| 憎恨(zēnghèn): 증오하다

531

憨 (hān)	憨 어리석을 감
憨 (한)	

憨笑(hānxiào): 멍청하게 웃다

譴 (qiǎn)	譴 꾸짖을 견
譴 (치엔)	譴 けん【やめる】

谴责(qiǎnzé): 견책하다

鶴 (hè)	鶴 두루미 학
鶴 (허)	鶴 かく【つる】

鶴企(hèqǐ): 학수고대하다

慰 (wèi)	慰 위로할 위
慰 (웨이)	慰 い【なぐさめる】

慰劳(wèiláo): 위로하다

屨 (jù)	屨 신 구
屨 (쥐)	

屨及剑及(jùjíjiànjí): 주저함이 없고 신속하다

嬉 (xī)	嬉 아름다울 희
嬉 (시)	嬉 き【たのしむ】

嬉戏(xīxì): 장난하다

戮 (lù)	戮 죽일 륙
戮 (루)	戮 りく【ころす】

戮力(lùlì): 협력하다

勰 (xié)	勰 뜻 맞을 협
勰 (세)	

주로 인명에 쓰임

履 (lǚ)	履 신/밟을 리
履 (뤼)	履 り【くつ】

履行(lǚxíng): 이행하다

熨 (yù)(yùn)	熨 찜질할 위, 다릴 울
熨 (위)(원)	熨 うつ【のし】

熨烫(yùntàng): 다림질하다

劈 (pī)(pī)	劈 쪼갤 벽
劈 (피)	劈 へき【つんざく】

劈腿(pītuǐ): 양다리를 걸치다

譫 (zhān)	譫 헛소리 섬
譫 (잔)	譫 せん【たわごと】

谵语(zhānyǔ): 헛소리

驏牛(zhànniú): 안장이 없는 소

京畿(jīngjī): 수도 및 그 부근의 지방

繚绕(liáorào): 피어오르다

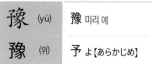

蝥贼(máozéi): 가뢰

缮函(shànhán): 편지를 쓰다

缬草(xiécǎo): 쥐오줌풀

豫 (yù) 豫 미리 예
予 (위) 予 よ【あらかじめ】

犹豫(yóuyù): 주저하다

15획

533

16획

耩 (jiǎng)
耩 (지앙)
耩 밭 갈 강

| 耩地(jiǎngdì): 파종기로 파종하다

聱 (áo)
聱 (아오)
聱 듣지 아니할 오

| 聱牙(áoyá): 글이 매끄럽지 못하다

璟 (jǐng)
璟 (징)
璟 옥빛 경

| 인명과 지명에 많이 쓰임

鰲 (áo)
鰲 (아오)
鰲 집게발 오
鰲 ごう

| 鰲虾(áoxiā): 가재

璘 (lín)
璘 (린)
璘 옥빛 린

| 인명에 많이 쓰임

靛 (diàn)
靛 (뗀)
靛 청대 전

| 靛灰(diànhuī): 푸른 회색

耨 (nòu)
耨 (너우)
耨 김맬 누
耨 ゆう【くさぎる】

| 耨耕(nòugēng): 농사일

璠 (fán)
璠 (판)
璠 번여 옥 번

| 璠玙(fányú): 번여

耪 (pǎng)
耪 (팡)
耪 밭 갈 방

| 耪地(pǎngdì): 땅을 갈다

髻 (jì)
髻 (지)
髻 상투 계
髻 けい【もとどり】

| 发髻(fàjì): 상투

璞 (pú)
璞 (푸)
璞 옥돌 박
璞 ぼく【あらたま】

| 荆璞(jīngpú): 다듬지 않은 아름다운 옥

534

甏 (bèng) · 甏 (병)　甏 질그릇 팽

| 酒甏(jiǔbèng): 술독

操 (cāo) · 操 (차오)　操 잡을 조 / 操 そう【みさお】

| 操心(cāoxīn): 마음을 쓰다

擀 (gǎn) · 擀 (간)　擀 늘일 간

| 擀面杖(gǎnmiànzhàng): 밀방망이

撼 (hàn) · 撼 (한)　撼 흔들 감 / 撼 かん【うごく】

| 撼动(hàndòng): 요동하다

擐 (huàn) · 擐 (환)　擐 입을 환/관, 걷을 선

| 擐甲(huànjiǎ): 갑옷 등을 몸에 걸치다

擂 (lēi)(léi)(lèi) · 擂 (레이)　擂 갈 뢰 / 擂 らい

| 擂鼓(léigǔ): 뇌고

磬 (qìng) · 磬 (칭)　磬 경쇠 경 / 磬 けい

| 室如悬磬(shìrúxuánqìng): 매우 빈궁하다

擞 (sǒu)(sòu) · 擞 (써우)　擞 버릴 수

| 擞抖抖(sǒudǒudǒu): 벌벌 떠는 모양

擅 (shàn) · 擅 (산)　擅 멋대로 할 천 / 擅 せん【ほいまま】

| 擅长(shàncháng): 장기가 있다

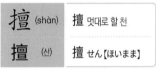

熹 (xī) · 熹 (시)　熹 성할 희 / 熹 き【かすがなさま】

| 熹微(xīwēi): 희미하다

髤 (xiū) · 髤 (시유)　髤 옻칠할 휴

| 漆髤(qīxiū): 옻칠을 하다

髭 (zī) · 髭 (쯔)　髭 수염 자 / 髭 し【ひげ】

16획

| 髭须(zīxū): 콧수염

535

薨 (hōng) 薨 (홍)	薨 훙서할 훙, 많을 훙 薨 こう【おおい】	薯 (shǔ) 薯 (수)	薯 마 서 薯 しょ【やまいも】

薨薨(hōnghōng): 와자지껄

薯条(shǔtiáo): 프렌치프라이

葓 (hóng)(hòng) 葓 (홍)	葓 갓 홍 	黇 (tiān) 黇 (톈)	黇 담황색 첨

菜葓(càihóng): 장다리

黇鹿(tiānlù): 담황갈색 사슴

蕾 (lěi) 蕾 (레이)	蕾 꽃봉오리 뢰 蕾 らい【つぼみ】	薤 (xiè) 薤 (세)	薤 염교 해 薤 かい【にら】

蕾丝(lěisī): 레이스

辣薤(làxiè): 부추

顢 (mān) 顢 (만)	顢 얼굴 큰 만 	薛 (xuē) 薛 (쒜)	薛 쑥 설 薛 せつ

顢顸(mānhān): 멍청하다

薛涛笺(xuētāojiān): 편지지

繾 (qiǎn) 繾 (치엔)	繾 곡진할 견 	燕 (yān)(yàn) 燕 (옌)	燕 제비 연 燕 えん【つばめ】

繾绻(qiǎnquǎn): 정이 깊어 헤어지기 어렵다

燕窝(yànwō): 제비집

鞘 (qiào)(shāo) 鞘 (챠오)(샤오)	鞘 칼집 초 鞘 そう【さや】	郰 (zōu) 郰 (쩌우)	郰 나라 이름 추

鞘子(qiàozi): 칼집

郰里(zōulǐ): 공자의 고향

薄 (báo)(bó)(bò) 薄 엷을 박
薄 (바오)(보) 薄 はく【うすい】

| 薄弱(bóruò): 박약하다

薮 (sǒu) 薮 늪 수
藪 (써우) 藪 そう

| 薮泽(sǒuzé): 호수와 늪

薜 (bì) 薜 당귀 벽
薜 (비) 薜 へい

| 薜荔(bìlì): 왕모람

擎 (qíng) 擎 들 경
擎 (칭) 擎

| 擎受(qíngshòu): 상속받다

顛 (diān) 顛 이마 전
顚 (뎬) 顚 てん【いただき】

| 顛覆(diānfù): 전복하다

薇 (wēi) 薇 고비 미
薇 (웨이) 薇 ひ【ぜんまい】

| 薇蕨(wēijué): 고사리와 고비

噩 (è) 噩 놀랄 악
噩 (어)

| 噩耗(èhào): 죽었다는 소식

蕹 (wèng) 蕹 모을 옹
蕹 (웡)

| 蕹菜(wèngcài): 나팔꽃나물

翰 (hàn) 翰 편지 한
翰 (한) 翰 かん

| 翰林院(hànlínyuàn): 한림원

薪 (xīn) 薪 땔나무 신
薪 (신) 薪 しん【たきぎ】

| 薪酬(xīnchóu): 봉급

檠 (qíng) 檠 도지개 경
檠 (칭) 檠 けい【ゆだめ】

| 孤檠(gūqíng): 홀로 있는 등불

薏 (yì) 薏 연밥 알 억, 율무 의
薏 (이)

| 薏米(yìmǐ): 율무쌀

16획

537

橙 (chéng) 橙 (청)	橙 등자나무 등 橙 とう【だいだい】
橙汁(chéngzhī): 오렌지 즙	

橱 (chú) 櫥 (추)	橱/櫥 부엌 주
橱柜(chúguì): 진열장	

薅 (hāo) 薅 (하오)	薅 김맬 호
薅掉(hāodiào): 뽑아버리다	

橛 (jué) 橛 (궤)	橛 말뚝 궐
橛巴(juébā): 고지식하다	

橹 (lǔ) 櫓 (루)	橹 노로 櫓 ろ
橹声(lǔshēng): 노를 젓는 소리	

橇 (qiāo) 橇 (치아오)	橇 썰매 교 橇 きょう【そり】
冰橇(bīngqiāo): 빙상(氷上) 썰매	

樵 (qiáo) 樵 (치아오)	樵 땔나무 초 樵 しょう【きこり】
樵夫(qiáofū): 나무꾼	

檎 (qín) 檎 (친)	檎 능금나무 금 檎 ご·きん【りんご】
林檎(línqín): 능금나무	

橦 (tóng) 橦 (통)	橦 나무 이름 동 橦 とう
橦布(tóngbù): 멧꽃으로 짠 천	

樨 (xī) 樨 (시)	樨 계수나무 서
木樨(mùxi): 금계	

樾 (yuè) 樾 (웨)	樾 나무 그늘 월
인명에 많이 쓰임	

樽 (zūn) 樽 (쭌)	樽 술그릇 준 樽 そん【たる】
樽俎(zūnzǔ): 술잔과 안주 그릇	

翮 (hé)	翮 깃촉 핵
翮 (혀)	
翮인명에 많이 쓰임	

融 (róng)	融 녹을 융
融 (룡)	融 ゆう【とける】
融资(róngzī): 융자	

醐 (hú)	醐 제호 호
醐 (후)	醐 ご【だいご】
醍醐(tíhú): 제호	

醍 (tí)	醍 맑은 술 제
醍 (티)	醍 だい【すみざけ】
醍齐(tíqí): 와인	

墼 (jī)	墼 날벽돌 격
墼 (지)	
炭墼(tànjī): 연탄	

橐 (tuó)	橐 전대 탁
橐 (퇴)	
橐驼(tuótuó): 곱사등이	

橘 (jú)	橘 귤나무 귤
橘 (쥐)	橘 きつ【たちばな】
橘色(júsè): 오렌지색	

醒 (xǐng)	醒 깰 성
醒 (싱)	醒 せい【さめる】
醒悟(xǐngwù): 깨닫다	

瓢 (piáo)	瓢 바가지표
瓢 (파오)	瓢 ひょう【ひさご】
瓢虫(piáochóng): 무당벌레	

橼 (yuán)	橼 구연 연
橼 (위안)	
香橼(xiāngyuán): 시트론	

醛 (quán)	醛 술맛 변할 철
醛 (취안)	
醛酸(quánsuān): 알데히드산	

整 (zhěng)	整 가지런할 정
整 (정)	整 せい【ととのえる】
整齐(zhěngqí): 정연하다	

16획

539

觱 (bì) 觱 (비)	觱 악기 이름 필

觱篥(bìlì): 필률[고대 관악기의 하나]

飆 (biāo) 飆 (뱌오)	飆 폭풍 표 飆 ひょう

飆升(biāoshēng): 급증하다

霏 (fēi) 霏 (페이)	霏 눈 펄펄 내릴 비 霏 ひ【ふる】

霏微(fēiwēi): 자욱한 모양

磺 (huáng) 磺 (황)	磺 유황 황

유황을 가리킴[합성에 쓰임]

霍 (huò) 霍 (훠)	霍 빠를 곽 霍 かく

霍乱(huòluàn): 콜레라

霖 (lín) 霖 (린)	霖 장마 림 霖 りん【ながあめ】

霖雨(línyǔ): [비유]은택(恩澤)

醚 (mí) 醚 (미)	醚 취할 미

乙醚(yǐmí): 에틸에테르

霓 (ní) 霓 (니)	霓 무지개 예 霓 げい【にじ】

霓虹灯(níhóngdēng): 네온사인

磲 (qú) 磲 (취)	磲 옥돌 거

砗磲(chēqú): 거거[옥 다음가는 아름다운 돌]

醑 (xǔ) 醑 (쉬)	醑 미주 서

[문어] 미주(美酒). 맛이 좋은 술

赝 (yàn) 赝 (옌)	赝 옳지 않을 안 赝 がん【にせ】

赝品(yànpǐn): 위조품

殪 (yì) 殪 (이)	殪 쓰러질 에 殪 えい

束手就殪: 꼼짝 못하고 죽음을 기다리다

540

餐 (cān)	餐 밥 찬, 물맞이 할 손
餐 (찬)	餐 さん

| 餐馆(cānguǎn): 식당

氅 (chǎng)	氅 새털 창
氅 (창)	

| 氅衣(chǎngyī): 오버코트

瞠 (chēng)	瞠 똑바로 볼 당
瞠 (청)	瞠 とう

| 瞠目(chēngmù): 눈을 크게 뜨다

冀 (jì)	冀 바랄 기
冀 (지)	冀 き【こいねがう】

| 冀望(jìwàng): 희망하다

遽 (jù)	遽 급히 거
遽 (쥐)	遽 きょ

| 遽然(jùrán): 갑자기

轔 (lín)	轔 삐걱거릴 린
轔 (린)	

| 轔轹(línlì): 차로 치어 짓이기다

瞟 (piǎo)	瞟 볼 표
瞟 (퍄오)	

| 瞟眇(piǎomiǎo): 어슴푸레하다

瞥 (piē)	瞥 언뜻 볼 별
瞥 (폐)	瞥 べつ

| 瞥一眼(piēyìyǎn): 힐끗 보다

霎 (shà)	霎 잠시 삽
霎 (사)	霎 しょう

| 霎巴(shàba): 눈을 깜빡이다

鏨 (zàn)	鏨 끌 참
鏨 (짠)	

| 鏨刀(zàndāo): 조각도

辙 (zhé)	辙 바퀴 자국 철
辙 (저)	辙 てつ【わだち】

| 辙迹(zhéjì): 수레바퀴 자국

臻 (zhēn)	臻 이를 진
臻 (전)	臻 しん【いたる】

16획

| 日臻完善(rìzhēnwánshàn): 날로 완벽해지다

541

| 蹅 (chǎ) | 蹅 밟을 사 | 噤 (jìn) | 噤 입 다물 금 |
| 蹅 (차) | | 噤 (진) | 噤 きん【つぐむ】 |

| [구어] (진흙 따위 진창을) 밟다

| 噤口(jìnkǒu): 입을 다물다

| 踹 (chuài) | 踹 발꿈치 단 | 踽 (jǔ) | 踽 외로울 우 |
| 踹 (촤이) | | 踽 (쥐) | |

| 踹死(chuàisǐ): 밟아 죽이다

| 踽偻(jǔlóu): 곱사등이

| 踶 (dì) | 踶 밟을 제, 힘쓸 지 | 瞰 (kàn) | 瞰 굽어볼 감 |
| 踶 (디) | | 瞰 (칸) | 瞰 かん【みる】 |

| [문어] 발로 차다

| 瞰视(kànshì): 내려다보다

| 蹀 (dié) | 蹀 밟을 접 | 曈 (tóng) | 曈 동틀 동 |
| 蹀 (뎨) | | 曈 (퉁) | |

| 蹀血(diéxuè): 피를 밟고 가다

| 曈昽(tónglóng): 동트다

| 嚆 (hāo) | 嚆 외칠 효 | 暾 (tūn) | 暾 아침 해 돈 |
| 嚆 (하오) | 嚆 こう | 暾 (툰) | 暾 とん |

| 嚆矢(hāoshǐ): 소리나는 화살

| 温暾(wēntūn): 미지근하다

| 嚄 (huō) (huò) (ǒ) | 嚄 깜짝 놀라는 소리 획 | 踵 (zhǒng) | 踵 발꿈치 종 |
| 嚄 (훽/오) | | 踵 (중) | 踵 しょう【かかと】 |

| 嚄唶(huòzé): 크게 소리치다

| 踵至(zhǒngzhì): 잇따르다

蹉 (cuō) 蹉 (취)	蹉 넘어질 차 蹉 さ【つまずく】
蹉跎(cuōtuó): 세월을 헛되이 보내다	

蹁 (pián) 蹁 (피엔)	蹁 비틀거릴 편
蹁跹(piánxiān): 비틀거리는 모양	

螭 (chī) 螭 (츠)	螭 교룡 리
螭魅(chīmèi): 전설에 나오는 도깨비	

蹂 (róu) 蹂 (러우)	蹂 밟을 유 蹂 じゅう
蹂躪(róulìn): 유린하다	

踱 (duó) 踱 (둬)	踱 맨발 탁
踱步(duóbù): 천천히 걷다	

蹄 (tí) 蹄 (티)	蹄 굽/밟을 제 蹄 てい【ひずめ】
蹄膀(tíbǎng): 돼지 족발	

蟆 (má) 蟆 (마)	蟆 두꺼비 마 蟇 ば・ま【ひきがえる】
癩蛤蟆(làiháma): 두꺼비	

蟋 (xī) 蟋 (시)	蟋 귀뚜라미 식
水蟋(shuǐxī): 히드라	

蟎 (mǎn) 蟎 (만)	蟎 진드기 만
蟎虫(mǎnchóng): 진드기	

蠑 (yuán) 蠑 (위안)	蠑 영원 원
鱼石蠑(yúshíyuán): 이크티오스테가	

蟒 (mǎng) 蟒 (망)	蟒 이무기 망 蟒 ぼう【うわばみ】
蟒蛇(mǎngshé): 큰 구렁이	

嘴 (zuǐ) 嘴 (쭈이)	嘴 부리 취 嘴 し【くちばし】
嘴馋(zuǐchán): 게걸스럽다	

16획

543

噱 (jué)(xué) 噱 껄껄 웃을 각
噱 (줴)(셰)

| 噱头(xuétóu): 익살스럽다

幪 (méng) 幪 덮을 몽
幪 (몽)

| 荓幪(píngméng): 막사

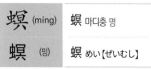
螟 (míng) 螟 마디충 명
螟 (밍) 螟 めい【ぜいむし】

| 螟虫(míngchóng): 명충

螃 (páng) 螃 방게 방
螃 (팡)

| 螃蟹(pángxiè): 게

噼 (pī) 噼 터지는 소리 벽
噼 (피)

| 噼啪(pīpā): 탁탁

噻 (sāi) 噻 입 다물고 말하지 않을 새
噻 (싸이)

| 噻唑(sāizuò): 티아졸

噬 (shi) 噬 씹을 서
噬 (스) 噬 ぜい【かむ】

| 噬菌体(shìjūntǐ): 박테리오파지

螗 (táng) 螗 씽씽매미 당
螗 (탕)

| 螗蜩(tángtiáo): 씽씽매미

噫 (yī) 噫 한숨 쉴 희
噫 (이) 噫 あい【おくび】

| 噫呜(yīwū): 탄식하다

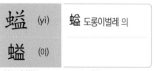
螠 (yì) 螠 도롱이벌레 의
螠 (이)

| 单环刺螠(dānhuáncìyì): 개불

噪 (zào) 噪 시끄러울 조
噪 (짜오) 噪 そう【さわぐ】

| 噪声(zàoshēng): 소음

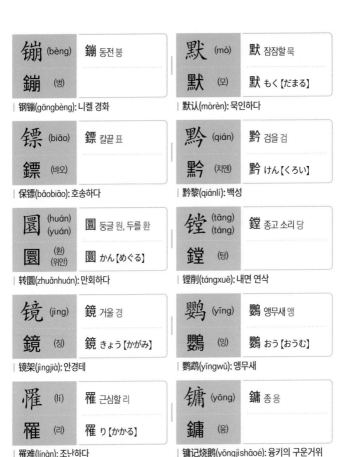

| 镚 (bèng) | 镚 동전 붕 |
| 鏰 (병) | |

钢镚(gāngbèng): 니켈 경화

| 镖 (biāo) | 鏢 칼끝 표 |
| 鏢 (뱌오) | |

保镖(bǎobiāo): 호송하다

| 圜 (huán) (yuán) | 圜 둥글 원, 두를 환 |
| 圜 (환) (위안) | 圜 かん【めぐる】 |

转圜(zhuǎnhuán): 만회하다

| 镜 (jìng) | 鏡 거울 경 |
| 鏡 (징) | 鏡 きょう【かがみ】 |

镜架(jìngjià): 안경테

| 罹 (lí) | 罹 근심할 리 |
| 罹 (리) | 罹 り【かかる】 |

罹难(línàn): 조난하다

| 镘 (màn) | 鏝 흙손 만 |
| 鏝 (만) | 鏝 まん【こて】 |

镘刀(màndāo): 흙손

| 默 (mò) | 默 잠잠할 묵 |
| 默 (모) | 默 もく【だまる】 |

默认(mòrèn): 묵인하다

| 黔 (qián) | 黔 검을 검 |
| 黔 (치엔) | 黔 けん【くろい】 |

黔黎(qiánlí): 백성

| 镗 (tāng) (táng) | 鏜 종고 소리 당 |
| 鏜 (탕) | |

镗削(tángxuē): 내면 연삭

| 鹦 (yīng) | 鸚 앵무새 앵 |
| 鸚 (잉) | 鸚 おう【おうむ】 |

鹦鹉(yīngwǔ): 앵무새

| 镛 (yōng) | 鏞 종 용 |
| 鏞 (용) | |

鏞记烧鹅(yōngjìshāoé): 융키의 구운거위

| 赠 (zèng) | 贈 줄 증 |
| 贈 (쩡) | 贈 ぞう【おくる】 |

赠予(zèngyǔ): 증여하다

鏑锋(dīfēng): 화살촉의 끝 부분

穆斯林(mùsīlín): 무슬림

筐筐(kuāngfěi): 대나무로 만든 광주리

氆氇(pǔlu): 야크 털로 짠 검은색의 모포

篝火(gōuhuǒ): 모닥불

憩息(qìxī): 휴식하다

穄子(jìzi): 메기장(의 열매)

穡夫(sèfū): 농부

주로 인명에 쓰임

赞扬(zànyáng): 찬양하다

氇氇(pǔlu): 야크 털로 짠 검은색의 모포

鏃

箭镞(jiànzú): (쇠로 만든) 화살촉

546

| 蓖 (bì)
| 蓖 (비)

蓖 아주까리 비
蓖 へい【かんざし】

| 蓖麻(bìmá): 아주까리

| 籃 (lán)
| 籃 (람)

籃 대바구니 람
籃 らん【かご】

| 篮球(lánqiú): 농구공

| 篡 (cuàn)
| 簒 (찬)

篡 빼앗을 찬
簒 さん【うばう】

| 篡权(cuànquán): 정권을 빼앗다

| 籬 (lí)
| 籬 (리)

籬 울타리 리
籬 り【まがき】

| 篱笆(líba): 울타리

| 篪 (chí)
| 篪 (츠)

篪 피리 지, 긴 대 호
篪 ち

| 如塤如篪: 형제간에 우애가 돈독하다

| 篥 (lì)
| 篥 (리)

篥 대 이름 률

| 觱篥(bìlì): 필률[고대 관악기의 하나]

| 篘 (chòu) (zào)
| 篘 (처우) (짜오)

篘 버금자리 추

| 篘室(zàoshì): 소실

| 篷 (péng)
| 篷 (펑)

篷 뜸 봉
篷 ほう【とま】

| 篷帐(péngzhàng): 텐트

| 篙 (gāo)
| 篙 (가오)

篙 상앗대 고

| 篙竿(gāogan): 상앗대

| 儒 (rú)
| 儒 (루)

儒 선비 유
儒 じゅ

| 儒雅(rúyǎ): 학문이 깊고 태도가 의젓하다

| 盥 (guàn)
| 盥 (관)

盥 대야 관
盥 かん【たらい】

| 盥洗池(guànxǐchí): 세면대

16획

| 劓 (yì)
| 劓 (이)

劓 코 벨 의

| 劓刑(yìxíng): 중국 고대에 코를 베는 형벌

盒 (ān)

盦 뚜껑 암

盦 (안)

| 인명에 많이 쓰임

膨 (péng)

膨 부를 팽

膨 (펑)

膨 ほう

| 膨胀(péngzhàng): 팽창하다

翱 (áo)

翱 날고

翶 (아오)

| 翱翔(áoxiáng): 비상하다

膳 (shàn)

膳 선물 선

膳 (산)

膳 ぜん

| 膳房(shànfáng): 수라간

膪 (chuài)

膪 살찔 시

膪 (촤이)

| 囊膪(nāngchuài): 돼지 흉복부 고기

歙 (shè)(xī)

歙 들이쉴 흡

歙 (서)(시)

歙 きょう【すう】

| 歙县(shèxiàn): 서셴[안후이성의 현 이름]

衡 (héng)

衡 저울대 형, 가로 횡

衡 (형)

衡 こう【はかり】

| 衡量(héngliáng): 따져보다

縢 (tè)(téng)

縢 등사 등

縢 (티)(텅)

| 縢蛇(téngshé): 등사

徼 (jiǎo)(jiào)

徼 구할 요

徼 (쟈오)

徼 きょう【めぐる】

| 回徼(huíjiǎo): 돌아와서 제출하다

魈 (xiāo)

魈 도깨비 소

魈 (샤오)

| 山魈(shānxiāo): 맨드릴

魉 (liǎng)

魉 도깨비 량

魉 (량)

魉 りょう

| 魍魉(wǎngliǎng): 도깨비

邀 (yāo)

邀 맞이할 요

邀 (야오)

邀 よう【むかえる】

| 邀请(yāoqǐng): 초청[초대](하다)

鲳 (chāng)
鯧 (창)

鯧 병어 창

| 鲳鱼(chāngyú): 병어

雕 (diāo)
雕 (댜오)

雕 독수리/새길 조
雕 ちょう【わし】

| 雕琢(diāozhuó): 조각하다

鲱 (fēi)
鯡 (페이)

鯡 물고기 새끼 비
鯡 ひ

| 鲱鱼(fēiyú): 청어

鲴 (gù)
鯝 (구)

鯝 물고기 창자 고

| [동물] 참마자

膙 (jiǎng)
膙 (지앙)

膙 굳은살 강

| 膙子(jiǎngzi): 굳은살

鲲 (kūn)
鯤 (쿤)

鯤 곤이 곤
鯤 こん【はららご】

| 鲲鹏(kūnpéng): 곤과 붕

膦 (lìn)
膦 (린)

膦 힘없을 련

| 膦酰脂(lìnxiānzhī): 포스포노지질

鲮 (líng)
鯪 (링)

鯪 천산갑 릉

| 鲮鱼(língyú): 황어

鲯 (qí)
鯕 (치)

鯕 방어 기

| 鲯鳅(qíqiū): 만새기

鲭 (qīng)(zhēng)
鯖 (칭)(정)

鯖 청어 청, 잡회 정
鯖 せい・しょう

| 鲭鱼(qīngyú): 고등어

鲵 (ní)
鯢 (니)

鯢 도롱뇽 예
鯢 げい

| 鲵鱼(níyú): 도롱뇽

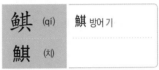

鲰 (zōu)
鯫 (쩌우)

鯫 돌잉어 추

| 鲰生(zōushēng): 도량이 좁은 사람

| 鯛 (diāo) | 鯛 도미 조 |
| 鯛 (댜오) | 鯛 ちょう【たい】 |

鯛鱼(diāoyú): 도미

| 憝 (duì) | 憝 원망할 대 |
| 憝 (두이) | |

巨憝(jùduì): 대악당

| 韡 (duǒ) | 韡 휘늘어질 타 |
| 韡 (둬) | |

韡懒(duǒlǎn): 게으름 피우다

| 鲸 (jīng) | 鯨 고래 경 |
| 鯨 (징) | 鯨 けい【くじら】 |

鲸鱼(jīngyú): 고래

| 獴 (měng) | 獴 몽구스 몽 |
| 獴 (멍) | |

獴科(měngkē): 몽구스

| 鲹 (shēn) | 鯵 비린내 삼 |
| 鯵 (선) | 鯵 そう |

鲹泽(shēnzé): 아지가사와[일본 지명]

| 鯴 (shī) | 鯴 물고기 진드기 슬 |
| 鯴 (스) | |

塘鯴(tángshī): 어류, 식용이 가능하다

| 獭 (tǎ) | 獺 수달 달/랄 |
| 獺 (타) | 獺 だつ【かわうそ】 |

獭疫(tǎyì): 흑사병

| 獬 (xiè) | 獬 해태 해 |
| 獬 (셰) | |

獬豸(xièzhì): 해태

| 邂 (xiè) | 邂 만날 해 |
| 邂 (셰) | 邂 かい【めぐりあう】 |

邂逅(xièhòu): 해후하다

| 鯔 (zī) | 鯔 숭어 치 |
| 鯔 (쯔) | 鯔 し |

鯔鱼(zīyú): 숭어

| 鷓 (zhè) | 鷓 자고 자 |
| 鷓 (저) | 鷓 しゃ【しゃこ】 |

鷓鸪(zhègū): 자고

瘭 (biāo) 瘭 (뱨오)	瘭 생인손 표	廨 (xiè) 廨 (셰)	廨 공해 해 廨 かい・げ【やくしょ】
	瘭疽(biāojū): 표저		廨署(xièshǔ): 관서

癀 (huáng) 癀 (황)	癀 황달병 황	癮 (yǐn) 癮 (인)	癮 두드러기 은
	癀病(huángbìng): (가축의) 탄저병		过癮(guòyǐn): 만족하다

廩 (lǐn) 廩 (린)	廩 곳집 름 廩 りん【くら】	瘿 (yǐng) 瘿 (잉)	瘿 혹 영
	廩膳(lǐnshàn): 녹미(祿米)		冠瘿(guànyǐng): 근두 암종

癃 (lóng) 癃 (룽)	癃 느른할 륭	贇 (yūn) 贇 (윈)	贇 예쁠 윤/빈 贇 いん
	癃闭(lóngbì): 방광 결석증		인명에 쓰이는 글자

瘰 (luǒ) 瘰 (뤄)	瘰 연주창 라 瘰 ら・るい【るいれき】	瘵 (zhài) 瘵 (자이)	瘵 앓을 채
	瘰疬(luǒlì): 나력		病瘵(bìngzhài): 폐결핵

磨 (mó)(mò) 磨 (모)	磨 갈 마 磨 ま【みがく】	瘴 (zhàng) 瘴 (장)	瘴 장기 장 瘴 しょう
	磨蹭(móceng): 느릿느릿 걷다		瘴疫(zhàngyì): 장역

551

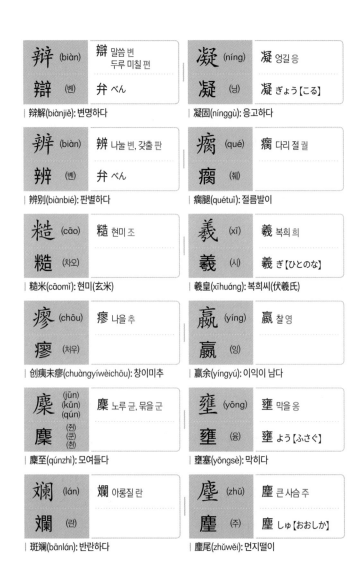

辩 (biàn)	辩 말씀 변
辩 (볜)	두루 미칠 편
	弁 べん

| 辩解(biànjiě): 변명하다

| 凝 (níng) | 凝 엉길 응 |
| 凝 (닝) | 凝 ぎょう【こる】 |

| 凝固(nínggù): 응고하다

| 辨 (biàn) | 辨 나눌 변, 갖출 판 |
| 辨 (볜) | 弁 べん |

| 辨別(biànbié): 판별하다

| 瘸 (qué) | 瘸 다리 절 궐 |
| 瘸 (췌) | |

| 瘸腿(quétuǐ): 절름발이

| 糙 (cāo) | 糙 현미 조 |
| 糙 (차오) | |

| 糙米(cāomǐ): 현미(玄米)

| 羲 (xī) | 羲 복희 희 |
| 羲 (시) | 羲 ぎ【ひとのな】 |

| 羲皇(xīhuáng): 복희씨(伏羲氏)

| 瘳 (chōu) | 瘳 나을 추 |
| 瘳 (처우) | |

| 创痍未瘳(chuàngyíwèichōu): 창이미추

| 赢 (yíng) | 赢 찰 영 |
| 赢 (잉) | |

| 赢余(yíngyú): 이익이 남다

| 麇 (jūn) (kǔn) (qún) | 麇 노루 균, 묶을 군 |
| 麇 (쥔) (쿤) (췬) | |

| 麇至(qúnzhì): 모여들다

| 壅 (yōng) | 壅 막을 옹 |
| 壅 (융) | 壅 よう【ふさぐ】 |

| 壅塞(yōngsè): 막히다

| 斓 (lán) | 斓 아롱질 란 |
| 斓 (란) | |

| 斑斓(bānlán): 반란하다

| 麈 (zhǔ) | 麈 큰 사슴 주 |
| 麈 (주) | 麈 しゅ【おおしか】 |

| 麈尾(zhǔwěi): 먼지떨이

552

燔 (fán)	燔 사를 번	燧 (suì)	燧 부싯돌 수
燔 (판)	燔 へん【やく】	燧 (쑤이)	燧 すい

| 燔针(fánzhēn): 화침 | 燧石(suìshí): 부싯돌 |

糕 (gāo)	糕 떡 고	燊 (shēn)	燊 성할 신
糕 (가오)	糕	燊 (선)	燊

| 糕饼店(gāobǐngdiàn): 제과점 | 인명에 많이 쓰임 |

瀬 (lài)	瀬 여울 뢰	糖 (táng)	糖 엿 당
瀬 (라이)	瀬 らい【せ】	糖 (탕)	糖 とう【あめ】

| 瀬鱼(làiyú): 놀래기 | 糖果(tángguǒ): 사탕 |

燎 (liáo) (liǎo)	燎 화톳불 료	燏 (yù)	燏 빛날 율
燎 (랴오)	燎 りょう【にわび】	燏 (위)	燏

| 燎原(liáoyuán): 들판을 태우다 | 주로 인명에 쓰임 |

糗 (qiǔ)	糗 볶은 쌀 구	燠 (yù)	燠 따뜻할 욱
糗 (치유)	糗	燠 (위)	燠 いく·う

| 糗粮(qiǔliáng): 볶은 쌀 | 燠热(yùrè): 무덥다 |

燃 (rán)	燃 탈 연	甑 (zèng)	甑 시루 증
燃 (란)	燃 ねん【もえる】	甑 (쩡)	甑 そう【こしき】

| 燃料(ránliào): 연료 | 甑亮(zèngliàng): 반들반들하다 |

16획

553

 瀕 (bīn) / 瀕 (빈)	瀕 물가 빈 / 瀕 ひん【はま】

瀕危(bīnwēi): 위험에 처하다

 濂 (lián) / 濂 (렌)	濂 엷을 렴 / 濂 れん【うすい】

濂江(liánjiāng): 롄장[하천 이름]

 澶 (chán) / 澶 (찬)	澶 물 고요히 흐를 전 방종할 단

澶漫(dànmàn): 방종하다

潞 (lù) / 潞 (루)	潞 강 이름 로

潞城(lùchéng): 루청[지명]

 澹 (dàn) (tán) / 澹 (단)(탄)	澹 맑을 담, 넉넉할 섬 / 澹 たん【あわい】

澹澹(dàndàn): 물결이 넘실거리다

澼 (pì) / 澼 (피)	澼 표백할 벽

洴澼(píngpì): (면 또는 견사를) 물에 헹구다

 澴 (huán) / 澴 (환)	澴 소용돌이칠 환

澴河(huánhé): 환허[하천 이름]

睢 (suī) / 睢 (쑤이)	睢 물 이름 수

睢盱(suīxū): 우러러보다

激 (jī) / 激 (지)	激 격할 격 / 激 げき【はげしい】

激发(jīfā): 불러일으키다

瀣 (xiè) / 瀣 (셰)	瀣 바다 이름 해

渤瀣(bóxiè): 발해

澧 (lǐ) / 澧 (리)	澧 강 이름 례/풍

澧水(lǐshuǐ): 리수이[하천 이름]

澡 (zǎo) / 澡 (짜오)	澡 씻을 조 / 澡 そう【あらう】

澡堂(zǎotáng): 대중 목욕탕

| 壁 (bì) | 壁 벽 벽 |
| 壁 (비) | 壁 へき【かべ】 |

壁纸(bìzhǐ): 벽지

| 憷 (chù) | 憷 두려워할 초 |
| 憷 (츠) | |

憷头(chùtóu): 우물쭈물 겁을 내다

| 憾 (hàn) | 憾 섭섭할 감
근심할 담 |
| 憾 (한) | 憾 かん【うらむ】 |

憾然(hànrán): 실망한 모습

| 黌 (hóng) | 黌 글방 횡 |
| 黌 (홍) | 黌 こう【まなびや】 |

黌门(hóngmén): 학교

| 寰 (huán) | 寰 경기 고을 환
고을 현 |
| 寰 (환) | 寰 かん |

寰宇(huányǔ): 세계를 돌다

懶 (lǎn) | 懶 게으를 라 |
| 懶 (란) | 懶 らん【ものうい】 |

懶惰(lǎnduò): 나태하다

| 窿 (lóng) | 窿 활꼴 롱 |
| 窿 (롱) | 窿 りゅう【ゆみなり】 |

窿工(lónggōng): 갱부(坑夫)

| 搴 (qiān) | 搴 걷어올릴 건 |
| 搴 (치엔) | |

搴鼻蛇(qiānbíshé): 백화사

| 窸 (xī) | 窸 소리 불안한 모양 실 |
| 窸 (시) | |

窸窣(xīsū): 바스락바스락

| 褶 (xí)(zhǔ) | 褶 겹옷 첩, 주름 습 |
| 褶 (시)(주) | 褶 しゅう【あわせ】 |

褶皱(zhězhòu): 주름살

| 禧 (xǐ) | 禧 복 희 |
| 禧 (시) | 禧 き【さいわい】 |

延禧(yánxǐ): 기쁨을 맞다

| 懈 (xiè) | 懈 게으를 해 |
| 懈 (세) | 懈 かい【おこたる】 |

懈怠(xièdài): 게으르다

16획

555

避免(bìmiǎn): 모면하다

天鷚(tiānliù): 종달새

嬖姬(bìjī): 총애하는 여자

缲	(qiāo) (sāo) (zǎo)	缲 공그를 교 고치 켤 소
繰	(차오) (싸오) (짜오)	繰 そう【くる】

缲头(qiāotóu): 망건

投缳(tóuhuán): 목을 매달다

顙	(sǎng)	顙 이마 상
顙	(쌍)	

广顙(guǎngsǎng): 이마가 넓다

繮	(jiāng)	繮 고삐 강
繮	(지앙)	

繮绳(jiāngsheng): (말)고삐

嬗	(shàn)	嬗 물려줄 선
嬗	(산)	

嬗替(shàntì): 변화[변천]하고 교체하다

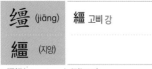

犟劲(jiàngjìn): 완강한 의지

隰皋(xígāo): 물가의 저습지

缴税(jiǎoshuì): 납세하다

17획

璩 (qú)

璩 옥고리 거

璩 (취)

| 성(姓)과 인명에 쓰이는 글자

璨 (càn)

璨 옥 찬

璨 (찬)

| 璨璨(càncàn): 밝게 빛나는 모양

齲 (qǔ)

齲 충치 우

齲 (취)

齲 く[むしば]

| 齲牙(qǔyá): 충치

磴 (dèng)

磴 섬돌 등

磴 (등)

磴 とう[いしだん]

| 磴道(dèngdào): (산의) 돌계단 길

霜 (shuāng)

霜 서리 상

霜 (쌍)

霜 そう[しも]

| 霜降(shuāngjiàng): 상강[24절기의 하나]

鷯 (liáo)

鷯 굴뚝새 료

鷯 (랴오)

鷯 りょう

| 冬鷦鷯(dōngjiāoliáo): 굴뚝새

齷 (wò)

齷 악착할 악

齷 (워)

齷 あく[がめつい]

| 齷齪(wòchuò): 악착같다

磷 (lín)

磷 흐를 린

磷 (린)

| 磷虾(línxiā): 크릴(krill)새우

霞 (xiá)

霞 놀 하

霞 (샤)

霞 か[かすみ]

| 霞光(xiáguāng): 놀빛

璐 (lù)

璐 옥 로

璐 (루)

| 인명에 많이 쓰임

璪 (zǎo)

璪 옥에 새긴 무늬 조

璪 (짜오)

| 璪都镇(zǎodōuzhèn): 짜오더우전[지명]

邠 (bān)
邠 (bīn)
邠 (빈)

邠 얼룩 반
나라 이름 빈

| 인명과 지명에 쓰임

瞧 (qiáo)
瞧 (차오)

瞧 볼 초

| 樵夫(qiáofū): 나무꾼

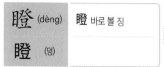

瞪 (dèng)
瞪 (덩)

瞪 바로 볼 징

| 瞪眼(dèngyǎn): 눈을 크게 뜨다

曙 (shǔ)
曙 (수)

曙 새벽 서

曙 しょ【あけぼの】

| 曙光(shǔguāng): 새벽의 동터 오는 빛

黻 (fú)
黻 (푸)

黻 수 불

| 黻衣(fúyī): 청흑색 화문의 예복

瞬 (shùn)
瞬 (순)

瞬 눈깜짝거릴 순

瞬 しゅん【またたく】

| 瞬间(shùnjiān): 눈 깜짝할 사이

壑 (hè)
壑 (허)

壑 골 학

壑 がく【たに】

| 沟壑(gōuhè): 계곡

嚏 (tì)
嚏 (티)

嚏 재채기 체

嚏 てい【くしゃみ】

| 嚏喷(tìpen): 재채기

瞭 (liào)
瞭 (랴오)

瞭 밝을 료

瞭 りょう【あきらか】

| 瞭望台(liàowàngtái): 조망대

瞳 (tóng)
瞳 (퉁)

瞳 눈동자 동

瞳 どう【ひとみ】

| 瞳孔(tóngkǒng): 눈동자

瞵 (lín)
瞵 (린)

瞵 눈동자 린

| 雪橇(xuěqiāo): 썰매

瞩 (zhǔ)
瞩 (주)

瞩 볼 촉

| 瞩目(zhǔmù): 눈여겨보다

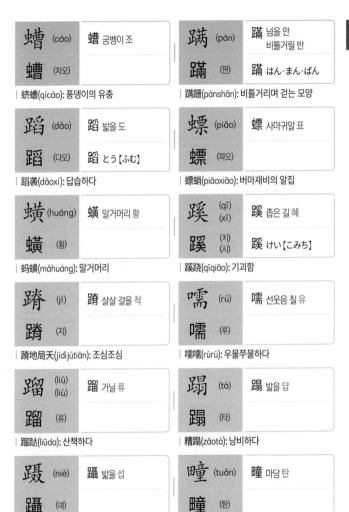

蠐 (cáo) 蠐 (차오)	蠐 굼벵이 조

蛴蠐(qícáo): 풍뎅이의 유충

蹈 (dǎo) 蹈 (다오)	蹈 밟을 도 蹈 とう【ふむ】

蹈襲(dǎoxí): 답습하다

蟥 (huáng) 蟥 (황)	蟥 말거머리 황

蚂蟥(mǎhuáng): 말거머리

蹐 (jí) 蹐 (지)	蹐 살살 걸을 척

蹐地局天(jídìjútiān): 조심조심

蹓 (liū) 蹓 (liù) 蹓 (류)	蹓 거닐 류

蹓跶(liūda): 산책하다

躡 (niè) 躡 (녜)	躡 밟을 섭

躡足(nièzú): 가볍게 걷다

蹣 (pán) 蹣 (판)	蹣 넘을 만 비틀거릴 반 蹣 はん・まん・ばん

蹣跚(pánshān): 비틀거리며 걷는 모양

螵 (piāo) 螵 (퍄오)	螵 사마귀알 표

螵蛸(piāoxiāo): 버마재비의 알집

蹊 (qī) 蹊 (xī) 蹊 (치) 蹊 (시)	蹊 좁은 길 혜 蹊 けい【こみち】

蹊蹺(qīqiāo): 기괴함

嚅 (rú) 嚅 (루)	嚅 선웃음 칠 유

嚅嚅(rúrú): 우물쭈물하다

蹋 (tà) 蹋 (타)	蹋 밟을 답

糟蹋(zāotà): 낭비하다

疃 (tuǎn) 疃 (퇀)	疃 마당 탄

蔫疃(niāntuǎn): 지긋이 견디어 내다

嚓嚓(cācā): 저벅저벅[발걸음 소리]

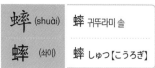

蟋蟀(xīshuài): 귀뚜라미

嚎咷(háotáo): 큰 소리로 울다

螳 (táng)
螳 사마귀 당

螳 (탕)
螳 とう【かまきり】

螳螂(tángláng): 사마귀

羈押(jīyā): 구류하다

蟋蟀草(xīshuàicǎo): 왕바랭이

罽 (jì)
罽 어망 계

罽 (지)

양탄자류의 모직물

巇 (yí)
巇 산 이름 의, 높을 억

巇 (이)

九嶷(jiǔyí): 지우이[산 이름]

螺 (luó)
螺 소라 라

螺 (뤄)
螺 ら【つぶ】

螺栓(luóshuān): 수나사

扳罾(bānzēng): 서예의 집필법의 하나

贍养(shànyǎng): 부양하다

蟑螂(zhāngláng): 바퀴

| 髀 (bì) | 髀 넓적다리 비 |
| 髀 (비) | 髀 ひ【もも】 |

髀骨(bìgǔ): 관골

| 镧 (lán) | 鑭 금채 란 |
| 鑭 (란) | |

镧石(lánshí): 란타나이트

| 镡 (chán)(tán)(xín) | 鐔 칼 담, 날밑 담/심 |
| 鐔 (찬)(탄)(신) | 鐔 しん【つば】 |

성(姓)에 많이 쓰임

| 镣 (liào) | 鐐 은료/로 |
| 鐐 (랴오) | 鐐 りょう【しろがね】 |

镣铐(liàokào): 족쇄와 수갑

| 黜 (chù) | 黜 내칠 출 |
| 黜 (추) | 黜 ちゅつ |

黜免(chùmiǎn): (관직을) 파면하다

| 镥 (lǔ) | 鑥 루테튬 로 |
| 鑥 (루) | |

氟化镥(fúhuàlǔ): 불화 루테튬

| 镦 (duì)(dūn) | 鐓 창고달 대/돈 |
| 鐓 (두이)(둔) | 鐓 たい【いしづき】 |

冷镦(lěngdūn): 냉간 단조

| 镤 (pú) | 鏷 무쇠 박 |
| 鏷 (푸) | |

五氧化二镤: 오산화프로트악티늄

| 镢 (jué) | 鐝/钁 괭이 곽 |
| 鐝/钁 (줴) | 鐝/钁 かく |

镢头(juétou): 괭이

| 镨 (pǔ) | 鐠 모포 보 |
| 鐠 (푸) | 鐠 ふ |

硫化镨(liúhuàpǔ): 황화프라세오디뮴

| 髁 (kē) | 髁 종지뼈 과 |
| 髁 (커) | |

髁上窝(kēshàngwō): 척와

| 黝 (yǒu) | 黝 검푸른 빛 유 |
| 黝 (유) | 黝 ゆう【あおぐろ】 |

黝黯(yǒu'àn): 어두컴컴하다

镩 (cuān) 鑹 작은 창 찬	镪 (qiāng)(qiǎng) 鏹 돈 강
鑹 (찬)	鏹 (치양)
镩冰(cuānbīng): 송곳으로 얼음을 부수다	镪水(qiāngshuǐ): 강산(强酸)

镫 (dèng) 鐙 등잔 등	簌 (sù) 簌 소리 속
鐙 (뎡) 鐙 とう【あぶみ】	簌 (쑤)
镫台(dèngtái): 등잔대	簌簌(sùsù): 바스락

篼 (dōu) 篼 가마 두	穗 (suì) 穗 이삭 수
篼 (더우)	穗 (쑤이) 穗 すい【ほ】
背篼(bèidōu): (등에 질 수 있는) 광주리	穗妥(suìtuǒ): 온건 타당하다

簧 (huáng) 簧 혀 황	魏 (wèi) 魏 나라 이름 위
簧 (황) 簧 こう【した】	魏 (웨이) 魏 ぎ【たかい】
簧板(huángbǎn): 스프링 판	魏然(wèirán): 높이 우뚝 솟는 모양

篾 (miè) 篾 대껍질 멸	罅 (xià) 罅 틈 하
篾 (몌)	罅 (샤) 罅 か【ひび】
篾刀(mièdāo): 대쪽을 쪼개는 칼	罅隙(xiàxì): 갈라진 틈

黏 (nián) 黏 차질 점	簃 (yí) 簃 누각 곁채 이
黏 (녠) 粘 ねん【ねばる】	簃 (이)
黏糊(niánhu): 끈적끈적하다	인명에 쓰이는 글자

562

簇 (cù)	簇 모일 족
簇 (추)	簇 ぞく【むらがる】

| 簇拥(cùyōng): (많은 사람이) 빽곡히 둘러싸다

鼾 (hān)	鼾 코고는 소리 한
鼾 (한)	鼾 かん【いびき】

| 鼾睡(hānshuì): 코를 골며 곤히 자다

黛 (dài)	黛 눈썹먹 대
黛 (다이)	黛 たい【まゆずみ】

| 黛蓝(dàilán): 검푸르다

鷦 (jiāo)	鷦 굴뚝새 초
鷦 (자오)	鷦 しょう

| 鷦鹩(jiāoliáo): 굴뚝새

籪 (duàn)	籪 살 단
籪 (돤)	

| 鱼籪(yúduàn): 어전(魚箭)

儡 (lěi)	儡 꼭두각시 뢰/뇌
儡 (레이)	儡 らい【でく】

| 傀儡(kuǐlěi): 꼭두각시

繁 (fán) (pó)	繁 번성할 번, 뱃대끈 반
繁 (판) (포)	繁 はん【さかん】

| 繁忙(fánmáng): 번거롭고 바쁘다

簶 (lù)	簶 대나무 상자 록
簶 (루)	簶

| 簶簌(lùsù): 축 늘어진 모양

鼢 (fén)	鼢 두더쥐 분
鼢 (펀)	

| 鼢鼠(fénshǔ): 두더지

膰 (pó)	膰 휠 파
膰 (포)	

| 膰然(pórán): 배가 불룩하고 크다

簋 (guǐ)	簋 제기 이름 궤
簋 (구이)	

| 四簋(sìguǐ): '黍·稷·稻·粱'의 네 가지 곡물

魍 (wǎng)	魍 도깨비 망
魍 (왕)	魍 もう【すだま】

| 魍魉(wǎngliǎng): 도깨비

563

艚子(cáozi): 화물을 싣는 목선(木船)

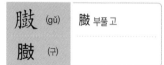

膔胀(gǔzhàng): 불룩하다

徽章(huīzhāng): 휘장

爵士(juéshì): 나이트 작

朦胧(ménglóng): 달빛이 흐리다

邈然(miǎorán): 아득하게 멀다

山貘(shānmò): 산악맥

貔虎(píhǔ): 용맹한 장사나 군대

臊人(sàorén): 남에게 창피를 주다

膻味(shānwèi): 누린내

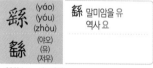

繇辞(yáocí): 점사

苇龠(wěiyuè): 갈대 피리

564

| 鰏 (bī) | 鰏 물고기 이름 벽/픽 |
| 鰏 (비) | |

| 丰口鰏(fēngkǒubī): 점민어

| 鰓 (sāi) | 鰓 아가미 새 |
| 鰓 (싸이) | 鰓 さい【えら】 |

| 鰓盖(sāigài): 아가미덮개

| 鰈 (dié) | 鰈 가자미 접 |
| 鰈 (뎨) | 鰈 ちょう【かれい】 |

| 鰈鱼(diéyú): 가자미

| 鯷 (tí) | 鯷 메기 제 |
| 鯷 (티) | |

| 鯷鱼(tíyú): 멸치

| 鰐 (è) | 鰐 악어 악 |
| 鰐 (어) | 鰐 がく【わに】 |

| 鰐蜥(èxī): 큰 도마뱀

| 鰃 (wēi) | 鰃 물고기 이름 외 |
| 鰃 (웨이) | |

| 日本骨鰃(rìběngúwēi): 도화돔

| 鱝 (fèn) | 鱝 가오리 분 |
| 鱝 (펀) | |

| 蝠鱝(fúfèn): 쥐가오리

| 鰮 (wēn) | 鰮 물고기 이름 온 |
| 鰮 (원) | 鰮 おん【いわし】 |

| 鰮鯨(wēnjīng): 멸치고래

| 臁 (lián) | 臁 정강이 렴 |
| 臁 (렴) | |

| 臁疮(liánchuāng): 하퇴 궤양

| 臆 (yì) | 臆 가슴 억 |
| 臆 (이) | 臆 おく【むね】 |

| 臆测(yìcè): 억측(하다)

| 鰍 (qiū) | 鰍 미꾸라지 추 |
| 鰍 (치유) | 鰍 しゅう【どじょう】 |

| 泥鰍(níqiū): 미꾸라지

| 臃 (yōng) | 臃 부스럼 옹 |
| 臃 (융) | |

| 臃肿(yōngzhǒng): 붓다

鯿 (biān) 鯿 (벤)	鯿 방어 편
鯿鱼(biānyú): 모샘치	

麋 (mí) 麋 (미)	麋 고삐 미 麋 び
羈縻(jīmí): 속박하다	

鳆 (fù) 鳆 (푸)	鳆 전복 복 鳆 ふく【あわび】
鳆鱼(fùyú): 건어물	

鰁 (quán) 鰁 (취안)	鰁 중고기 천
鰁鱼(quányú): 중고기	

鳇 (huáng) 鳇 (황)	鳇 철갑상어 황 鳇 こう【ひがい】
鳇鱼(huángyú): 줄철갑상어	

襄 (xiāng) 襄 (샹)	襄 도울/편편할 양 襄 じょう【あがる】
襄办(xiāngbàn): 협력하여 처리하다	

鳉 (jiāng) 鱂 (지앙)	鱂 송사리 장
鳉鱼群(jiāngyúqún): 송사리떼	

燮 (xiè) 燮 (셰)	燮 화할/불꽃 섭 燮 しょう【やわらぐ】
燮理(xièlǐ): 섭리하다	

鹫 (jiù) 鷲 (지유)	鷲 독수리 취 鷲 しゅう【わし】
秃鹫(tūjiù): 대머리 독수리	

獯 (xūn) 獯 (쉰)	獯 오랑캐 이름 훈
獯鬻(xūnyù): 훈육	

糜 (méi) (mí) 糜 (메이) (미)	糜 죽 미 糜 び【かゆ】
糜烂(mílàn): 썩어 문드러지다	

螽 (zhōng) 螽 (중)	螽 누리 종 螽 しゅう【いなご】
螽斯(zhōngsī): 여치	

癌 (ái)(yán)癌 (아이)(옌)	癌 암 암癌 がん	麋 (mí)麋 (미)	麋 큰사슴 미麋 び・み
癌变(áibiàn): (궤양 등이) 암으로 변하다		麋鹿(mílù): 사불상	

癍 (bān)癍 (반)	癍 피부병 반	濡 (rú)濡 (루)	濡 젖을 유濡 じゅ【うるおう】
[중의학] 피부에 반점이 생기는 병		濡染(rúrǎn): 물들다	

辮 (biàn)辮 (볜)	辮 땋을 변辮 べん【あむ】	膺 (yīng)膺 (잉)	膺 가슴 응膺 よう【むね】
辮子(biànzi): 땋은 머리		膺赏(yīngshǎng): 상을 받다	

馘 (guó)馘 (궈)	馘 벨 괵馘 かく【みみきる】	糟 (zāo)糟 (짜오)	糟 지게미 조糟 そう【かす】
俘馘(fúguó): 포로의 왼쪽 귀를 베는 것		糟糕(zāogāo): 엉망이 되다	

糠 (kāng)糠 (캉)	糠 쌀겨 강糠 こう【ぬか】	燥 (zào)燥 (짜오)	燥 마를 조燥 そう【かわく】
糠油(kāngyóu): 미강유		燥灼(zàozhuó): 초조하다	

懑 (mèn)懑 (먼)	懑 번민할 만懑 もん【もだえる】	驟 (zhòu)驟 (저우)	驟 달릴 취驟 しゅう【にわか】
怨懑(yuànmèn): 원망하고 번민하다		骤变(zhòubiàn): 급변하다	

濞 (bì) 濞 (비)	濞 물소리 비
澎濞(péngbì): 철썩철썩	

懦 (nuò) 懦 (뉘)	懦 나약할 나, 겁쟁이 유 懦 だ【よわい】
懦夫(nuòfū): 겁쟁이	

濠 (háo) 濠 (하오)	濠 물 이름 호 濠 ごう【ほり】
城濠(chénɡháo): 해자(垓字)	

濮 (pú) 濮 (푸)	濮 강 이름 복 濮 ぼく【かわのな】
濮阳(púyáng): 푸양[지명]	

豁 (huō) (huò) 豁 (훠)	豁 뚫린 골 활 豁 かつ【ひらける】
豁达(huòdá): 도량이 크다	

襁 (qiǎng) 襁 (치앙)	襁 포대기 강 襁 きょう【むつき】
襁负(qiǎngfù): 포대기로 갓난아이를 업다	

謇 (jiǎn) 謇 (지엔)	謇 떠듬거릴 건 謇 けん【どもる】
謇谔(jiǎn'è): 건악하다	

邃 (suì) 邃 (쑤이)	邃 깊을 수 邃 すい【ふかい】
邃谷(suìgǔ): 깊은 골짜기	

蹇 (jiǎn) 蹇 (지엔)	蹇 절뚝발 건 蹇 けん【あしなえ】
蹇吃(jiǎnchī): 말을 더듬(거리)다	

臀 (tún) 臀 (툰)	臀 볼기 둔 臀 とん・ぢん【しり】
臀围(túnwéi): 엉덩이 둘레	

襕 (lán) 襕 (란)	襕 난삼 란 襕 らん【ひとえ】
襕裙(lánqún): 아이들의 소매 없는 윗옷	

濯 (zhuó) 濯 (줘)	濯 씻을/살찔 탁 濯 たく【あらう】
濯足(zhuózú): 발을 씻다	

568

| 臂 (bei)(bì) | 臂 팔/팔뚝 비 |
| 臂 (베이)(비) | 臂 ひ[ひじ] |

| 鍪 (móu) | 鍪 투구 무 |
| 鍪 (머우) | |

臂弯(bìwān): 팔오금

兜鍪(dōumóu): 투구

| 檗 (bò) | 檗 황경나무 벽 |
| 檗 (보) | 檗 びゃく[きはだ] |

| 甓 (pì) | 甓 벽돌 벽 |
| 甓 (피) | 甓 へき[れんが] |

黄檗(huángbò): 황벽나무

甓甃(pìzhòu): 벽돌벽

| 擘 (bāi)(bò) | 擘 나눌/엄지손가락 벽 |
| 擘 (바이)(보) | 擘 へき |

| 孺 (rú) | 孺 젖먹이 유 |
| 孺 (루) | 孺 じゅ[ちのみご] |

擘画(bòhuà): 계획하다

孺子(rúzǐ): 어린이

| 隳 (huī) | 隳 무너뜨릴 휴 |
| 隳 (후이) | |

| 翼 (yì) | 翼 날개 익 |
| 翼 (이) | 翼 よく[つばさ] |

隳坏(huīhuài): 훼손하다

翼助(yìzhù): 보좌하다

| 蟊 (máo) | 蟊 해충 모 |
| 蟊 (마오) | |

| 鹬 (yù) | 鹬 도요새 휼 |
| 鹬 (위) | 鹬 いつ[しぎ] |

蟊贼(máozéi): 국가에 해가 되는 사람

鹬科(yùkē): 도요과

| 嬷 (mó) | 嬷 엄마 마 |
| 嬷 (모) | |

嬷嬷(mómo): 할머니, 유모

18획

鞈 (hé)
鞈 (허)

鞈 말갈 갈
鞈 かつ【かわぐつ】

| 靺鞈(mòhé): 말갈(족)

鳌 (pó)
鳌 (아오)

鳌 자라 오

| 鳌抃(áobiàn): 기뻐 손뼉을 치다

韉 (jiān)
韉 (지엔)

韉 언치 천

| 鞍韉(ānjiān): 안장과 말다래

鏊 (ào)
鏊 (아오)

鏊 번철 오

| 鏊砚(àoyàn): 번철(燔鐵) 모양의 벼루

鞫 (jū)
鞫 (쥐)

鞫 국문할 국
鞫 きく【きわめる】

| 鞫讯(jūxùn): 심문하다

鞭 (biān)
鞭 (볜)

鞭 채찍 편
鞭 べん【むち】

| 鞭炮(biānpào): (크고 작은) 폭죽의 총칭

藕 (ǒu)
藕 (어우)

藕 연뿌리 우
藕 ぐう【はすのね】

| 藕粉(ǒufěn): 연뿌리 전분

瞽 (gǔ)
瞽 (쥐)

瞽 소경 고
瞽 こ【めくら】

| 瞽女(gǔnǚ): 눈 먼 여자

鬈 (quán)
鬈 (취안)

鬈 아름다울 권

| 鬈发(quánfà): 곱슬머리

鬶 (guī)
鬶 (구이)

鬶 세발솥 규, 가마솥 휴

| (고대에 취사용으로 쓰이던) 세발솥

鬃 (zōng)
鬃 (쫑)

鬃 갈기 종

| 鬃狼(zōngláng): 갈기늑대

蹙 (cù)	蹙 닥칠 축, 줄어들 척	藜 (lí)	藜 명아주 려
蹙 (축)	蹙 しゅく	藜 (리)	藜 れい【あかざ】

蹙眉(cùméi): 눈살을 찌푸리다

藜麦(límài): 퀴노아

檫 (chá)	檫 가래나무 찰	鸏 (méng)	鸏 물새 새끼 몽
檫 (차)		鸏 (몽)	

檫树(cháshù): 사사프라스나무

鸏属(méngshǔ): 열대새

藩 (fān)	藩 울타리 번	礞 (méng)	礞 청몽석 몽
藩 (판)	藩 はん【まがき】	礞 (몽)	

藩篱(fānlí): 울타리

礞石(méngshí): 청몽석

覆 (fù)	覆 다시 복, 덮을 부	鞧 (qiū)	鞧 밀치 끈 추
覆 (부)	覆 ふく【くつがえす】	鞧 (치유)	

覆盖(fùgài): 피복

后鞧(hòuqiū): 말치끈

礓 (jiāng)	礓 자갈 강	鞣 (róu)	鞣 가죽 유
礓 (쟝)		鞣 (러우)	鞣 じゅう

砂礓(shājiāng): 건축 재료로 쓰이는 광석

鞣料(róuliào): 유피제

醪 (láo)	醪 막걸리 료	藤 (téng)	藤 등나무 등
醪 (라오)	醪 ろう【にごりざけ】	藤 (텅)	藤 とう【ふじ】

醪药(láoyào): 술로 조제한 약

藤蔓(téngwàn): 넝쿨

蹩 (bié)
蹩 (볘)
蹩 절름발이 별

| 蹩脚(biéjiǎo): 대단히 서투르다

蹦 (bèng)
蹦 (벙)
蹦 뛸 붕

| 蹦极(bèngjí): 번지점프

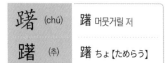

躇 (chú)
躇 (추)
躇 머뭇거릴 저
躇 ちょ【ためらう】

| 踌躇(chóuchú): 주저하다

顥 (hào)
顥 (하오)
顥 클 호

| 인명에 많이 쓰임

瞿 (jù)
　 (qú)
瞿 (쥐)
　 (취)
瞿 놀랄 구
瞿 く【みる】

| 瞿然(jùrán): 깜짝 놀라는 모양

礧 (léi)
礧 (레이)
礧 바위 뢰

| 礧敌(léidí): 적을 공격하다

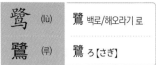

鹭 (lù)
鷺 (루)
鷺 백로/해오라기 로
鷺 ろ【さぎ】

| 鹭鸶(lùsī): 백로

饕 (tiè)
饕 (테)
饕 탐할 철
饕 てつ【むさぼる】

| 饕餮(tāotiè): 흉악하고 욕심 많은 사람

燹 (xiǎn)
燹 (셴)
燹 야화 선, 야화 회
燹 せん【のび】

| 兵燹(bīngxiǎn): 전쟁으로 인한 재해

曛 (xūn)
曛 (쉰)
曛 어스레할 훈

| 曛晓(xūnxiǎo): 저녁과 새벽

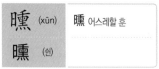

曜 (yào)
曜 (야오)
曜 빛날 요
曜 よう【かがやく】

| 曜眼(yàoyǎn): 눈부시다

瞻 (zhān)
瞻 (잔)
瞻 볼 첨
瞻 せん【みる】

| 瞻仰(zhānyǎng): 쳐다보다

囂张(xiāozhāng): 날뛰다

蟛蜞(péngyuè): 동물 게의 일종

蹢躅(zhízhú): 배회하다

蹜蹜(sùsù): 종종걸음으로 (빨리) 걷는 모양

朱鹮(zhūhuán): 따오기

蚯蟮(qūshàn): 지렁이

蟪蛄(huìgū): 씽씽매미

黠慧(xiáhuì): 교활하고 영리하다

骷髅(kūlóu): 해골

黟山(yīshān): 이산[산 이름]

蟠槐(pánhuái): 회화나무의 일종

嚚暗(yín'àn): 어리석다

573

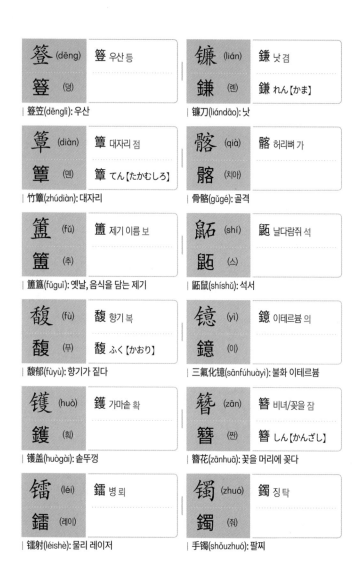

簦 (dēng)
簦 (덩)
簦 우산 등

簦笠(dēnglì): 우산

鎌 (lián)
鎌 (렌)
鎌 낫 겸
鎌 れん【かま】

鎌刀(liándāo): 낫

簟 (diàn)
簟 (뗀)
簟 대자리 점
簟 てん【たかむしろ】

竹簟(zhúdiàn): 대자리

骱 (qià)
骱 (치아)
骱 허리뼈 가

骨骼(gǔgé): 골격

簠 (fǔ)
簠 (추)
簠 제기 이름 보

簠簋(fǔguǐ): 옛날, 음식을 담는 제기

鼫 (shí)
鼫 (스)
鼫 날다람쥐 석

鼫鼠(shíshǔ): 석서

馥 (fù)
馥 (푸)
馥 향기 복
馥 ふく【かおり】

馥郁(fùyù): 향기가 짙다

镱 (yì)
镱 (이)
镱 이테르븀 의

三氟化镱(sānfúhuàyì): 불화 이테르븀

鑊 (huò)
鑊 (훠)
鑊 가마솥 확

鑊盖(huògài): 솥뚜껑

簪 (zān)
簪 (짠)
簪 비녀/꽂을 잠
簪 しん【かんざし】

簪花(zānhuā): 꽃을 머리에 꽂다

镭 (léi)
镭 (레이)
镭 병 뢰

镭射(léishè): 물리 레이저

镯 (zhuó)
镯 (줘)
镯 징 탁

手镯(shǒuzhuó): 팔찌

艟 (chōng)	艟 배 동
艟 (충)	艟 どう【ふね】

艨艟(méngchōng): 고대(古代)의 전함

雠 (chóu)	雠 원수 수
雠 (처우)	雠 しゅう【あだ】

雠问(chóuwèn): 따지어 묻다

翻 (fān)	翻 날 번
翻 (판)	翻 ほん【ひるがえる】

翻悔(fānhuǐ): 마음이 변하다

鳏 (guān)	鳏 홀아비 환
鳏 (관)	鳏 かん【やもお】

鳏夫(guānfū): 홀아비

鱯 (hù)	鱯 승새 호/확
鱯 (후)	

越鱯(yuèhù): 중국에 서식하는 어류의 일종

臑 (nào)	臑 팔꿈치 노, 팔뼈 유 삶을 이
臑 (나오)	臑 じゅ·どう·じ

臂臑(bìnào): 혈자리 비노(臂臑)

18획

鰟 (páng)	鰟 방어 방
鰟 (팡)	

鰟鮍(pángpí): 납줄개

鳍 (qí)	鳍 지느러미 기
鳍 (치)	鳍 き【ひれ】

鳍刺(qícì): 지느러미뼈

鼩 (qú)	鼩 새앙쥐 구
鼩 (취)	

沟齿鼩(gōuchǐqú): 솔레노돈

鳎 (tǎ)	鳎 가자미 탑
鳎 (타)	

鳎板鱼(tǎbǎnyú): 개서대

鳐 (yáo)	鳐 날치 요
鳐 (야오)	

鳐鱼(yáoyú): 가오리

鼬 (yòu)	鼬 족제비 유
鼬 (유)	鼬 ゆう【いたち】

鼬鼠(yòushǔ): 족제비

575

| 瀑 | (bào) (pù) | 瀑 폭포 폭
소나기 포 |
| | (바오) (푸) | 瀑 ばく【たき】 |

| 瀑布(pùbù): 폭포

| 癩 | (lài) | 癩 문둥병 라 |
| | (라이) | 癩 らい【かったい】 |

| 癩蛤蟆(làiháma): 두꺼비

| 瀌 | (biāo) | 瀌 눈 퍼부을 표 |
| | (뱌오) | |

| 瀌瀌(biāobiāo): 비나 눈이 많이 내리는 모양

| 鎏 | (liú) | 鎏 금속 류 |
| | (류) | |

| 鎏金(liújīn): 순도 높은 황금

| 瀍 | (chán) | 瀍 강 이름 전 |
| | (찬) | |

| 瀍河(chánhé): 찬허[지명]

| 懵 | (měng) | 懵 어리석을 몽 |
| | (멍) | |

| 懵懂(měngdǒng): 사리에 어둡다

| 靦 | (chǎn) | 靦 껄껄 웃는 모양 천 |
| | (찬) | |

| 靦然而笑(chǎnránérxiào): 껄껄 웃다

| 癖 | (pǐ) | 癖 적취/버릇 벽 |
| | (치) | 癖 へき【くせ】 |

| 癖好(pǐhào): 좋아하는 버릇

| 癜 | (diàn) | 癜 어루러기 전 |
| | (뎬) | 癜 てん【なまぜ】 |

| 癜蒜(diànsuàn): 터무니없는 짓을 하다

| 癔 | (yì) | 癔 의병 의 |
| | (이) | |

| 癔症(yìzhèng): 히스테리

| 糡 | (jiàng) | 糡 미음 강 |
| | (지앙) | |

| 糡糊(jiànghu): 풀

| 鷹 | (yīng) | 鷹 매 응 |
| | (잉) | 鷹 よう【たか】 |

| 鷹钩鼻(yīnggōubí): 매부리코

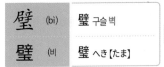

璧 (bì)	璧 구슬 벽
璧 (비)	璧 へき【たま】

| 璧珰(bìdāng): 서까래 끝의 장식

戳 (chuō)	戳 찌를 착
戳 (춰)	戳 てき

| 戳穿(chuōchuān): 까발리다

襟 (jīn)	襟 옷깃/가슴 금
襟 (진)	襟 きん【えり】

| 襟怀(jīnhuái): 흉금

邋 (lā)	邋 나부낄 랍/납
邋 (라)	

| 邋遢(lāta): 불결하다

彝 (yí)	彝 떳떳할 이
彝 (이)	彝 い

| 彝宪(yíxiàn): 변치 않은 법도

18획

藿 (huò)

藿 (훠)

藿 콩잎/미역 곽

| 藿香(huòxiāng): 곽향

鞴 (bèi)

鞴 (베이)

鞴 말에 채비할 비

鞴 び

| 鞴马(bèimǎ): 말 탈 준비를 갖추다

警 (jǐng)

警 (징)

警 경계할 경

警 けい【いましめる】

| 警戒(jǐngjiè): 경계하다

攒 (cuán)
(zǎn)

攒 (찬)
(짠)

攒 모일 찬

攒 さん【あつまる】

| 攒钱(cuánqián): 돈을(걷어) 모으다

鬏 (jiū)

鬏 (지유)

鬏 쪽 추

| 髽鬏(zhuājiu): 쪽머리

韝 (gōu)

韝 (거우)

韝 깍지 구

| 韝鞴(gōubèi): 피스톤

蘑 (mó)

蘑 (모)

蘑 버섯 마

| 蘑菇(mógu): 버섯

蘅 (héng)

蘅 (헝)

蘅 족두리풀 형

| 杜蘅(dùhéng): 족두리풀의 일종

孽 (niè)

孽 (녜)

孽 서자 얼

| 孽缘(nièyuán): 나쁜 인연

攉 (huō)

攉 (훠)

攉 손 뒤집을 확

| 攉土(huōtǔ): 흙더미를 옮기다

蘧 (qú)

蘧 (취)

蘧 패랭이꽃 거

| 蘧然(qúrán): 반색하는 모양

靄靄(ǎiǎi): 구름이 운집한 모양

酃渌(línglù): 좋은 술

鳖蛋(biēdàn): 자라알

麓坡(lùpō): 산록경사면

白醭(báibú): 누룩곰팡이

攀岩(pānyán): 암벽 등반

礤床儿(cǎchuángr): 채칼

醯梅(xīméi): 오매

黼座(fǔzuò): 황제가 앉는 자리

霪雨(yínyǔ): 궂은비

醮 (jiào)
醮 (자오)
醮 제사 지낼 초

再醮(zàijiào): (옛날, 과부가) 재가(하다)

藻 (zǎo)
藻 (짜오)
藻 마름 조
藻 そう【も】

藻丽(zǎolì): (문장·색채 따위가) 화려하다

曝 (bào)(pù) 曝 (바오)(푸)	曝 찔폭 曝 ばく【さらす】	蹾 (dūn) 蹾 (둔)	蹾 마구 놓을 돈

曝光(bàoguāng): 폭로되다

[방언] (거칠게 집어던지듯이) 마구 놓다

蹭 (cèng) 蹭 (청)	蹭 비틀거릴 층	蹯 (fán) 蹯 (판)	蹯 짐승 발바닥 번

蹭车(cèngchē): 무임승차하다

熊蹯(xióngfán): 곰 발바닥

蹙 (cù) 蹙 (축)	蹙 찰축 蹙 しょう【ける】	矆 (huò) 矆 (훅)	矆 놀라는 소리 확

蹙蹙(cùcù): 놀라고 두려운 모양

矆矆(huòhuò): 풍자를 나타내는 소리

蹿 (cuān) 蹿 (찬)	蹿 솟을 찬	蹶 (jué)(juě) 蹶 (궤)	蹶 넘어질 궐, 움직일 궤 蹶 けつ【つまぜく】

蹿红(cuānhóng): 갑자기 인기가 오르다

蹶然(juěrán): 놀라는 모양

蹲 (cún)(dūn) 蹲 (춘)(둔)	蹲 쭈그릴 준 蹲 そん【うずくまる】	蹽 (liāo) 蹽 (라오)	蹽 달릴 료

蹲守(dūnshǒu): 숨어서 기다리다

蹽腿(liāotuǐ): 걸음을 급히 내딛다

蹰 (chú) 蹰 (주)	蹰 머뭇거릴 주	蹼 (pǔ) 蹼 (푸)	蹼 물갈퀴 복 蹼 ほく【みぜかき】

踟蹰(chíchú): 주저하다

蹼泳(pǔyǒng): 핀(fin)수영

髌骨(bìngǔ): 종지뼈

火镲(huǒchǎ): 난로의 화력 조절용 덮개

蟾兔(chántù): 달 속의 토끼

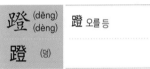

蹬踹(dēngchuai): 짓밟다

巅峰(diānfēng): 정상

尺蠖(chǐhuò): 자벌레

髋骨(kuāngǔ): 궁둥이 뼈

蜚蠊(fěilián): 바퀴

蠓虫(měngchóng): 눈에놀이과의 통칭

黢黑(qūhēi): 새까맣다

籀文(zhòuwén): 주문

沙蠋(shāzhú): 모래바다지렁이

581

鰾 (biào)
鰾 (뱌오)

鰾 부레 표
鰾 ひょう

| 鰾胶(biàojiāo): 부레풀

鱳 (lè)
鱳 (러)

鱳 준치 륵

| 鱳鱼(lèyú): 준치

簸 (bǒ)
簸 (bò)
簸 (보)

簸 까부를 파
簸 は【ひる】

| 簸米(bǒmǐ): 쌀을 키질하다

鰻 (mán)
鰻 (만)

鰻 뱀장어 만
鰻 ばん【うなぎ】

| 鰻鱼(mányú): 뱀장어

薄 (bù)
薄 (뷰)

薄 엷을 박
薄 はく【うすい】

| 薄弱(bóruò): 박약하다

艨 (méng)
艨 (멍)

艨 싸움배 몽
艨 もう【いくさぶね】

| 艨艟(méngchōng): 고대의 전함

魑 (chī)
魑 (츠)

魑 도깨비 리/이
魑 ち【すだま】

| 魑魅魍魉(chīmèiwǎngliǎng): 온갖 잡귀신

鳘 (mǐn)
鳘 (민)

鳘 다금바리 민

| 鳘鱼肝油(mǐnyúgānyóu): 대구 간유

齁 (hōu)
齁 (호우)

齁 코 고는 소리 후

| 齁冷(hōulěng): 지독하게 춥다

鼗 (táo)
鼗 (타오)

鼗 소고 도

| 灵鼗(língtáo): 손으로 흔드는 작은북

籁 (lài)
籁 (라이)

籁 세 구멍 퉁소 뢰
籁 らい【ふえ】

| 天籁(tiānlài): 자연의 소리

鳕 (xuě)
鳕 (쉬에)

鳕 대구 설
鳕 せつ【たら】

| 鳕鱼(xuěyú): 대구

鏖 (áo) / (아오)	鏖 오살할 오 / 鏖 おう【みなごろし】

鏖杀(áoshā): 몰살시키다

瓣 (bàn) / (판)	瓣 외씨 판 / 瓣 べん【はなびら】

瓣胃(bànwèi): 중판위

顫 (chàn) / (zhàn) / (츠안) / (잔)	顫 떨 전 / 顫 せん【ふるえる】

颤抖(chàndǒu): 부들부들 떨다

羹 (gēng) / (겅)	羹 국 갱 / 羹 こう【あつもの】

羹匙(gēngchí): 숟가락

羸 (léi) / (레이)	羸 파리할 리 / 羸 るい【やせる】

羸惫(léibèi): 매우 피로하다

蠃 (luǒ) / (뤄)	蠃 나나니벌 라

蜾蠃(guǒluǒ): 나나니(벌)

靡 (mí) / (mǐ) / (미)	靡 쓰러질 미, 갈 마 / 靡 び【なびく】

靡丽(mǐlì): 화려하다

麒 (qí) / (치)	麒 기린 기 / 麒 き【きりん】

麒麟(qílín): 기린

鰄 (wèi) / (웨이)	鰄 배도라치 위

鰄鱼(wèiyú): 뼈드라치

蟹 (xiè) / (셰)	蟹 게 해 / 蟹 かい【かに】

蟹螯(xiè'áo): 게의 집게발

癣 (xuǎn) / (쉬안)	癣 옴 선 / 癣 せん

癣疥(xuǎnjiè): 버짐

鳙 (yōng) / (융)	鳙 전어 용

鳙鱼(yōngyú): 대두어(大頭魚)

583

爆 (bào) 爆 (바오)	爆 폭발할 폭, 지질 박 爆 ばく【はぜる】

爆棚(bàopéng): 대만원이다

疆 (jiāng) 疆 (지앙)	疆 지경 강 疆 きょう【さかい】

疆域(jiāngyù): 국가의 영토

襞 (bì) 襞 (비)	襞 주름 벽 襞 へき【ひだ】

襞皱(bìzhòu): 옷의 주름

襦 (rú) 襦 (루)	襦 저고리 유 襦 じゅ【はだぎ】

珠襦(zhūrú): 구슬로 장식한 짧은 저고리

讖 (chèn) 讖 (천)	讖 예언 참 讖 しん【しるし】

讖步(chènbù): 미래를 예지하는 술법

瀣 (xiè) 瀣 (셰)	瀣 이슬 기운 해

沆瀣(hàngxiè): 밤이슬

瀚 (hàn) 瀚 (한)	瀚 넓고 큰 모양 한 瀚 かん【ひろい】

浩瀚(hàohàn): 광대하다

瀛 (yíng) 瀛 (잉)	瀛 바다 영 瀛 えい【うみ】

瀛寰(yínghuán): 지구의 수륙의 총칭

驥 (jì) 驥 (지)	驥 천리마 기 驥 き

骥才(jìcái): 뛰어난 인재

纘 (zuǎn) 纘 (쭈완)	纘 이을 찬 纘 さん【つぐ】

缵述(zuǎnshù): 계승하여 전술하다

584

20획

蘘 (ráng)
蘘 (랑)
蘘 양하 양

蘘荷(ránghé): 양하

鬢 (bìn)
鬢 (빈)
鬢 살쩍 빈
鬢 びん

鬢毛(bìnmáo): 귀밑머리

蘩 (fán)
蘩 (판)
蘩 산흰쑥 번

蘩缕(fánlǚ): 별꽃

壤 (rǎng)
壤 (랑)
壤 흙덩이 양
壤 じょう

壤土(rǎngtǔ): 농경에 알맞은 토양

釅 (jù)
釅 (쥐)
釅 추렴할 갹/거
釅 きょ

釅饮(jùyǐn): 갹음

攘 (rǎng)
攘 (랑)
攘 물리칠 양
攘 じょう

攘夷(rǎngyí): 외적을 물리치다

醴 (lǐ)
醴 (리)
醴 단술 례/예
醴 れい

醴酒(lǐjiǔ): 맛이 좋은 술

霰 (xiàn) (sǎn)
霰 (센) (싼)
霰 싸라기눈 산
霰 さん【あられ】

霰弹(xiàndàn): 유산탄

馨 (xīn)
馨 (신)
馨 꽃다울 형
馨 けい【かおり】

温馨(wēnxīn): 온화하고 향기롭다

蘖 (niè)
蘖 (녜)
蘖 그루터기 얼
蘖 げつ【きりかぶ】

蘖枝(nièzhī): 새로 나온 곁가지

瓚 (zàn)
瓚 (짠)
瓚 옥잔 찬

倪瓚(nízàn): 예찬 [미술]

20획

酆 (fēng)

酆 (펑)

酆 나라 이름 풍

| 酆都(fēngdū): 펑두[지명]

嚼 (jiáo)
(jiào)
(jué)

嚼 (자오)
(제)

嚼 씹을 작

嚼 しゃく【かむ】

| 嚼头(jiáotóu): 씹는 맛

矍 (jué)

矍 (제)

矍 두리번거릴 확

矍 かく

| 矍铄(juéshuò): 정정하다

嚷 (rāng)
(rǎng)

嚷 (량)

嚷 외칠 양

| 嚷叫(rǎngjiào): 외치다

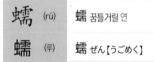

蠕 (rú)

蠕 (루)

蠕 꿈틀거릴 연

蠕 ぜん【うごめく】

| 蠕动(rúdòng): 꿈틀거리다

颥 (rú)

颥 (루)

颥 귀밑 뼈 유

| 颥颥(nièrú): 관자놀이

鼍 (tuó)

鼍 (퉈)

鼍 악어 타

| 鼍龙(tuólóng): 양쯔강 악어

巍 (wēi)

巍 (웨이)

巍 높고 클 외

巍 ぎ

| 巍巍(wēiwēi): 높고 큰 모양

曦 (xī)

曦 (시)

曦 햇빛 희

曦 き

| 曦光(xīguāng): 아침 햇살

耀 (yào)

耀 (야오)

耀 빛날 요

耀 よう【かがやく】

| 耀武(yàowǔ): 무력을 과시하다

躁 (zào)

躁 (짜오)

躁 조급할 조

躁 そう

| 躁郁症(zàoyùzhèng): 조울증

躅 (zhú)

躅 (주)

躅 머뭇거릴 촉
자취 탁

躅 ちょく·たく

| 踯躅(zhízhú): 배회하다

586

保镳(bǎobiāo): 경호원

鬗莺(líyīng): 꾀꼬리의 일종

巉崖(chányá): 깎아지른 듯한 절벽

黥面(qíngmiàn): 얼굴에 자자(刺字)하다

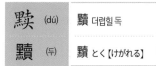
黩职(dúzhí): 독직하다

鳝鱼(shànyú): 드렁허리

鳜鱼(guìyú): 쏘가리

鼯鼠(wúshǔ): 날다람쥐

籍贯(jíguàn): 본적

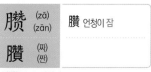
腌臜(āza): 더럽다

镴枪头(làqiāngtóu): 유명무실

纂修(zuǎnxiū): 편찬하다

濆 (fèn) / 濆 (펀) 濆 물 스며들 분

| 濆泉(fènquán): 분천

灌 (guàn) / 灌 (관) 灌 물 댈 관 / 灌 かん【そそぐ】

| 灌漑(guàngài): 관개(하다)

獾 (huān) / 獾 (환) 獾/貛 오소리 환

| 獾油(huānyóu): 오소리의 기름

鱗 (lín) / 鱗 (린) 鱗 비늘 린/인 / 鱗 りん【うろこ】

| 鱗片(línpiàn): 비늘 조각

魔 (mó) / 魔 (모) 魔 마귀 마 / 魔 ま【まもの】

| 魔法(mófǎ): 마법

糯 (nuò) / 糯 (눠) 糯 찰벼 나/난 / 糯 だ【もち】

| 糯米(nuòmǐ): 찹쌀

譬 (pì) / 譬 (피) 譬 비유할 비 / 譬 ひ【たとえる】

| 譬方(pìfāng): 예를 들면

孀 (shuāng) / 孀 (솽) 孀 홀어미 상 / 孀 そう【やもの】

| 孀居(shuāngjū): 과부살이(하다)

驤 (xiāng) / 驤 (샹) 驤 머리 들 양 / 驤 じょう【あげる】

| 高驤(gāoxiāng): 높이 쳐들다

瀹 (yuè) / 瀹 (웨) 瀹 데칠 약

| 瀹茗(yuèmíng): 차를 끓이다

鳟 (zūn) / 鳟 (쭌) 鳟 송어 준 / 鳟 そん【ます】

| 鳟鱼(zūnyú): 눈불개

蘖 (niè) / 蘖 (녜) 蘖 그루터기 얼

| (그루터기에서 돋아나는) 움

21획

霸 (bà)
霸 (바)
霸 두목 패
霸 は

| 商霸(shāngbà): 상업계의 보스

礳 (mò)
礳 (모)
礳 갈 마

| 礳石渠(mòshíqú): 모스취[지명]

礴 (bó)
礴 (보)
礴 뒤섞일 박

| 磅礴(pángbó): 충만하다

霹 (pī)
霹 (피)
霹 천둥/벼락 벽
霹 へき

| 霹雳(pīlì): 벼락

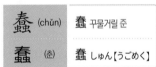

蠢 (chǔn)
蠢 (춘)
蠢 꾸물거릴 준
蠢 しゅん【うごめく】

| 蠢货(chǔnhuò): 바보 같은 놈

鼙 (pí)
鼙 (피)
鼙 비파 비

| 鼙鼓(pígǔ): 옛날, 군대에서 사용하던 작은 북

瓘 (guàn)
瓘 (관)
瓘 옥 관

| 尹瓘(yǐnguàn): 윤관[고려 예종 때의 장군]

颦 (pín)
颦 (핀)
颦 찡그릴 빈
颦 ひん【しかめる】

| 颦蹙(píncù): 상을 찡그리다

露 (lòu)
露 (lù)
露 (러우)
露 (루)
露 이슬 로/노
露 ろ【つゆ】

| 露营(lùyíng): 캠프

醺 (xūn)
醺 (쉰)
醺 술 취할 훈
醺 くん【よう】

| 醺然(xūnrán): 거나하게 취하다

耰 (yōu)
耰 (유)
耰 곰방메 우

| 씨뿌린 뒤 흙을 고르는 데 쓰는 연장

黯 (àn) 黯 (안)	黯 검을 암 黯 あん【くろい】

黯淡(àndàn): 어둡다

夔 (kuí) 夔 (쿠이)	夔 조심할 기

夔夔(kuíkuí): 삼가고 두려워하는 모양

癲 (diān) 癲 (뎬)	癲 미칠/광증 전 癲 てん【くるう】

癲癇(diānxián): 지랄병

鱧 (lǐ) 鱧 (리)	鱧 가물치 례/예 鱧 れい【はも】

鱧科(lǐkē): 가물치과

鱤 (gǎn) 鱤 (간)	鱤 자가사리 감

鱤鱼(gǎnyú): 자가사리

躪 (lìn) 躪 (린)	躪 짓밟을 린/인 躪 りん【にじる】

蹂躪(róulìn): 유린하다

贛 (gàn) 贛 (간)	贛 강 이름 감 줄 공, 미련할 장

贛州(gànzhōu): 간저우[지명]

曩 (nǎng) 曩 (낭)	曩 접때 낭 曩 のう【さきに】

曩年(nǎngnián): 지난해

鯖 (jīng) 鼱 (징)	鼱 새앙쥐 정

鼩鼱(qújīng): 뒤쥐

麝 (shè) 麝 (서)	麝 사향노루 사 麝 じゃ

麝鼠(shèshǔ): 사향쥐

爝 (jué) 爝 (줴)	爝 횃불 작

爝火(juéhuǒ): 횃불

髓 (suǐ) 髓 (쑤이)	髓 뼛골 수 髓 ぜい【のうみそ】

髓膜炎(suǐmóyán): 수막염

鐾 (bèi)
鐾 (폐)

鐾 칼 갈 폐

| 鐾刀(bèidāo): 칼을 갈다

羼 (chàn)
羼 (찬)

羼 양이 뒤섞일 찬

| 羼混(chànhùn): 혼잡하다

韂 (chàn)
韂 (첨)

韂 말다래 첨

| 鞍韂(ānchàn): 안장과 말다래

灏 (hào)
灏 (하오)

灏 넓을 호

| 인명에 많이 쓰임

穓 (huái)
穓 (화이)

穓 씨 뿌릴 회

| 穓耙(huáiba): 나무 호리

蠡 (lí)
蠡 (리)

蠡 좀 먹을 려/여
蠡 れい【きくいむし】

| 蠡实(líshí): 타래붓꽃

禳 (ráng)
禳 (랑)

禳 물리칠 양
禳 じょう【はらう】

| 禳解(rángjiě): 액막이하다

礳 (mò)
礳 (모)

礳 넓게 갈 마

| 礳礳(mòmò): 평평하게 고르다

懿 (yì)
懿 (이)

懿 아름다울 의
懿 い【よい】

| 懿亲(yìqīn): 매우 가까운 친척

蘸 (zhàn)
蘸 (잔)

蘸 담글 잠

| 蘸水(zhànshuǐ): 물에 적시다

鑱 침 참

鑱云(chányún): 구름을 찌르다

蘼 장미 미

蘼芜(míwú): 미무(蘼蕪)

躔 궤도 전

躔 てん【ふむ】

躔探(chántàn): 살피다

囊 주머니 낭

囊 のう【ふくろ】

囊括(nángkuò): 포괄하다

髑 해골 촉

髑 どく

髑髏(dúlóu): 해골

饔 아침밥 옹

饔飧(yōngsūn): 아침밥과 저녁밥

鸛 황새 관

鸛 かん【こうのとり】

鸛科(guàn kē): 황새과

氍 모직물 구

氍毹(qúshū): 털로 짠 융단

躐 밟을 렵

躐级(lièjí): 등급을 건너뛰어 오르다

饕 탐할 도

饕 とう【むさぼる】

饕餮(tāotiè): 흉악하고 욕심 많은 사

霾 흙비 매

霾 ばい

霧霾(wùmái): 초미세먼지

鑲 거푸집 속 양

鑲嵌(xiāngqiàn): 끼워 넣다

鰭 (guǎn)

鰭 (관)

鰭 물고기 이름 관

| 긴솔치

穰 (ráng)

穰 (량)

穰 짚/풍년 양

穰 じょう【ゆたか】

| 穰浩(ránghào): 수없이 많다

瓤 (ráng)

瓤 (량)

瓤 박속 양

| 桃瓤(táoráng): 호두의 알맹이

鬻 (yù)

鬻 (위)

鬻 팔 육, 죽 죽

鬻 しゅく·きく【かゆ】

| 炫鬻(xuànyù): 뽐내다

鬟 (huán)

鬟 (환)

鬟 쪽 환

鬟 かん【わげ】

| 双鬟(shuānghuán): 양쪽으로 딿은 쪽 머리

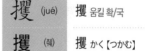

攫 (jué)

攫 (궤)

攫 움킬 확/국

攫 かく【つかむ】

| 攫取(juéqǔ): 약탈하다

顴 (quán)

顴 (취안)

顴 광대뼈 관

顴 けん

| 顴骨(quángǔ): 광대뼈

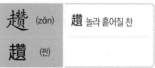

趱 (zǎn)

趱 (짠)

趱 놀라 흩어질 찬

| 趱劲(zǎnjìn): 힘을 들이다

攥 (zuàn)

攥 (쭈완)

攥 잡을 촬

| 攥死(zuànsǐ): 꽉 틀어쥐다

罐 (guàn)	罐 두레박 관
罐 (관)	缶 かん

| 罐头(guàntou): 깡통

蠲 (juān)	蠲 밝을 견
蠲 (쥐안)	

| 蠲免(juānmiǎn): 면제하다

麟 (lín)	麟 기린 린
麟 (린)	麟 りん【きりん】

| 麟凤(línfèng): 봉황과 기린

癯 (qú)	癯 여윌 구
癯 (쥐)	

| 清癯(qīngqú): 수척하다

鼷 (xī)	鼷 새앙쥐 혜
鼷 (시)	

| 鼷鼠(xīshǔ): 새앙쥐

鼹 (yǎn)	鼹 두더지 언
鼹 (옌)	鼴 えん【もぐら】

| 鼹鼠(yǎnshǔ): 두더지

躜 (zuān)	躜 모을 찬
躜 (쭈완)	

| 躜行(zuānxíng): 길을 재촉하다

24획

灞 (bà)	灞 강 이름 파
灞 (바)	

| 灞河(bàhé): 바허[하천 이름]

矗 (chù)	矗 우거질 촉
矗 (추)	

| 矗立(chùlì): 우뚝 솟다

蠹 (dù)	蠹 좀 두
蠹 (두)	蠹 と【しみ】

| 蠹吏(dùlì): 악질 관리

醾 (mí)	醾 탁주 미
醾 (미)	

| 酴醾(túmí): 겨우살이풀

594

襻 (pàn)
襻 (판)
襻 옷고름 반

| 车襻(chēpàn): 손수레 밧줄

戆 (gàng)(zhuàng)
戆 (강)(창)
戆 어리석을 당

| 戆人(zhuàngrén): 우직한 사람

衢 (qú)
衢 (취)
衢 갈림길 구
衢 〈【みち】

| 衢肆(qúsì): 큰 거리의 상점

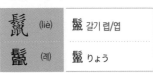

鬣 (liè)
鬣 (례)
鬣 갈기 렵/엽
鬣 りょう

| 鬣狗(liègǒu): 하이에나

躞 (xiè)
躞 (세)
躞 걸을 섭

| 蹀躞(diéxiè): 종종걸음으로 가다

囔 (nāng)
囔 (낭)
囔 중얼거릴 낭

| 嘟囔(dūnang): 중얼거리다

24~
36획

鑫 (xīn)
鑫 (신)
鑫 기쁠 흠

| 주로 인명과 상점명에 많이 쓰임

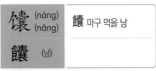

馕 (náng)(náng)
馕 (낭)
馕 마구 먹을 낭

| 烤馕(kǎonáng): 위구르족의 주요식품

25획

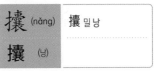

攮 (nǎng)
攮 (낭)
攮 밀 낭

| 攮子(nǎngzi): 비수

纛 (dào)
纛 (다오)
纛 기 독/도
纛 とう·とく

| 大纛(dàdào): 큰 깃발

蠷 (qú) 蠷 (취)	蠷 큰 원숭이 구/각

| 蠷蟟(qúsōu): 집게벌레

齉 (nàng) 齉 (낭)	齉 코 막힐 낭

| 齉鼻儿(nàngbír): 콧소리로 말하다

爨 (cuàn) 爨 (찬)	爨 부뚜막 찬/촌
	爨 さん【かまど】

| 爨具(cuànjù): 주방 도구

찾아보기

가		哥	257	却	80	肝	88	齦	482	監	262	鱤	590
可	30	賈	258	角	101	肝	99	擀	535	疳	286	贛	590
卡	32	痂	288	刻	146	間	105	갈		勘	314	갑	
加	43	家	298	珏	178	矸	121	曷	201	蚶	329	甲	33
價	59	哿	305	喀	205	稈	134	盍	250	龕	343	匣	85
伽	98	笳	339	餶	221	侃	136	秸	338	減	347	岬	130
訶	111	舸	342	閣	224	艱	162	葛	376	淦	355	閘	147
呵	126	假	342	覺	233	揀	167	喝	390	敢	362	柙	191
咔	127	袈	365	恪	233	茛	188	渴	413	堪	370	胛	217
咖	129	葭	378	較	261	柬	193	碣	480	酣	382	鉀	270
岢	129	跏	389	胳	282	看	209	竭	496	鹹	383	瞌	514
佳	134	斝	391	愨	313	竿	211	褐	501	嵌	392	강	
迦	161	街	402	桷	320	墾	237	噶	515	戡	429	岡	20
駕	162	暇	442	硌	323	趕	247	蝎	517	感	436	扛	46
坷	166	嫁	469	腳	344	酐	258	羯	527	檻	438	剛	55
苛	172	嘉	473	袼	361	澗	295	鞨	570	鑑	439	江	66
茄	174	豭	477	擱	373	慳	296	감		鑒	439	講	68
珂	178	檟	477	權	479	懇	302	甘	29	鴿	456	杠	83
珈	179	歌	479	蠼	596	菅	318	坎	78	墈	472	崗	93
柯	190	骼	520	간		晴	329	芡	82	鹼	480	羌	105
枷	192	鍋	521	乾	11	諫	360	泔	148	闞	496	綱	118
軻	196	鎵	521	幹	11	裉	361	紺	162	澉	500	降	160
袈	198	稼	522	刊	28	葵	374	坩	166	橄	512	茳	188
胈	217	餎	574	艮	69	鐗	396	苷	171	憨	532	鋼	208
牁	238	각		奸	71	瘌	409	柑	190	撼	535	鈧	209
架	240	各	63	玕	74	褋	418	砍	195	瞰	542	姜	225
格	256	殼	79	杆	83	簡	451	茨	251	憾	555	洚	230

찾아 보기

찾아
보기

601

찾아보기

찾아
보기

찾아
보기

609

찾아보기

盼 199	撥 170	妨 116	螃 544	**백**	堡 212	欒 569
胖 218	勃 193	紡 119	鞑 546	白 36	閣 224	擘 569
叛 225	荸 251	昉 127	鰟 575	百 50	筏 400	蘗 569
班 245	鉢 270	肪 142	**배**	孛 85	**범**	癖 576
畔 266	鈸 270	龐 144	扒 29	伯 96	凡 13	壁 577
般 279	餑 285	放 146	呸 126	佰 135	犯 38	襞 584
頒 281	浡 293	房 155	杯 175	帛 137	帆 55	霹 589
袢 300	襏 300	枋 177	背 198	柏 191	泛 108	**변**
盤 343	菝 315	幇 178	拜 209	鮊 455	釩 132	卞 24
斑 369	脖 344	鈁 209	胚 217	魄 492	範 174	邊 43
搬 428	鵓 381	逄 220	配 258	**번**	梵 319	弁 44
斡 475	醱 382	綁 241	俳 276	煩 291	**법**	抃 78
磐 524	跋 388	梆 254	倍 277	番 403	法 148	苄 82
瘢 527	魃 405	蚌 265	陪 303	播 508	琺 178	汴 108
潘 530	渤 412	舫 279	排 310	蕃 510	砝 259	忭 110
圖 558	鰦 455	旁 289	培 312	樊 512	**벽**	變 144
蹣 559	魃 492	傍 401	徘 342	幡 519	捭 311	骿 243
繁 563	**방**	鲂 405	輩 384	璠 534	辟 468	胼 282
瘢 567	方 24	謗 419	賠 394	燔 553	闢 468	邊 340
蟠 573	邦 45	搒 428	掰 397	繁 563	碧 471	辯 552
攀 579	倣 59	蒡 432	焙 411	藩 571	僻 523	辨 552
襻 595	邡 65	滂 464	湃 413	翻 575	劈 532	辮 567
발	訪 69	榜 478	蓓 431	蹯 580	薛 537	**별**
發 43	防 71	膀 493	碚 437	蘩 585	噼 544	別 92
髮 43	坊 79	磅 513	裴 482	**벌**	澼 554	苤 172
潑 151	芳 82	鎊 521	褙 501	伐 58	壁 555	撇 472
拔 167	彷 98	耪 534	醅 513	罰 206	鰏 565	蔽 475

頒	281	祓	235	邳	86	蚍	265	鄙	441	份	59	騁	306
粉	291	舺	363	吡	90	秘	274	鵯	452	貧	140	聘	429
畚	305	皷	558	伾	96	俾	277	痺	458	玢	165	**사**
棻	317	**붕**	庇	103	郫	278	淝	458	賓	298	士	11
酚	322	朋	141	沘	107	誹	299	裨	467	彬	319	巳	14
笨	338	泵	195	屍	113	陴	303	媲	468	儐	401	史	34
僨	340	堋	312	妣	116	菲	316	蠻	469	斌	408	四	35
棼	379	崩	333	紕	118	啡	328	榓	477	擯	429	仕	35
焚	379	繃	366	非	124	啤	331	蜚	482	頻	438	乍	35
噴	386	棚	380	畁	127	庫	348	翡	482	濱	464	寫	41
糞	410	硼	437	卑	137	淝	355	蜱	485	嬪	469	司	42
憤	415	鵬	454	肥	142	渂	355	罷	486	繽	470	絲	44
錛	447	嗙	486	備	143	悱	357	鑽	489	檳	478	寺	46
黂	563	鏰	545	狒	143	婢	364	鼻	492	殯	481	庫	50
鱝	565	蹦	572	沸	151	緋	366	霏	540	臏	493	死	51
瀵	588	**비**	泌	151	琵	368	篚	546	鑌	521	師	52
불	匕	10	坯	166	椑	380	蘼	547	贇	551	邪	52
不	17	飛	15	苤	172	悲	385	鯡	549	瀕	554	似	60
弗	42	比	19	枇	175	斐	385	髀	561	髕	581	氾	67
佛	98	丕	30	賁	182	晶	394	貔	564	鬢	585	私	95
怫	153	庀	39	砒	194	腓	404	濞	568	臛	589	伺	97
紱	162	圮	47	毖	197	脾	404	臂	569	**빙**	佘	98
紼	164	仳	58	毗	202	憊	406	轐	578	馮	39	沙	107
拂	170	妃	71	秕	210	痞	408	譬	588	氷	64	詞	112
韍	174	批	76	費	238	扉	417	鼙	589	憑	136	祀	112
韨	180	芾	80	匪	246	碑	437	**빈**	傰	213	社	112
氟	210	否	86	荆	262	睥	440	牝	56	娉	304	詐	112

찾아 보기

呝	90	椰	379	洋	231	渷	356	臬	278	**여**		懌	153

呝	90	椰	379	洋	231	渷	356	臬	278	**여**		懌	153
軛	123	**약**		樣	256	禦	402	鎵	521	與	12	驛	164
掖	312	約	73	氧	272	齬	514	讞	531	女	15	繹	164
液	356	若	172	恙	290			孽	578	予	26	櫟	192
腋	404	藥	189	烊	292	**억**		蘖	585	汝	67	疫	223
隘	421	啢	205	痒	349	億	13	蘖	588	如	71	逆	226
縊	470	鑰	208	蛘	390	憶	25	**엄**		璵	74	域	309
額	531	偌	275	釀	480	抑	78	嚴	82	歟	87	場	310
앵		弱	302	漾	499	薏	537	奄	122	餘	98	閾	350
鶯	253	躍	329	襄	566	嶷	560	儼	212	妤	116	蜮	484
嚶	486	箬	490	囊	585	臆	565	弇	216	茹	189	鷁	512
罌	487	龠	564	壤	585	**언**		俺	275	洳	232	鎘	521
櫻	511	瀹	588	攘	585	言	102	埯	310	狳	283	鷁	524
鸚	545	**양**		嚷	586	彦	224	掩	310	餘	285	**연**	
야		讓	41	瓤	588	唁	267	崦	333	鉅	337	延	58
也	15	揚	47	禳	591	焉	310	閹	350	畬	403	連	87
邪	52	羊	65	鑲	592	郾	321	淹	354	蕷	433	吮	92
爺	61	陽	70	穰	593	偃	340	罨	446	蜍	444	姸	115
冶	104	場	74	瓤	593	諺	362	醃	479	濾	463	軟	123
夜	145	楊	84	**어**		堰	370	**업**		輿	491	鳶	123
耶	171	暘	90	馭	44	鄢	427	業	32	蠱	591	兗	146
倻	275	煬	106	飫	102	蔫	474	鄴	88	**역**		沿	150
揶	309	佯	137	於	146	嫣	503	腌	404	亦	64	埏	182
喏	327	瘍	145	語	234	讞	531	腌	404	役	98	硏	194
野	327	垟	184	圄	267	巘	594	**에**		譯	113	硯	195
鄹	334	佯	215	圉	330	**얼**		恚	246	易	126	衍	215
惹	375	養	225	漁	355	喗	203	殪	540	嶧	131	涎	229

찾아 보기

621

溫 413	瀷 464	玩 164	**왜**	堯 52	謠 419	用 37
慍 415	鷸 524	頑 246	歪 194	吆 54	搖 428	傭 97
媼 421	薴 537	垸 250	娃 239	擾 76	徭 452	甬 117
韞 426	壅 552	莞 253	倭 276	妖 116	遙 453	茸 185
輼 438	朣 565	瞀 284	蛙 389	僥 135	腰 454	甬 194
氳 449	饔 592	浣 295	矮 449	拗 171	瑤 471	俑 214
穩 489	**와**	剜 298	**외**	坳 171	勒 475	勇 241
瘟 495	瓦 19	菀 318	外 38	蕘 186	鷂 524	聳 280
薀 510	佤 58	脘 345	歪 194	要 193	徼 548	涌 296
蘊 511	訛 69	烷 353	畏 201	輻 197	邀 548	容 298
鰛 565	咼 91	惋 359	桅 256	嶢 206	繇 564	春 308
올	臥 120	婉 364	偎 341	饒 220	曜 572	庸 349
兀 12	哇 200	琬 369	隈 363	澆 228	鰩 575	憑 365
阢 42	窪 227	腕 405	隗 363	姚 240	耀 586	蓉 432
扤 84	娃 239	湲 414	嵬 392	繞 242	**욕**	蛹 445
靰 375	萵 251	緩 423	鬼 393	珧 245	辱 258	槦 459
膃 454	渦 294	碗 437	猥 406	橈 254	峪 269	溶 464
옹	媧 304	蜿 485	煨 461	夭 259	浴 295	瑢 471
瓮 140	磑 383	豌 512	聭 509	舀 280	欲 344	墉 473
擁 169	蛙 389	**왈**	鰃 565	料 291	鵒 403	榕 478
翁 281	窩 417	曰 19	巍 586	窅 298	蓐 430	踴 484
癰 287	蝸 444	**왕**	**요**	窈 298	溽 462	熔 498
邕 307	**완**	王 16	幺 15	陶 303	縟 469	慵 500
喁 390	阮 70	汪 106	夭 20	銚 336	褥 531	鯒 525
蓊 431	完 110	旺 125	凹 35	胅 345	**용**	鏞 545
嗡 446	肮 141	往 138	樂 38	窰 360	冗 25	鱅 583
雍 459	宛 154	枉 175	遼 43	蟯 389	龍 31	**우**

찾아
보기

悠 340
庾 348
惟 358
諭 361
維 366
揄 373
揉 374
遺 389
喩 391
嵛 393
釉 403
逾 403
腴 404
游 414
渝 414
愉 416
裕 418
瑜 425
楡 434
毹 453
覦 453
愈 453
鮋 455
瘐 458
猷 460
鮪 493
濰 500
窬 500
蕤 510
蝤 518
蝣 518
蝓 518
鎦 521
牖 523
糅 528
窳 531
蹂 543
儒 547
嚅 559
黝 561
繇 564
濡 567
懦 568
孺 569
鞣 571
臑 575
鼬 575
襦 584
顬 586

육

六 24
肉 55
陸 114
育 147
堉 313
粥 420
毓 491
鬻 593

윤

勻 23
尹 25
允 26
狁 101
閏 104
昀 126
胤 221
潤 295
鋆 508
贇 551

율

聿 69
律 215
率 350
潏 530
燏 553

융

戎 45
狨 218
絨 241
融 539

은

圻 77
沂 107
垠 184
恩 267
殷 279
狺 283
銀 337
隱 364
摁 427
鄞 430
蒽 431
嗯 445
齦 482
憖 514
癮 551
嚚 573

을

乙 9
釔 56

음

陰 71
吟 91
飮 102
蔭 189
音 223
崟 333
淫 355
喑 391
愔 416
窨 500
霪 579

읍

邑 92
泣 150
挹 248
浥 294
悒 297
揖 371

응

應 104
疑 493
凝 552
膺 567
鷹 576

의

義 14
儀 36
議 42
衣 65
擬 80
醫 86
矣 117
依 137
宜 154
禕 156
蟻 203
艤 215
餏 221
倚 275
誼 301
銥 337
猗 346
椅 379
犄 398
意 459
疑 493
旖 496
漪 499
毅 527
薏 537
螠 544
劓 547
嶷 560
鐿 574
癔 576
懿 591

이

二 9
已 14
以 26
匜 31
爾 38
圯 47
耳 48
而 50
夷 52
伊 60
弛 70
異 70
苡 83
李 84
利 95
詒 113
易 126
迤 134
佴 135
邇 142
飴 144
怡 153
珥 177
貳 178
茸 185
荑 185
酈 193
咦 201
咿 204
貽 207
餌 220

찾아
보기

찾아보기

찾아보기

찾아
보기

찾아\n보기

부 록

1. 중국어 음절 총표(1)

성모	운모	a 아	o 오	e 어	i 이	u 우	ü 위	er 얼	ai 아이	ei 에이
b	ㅂ	ba	bo		bi	bu			bai	bei
p	ㅍ	pa	po		pi	pu			pai	pei
m	ㅁ	ma	mo	me	mi	mu			mai	me
f	ㅍ	fa	fo			fu				fei
d	ㄷ	da		de	di	du			dai	dei
t	ㅌ	ta		te	ti	tu			tai	tei
n	ㄴ	na		ne	ni	nu	nü		nai	nei
l	ㄹ	la		le	li	lu	lü		lai	lei
g	ㄱ	ga		ge		gu			gai	gei
k	ㅋ	ka		ke		ku			kai	kei
h	ㅎ	ha		he		hu			hai	hei
j	ㅈ				ji		ju			
q	ㅊ				qi		qu			
x	ㅅ				xi		xu			
zh	ㅈ	zha		zhe	zhi	zhu		zher	zhai	zhe
ch	ㅊ	cha		che	chi	chu			chai	
sh	ㅅ	sha		she	shi	shu			shai	she
r	ㄹ			re	ri	ru				
z	ㅉ	za		ze	zi	zu			zai	zei
c	ㅊ	ca		ce	ci	cu			cai	cei
s	ㅆ	sa		se	si	su			sai	
성모가 없는 경우		a	o	e	yi	wu	yu	er	ai	ei

642

ao	ou	an	en	ang	eng	ong	ia	io	ie
아우	오우	안	언	앙	엉	웅	야	요	예
bao		ban	ben	bang	beng				bie
pao	pou	pan	pen	pang	peng				pie
mao	mou	man	men	mang	meng				mie
	fou	fan	fen	fang	feng				
dao	dou	dan	den	dang	deng	dong	dia		die
tao	tou	tan		tang	teng	tong			tie
nao	nou	nan	nen	nang	neng	nong			nie
lao	lou	lan		lang	leng	long	lia		lie
gao	gou	gan	gen	gang	geng	gong			
kao	kou	kan	ken	kang	keng	kong			
hao	hou	han	hen	hang	heng	hong			
							jia		jie
							qia		qie
							xia		xie
zhao	zhou	zhan	zhen	zhang	zheng	zhong			
chao	chou	chan	chen	chang	cheng	chong			
shao	shou	shan	shen	shang	sheng				
rao	rou	ran	ren	rang	reng	rong			
zao	zou	zan	zen	zang	zeng	zong			
cao	cou	can	cen	cang	ceng	cong			
sao	sou	san	sen	sang	seng	song			
ao	ou	an	en	ang	eng	ong	ya	yo	ye

1. 중국어 음절 총표(2)

성모\운모		iao	iou	ian	in	iang	ing	iong	ua	uo
		야오	유	옌	인	양	잉	융	와	워
b	ㅂ	biao		bian	bin		bing			
p	ㅍ	piao		pian	pin		ping			
m	ㅁ	miao	miu	mian	min		ming			
f	ㅍ									
d	ㄷ	diao	diu	dian			ding			du
t	ㅌ	tiao		tian			ting			tu
n	ㄴ	niao	niu	nian	nin	niang	ning			nu
l	ㄹ	liao	liu	lian	lin	liang	ling			lu
g	ㄱ								gua	gu
k	ㅋ								kua	ku
h	ㅎ								hua	hu
j	ㅈ	jiao	jiu	jian	jin	jiang	jing	jiong		
q	ㅊ	qiao	qiu	qian	qin	qiang	qing	qiong		
x	ㅅ	xiao	xiu	xian	xin	xiang	xing	xiong		
zh	ㅈ								zhua	zh
ch	ㅊ								chua	ch
sh	ㅅ								shua	sh
r	ㄹ								rua	ru
z	ㅉ									zu
c	ㅊ									cu
s	ㅆ									su
성모가 없는 경우		yao	you	yan	yin	yang	ying	yong	wa	

uai	uei	uan	uen	uang	ueng	üe	üan	ün
와이	웨이	완	원	왕	웡	웨	위안	윈
	dui	duan	dun					
	tui	tuan	tun					
		nuan	nun			nüe		
		luan	lun			lüe		
guai	gui	guan	gun	guang				
kuai	kui	kuan	kun	kuang				
huai	hui	huan	hun	huang				
						jue	juan	jun
						que	quan	qun
						xue	xuan	xun
zhuai	zhui	zhuan	zhun	zhuang				
chuai	chui	chuan	chun	chuang				
shuai	shui	shuan	shun	shuang				
	rui	ruan	run					
	zui	zuan	zun					
	cui	cuan	cun					
	sui	suan	sun					
wai	wei	wan	wen	wang	weng	yue	yuan	yun

2. 일본어 가나와 한글 대조표

あ[ア]	い[イ]	う[ウ]	え[エ]	お[オ]
아	이	우	에	오
か[カ]	き[キ]	く[ク]	け[ケ]	こ[コ]
카	키	쿠	케	코
さ[サ]	し[シ]	す[ス]	せ[セ]	そ[ソ]
사	시	스	세	소
た[タ]	ち[チ]	つ[ツ]	て[テ]	と[ト]
타	치	쓰	테	토
な[ナ]	に[ニ]	ぬ[ヌ]	ね[ネ]	の[ノ]
나	니	누	네	노
は[ハ]	ひ[ヒ]	ふ[フ]	へ[ヘ]	ほ[ホ]
하	히	후	헤	호
ま[マ]	み[ミ]	む[ム]	め[メ]	も[モ]
마	미	무	메	모
や[ヤ]	い[イ]	ゆ[ユ]	え[エ]	よ[ヨ]
야	이	유	에	요
ら[ラ]	り[リ]	る[ル]	れ[レ]	ろ[ロ]
라	리	루	레	로
わ[ワ]				を[ヲ]
와				오
ん[ン]				
응				
が[ガ]	ぎ[ギ]	ぐ[グ]	げ[ゲ]	ご[ゴ]
가	기	구	게	고
ざ[ザ]	じ[ジ]	ず[ズ]	ぜ[ゼ]	ぞ[ゾ]
자	지	즈	제	조

だ[ダ]	ぢ[ヂ]	づ[ヅ]	で[デ]	ど[ド]
다	지	즈	데	도
ば[バ]	び[ビ]	ぶ[ブ]	べ[ベ]	ぼ[ボ]
바	비	부	베	보
ぱ[パ]	ぴ[ピ]	ぷ[プ]	ぺ[ペ]	ぽ[ポ]
파	피	푸	페	포
きゃ[キャ]		きゅ[キュ]		きょ[キョ]
캬		큐		쿄
ぎゃ[ギャ]		ぎゅ[ギュ]		ぎょ[ギョ]
갸		규		교
しゃ[シャ]		しゅ[ツュ]		しょ[ツョ]
샤		슈		쇼
じゃ[ジャ]		じゅ[ジュ]		じょ[ジョ]
자		주		조
ちゃ[チャ]		ちゅ[チュ]		ちょ[チョ]
차		츄		쵸
ひゃ[ヒャ]		ひゅ[ヒュ]		ひょ[ヒョ]
햐		휴		효
びゃ[ビャ]		びゅ[ビュ]		びょ[ビョ]
뱌		뷰		뵤
ぴゃ[ピャ]		ぴゅ[ピュ]		ぴょ[ピョ]
퍄		퓨		표
みゃ[ミャ]		みゅ[ミュ]		みょ[ミョ]
먀		뮤		묘
りゃ[リャ]		りゅ[リュ]		りょ[リョ]
랴		류		료

편저자 소개

유대용은
1969년 충북 음성출생으로
서원대학교를 졸업하고,
중앙대학교에서 교육학석사,
고려대학교에서 문학박사학위를 받았다.
또한 이탈리아 포르멜로시립 비비아몰아르떼 음악원에서
디플로마를 취득하였다.
현재 중앙대학교 국악교육대학원 교수이며,
한국예술종합학교에 출강하고 있다.

동북아 한자사전
한국 · 일본 · 대만 한자사전

인쇄 / 2021. 7. 20
발행 / 2021. 7. 30
편저자 _ 유대용
발행인 _ 김용성
발행처 _ 지우출판
출판등록 _ 2003년 8월 19일
서울시 동대문구 휘경로2길 3, 4층
TEL: 02-962-9154 / FAX: 02-962-9156
ISBN 978-89-91622-80-7   01700

lawnbook@hanmail.net
값 30,000원